다모클레스의 칼

다모클레스의 칼

금융위기: 탐욕, 망각 그리고 몰락의 역사

2015년 1월 30일 초판 1쇄 발행
2022년 6월 30일 초판 6쇄 발행

지 은 이 | 유재수
펴 낸 곳 | 삼성글로벌리서치
펴 낸 이 | 차문중
출판등록 | 제1991-000067호
등록일자 | 1991년 10월 12일
주   소 | 서울특별시 서초구 서초대로74길 4(서초동) 삼성생명서초타워 30층
전   화 | 02-3780-8153(기획), 02-3780-8084(마케팅)
팩   스 | 02-3780-8152
이 메 일 | sgrbooks@samsung.com

Sword of Damocles

다모클레스의 칼

금융위기: 탐욕, 망각 그리고 몰락의 역사

유재수 지음

삼성글로벌리서치

존경하는 후배 유재수 박사의 역저 《다모클레스의 칼－금융위기: 탐
욕, 망각 그리고 몰락의 역사》의 출간을 축하합니다.

2008년 9월 세계 굴지의 투자은행 리먼브라더스가 파산하면서 글로
벌 금융위기가 시작되었을 때 저는 새로 출범한 금융위원회 부위원장
으로, 당시 과장이었던 유재수 박사와 함께 근무하고 있었습니다. 돌
이켜보면 불길한 예감은 들었지만 글로벌 금융위기의 여파가 진원지
에서 멀리 떨어져 있는 우리에게까지 그렇게 큰 영향을 주리라곤 제
대로 짐작하지 못했던 것 같습니다. 하지만 두 달 만에 2,000 고지를
넘보던 종합주가지수가 반 토막이 나고 원 달러 환율이 900원대에서
1,400원대로 급상승하는 등 1997년 외환위기의 악몽이 다시 나라를
휩쓸었습니다. 지금도 유재수 박사를 포함하여 정부에 계신 다른 선후
배 동료들과 밤샘을 하며 살얼음판 위를 걷던 2008년 겨울이 생생히
기억납니다.

다행스럽게 우리 경제는 2009년 이후 회복되기 시작했지만 글로벌

금융위기는 계속 번져 나갔습니다. 2011년에는 유럽 여러 나라들이 국가 부도 위기를 맞는 등 세계경제는 1930년 이후 처음 보는 심각한 경기침체의 국면에 빠져들었습니다. 위기를 수습하는 과정에서 선진국들이 기존의 경제학 교과서로는 설명할 수 없는 비전통적인 정책 수단을 총동원하면서 경제학의 한계가 적나라하게 드러나 버렸습니다.

이 역사적인 과정을 지켜보면서 글로벌 금융위기에 관해 나름대로 생각을 정리해보고 싶었습니다. 제가 금융위원회를 떠나 아시아개발은행의 수석 이코노미스트로 자리를 옮긴 이후 4년 동안 유재수 박사도 같은 생각을 했던 모양입니다. 유재수 박사가 서울을 떠나 전 세계 경제정책의 중심지인 워싱턴 D.C.의 세계은행에 근무하면서 글로벌 금융위기의 전개 과정을 가까이에서 지켜보았던 기회를 흘려버리지 않은 것은 당연하다고 하겠습니다. 유재수 박사의 글솜씨는 이미 지난번 역저《세계를 뒤흔든 경제 대통령들》을 통해 익히 알고 있었지만 이 책 또한 매우 읽기 쉽고 정리가 잘되어 있어 지금 이 순간 세계경제에서 무슨 일이 일어나고 있는지를 알고자 하는 독자들에게 일독을 권하고 싶습니다.

이 책의 백미는 글로벌 금융위기를 다룬 후반부이지만, 전반부 역시 매우 흥미로운 주제를 다루고 있습니다. 금융위기를 겪으면서 진화해온 중앙은행의 등장 배경, 1930년대 대공황의 발생 원인과 정책 대응, 1970년대 이후 남미, 아시아, 러시아 등 신흥국의 금융위기를 둘러싼 논쟁들이 잘 요약되어 있습니다. 이 책을 읽어보면 실제 경제정책에 경제 이론이 어떻게 접목되는지를 알 수 있을 뿐만 아니라 경제 상식이 늘어나는 재미 또한 쏠쏠할 것입니다. 영란은행의 비호 속에 1890년 위기를 간신히 벗어난 베어링은행이 한 직원의 파생상품 투자로 1995년 허무하게 무너진 사례, 중앙은행이 최종 대부자 역할을 할 때 따라야 할 기준으로 잘 알려진 배짓 법칙(Badget's dictum)의 유래 등이 좋은 예라 할 수 있습니다.

무엇보다도 이 책의 가장 큰 장점은 아직도 현재 진행형인 글로벌 금융위기를 둘러싼 여러 논쟁이 편견 없이 잘 정리되어 있다는 것입니다. 글로벌 금융위기를 다룬 여러 책과 논문들, 그리고 세계은행, IMF의 세미나와 컨퍼런스 등을 통해 저자가 직접 지켜본 석학들과 정책 입안자들의 토론이 잘 어우러져 있습니다. 위기가 도래하기 전 그린스펀이 세계경제에 대해 가졌던 자신감, 증권화와 파생상품 등 금융혁신 뒤에 숨겨진 위험, 서브프라임 모기지의 붕괴 과정, 양적 완화 등 비전통적인 경제정책의 도입 배경, 유럽으로의 위기 전파 과정, 긴축을 둘러싼 미국과 독일 간 논쟁, 아베노믹스의 등장 등 시사성 있는 경제 문제들이 쉽게 접근할 수 있도록 설명되어 있습니다.

이 책을 통해 저자는 금융이란 화려한 권력을 가진 왕좌이기도 하지만 그 위에는 언제 떨어질지 모르는 칼날이 도사리고 있음을 강조하고 있습니다. 금융위기의 역사는 반복될 것이고 그러기에 역사를 통해 위기관리의 교훈을 찾으려 합니다. 2008년 절벽 위를 걷는 마음으로 위기 대응을 같이 했던 동료로서 십분 이해할 만한 결론입니다. 다만 프롤로그 끝에서 '금융의 삼성전자' 논의를 비판한 부분에 대해서는 유재수 박사와 더 토론을 해야 할 것 같습니다. 언제 떨어질지 모르는 칼날 때문에 금융은 항상 정부의 손 안에 있는 것이 안전하다는 논리가 저자의 의도는 아니라고 믿습니다. 관치금융을 해왔던 1997년에도 우리는 금융위기를 겪었습니다. 금융업을 산업정책의 도구가 아니라 독자 산업으로 바라보기 시작할 때 비로소 위험관리의 책임을 부과할 수 있을 것입니다.

늘 한결같은 마음으로 경제정책에 관한 우리 사회의 논의 수준을 끌어올리기 위해 글을 쓰고 배움을 추구하는 후배 유재수 박사를 보면 학자의 길을 걷고 있는 저를 뒤돌아보고 반성하게 됩니다. 앞으로도 그의 노력이 계속되기를 기대합니다.

2014년 12월
워싱턴 D.C. IMF 사무실에서
IMF 아시아 태평양국 국장 이창용

경제학자들은 자신이 역사학자는 물론 그 누구보다도 똑똑하다고 생각한다. 하지만 이는 지나친 과대평가다. 결국 경제학을 통해 알 수 있는 것은 그렇게 많지 않다.
- 토마스 피케티(2014. 5. 5). 《뉴리퍼블릭》

역사학자가 과거의 사건들에서 다른 점을 찾는 사람이라면 경제학자는 같은 점을 찾는 사람이다.
- 찰스 킨들버거[1]

돌이켜보면 2010년 5월부터 미국의 수도 워싱턴 D.C.에 소재한 세계은행에 근무한 3년은 나에게 여러모로 의미 있는 시간이었다. 워싱턴 D.C.의 아름다운 자연환경과 고풍스러운 건물도 인상적이었지만 무엇보다 나를 즐겁게 해주었던 것은 날마다 진행되는 다양한 세미나와 강연이었다. 내가 몸담고 있던 세계은행은 물론, IMF, 미국 재무부 및 국무부, 페터슨, 브루킹스 및 헤리티지 등 세계적인 연구소들이 앞다투어 진행하는 수많은 행사에서는 전 세계의 정치, 경제, 사회, 문화예술과 관련한 흥미로운 주제들이 날마다 토의되었다. 워싱턴의 점심시간은 가히 이 기관들이 개최한 행사에 사람들을 끌어들이기 위해 호객을 하는 각축장이라고 할 수 있었다. 나는 여기에 더해 세계은행과 IMF에서 같이 일하던 동료들과 거의 매일 점심 및 저녁시간에 다양한 주제에 대해 의견을 나눌 수 있었다. 이 모든 경험은 나에게 한층 세상을 넓고 깊게 볼 수 있는 눈을 주었다. 하지만 나는 이 즐거움을 누리는 대가를 톡톡히 치렀다. 가족과 더 많은 시간을 함께하지 못했고 이 부담은 언제까지나 나를 따라다니는 무거운 마음의 짐으로 남을 것이다.

이 책은 이러한 마음의 부담을 다소나마 덜 수 있는 작은 성과이다. 하지만 나만의 성과라고 하기에는 너무나 많은 분들의 도움이 곳곳에 녹아 있다. 먼저 국내외 금융에 정통한 최중경 전 장관님은 책의 편집 방향부터 내용에 이르기까지 많은 조언을 해주셨다. 미국과의 스왑 협정을 성사시켜 2008년 금융위기를 잠재우는 데 결정적으로 기여하신 신제윤 금융위원장님은 바쁘신 중에도 많은 시간을 할애해 금융위기와 관련된 경험을 공유해 주셨다. 또한 세계적인 금융 전문가들이 모인 IMF에서 아시아 태평양 지역의 금융위기를 막기 위해 최전방에서 분투하는 이창용 IMF 국장님은 살인적인 일정에도 불구하고 원고에 대해 많은 조언을 해주셨다. IMF에 근무하는 기획재정부 박준규 과장과 우리은행 워싱턴 사무소의 유형진 소장은 많은 자료를 제공하고 꼼꼼히 원고를 검토해주면서 나의 연구가 계속되도록 도와주었다. 서강대학교 조윤제 교수님은 보잘 것 없었던 원고가 의미있는 금융위기 역사서로 발전할 수 있도록 많은 지도를 아끼지 않으셨다. 아울러 원고 검토에 참여해준 기획재정부의 류상민 국장, 이형렬 과장, 최원진 과장, 언제나 나의 작업을 격려해주시는 홍재형 전 부총리님, 농협금융 임종룡 회장님, 금융위원회 정찬우 부위원장님, IMF의 윤종원 이사님, 기획재정부의 최희남 차관보님, 차영수 선배님, 그리고 페이스북을 통해 좋은 가르침을 주신 고려대학교의 신관호 교수님, 보다 거시적인 시각에서 2008년 금융위기를 볼 수 있도록 도와주신 카이스트

박선영 교수님에게도 감사의 인사를 전하고 싶다. 또한 출간을 주저하는 나에게 용기를 주신 삼성경제연구소의 정기영 소장님과 임진택 팀장님, 지루하고 산만한 원고를 깔끔하게 다듬어준 유다영 수석이 없었다면 나의 원고가 책이 되어 세상의 빛을 보기까지는 더 오랜 시간이 필요했을 것이다.

이렇게 많은 도움을 받았음에도 독자들은 이 책에서 부족한 점을 많이 발견할 것이다. 이는 전적으로 나의 부족함 탓이다. 중국 속담에 "뛰어난 기억력보다 보일 듯 말 듯한 기록이 더 낫다"라는 말이 있다. 아직은 부족하지만 더 많은 사람들이 금융위기의 실체를 파악하는 데 도움이 되기를 바라는 마음으로 이 책을 세상에 내놓는다.

마지막으로 이 책을 나의 무한한 사랑과 존경을 담아 아내 지연, 두 아들 지원, 도빈에게 바친다.

2014년 12월
또다시 찾은 세계은행의 커피숍에서
유재수

어려움을 겪었던 경험만큼 좋은 교육도 없다.
- 벤저민 디즈레일리

선진국들도 국가 부도 또는 물가의 위협에서는 벗어났을지언정 금융위기를 졸
업하지는 못했다.[2]
- 라인하르트 & 로고프

어느 날 학교에 간 딸이 전화를 해서는 "아빠 금융위기가 뭐예요?" 하고 물었
다. 나는 "5년이나 7년 주기로 발생하는 것"이라고 대답했는데 이는 농담이 아
니었다.
- 제이미 다이먼

역사는 그대로 반복되지 않는다. 하지만 리듬이 있다.
- 마크 트웨인

오래전 아이작 뉴턴은 세 가지 운동법칙을 발견했으며 그것은 천재의 작품이었
다. 하지만 뉴턴의 재능은 투자로까지 이어지지는 않았다. 남해회사 버블로 큰
손실을 입자 그는 "별들의 움직임은 계산할 수 있었지만, 사람들의 광기는 계산
할 수 없었다"고 푸념했다. 만일 그가 투자 실패로 충격을 받지 않았더라면 네
번째 운동법칙도 발견했을지 모른다. 운동량이 증가할수록 투자 수익률은 감소
한다.
- 워런 버핏

　　경제학자 하이먼 민스키Hyman Minsky는 금융위기를 인생의 한 단면에
비유했다. 그의 말대로 그동안 수많은 금융위기가 많은 사람들의 인생
에 지워지지 않는 상처를 남겼다. 튤립 광풍, 미시시피사社 버블과 더
불어 금융 투기 역사의 한 페이지를 장식하는 1720년 영국의 남해회
사 버블 붕괴도 당시 투기에 가담했던 영국의 저명인사들을 포함한 많
은 사람들을 좌절시켰다.

남해회사에 투자했다가 큰돈을 잃은 아이작 뉴턴Isaac Newton은 "별들의 움직임은 계산할 수 있었지만, 사람들의 광기는 계산할 수 없었다"며 푸념했다고 한다. 남해회사를 선전하는 글을 써서 주가를 조작하는데 일조했던 《로빈슨 크루소》의 작가 대니얼 디포도 투자 실패로 큰 빚을 떠안았다. 디포는 평생 채권자들을 피해 살아야 했으며 안식일에는 채무자를 체포하지 않는 영국의 관습을 이용해 일요일에만 외출한 탓에 '일요 신사'라는 오명을 얻었다.[3] 디포와 함께 주가 조작에 동원되었던 《걸리버 여행기》의 작가 조너선 스위프트도 당시의 주식 투기 광풍을, 무모하게 하늘로 날아오른 그리스 신화 속의 이카로스에 빗대면서 자신의 어리석음을 자책했다.

> 그는 날았다, 종이 날개에 의지해 On paper wings he takes his flight
>
> 왁스로 고정된 종이 날개에 의지해 With wax the father bound them fast
>
> 높이 오르자 왁스는 녹아내렸고 The wax is melted by the height
>
> 함께 날아오르던 아이는 추락했다. And down the towering boy is cast.

1997년 12월, 왁스 날개로 날아오르던 이카로스처럼 취약한 재무구조에 의존해 무분별한 확장을 지속하던 우리 기업들도 추락했다. 한때 아시아의 용으로 각광받던 우리는 맨몸으로 수영을 하던 아이처럼 갑자기 물이 빠진 수영장에서 적나라한 모습을 드러냈다. 우리가 이룬 기적들도 모래성처럼 속절없이 무너져 내렸다. 위기의 직격탄을 맞은 수많은 사람들이 실직과 함께 거리로 내몰렸다. 몇 년 뒤 금융시장과 경제가 안정을 되찾았지만 한 번 무너져 내린 그들의 인생은 위기 이전으로 되돌려지지 않았다.

그로부터 10여 년이 지난 2008년 9월 15일, 미국의 투자은행 리먼 브라더스가 무너지면서 우리는 다시 한 번 위기를 맞았다. 세계적인 규모를 자랑하던 외환 보유액은 순식간에 크게 줄어들었고 환율은 폭등했다. 키코KIKO*로 큰 손실을 입은 중소기업인들이 허망하게 가업을 잃는 등 우리 경제는 위기의 진원지였던 미국 못지않게 크게 흔들렸다. 1997년처럼 위기가 잦아들면서 다시 안정을 되찾았지만 위기가 남긴 상처는 쉽게 아물지 않았다.

사실 금융위기만큼 "역사는 반복된다"라는 격언이 딱 맞아떨어지는 분야도 없다. 유사 이래 인류는 수많은 금융위기를 겪었고 그때마다 재발을 막기 위해 다양한 노력을 기울였음에도 불구하고 위기는 어김없이 다시 찾아왔다. 오바마 대통령은 2008년 글로벌 금융위기 이후 금융 분야의 안정성을 대폭 강화한 도드-프랭크법Dodd-Frank Act을 확정하면서 "더 이상 월가의 실수가 낳은 손실을 대신 짊어지는 일도 없을 것이고, 세금으로 금융회사를 구제하는 일도 없을 것이며, 설령 대형 금융회사가 위기에 처한다 해도 경제를 위험에 빠뜨리지 않을 것"이라고 장담했다. 그러나 금융위기의 역사를 돌이켜보면 그의 발언이 한낱 정치적 수사에 불과하다는 것을 알 수 있다. 오히려 5~7년마다 반복되어온 금융위기의 특성상 또다시 위기를 맞이할 시점이 되었다는 JP모건의 CEO 제이미 다이먼Jamie Dimon의 인식이 금융위기의 본질을 제대로 꿰뚫고 있다고 하겠다.

---

* 녹인 녹아웃(Knock-In, Knock-Out)의 약자로 환율 변동에 의한 위험을 피하기 위한 환헤지계약이다. 일정한 환율 변동 구간에서는 사전에 정해진 환율로 달러를 팔 수 있는 권리를 갖지만 정해진 구간을 상한 이상으로 벗어나면 약정액의 2배를 약정환율로 팔아야 하고 하한으로 벗어나면 계약이 무효가 된다. 당시 900원대에서 1,500원대로 환율이 폭등하자 키코 계약을 맺은 중소기업인들이 시장에서 1,500원에 사서 900원대에 팔아야 하는 의무를 지면서 엄청난 손실을 입었다.

어떻게 하면 킨들버거가 비유한 대로, 다년생 잡초처럼 질긴 금융위기의 굴레에서 벗어날 수 있을까? 이 책은 바로 이에 대한 답을 구하려는 시도이며 나는 그 대답을 금융과 금융위기의 역사가 남긴 교훈에서 찾고자 한다. 물론 서점을 둘러보면 금융의 역사를 다룬 책들을 쉽게 만날 수 있지만 대부분 지나치게 음모론적인 시각으로 설명하고 있다는 점이 아쉽다. 프랑스의 극작가 발자크는 《잃어버린 환상》에서 모든 공식적인 역사 기록은 다 거짓말이고 진실은 야사에 있다고 했지만 픽션을 즐기는 것이 아니라 적어도 금융위기의 본질을 파악하고자 한다면 음모론적인 시각은 바람직하지 않다.

물론 역사를 통해 금융위기의 실체를 완벽하게 파악할 수 있다고 주장하는 것은 아니다. 사실 역사를 돌아본다고 모든 것이 파악되지는 않는다. 더구나 돌아보는 대상이 경제정책이고 금융위기인 경우에는 더더욱 그렇다. 하지만 '우리가 왜 여기에 있는지'를 아는 가장 좋은 방법이 '우리가 어디에서 시작해서 여기까지 왔는지'를 파악하는 것이듯, 금융위기의 역사를 살펴보는 것은 위기의 본질을 파악하기 위한 첫걸음이 될 것이다. 과거의 금융위기를 차례로 면밀히 검토하는 것은 마치 번호 순서대로 점을 잇다 보면 코끼리가 그려지는 어린 시절의 놀이처럼 그동안 우리에게 좀처럼 제 모습을 드러내지 않던 금융위기의 윤곽이라도 그려볼 수 있는 좋은 시도라고 생각한다.

더구나 과거의 금융위기를 살펴보는 것은 오늘날의 주요 금융 시스템인 중앙은행, 예금보험기구, 주식시장, 각종 규제와 법, 국제금융기구 등에 대한 이해 수준을 높이는 데도 도움이 된다. 왜냐하면 이들 시스템은 평상시에 구축된 제도와 질서가 아니라 금융위기 대응 과정에서 만들어져 그대로 남았기 때문이다.[4]

나는 유학 중에 1997년 외환위기를 겪었으며 그때 경험했던 환율의 공포를 아직도 잊지 못한다. 또한 2008년 리먼브라더스가 무너질 당시에는 그 거대한 공룡이 무너지는 것을 누구보다도 생생히 볼 수 있는 위치에 있었다. 하지만 리먼브라더스의 몰락이 우리 경제까지 위기 국면으로 몰고 갈 만큼 위력적인 후폭풍을 야기할 것이라고는 상상조차 하지 못했다. 당시 우리는 리먼 사태 이후 무너지기 일보직전까지 몰린 수많은 중소기업과 금융회사를 구제하기 위해 긴급자금 지원에 나서야 했다.

그렇게 촌음을 다투는 위기 상황에서도 마음 한구석에서는 '왜 우리는 반복적으로 금융위기를 겪을까?'라는 근본적인 의문이 싹텄고 이후 고민은 점점 커져갔다. 위기가 진정된 후 금융위기를 다룬 논문과 책을 보면서 공부를 시작한 것은 바로 이러한 고민 때문이었다. 그저 고민 수준에 불과했던 공부는 2010년부터 3년간 세계은행에 근무하는 기회를 통해 구체화되었다. 때마침 워싱턴 D.C.의 세계은행과 IMF에서는 2008년 금융위기의 원인 분석에 대한 연구와 토의가 활발히 진행되고 있었고 아울러 거의 매일같이 사이먼 존슨Simon Johnson, 리아콰트 아메드Liaquat Ahamed, 스테판 하버Stephen Haber, 니얼 퍼거슨Niall Ferguson, 로렌스 서머스Lawrence Summers, 조지프 스티글리츠Joseph Stiglitz, 올리비에 블랑샤르Olivier Blanchard 등 베스트셀러 작가와 저명한 학자들의 강연이 진행되었다. 이러한 환경에서 금융위기를 정리해보겠다는 나의 목표는 다소 진전을 볼 수 있었고 이 책은 그에 대한 기록이다.

이 책은 프롤로그와 에필로그 그리고 7개의 부로 구성되었다. 먼저 1부에서는 초기 금융 발전을 이루었으나 향후 위기의 토대가 되는 금융 혁신을 이끈 네덜란드와 스웨덴의 사례를 다루었고 이어 2부에서는 영국, 프랑스, 미국이 잦은 금융위기를 맞은 이유와 어떻게 그 위기를 극복해왔는지를 상세하게 분석했다. 3부에서는 오늘날까지 금융위기의 대명사로 남아 있는 대공황의 전개 과정과 정책적인 시사점을 다루었고 4부에서는 전후 새로운 국제금융 질서로 등장한 브레튼우즈 체제의 탄생과 붕괴를 설명했다. 5부에서는 2008년 금융위기에 이르게 된 원인인 무분별한 규제 완화와 시장에 대한 맹신이 어떻게 자리 잡았는지를 분석했다. 6부에서는 대공황 이후 다시 찾아온 초대형 금융위기인 2008년 글로벌 위기의 전후를 상세하게 서술했다. 마지막으로 7부에서는 위기 이후 대응 과정에서 생긴 새로운 경제 불안과 미래에 다가올 금융위기의 모습을 상상해보았다. 아울러 금융위기를 연구하면서 느낀 점을 바탕으로 어떻게 하면 우리나라를 포함한 각 나라가 금융위기에서 보다 자유로울 수 있을지에 대한 나의 생각을 프롤로그와 에필로그에 담았다.

이 책을 쓰는 동안 나는 수많은 사람들로부터 "왜"라는 질문을 받았다. 그때마다 구체적인 대답을 하는 대신 웃어 넘겼는데, 미국의 재무장관을 지낸 티모시 가이트너Timothy Geithner가 《스트레스 테스트Stress Test》를 출간하면서 밝힌 집필 이유가 나의 속마음을 그대로 드러내주는 것 같아 이를 답변으로 대신하고자 한다.

내가 이 책을 쓴 데에는 또 하나의 이유가 있다. 금융위기는 매우 위험한 존재이고 아쉽게도 앞으로도 계속 나타날 것이다. 하지만 미국에는 이 금융 전쟁에 맞설 상비군도 없고, 이 전쟁을 치러낼 합동 참모본부도, 사관학교도, 필드 매뉴얼도 없다. 모든 금융위기는 서로 다른 모습을 띠고 있지만 그래도 공통점이 있다. 심지어 2008년 금융위기처럼 전례 없는 위기로부터도, 또 다른 금융위기에 직면할 경우 도움이 될 만한 교훈을 얻을 수 있다. 나는 이 책에서 독자들이 그런 교훈을 발견하기 바란다.[5]

가이트너가 걱정한 미국뿐 아니라 우리나라도 언젠가 또다시 초대형 위기를 겪게 될 것이다. 이미 수차례나 대형 위기를 겪었다 하더라도 그것이 전부가 아닐뿐더러 지난 위기가 마지막이 아닐 것임은 반복된 금융위기의 역사가 잘 증명하고 있다. 아울러 나 역시 가이트너처럼 경제 부처의 정책 담당자들, 한국은행 및 금융감독원 등 금융 당국자들, 그리고 현장의 금융인들, 학자들, 언론인들이 이 책에서 소개하는 과거의 금융위기로부터 일말의 교훈을 얻기를 희망한다. 그리고 그 교훈들이 이 나라 경제를 한층 더 위기에 강하도록 만드는 데 활용된다면 더할 나위 없는 기쁨이 될 것이다.

다모클레스의 칼

전쟁의 기본은 적을 만나지 않을 것이라고 믿는 게 아니라 적과의 만남을 대비하는 것이고, 적이 공격하지 않을 것이라고 믿는 게 아니라 감히 공격할 생각을 못하도록 하는 것이다.
- 《손자병법》

정말 어려운 것은, 새로운 생각을 구현하는 것이 아니라 오래된 생각으로부터 벗어나는 것이다.
- 존 메이너드 케인스

태양의 열에 의해 밀랍이 녹으니 너무 높이 날지 말고, 바다의 물기에 의해 날개가 무거워지니 너무 낮게도 날지 마라.
- 《그리스 신화》. 다이달로스가 아들 이카로스에게 한 말

은행은 아일랜드 경제 문제의 피뢰침이었다.
- 《파이낸셜 타임스》(2013. 9. 23)

기원전 4세기 전반, 시칠리아 시라쿠사의 왕 디오니시우스 2세가 개최한 연회에서 신하 다모클레스는 왕에게 잘 보이려고 온갖 아첨을 떨었다. 왕은 엄청난 부와 권력을 누리는 행운을 지녔다고 다모클레스가 부러워하자 왕은 행운을 경험해보라며 그에게 자리를 바꾸어 앉자고 제안한다. 다모클레스는 왕의 제안을 기꺼이 받아들였고 곧바로 호화로운 왕좌로 자리를 옮긴다. 하지만 디오니시우스 2세는 왕좌 바로 위에 칼을 올린 뒤 한 올의 말총에 매달아놓는다. 칼이 언제 떨어질지 몰라 자리에 앉은 내내 좌불안석이던 다모클레스는 왕에게 다시 자리를

바꾸어달라고 간청한다. 왕이 다모클레스의 머리 위에 칼을 매달아놓은 것은, 겉으로 보면 부와 권력을 누리며 호화롭게 살아가는 듯 보이지만 그 행복이 항상 위기와 불안 속에서 유지되고 있음을 보여주려는 의도였다.

2008년 금융위기 이후 많은 사람들은 금융을 대량 살상무기에 비유했다. 나는 금융을 볼 때마다 왕좌 위에 걸려 있는 다모클레스의 칼을 떠올린다. 겉으로 보면 화려하지만 이면에는 언제든 한 나라의 경제를 파탄으로 이끌 수 있는 위험이 도사리고 있기 때문이다. 금융과 금융위기는 동전의 양면과도 같아서 금융위기라는 대가를 치르지 않고 금융이 주는 혜택만을 누릴 수는 없다.

금융은 미래를 위해 현재의 소득을 저축하거나 미래의 소득을 현재 쓸 수 있도록 도와줌으로써 현재와 미래를 잇는 '경제적 타임머신economic time machine'[6] 역할을 한다. 따라서 금융은 성장을 촉진하고 금융이 없다면 경제 발전을 기대하기도 어렵지만 한편으로 그동안 어렵게 이룬 많은 성과를 한순간에 앗아가기도 한다. 금융의 역사에서 이러한 사례는 수없이 발견되며 때로는 금융위기가 전쟁 못지않게 역사의 큰 물줄기를 바꾸어왔음을 목격할 수 있다. 즉, 금융의 눈으로 보면 역사는 금융위기의 역사이기도 한 것이다.

사실 이렇게 금융으로 흥하고 금융위기로 망한 사례는 멀리서 찾을 필요도 없다. 최근 아일랜드, 아이슬란드 그리고 아르헨티나의 부침浮沈은 금융과 금융위기의 본모습을 적나라하게 보여주었다.

콜럼버스가 신대륙을 발견한 후 유럽으로 전해진 감자는 굶주림을 해소하는 데 큰 도움을 주었다. 특히 유럽의 대표적 빈국이었던 아일랜드는 감자로 인해 굶주림에서 벗어날 수 있었다. 1750년대 300만

명에 불과하던 아일랜드의 인구는 감자 덕에 1800년대에 이르러 500만 명 이상으로 크게 증가했다. 하지만 식량을 지나치게 감자에 의존하면서 감자의 생산에 영향을 미치는 병충해가 나라 전체의 운명을 좌지우지하는 상황까지 이르렀다. 1840년 감자잎사귀 마름병이 크게 번져 수확량이 급감하자 수천 명이 굶어죽었으며 수백만 명이 나라를 떠나야 했다.

이런 아픈 역사를 가진 아일랜드가 1990년대 후반부터 셀틱 타이거 celtic tiger라는 별명을 얻으며 높은 성장을 달성한 것은 금융 자유화 덕분이었다. 금융시장 개방 이후 아일랜드의 금융산업은 비정상적으로 확대되어 금융자산이 GDP의 8배에 달했다. 급격한 신용 팽창은 부동산 가격을 끝도 없이 밀어 올렸고 나라 전체가 버블 국면에 진입했다. 하지만 2008년 글로벌 금융위기로 아일랜드 경제는 추락했고 금융위기는 아일랜드인들에게 1840년 감자잎사귀 마름병과 같은 충격을 안겨주었다. 위기로 금융기관들이 파산할 위험에 처하자 정부는 전 금융권의 예금에 대한 지급보증이라는 초강수를 두어야 했고 이로 인해 금융산업이 무너지는 상황은 면했지만 국가 부채가 크게 증가하여 IMF의 구제금융을 받는 처지가 됐다. 수많은 실업자가 생겨났고 과거 대기근 때와 같이 수많은 사람들이 강요된 이민길을 떠나야 했다. 금융은 아일랜드에 21세기의 감자와도 같은 존재였고 아일랜드가 겪은 경제위기는 과도한 의존이 불러온 참화였다.

아일랜드보다 더욱 극적인 롤러코스터를 탄 나라가 바로 어업과 관광업으로 경제를 꾸려가던 북유럽의 초미니 국가 아이슬란드였다. 아이슬란드가 금융에 눈뜬 것은 1990년대 초 전 세계적인 열풍을 일으켰던 금융시장 개방 조치와 금융 자유화에 편승한 이후부터였다. 금융

시장 개방으로 독일 등에서 값싼 자금이 물밀듯이 밀려들었고 부동산 투기 붐이 일어났다. 손쉽게 돈 버는 방법을 알게 된 아이슬란드인들은 대출을 받아 뭐든 돈이 될 만한 곳에 투자했다. 신용이 크게 확대되면서 당초 GDP 규모와 비슷했던 아이슬란드의 금융자산 총액은 순식간에 GDP의 8배를 넘어섰다. 하지만 2008년 글로벌 금융위기가 터지며 재앙이 닥쳤다. 부동산과 통화 가치가 폭락했고 대표적인 대형 은행 세 개가 모두 파산하면서 수많은 사람들이 빚더미에 올라앉았다. 금융에 욕심을 냈던 아이슬란드는 결국 금융위기로 몰락했고 아직까지도 위기 이전으로 되돌아가기 위한 몸부림을 계속하고 있다.

아일랜드와 아이슬란드보다 금융과 훨씬 질긴 악연을 이어가고 있는 나라가 바로 아르헨티나이다. 아르헨티나는 2014년 7월 30일 여덟 번째 국가 부도 사태를 맞았다(다만, 이번에는 헤지펀드의 희생양이라는 동정론이 제기되고 있다). 2001년 아르헨티나는 외채를 제때 갚지 못하고 채무 불이행을 선언했다. 수년에 걸친 외국인 투자자들과의 협상 끝에 약 76퍼센트의 채권자들과 원금과 이자의 약 34퍼센트를 갚는 채무 재조정이 타결되면서 간신히 국제시장에 복귀할 수 있었다. 그러나 불씨는 여전히 남아 있었다. 이 협상에 참여하지 않은 엘리엇 매니지먼트Elliot Management 등 헤지펀드들이 전액 상환을 요구하는 소송을 제기한 것이다. 수년간의 지루한 소송전 끝에 뉴욕 법원은 헤지펀드들의 손을 들어주었다. 아르헨티나 정부가 엘리엇 매니지먼트에 전액 배상을 하기 전에는 다른 채권자들에게 상환을 하지 말라는 판결을 내린 것이다. 아르헨티나는 판결에 반발했고 결국 또다시 국가 부도 사태가 터졌다.

사실 이 세 나라의 금융위기 사례가 드라마틱하기는 하지만 금융위기에 관한 한 전 세계의 어느 나라도 자유롭지 못한 것이 현실이다. 세계적인 경제학자로 《이번엔 다르다This time is different》의 저자들인 카르멘 라인하르트Carmen Reinhart와 케네스 로고프Kenneth Rogoff에 따르면 1945년에서 2007년 사이에 금융위기를 겪지 않은 나라는 전 세계에서 오스트리아, 벨기에, 포르투갈, 네덜란드 등 단 4개국뿐이라고 한다. 물론 이들도 결국 2008년 글로벌 금융위기의 파고는 피하지 못했으니 이제 금융위기와 관련해서는 선진국과 후진국이 모두 자유롭지 못한 상황이다.

최근 들어서는 금융의 증권화, 개방화, 겸업화, 대형화 그리고 정보통신기술의 발달 등에 힘입어 금융자산이 크게 늘어나고 금융 연결성financial interconnectedness도 매우 확대되었다. 따라서 이제 금융위기는 한 나라 금융산업의 문제가 아니라 한 국가의 명운을 좌우하고 때로는 세계경제를 위협하는 문제가 되었다. 이런 상황에 대해 영란은행의 수석 이코노미스트인 앤드류 할데인Andrew Haldane은 "금융의 초창기였던 중세에는 국가가 은행에 가장 위협적인 존재였지만 오늘날에는 금융이 국가를 위협하는 가장 큰 요인이 되었다"는 해학적인 비유를 한 바 있다.[7]

할데인의 말대로 은행업의 초기인 1340년대 이탈리아의 은행인 바르디Bardi, 페루치Peruzzi, 아치아이우올리Acciaiuoli는 고객이었던 잉글랜드 국왕 에드워드 3세와 나폴리의 왕 로버트 등이 전쟁에 패하자 함께 몰락의 길로 들어섰다.[8] 하지만 아일랜드, 아이슬란드의 사례가 극명하게 보여주듯이 은행들이 보유한 자산이 국가 GDP의 수배를 넘는 오늘날에는 은행 부실이 곧바로 국가 파산으로 이어지기도 한다. 흥미로운 점은 금융자산 규모는 날로 커지고 있지만 부가가치 기준으로 따져볼 때 대부분의 나라에서 금융산업은 GDP의 10퍼센트 미만으로 경제적 비중이 그리 크지 않다는 점이다. 하지만 비중이 작음에도 불구하고 위기가 닥칠 경우 한 나라의 경제 전체를 위협하는 것은 경제의 혈맥과 같은 역할을 하는 금융의 특수성 때문이다. 미국의 재무장관을 지낸 경제학자 로렌스 서머스는 금융의 중요성을 다음과 같이 비유한 바 있다.

> 전력산업이 경제에서 차지하는 비중은 4퍼센트에 불과하다. 하지만 전기 공급의 80퍼센트가 무너질 경우 GDP의 약 3.2퍼센트($\frac{4 \times 80}{100}$)만 잃게 될 것이라고 가정하는 것은 어리석은 생각이다.

산업의 혈맥이라고 할 수 있는 전력망의 80퍼센트가 무너질 경우 경제적 또는 국가적 재앙이 되는 것과 마찬가지로 경제의 혈맥인 금융 시스템의 손상이 경제 전체를 위협하고 때로는 파멸로 이끄는 것은 당연하다고 하겠다.

2008년 금융위기 이후 세계 각국은 금융에 대해 한층 주의를 기울이고 있다. 특히 은행의 안정성을 높이는 등 각종 안전장치를 마련하는 데 온 힘을 쏟고 있다. 흥미로운 점은 전 세계가 대형 은행에 대한 경계심을 그 어느 때보다 강화하고 있는 데 반해 우리는 "왜 금융에는 삼성전자 같은 세계적인 회사가 없느냐"라는 도그마에 사로잡혀 있다는 점이다. '금융의 삼성전자' 논리는 우리의 금융 수준이 선진국에 비해 낙후되어 있다는 사실과 맞물려 한국 금융을 비판할 때 단골 메뉴로 등장한다.

하지만 금융산업의 경쟁력을 높이는 과제와 골드만삭스, JP모건,

UBS 같은 세계적인 투자은행이나 중국의 공상은행 같은 거대 상업은행을 보유해야 한다는 주장은 엄밀히 구별할 필요가 있다. 지역적 특색이 강하게 영향을 미치는 소매 금융 부문에서 세계적인 은행을 키워내는 것이 사실상 불가능하다면 기업 금융에 특화된 투자은행을 만들어내야 할 텐데 이것이 과연 우리에게 가능한 일인가, 만약 가능하다 해도 바람직한 일인가를 깊이 생각해봐야 한다. 아울러 투자은행업의 특성상 우리가 이를 육성하려면 인수합병을 택할 수밖에 없는데 아직 인수한 회사를 국내에 들여오기보다는 뉴욕이나 런던 등 국제금융 중심지에 그대로 둘 수밖에 없는 현실에서 과연 이 회사가 우리에게 얼마나 많은 일자리와 부가가치를 가져다줄 수 있는지도 고민해볼 문제라 하겠다.

따라서 '금융의 삼성전자'라는 구호 아래 UBS 같은 세계적인 금융그룹을 거느린 스위스를 따라가는 전략보다는 그동안 우리가 잘해왔던 제조업을 더욱 강화하기 위해 향후 제2, 제3의 삼성전자 같은 세계적인 기업이 보다 쉽게 성장할 수 있도록 금융 인프라를 한 단계 발전시켜 나가는 데 역량을 집중해야 할 것이다. 이를 위해 현재도 많이 강조되고 있지만 기술 금융 활성화 등 보다 창의적인 금융 서비스가 활발하게 제공될 수 있도록 불필요하고 시대에 뒤떨어진 규제를 없애고 금융 시스템 전체를 업그레이드하는 노력을 서두를 필요가 있다.

영란은행의 총재였던 머빈 킹Mervyn King은 "은행은 글로벌하게 살다가 국내에서 죽는다Banks live globally and die locally"라는 다소 시적인 말을 남겼다.[9] 세계적인 은행이 좋을 때는 전 세계가 혜택을 입지만 어려워지면 그 은행이 자리 잡고 있는 나라가 홀로 부담을 짊어지게 된다는 의미로 해석할 수 있는 이 발언은 왜 우리가 '금융의 삼성전자'라는 도

그마에서 벗어나야 하는지를 잘 표현하고 있다.

우리 머리 위에는 금융이라는 다모클레스의 칼이 걸려 있다. 이 점을 결코 잊어서는 안 된다.

| 차례 |

추천사 • 4
감사의 글 • 8
들어가는 글 • 11

프롤로그 | 다모클레스의 칼 • 18

1부 **탄생 : 종이 증서로 대체된 금은화 :**

1장 | 유통 위기를 극복한 암스테르담은행 • 33
2장 | 스톡홀름은행과 뱅크런 • 49

2부 **확산 : 중앙은행, 돈을 찍어내다 :**

3장 | 위기의 주범이자 위기의 해결사, 영란은행 • 67
4장 | 혁명을 부른 금융위기 • 99
5장 | 엘리트 금융 권력과 서민 금융 권력의 암투 • 115

3부 **붕괴 : 경제 대공황 :**

6장 | 위기의 전조: 제1차 세계대전과 금본위제 복귀 • 159
7장 | 대공황을 부른 연방준비제도의 실책 • 193

4부 **미봉 : 브레튼우즈 체제의 실패와 잦아지는 금융위기 :**

8장 | 브레튼우즈 체제의 등장과 깊어지는 환율 갈등 • 235
9장 | 고인플레이션 시대와 금융위기 • 259
10장 | 흔들리는 신흥국 금융 • 277

5부 **망각과 자만** : **아무도 경고에 귀 기울이지 않았다** :

11장 | 잘못된 정책, 커지는 금융위기 • 307

12장 | '대안정기'라는 환상 속에 무시되는 징후들 • 329

6부 **다시 찾아온 붕괴** : **2008년 글로벌 금융위기와 그 여파** :

13장 | 대불황의 시작: 뉴욕발 금융위기 • 355

14장 | 비전통적인 통화 정책이 낳은 이정표 없는 새로운 환경 • 387

15장 | 금융 안정성 강화를 위한 노력들 • 405

16장 | 유로존 위기 • 421

7부 **위기 이후** : **준비하는 자만이 살아남는다** :

17장 | 고민으로 남은 정책 과제 • 447

18장 | 뉴노멀 시대의 위기 대응 방안 • 461

에필로그 | 역사로부터의 교훈 : 금융위기 대응 전략 • 474

금융사 연표 • 491
주석 • 497
참고문헌 • 520

1부

탄생

: 종이 증서로 대체된 금은화 :

인류가 금융 행위를 시작한 것은 상당히 오래전부터였다. 기원전 629년 이후 약 100년간 신바빌로니아에서 활동한 에지비 가문the House of Egibi 이 귀금속·집·가축의 거래, 약속어음 발행, 중개무역 과정에서의 신용 제공, 예금 수취 및 대출 등을 기록한 설형문자를 남긴 것을 보아도 상당한 수준의 금융 행위가 오래전부터 행해졌음을 짐작할 수 있다. 가장 오래된 성문법인 함무라비 법전도 대출, 이자 수취, 보증과 관련된 내용을 담고 있으며 성경에서도 예수님이 성전 앞에 좌판을 벌이고 장사하던 환전상들을 내쫓았다는 일화가 발견된다.

연구에 따르면 가장 기초적인 대출과 이자 수수 관행은 기원전 5000년까지 거슬러 올라간다. 그 당시 사람들은 곡물을 빌린 뒤 이를 추수 후에 갚았으며 동물을 빌린 경우에는 새끼로 갚았다. '이자'가 수메르어로는 '송아지'라는 의미를, 이집트어로는 '새끼를 낳다'라는 의미를 갖게 된 데는 이러한 역사적 배경이 있다.

금융위기의 역사도 금융의 역사만큼이나 오래되었다. 흔히 최초의 금융위기는 5세기에 그리스 아테네를 구심점으로 한 델로스 동맹의 파산으로 알려져 있다. 델로스 동맹은 펠로폰네소스 전쟁 중 스파르타에 포위되면서 빌린 돈을 갚지 못하고 부도를 냈다고 한다. 하지만 진정한 금융위기는 지폐와 은행이 등장한 이후에 시작되었다.

오늘날 경제위기나 금융위기를 보면 은행이 항상 위기의 한복판에 있음을 보게 된다. 은행의 등장과 함께 소위 부채-돈-신용debt-money-

설형문자로 새겨진 에지비 가문의 어음
자료: 뉴욕 메트로폴리탄뮤지엄

credit의 연결고리가 만들어졌기 때문이다.

은행은 다른 사람으로부터 빌린 돈(예금)을 또 다른 사람에게 대출해주는 특이한 회사로, 일반 회사와는 많은 차이가 있다. 예를 들어 가구 회사의 자산은 만들어진 가구, 공장 그리고 가구를 만드는 기계이고 부채 항목에는 공장을 설립하기 위해 빌린 차입금(대출 또는 회사채)과 공장의 설립자금을 댄 주주들의 자본금이 포함된다. 하지만 은행의 부채는 예금과 자본금*이고 자산은 대출이다. 따지고 보면 예금주에게 돈을 빌려 차입자에게 대출을 해주는 중개기관인 은행은 대출의 성격에 따라 수익을 내기도 하고 위험에 처하기도 한다.

---

* 흥미로운 것은 일반 회사에서는 자본금을 지분(equity)이라고 부르는 데 비해 은행에서는 이를 자기자본(equity capital 또는 capital)이라고 부른다는 점이다. 사실 성격이 같은 것을 다르게 부르는 것에 불과한데 이는 은행이 일반 회사와 달리 터무니없이 낮은 자본금을 들고 있는 것을 눈속임하는 데 일조한다.

먼저 내(예금주)가 은행에 돈을 빌려주고 떼일 위험보다 은행이 다른 사람에게 대출해주고 떼일 위험이 높다. 이를 신용 위험credit risk이라고 한다. 또 예금주는 언제든 돈을 돌려달라고 요구(요구불 예금인 경우)할 수 있지만 은행은 기간을 정해 대출해주기 때문에 일시적으로 돈이 부족한 상황에 처할 수 있다. 이를 유동성 위험liquidity risk이라고 한다. 은행이 유동성 위험에 처하는 것은 예금주들의 돈을 일부만 보유하면서 대부분 대출 등에 활용하기 때문이다. 이 과정에서 은행은 시중에 더 많은 돈을 풀게 되는데 이를 신용 창출credit creation이라고 한다.

현대 은행업의 특징인 이 신용 창출 기능은 사실 하나의 돈에 두 개의 배타적인 소유권이 부여되면서 가능해졌다. 즉, 은행은 예금을 받으면서 언제든 돌려달라고 하면 내줄 것을 약속했기 때문에 은행 금고 안의 돈은 여전히 예금주에게 있는 것이나 마찬가지이다. 하지만 은행은 이 돈을 대출해주고 대출 채권을 소유한다. 초창기 은행들은 금과 은 등 경화를 예금으로 받고 대출할 때는 은행권을 교부했기 때문에 항상 금화 및 은화보다 많은 통화가 유통되었다. 이러한 관행은 평상시에는 문제가 없었지만 전쟁과 같은 큰 사건이 터져 일시에 예금주들과 은행권 소지자들이 몰려들 경우 지급불능 상황을 불러왔다. 이로 인해 은행 파산이 잦았고 은행에 대한 불신이 높았다.

이를 극복하고 고객들의 신뢰를 누린 은행들이 있었는데 바로 암스테르담은행과 스톡홀름은행이 대표적이다. 이들이 안정적인 운영을 할 수 있었던 것은 예금을 취급하는 부서와 대출을 취급하는 부서를 완벽하게 분리하고 예금에 기반한 지급결제 수단을 제공한 금융 혁신이 있었기 때문이었다.

1장

유통 위기를
극복한
암스테르담은행

금융이란, 돈을 현재 놓여 있는 지점 A에서
그 돈을 필요로 하는 지점 B로의 이동을 원활하게 해주는 것이다.

- 빅터 로스차일드[1]

. . .

돈의 부상이 인류의 부상을 이끌었다.

- 니얼 퍼거슨

. . .

리카도에 따르면 은행가는 다른 사람의 돈을 쓰는 사람이다.
만일 자신의 돈을 사용한다면 그는 여전히 자본가일 뿐이다.

- 월터 배젓, 《롬바드 스트리트》[2]

초기 금융업과 정부은행의 등장

초창기 금융 서비스를 제공한 사람들은 개인 은행가들이었다. 은행가banker라고 불리긴 했지만 별다른 제약 없이 금융업을 영위할 수 있었던 데다 비금융 사업에 주력하는 사람들도 포함되어 있었다는 점에서 오늘날의 은행가와는 거리가 멀었다. 개인 은행가들은 정부를 상대로는 장기 대출을, 일반을 상대로는 단기 금융 성격인 환어음bill of exchange 할인, 예금 수취, 귀금속 거래 등을 주로 영위했다. 개인 은행가들은 별도의 법인격을 부여받은 정부은행public bank이나 상업은행과 달리 개인 또는 개인들의 합자partnership 형태를 띠고 있었다.

14세기 초반, 초기 금융업이 발달한 이탈리아에서는 플로렌스를 중심으로 바르디Bardi, 페루치Peruzzi, 체르치Cerchi, 프레스코발디Frescobaldi 등 소위 콩파니Companies라 불리는 개인 은행가들이 활동했다. 이들의 주요 고객은 당시 전쟁을 일삼던 각국의 왕실과 원거리 중개무역에 종사하는 상인들이었다. 특히 플로렌스의 개인 은행가들은 면직물산업의 발달로 영국에서 양모를 수입하게 되자 환어음 서비스를 제공하면서 금융 발전을 이끌었다.

플로렌스는 1348년 흑사병이 번지며 쇠락했다가 1400년 초 메디치가가 등장하면서 예전의 영광을 되찾았다. 메디치가는 환전, 원격지 무역을 위한 환어음 할인, 전당포업, 국왕 등 권력자들에 대한 대출은 물론, 유럽 각지에서 로마의 교황에게 보내는 헌금을 모아 로마나 아비뇽으로 전달하기도 했다. 메디치가에서 여러 명의 교황이 배출된 것은 이러한 인연 덕분이었지도 모른다.*

플로렌스 이후 15세기에는 제노아와 베니스가, 16세기에는 앤트워프Antwerp가 금융 중심지로서 두각을 나타냈다. 하지만 16세기 말 스페인 용병에 의해 앤트워프가 포위되면서 다시 금융의 중심지는 암스테르담으로 자리를 옮겼다. 암스테르담은 약 150년간 세계 금융의 중심지 역할을 하다가 나폴레옹 전쟁의 여파로 쇠락한 후 런던에 그 자리를 넘겨준다.[3]

15세기경부터 이탈리아, 네덜란드 등 유럽 각국은 앞다투어 정부은행 설립에 나선다. 주화의 유통 질서를 바로잡고 대외 무역의 확장을 뒷받침하기 위해서였다. 나침반의 발명 이후 발달한 항해술은 원거리 시장 개척을 가능케 했고 이를 유지하기 위해 각국은 강력한 군대를 유지해야 했으며 이로 인해 유럽은 나폴레옹 전쟁이 끝날 때까지 전례 없는 전쟁의 소용돌이에 빠져들었다.

실제로 네덜란드는 스페인으로부터의 독립전쟁인 80년전쟁(1568~1648년)과 유럽 전역을 휩쓴 30년전쟁(1618~1648년)을 동시에 치렀다.

---

* 레오 10세, 클레멘스 7세, 비오 4세, 레오 11세 등 4명을 배출했다.

베스트팔렌 조약의 체결로 두 전쟁이 종식된 후에도 영국과 해상 패권을 놓고 무려 세 차례(1652~1654, 1665~1667, 1672~1674년)의 전쟁과, 프랑스–스페인 연합군과 프랑스–네덜란드 전쟁(1672~1678년)을 치렀다. 이후 루이 14세의 침략에 대응한 아우크스부르크 전쟁(1688~1697년), 스페인 왕위계승전쟁(1701~1714년), 오스트리아 왕위계승전쟁(1740~1748년)에도 참전했다. 대충 더해봐도 네덜란드가 전쟁을 치른 기간은 무려 150년이나 된다.⁴ 이렇듯 장기간 계속된 전쟁은 막대한 재원을 필요로 했으며 이로써 왕실과 상업적인 이익을 추구하는 상인, 그리고 돈을 가진 은행가들 사이에는 서로를 돕고 지켜주는 끈끈한 관계가 형성되었다.

상인은 자신들의 교역망을 지켜주고 각종 상거래 계약 질서를 유지하기 위해 강력한 국가를 필요로 했다. 국가 역시 국가를 하나로 묶어주는 교역망을 유지하기 위해서는 상인들의 도움이 필요했다. 상인은 원거리 무역을 위해 환어음 등 각종 지불 수단을 유지해주는 은행가들이 필요했고 국가는 전쟁 비용을 조달하기 위해 은행가가 필요했다. 은행가 역시 상인과 마찬가지로 계약의 효력을 유지하기 위해 국가 권력이 필요했다. 이렇게 국가, 상인, 은행가의 이해가 완벽하게 조화를 이루면서 탄생한 것이 바로 정부은행이다. 물론 이들 중 일부는 은행권 발행을 통해 발권은행으로 진화했고 훗날 중앙은행으로 발전하기도 했지만 모든 정부은행이 발권 기능을 가졌던 것은 아니다.⁵

금화 훼손과 암스테르담은행의 탄생

　개인 은행가들의 잦은 파산으로 금융 불안은 높아졌고 지급 결제의 주요 수단으로 활용되는 금화 유통의 불안전성은 이를 더욱 가중시켰다.

　금화는 은행권이 발달하기 전까지 화폐의 주요 역할을 수행했다. 한낱 금속 조각에 불과하던 금이 화폐와 처음 인연을 맺은 것은 기원전 600년경 소아시아의 리디아 사람들이 자연에서 채취되는 호박금electrom(금은 합금)을 주화로 만들어 사용하기 시작하면서부터였다고 한다. 기원전 560년경, 리디아의 마지막 왕 크로이소스 시대에는 합금에서 금과 은을 분리 추출할 수 있는 기술이 개발되었고 이로써 순수한 금화가 탄생했다. 이후 금화는 유럽의 중심 통화로 자리 잡으면서 수많은 도시국가에서 사용되었다. 대국인 영국조차도 피렌체의 금화인 플로린florin을 사용할 정도였다. 금화 중 가장 유명했던 것은 1284년 베니스에서 만든 두카트ducat로 이후 약 500년에 걸쳐 유럽의 각 지역에서 널리 사용되었다.

　금화의 문제는 쉽게 훼손된다는 점이었다. 유통 과정에서 자연적으로 마모되든 의도적으로 훼손되든 액면가와 소재 가치 사이에 차이가 발생했다. 특히 금화의 주변을 살짝 깎아내는 클리핑clipping과 금화를 가죽 부대에 넣고 마구 비벼대어 가루를 얻는 땀내기sweating를 통해 금을 얻어내려는 시도가 기승을 부렸다. 상황이 이렇게 흐르자 "악화가 양화를 구축한다"는 그레샴 법칙Gresham's Law대로 손상되지 않은 금화는 시장에서 자취를 감추고, 훼손되어 잔존 가치가 떨어진 악화만이 유통되었다. 결국 정부는 화폐개혁을 통해 금화를 재주조함으로써 무너진 신용 질서를 다시 세울 수밖에 없었다.

영국은 명예혁명 이후 1696년 과학자 아이작 뉴턴을 왕립 주조소 소장으로 임명하여 금화를 재주조했다. 이 과정에서 주화의 주변을 오톨도톨한 모양으로 만들어 변질을 쉽게 측정할 수 있게 했지만(마일드 에지millled edge라 불리는 이 형태는 오늘날의 주화에도 적용되고 있다) 훼손을 막아내기에는 역부족이었다. 모든 나라들이 주화를 훼손한 자를 사형에 처하는 등 엄격하게 처벌했지만 큰 효과를 거두지는 못했다. 심지어 금화의 무게와 순도를 측정하여 이를 포대 안에 넣고 밖에 내용물을 표기한 다음 거래에 활용했고 이를 훼손한 사람을 처벌하기까지 했지만 금화의 신뢰를 확보하는 데는 실패했다. 하지만 금화가 불신을 받게 된 것이 클리핑과 땀내기 때문만은 아니었다. 정부가 나서서 금의 함량을 속인 불량 화폐를 발행하면서 신뢰를 더욱 떨어뜨린 것이다. 각종 전쟁으로 재정적 어려움을 겪던 각국의 왕실은 부족한 재원을 마련하기 위해 불량 화폐를 발행하여 눈속임했다.

금화에 대한 불신이 높아지면서 신용 질서가 문란해지자 영국이나 프랑스 같은 대국은 금화를 재주조하거나 화폐개혁을 통해 신용 질서

훼손된 금화들
자료: http://armstrongeconomics.com

를 다시 세웠다. 하지만 중계무역으로 먹고살던 많은 도시국가들로서는 재주조가 선택 가능한 대안이 아니었다. 왜냐하면 자국 내에서도 자신들이 만든 것보다 영국과 프랑스 같은 대국에서 만든 주화가 더 많이 유통되었고 암스테르담에서만 해도 천여 종이 넘는 다양한 주화가 유통되고 있었기 때문이었다. 결국 이들은 재주조가 아닌 다른 방법을 통해 금화의 불신을 해소했는데 이것이 바로 1609년 암스테르담은행The Bank of Amsterdam의 탄생을 불러왔다.

암스테르담은행은 예금 부서와 대출 부서를 엄격하게 구분하고 있었지만 사실 대출은 귀족이나 동인도회사 등에 한하여 매우 제한적으로 제공했을 뿐, 사실상 결제 편의를 제공하는 은행이었다. 암스테르담은행은 금괴나 금화는 물론 훼손된 금화까지 정부 조폐소가 화폐 단위인 길더guilder로 평가한 금액만큼 고객의 계좌에 넣어주고 이 예금(이를 훗날 등장하는 은행권bank note에 대비해 은행돈bank money이라고 부른다)을 결제에 활용하도록 했다. 특히 정부는 600길더가 넘는 환어음의 경우 반드시 암스테르담은행의 예금으로 결제하도록 하여 측면에서 지원했다.[6] 암스테르담은행은 은행돈을 뒷받침하기 위해 동일한 금액에 해당하는 금화 등 현물 화폐를 보유했고 이로써 암스테르담은행의 은행돈은 공신력을 얻어 1795년 은행 문을 닫을 때까지 네덜란드뿐 아니라 유럽 전역에서 널리 활용되었다. 애덤 스미스Adam Smith도 저서 《국부론》에서 암스테르담은행의 성공 사례를 극찬한 바 있다. 은행의 예금은 프리미엄이 붙어 금화보다 높은 가격에 거래되었고 은행은 결제 서비스를 제공하는 대가로 각종 명목의 수수료를 징수하면서 높은 수익을 올렸다.

옵션의 등장과 튤립 버블 붕괴의 진실

1634년 네덜란드는 최초의 금융공황으로 알려진 튤립 광풍에 빠져 들었지만 암스테르담은행은 이 위기를 차분하게 넘길 수 있었다. 이는 암스테르담은행이 동인도회사 등 지극히 특권적인 소수 집단과만 거래 관계를 유지하고 있었을 뿐 아니라 당시 튤립 버블의 여파가 알려진 것만큼 심각하지 않았다는 사실을 반증하기도 한다.

오스만제국(오늘날의 터키)의 터번에서 그 이름이 유래했다는 튤립은 모자이크 바이러스에 감염될 경우 매우 특이하고 아름다운 꽃을 피웠다. 그러나 바이러스에 걸린 구근은 번식이 잘 되지 않았기 때문에 품귀 현상을 빚었다. 1600년 당시 세계적인 교역 국가이자 세계 금융의 중심지였던 네덜란드 암스테르담에서는 이 희귀한 튤립이 큰 인기를 끌었다. 왕viceroy이나 장군admiral, general과 같은 애칭이 붙은 명품들은 장인들이 벌어들이는 연소득의 10배 이상 되는 가격에 거래되었다. 특히 '영원한 황제'를 의미하는 셈페르 아우구스투스Semper Augustus라는 구근은 웬만한 저택 3채 가격에 거래될 정도였다. 때문에 튤립 구근은 사람들 사이에서 투기의 대상으로 떠올랐다.

때마침 도입된 세계 최초의 옵션option* 거래도 적은 돈으로 투기 참여를 가능케 했다.[7] 즉, 많은 돈이 필요한 튤립 구근의 직접 거래보다는 사고팔 수 있는 권리를 매매하면서 튤립을 직접 거래한 것과 같은 효과를 누리게 된 것이다. 가격이 오를 것으로 예상한 사람들은 미리

---

* 통상 파생상품은 선물과 옵션으로 분류된다. 선물은 미래에 특정된 가격으로 거래를 약속하는 계약이며, 옵션은 상대방에게 사전에 정해진 가격으로 사거나 팔 수 있는 권리를 파는 것이다.

정해진 가격에 튤립을 살 수 있는 옵션 권리인 콜call을 사들였고, 반대로 가격이 떨어질 것을 우려한 농민들은 사전에 정해진 가격에 팔 수 있는 권리인 풋put을 사들였다. 이 권리들을 사고파는 옵션 거래가 활기를 띠면서 튤립 구근의 가격을 밀어 올렸다. 하지만 모든 버블이 더 이상 오를 데가 없다면 내려갈 일만 남는 법이듯 튤립의 가격도 마찬가지였다. 다만 올라갈 때는 완만했지만 떨어질 때는 돌이 떨어지듯이 급전직하한다는 점이 다를 뿐이었다. 사람들이 일시에 투매에 나서자 파산하는 사람들이 속출했다.

1841년 영국의 언론인 찰스 맥케이Charles Mackay는《대중의 미망과 광기Extraordinary Popular Delusions and the Madness of Crowds》라는 책에서 튤립 구근의 가격이 비이성적으로 상승해 네덜란드 전역을 투기 열풍으로 들끓게 만들고, 수많은 사람들이 파산하면서 경제공황이 왔다고 묘사함으로써 이 사건을 투기 광풍 역사의 첫 페이지에 위치시켰다. 하지만 후세의 연구에 의하면 맥케이가 묘사한 튤립 버블은 대부분 허구인 것으로 밝혀지고 있다.[8]

즉, 당시나 지금이나 희귀한 구근의 가격은 높으며 희귀한 튤립 구근은 오늘날에도 수집가들 사이에서 그 정도 가격을 인정받는다는 것이다. 특이한 백합 구근의 가격 역시 약 50만 달러에 달하는 것으로 알려져 있다. 또한 투기에 참여했다 손해를 봤다 해도 도망가면 그만일 정도로 법 집행력도 엉망이었기에 실제로 파산한 사람도 많지 않다고 한다. 아울러 투기에 참여한 사람들 역시 제한된 소수였기 때문에 튤립 버블로 네덜란드가 경제공황에 휩싸였다는 주장도 사실이 아닌 것으로 밝혀졌다.[9] 따라서 네덜란드에 닥친 진정한 금융위기는 튤립 광풍이 아니라 1763년 위기로 볼 수 있다.

1763년 위기와 긴급 유동성 공급 조치

7년전쟁(1756~1763년)*은 유럽뿐 아니라 북미 대륙의 식민지까지도 전쟁에 몰아 넣을 정도로 세계대전의 성격을 띠었다. 7년전쟁에서 승리한 영국은 북미 식민지에서 한층 강압적인 정책을 펴면서 훗날 미국 독립전쟁의 단초를 제공했다. 금융 측면에서 보면 7년전쟁은 중립을 선택한 암스테르담이 전쟁으로 자금 수요가 커진 나라들을 상대하면서 특수를 누리는 계기를 마련해주었다. 암스테르담은행은 당시 신흥시장이라 할 수 있었던 베를린 등 독일 지역에 대한 대출을 크게 늘렸는데 이때 함부르크가 암스테르담의 은행가와 독일 변방을 중개하는 역할을 담당했으며 이들 3자는 대출에 활용된 환어음으로 밀접하게 연결되었다.

오늘날 금융시장에서 각종 공사채 발행과 인수를 통해 자금이 여유가 있는 곳에서 필요한 곳으로 흐르듯이 당시에는 환어음의 발행 및 인수가 자금 흐름에 중요한 역할을 했다. 원래 중국에서 발달한 환어음은 아랍을 거쳐 유럽에 전해진 것으로 알려진다.[10] 일반적인 어음이 채권자와 채무자 두 사람 간의 계약이라면 환어음은 4자 간 계약이었다. 다시 말해 수출업자와 수입업자 그리고 이들을 각각 대리하여 돈

---

* 7년전쟁은 왕위계승전쟁에서 프로이센에 패해 독일 동부의 슐레지엔 땅을 빼앗긴 오스트리아가 이를 회복하기 위해 시작한 전쟁으로, 영국이 프러시아에 가담하고 프랑스와 스페인이 오스트리아에 가담하는 등 유럽의 거의 모든 나라들이 편을 갈라 싸웠다. 특히 영국과 프랑스 및 스페인은 북아메리카와 남아메리카, 아프리카 등 거의 전 세계에 산재한 자신들의 식민지에서 전쟁을 벌였으며 북미에서 영국과 프랑스가 벌인 전쟁은 '프렌치 인디언 전쟁(The French and Indian War)'으로 불린다. 프로이센이 승리하면서 오스트리아는 복수에 실패했고 프랑스는 식민지에서 벌인 전쟁에서 패해 영국에 뉴프랑스(New France) 및 루이지애나를 넘겨주었다. 스페인도 플로리다를 영국에 넘겨주게 된다.

을 주고받는 머천트뱅커*가 참여하는 것이다.

환어음은 그 성격상 금융 발달을 견인할 수 있는 다양한 요소를 지니고 있었다. 먼저 원거리 중계무역을 가능케 하여 송금 서비스를 늘리는 데 기여했다. 아울러 고리대금 금지법을 피할 수 있었다. 즉, 이자 비용을 무역 거래 속에 포함시켜 일괄 처리하면 높은 이자를 받는 것을 감출 수 있었다. 또한 일정 기간 후 약속한 날에 지급이 이루어졌기 때문에 기본적으로 대출의 성격을 띠었으며 수출입 거래가 이루어질 경우에는 외환 거래가 동반되었다. 하지만 당시 환어음이 널리 활용될 수 있었던 가장 큰 이유는 금화를 대신할 수 있는 지급 수단이었기 때문이다. 금화 및 은화를 직접 배로 실어 나르면서 국제무역을 한다고 상상해보면 환어음의 발달이 얼마나 교역을 촉진시켰는지 충분히 짐작할 수 있다.

환어음이 높은 안정성을 바탕으로 주요 지급 수단으로 등장하게 된 배경에는 두 가지 금융 혁신이 있었다. 먼저 배서endorsement를 통해 환어음이 양도되고 배서인들이 지급 책임을 지게 되면서 안정성이 높아졌다. 아울러 중간의 사정 변경과 관련 없이 정당한 소지인holder in due course에게 이유를 불문하고 지급하게 했다. 환어음 소지인이 발행과 유통 과정에 관여한 사람들 모두에게 지불을 요구할 수 있게 됨으로써 환어음은 화폐와 크게 다를 바 없는 지위를 가지게 되었다. 환어음의 안정성이 높아지자 은행들은 환어음을 발행하여 필요자금을 조달했고 환어음은 단기 자금시장의 주요 상품으로 부상했다. 환어음의 성격상 발행과

---

* 환전상에서 진화한 은행가와 달리 머천트뱅커는 국제무역 등을 하면서 이와 관련된 금융 서비스를 제공했다. 이들은 환어음의 발달에 기여했고 영국에서는 어음 등 채권 할인 서비스를 제공하는 디스카운트회사(Discount House)로 발전한다. 유명한 메디치가도 이에 포함된다.

유통 과정에 많은 당사자와 금융기관이 관련되었고 이로 인해 기간 및 통화 불일치 등 새로운 위험들도 생겨났지만 위기가 닥치기 전이라 아무도 이에 대해 크게 주의를 기울이지 않았다.

7년전쟁이 진행되면서 각국은 자금 조달을 늘렸고 돈이 풀리자 투기가 크게 성행했다. 이 투기 붐을 이끈 은행이 바로 뇌프빌Leendert Pieter de Neufville에 의해 1756년 설립된 뇌프빌은행이다. 뇌프빌은행은 7년전쟁 기간 중에 급성장하여 제조업, 곡물 거래, 상선, 보험 등으로 광범위하게 사업을 확장했다. 특히 뇌프빌은 사람들의 입에 오르내릴 정도로 사치스러운 생활을 했다.

1763년 7년전쟁의 종식을 알리는 조약이 이루어진 직후 뇌프빌은 베를린의 상인은행가였던 고츠코우스키Gotzkowsky와 대규모 투기에 나서는데 바로 폴란드에서 전쟁을 벌이다가 철수하는 러시아 군대로부터 약 100만 길더에 달하는 곡물을 사들인 것이다. 전쟁이 끝나 곡물 가격이 다소 떨어질 것이라 예상한 뇌프빌은 충분히 낮다고 판단한 가격에 샀지만 곡물 가격이 예상을 뛰어넘어 거의 75퍼센트나 폭락하면서 큰 손실을 입게 된다. 뇌프빌 자신의 투자도 문제였지만 고츠코우스키의 투자자금도 대출해주었기 때문에 이 실패로 인해 고츠코우스키 역시 파산을 피할 수 없었다. 파산 당시 뇌프빌의 부채는 약 960만 플로린이었는데, 자본금이 41만 플로린으로 레버리지leverage*가 무려 24배에 달했다.[11] 이는 뇌프빌의 투자자금이 상당 부분 단기 자금시장에서 환어음 차환 발행을 통해 조달됐다는 의미였다.

뇌프빌의 파산은 두 가지 경로에서 시장에 큰 충격을 주었다. 먼저 단

---

* 통상 레버리지는 총자산을 자본으로 나눈 값을 의미한다.

기 금융시장이 사라지면서 이를 통해 자금을 조달하던 다른 은행들이 유동성 부족으로 파산 위험에 몰렸다. 또한 뇌프빌과 파산한 은행들이 환어음 및 자산을 헐값에 처분하면서 자산 가격이 하락하자 많은 은행들이 큰 손실을 입고 동반 파산의 길을 걷게 된다. 환어음이 부도나자 환어음으로 연결되어 있던 암스테르담, 베를린, 함부르크에서 금융위기가 발생했다. 베를린의 상인들은 함부르크의 은행이 암스테르담은행을 지급인으로 발행한 환어음으로 투자를 했기 때문이었다. 따라서 뇌프빌의 파산으로 암스테르담 은행들의 파산이 이어지자 함부르크 은행이 발행한 환어음이 부도를 맞았고 또 함부르크의 금융위기가 다시 베를린 및 암스테르담의 파산을 부르는 연쇄작용이 일어났다.

위기가 심각해지자 정부은행인 암스테르담은행은 주화뿐 아니라 은덩어리까지 할인 서비스에 포함시켜 자금 부족에 시달리던 은행들에 적극적으로 유동자금을 공급하기 시작했다. 마치 리먼 사태 당시 연준이 기존에 취급하지 않던 투자은행들의 어음을 할인해주면서 유동자금을 지원해주던 것을 연상시키는 지원이었다.[12] 하지만 암스테르담은행의 신속한 대응과 달리 정부의 대응이 늦었던 함부르크와 베를린에서는 금융위기가 계속 확산되었다. 특히 암스테르담과 함부르크 은행들의 파산이 확대되자 환어음 소지인들은 배서인들인 베를린의 귀족 및 상인들에게 지급을 요구했지만 돈이 말라버려 이를 해결할 방법이 없었다. 결국 독일의 프리드리히 대제Frederich the Great는 지불정지를 선포해야 했고 이는 환어음의 가장 중요한 원칙 중 하나인 배서의 효력을 정지한 조치였다.*

1763년 위기는 1998년 미국 뉴욕시장을 흔들었던 LTCM의 파산과 여러모로 유사하다. 단기 금융시장이 얼어붙으면서 다른 금융회사들이 유동성 위기에 빠지고 헐값 매각이 불러온 자산가치의 하락이 자본을 잠식하여 파산 가능성을 높인 위기였던 것이다.[13] 두 위기의 차이가 있다면 1998년에는 많은 비판에도 불구하고 연준이 적극 개입하여 질서 있는 파산을 이끌었고, 그 결과 큰 혼란 없이 해결된 반면 1763년에는 이러한 조치가 없었다는 점이다.

암스테르담은행은 이후 한차례의 금융위기를 더 견뎌냈지만 이전의 신중한 자세를 버리고 더욱 적극적으로 대출에 나서면서 서서히 몰락의 길을 걸었다.[14] 게다가 네덜란드가 자주 전쟁에 휘말리자 정부가 어려움에 처한 상인들을 구제하기 위해 암스테르담은행에 대출을 강제하면서 예치된 금화의 유출을 불러왔다. 이 때문에 자본 확충이 자주 있었음에도 불구하고 고객들의 신뢰를 잃기 시작했다. 특히 1795년 프랑스가 네덜란드를 침략하면서는 거의 망하는 수준까지 이르렀고 1814년에는 네덜란드은행De Nederlandsche Bank으로 개편되었다가 1820년 완전히 청산되면서 역사에서 사라졌다.

---

* 환어음의 중요 원칙을 위반한 후 베를린은 해외 자금의 철수로 상당히 오랫동안 자금 부족에 시달린다. 프리드리히 대제는 자금 조달의 어려움을 해결하기 위해 토지로부터 나오는 수입을 기반으로 채권을 발행했는데 이것이 바로 현대적인 의미에서 최초의 자산담보부증권(Asset Backed Securities)이다. 2008년 글로벌 금융위기는 자산담보부증권의 한 형태인 모기지담보부증권의 부실이 주요 원인이었다. ("Back from disgrace"(2014. 10.1). *Financial Times* 참고)

2장

스톡홀름은행과
뱅크런

스웨덴 달러는 2,430센티미터 크기의 구리판이었다.
……사람들은 돈을 등에 지거나 머리에 이고 다녔고 많을 경우에는
마차로 운반했다. 4달러를 들고 100걸음을 걷는 것조차 끔찍한 일이었다.
무거워서 돈을 훔쳐가는 절도범도 없었다. 너무 무겁지만 않았어도
너에게 돌려줄 수 있었을 텐데 지금은 침대 밑에 숨겨두고 있다.

- 제이콥 비르처로드(덴마크 외교관, 1720년 아들에게 보낸 서신 중)

•　•　•

태초 이래 세 가지 중요한 발명품이 있었다. 바로 불, 바퀴, 그리고 중앙은행이다.

- 윌 로저스(미국의 사회평론가 겸 풍자가)

뱅크런을 부르는 불안한 소문

일반인들이 가장 쉽게 이해하는 금융위기는 영화에도 곧잘 등장하는 뱅크런bank run, 즉 예금 인출 사태로 인한 은행 위기일 것이다. 크리스마스 단골 영화인 프랭크 카프라 감독의 〈멋진 인생It's Wonderful Life〉과 월트디즈니사의 영화 및 브로드웨이 뮤지컬로 유명한 〈메리 포핀스Mary Poppins〉에는 사람들이 동시에 예금을 인출하기 원하면서 지급 불능에 빠진 뱅크런 상황이 등장한다.

〈메리 포핀스〉는 1910년대 영국을 배경으로 마법의 힘을 가진 젊은 가정부 메리 포핀스와 은행원인 아버지 뱅크, 그리고 그의 아들 마이클과 딸 제인을 둘러싼 한 가족의 해프닝을 즐겁게 풀어가고 있다. 현실을 보다 잘 이해해야 한다는 이유로 아버지가 근무하는 은행을 학습 삼아 방문하게 된 마이클은 은행에 가는 길에 광장에서 비둘기를 보고 용돈으로 비둘기에게 줄 먹이를 사기로 마음먹는다. 하지만 마이클은 은행에서 아버지의 상사인 은행장 도즈로부터 용돈을 저축하라는 강

뮤지컬 〈메리 포핀스〉의 포스터

요를 받는다.

> 만일 네가 현명하게도
>
> 안전하고 건전한 은행에
>
> 2펜스를 투자하면 곧 이자가 붙을 것이다.
>
> 은행을 통해 돈이 되는 곳에 투자된 너의 돈이 커지면서
>
> 너는 정복감을 느낄 것이다.
>
> 마이클, 알고 있니.
>
> 네가 많은 것들의 일부를 소유하게 된다는 것을.
>
> 아프리카를 관통하는 철도
>
> 나일 강을 가로지는 댐
>
> 바닷길을 다니는 선박들
>
> 개발 비용을 빼고도 남는 웅장한 운하

찻잎이 익어가는 농장

이 모든 것은 네가 투자한 2펜스로부터 나온다.

수익을 내고 돈을 아껴주는 투자로부터.

바로 도즈, 탐스, 마우슬리, 그럽 피델리 신탁은행에 저축한 돈으로부터!

하지만 저축을 강조하는 이 노래와 춤이 끝나자마자 은행장 도즈가 마이클의 손에 있던 2펜스를 낚아채면서 돌발 상황이 발생한다. 마이클은 여전히 비둘기 먹이를 사고 싶었고 그래서 큰 소리로 "내 돈을 돌려줘, 내 돈을 돌려줘" 하고 소리치며 은행장을 따라다닌다. 이때 전혀 예기치 못한 일이 일어난다. 은행에 모여 있던 사람들이 이 광경을 보고 은행이 어린아이의 예금 2펜스를 내주지 못할 정도로 어려워졌다고 오해한 것이다.

고객 1: 뭔가 잘못되고 있는 거 아냐, 은행이 돈을 돌려주지 못하다니.

고객 2: 이런, 돈을 인출해야겠다. 전부 돌려줘.

고객 3: 내 돈도.

고객 4: 나도.

돈을 찾으려는 사람들이 순식간에 몰려들면서 은행의 잔고는 바닥났고 은행은 결국 영업을 정지해야 했다. 근거 없는 소문에 의해 발생한 뱅크런을 묘사한 것이지만 이는 현실과 동떨어진 이야기가 아니다. 영국에서는, 소나기를 피하기 위해 은행 처마 밑에 모여 있는 사람들을 보고 예금자들이 몰려들어 돈을 빼내는 바람에 은행이 파산했다는 믿기 어려운 이야기도 전해진다.

하지만 초기 은행들은 은행권의 과다 발행으로, 또는 전쟁 등으로 지급불능 사태가 있을 것을 우려해서 뱅크런을 맞는 경우가 많았다. 이 경우 오늘날과 같은 중앙은행 시스템이 부재했기 때문에 대부분의 은행은 속수무책으로 문을 닫을 수밖에 없었다. 은행권을 통해 금융 혁신을 이루어낸 스톡홀름은행도 은행권의 과다 발행으로 뱅크런 상황이 초래되어 몰락한다.

은구리복본위제하의 스웨덴

유럽에서 상대적으로 발전이 늦었던 스웨덴이 초기 금융 역사에 등장할 뿐만 아니라 그 발전 과정에서 작지 않은 기여를 했다는 것은 놀라운 일이다. 스웨덴은 세계 최초로 중앙은행을 세운 나라이자 은행권을 광범위하게 사용한 나라다.

그렇다면 스웨덴은 왜 은행권을 사용하게 되었을까? 학자들은 잦은 본위제 변경과 더불어 유별나게 무거운 이 나라의 구리 주화가 은행권 출현에 한몫했다고 주장한다.[15]

유럽 북부에 위치해 어업 및 광업에 의존해 살아가던 스웨덴은 1534년 달러daler라는 구리 주화를 처음 사용하기 시작했다. 스웨덴이 구리 주화를 만들어 사용하게 된 데에는 자국에서 많이 생산되는 구리 수요를 높여 가격을 올리려는 속셈도 작용했다. 17세기 들어 국왕 구스타브 아돌프는 다른 나라들이 금과 은을 주조해서 화폐로 사용하는 금은복본위제를 채택한 것과 달리 은과 구리를 주화로 제조하는 은구리복본위제를 채택했다. 하지만 원재료인 구리에 비해 구리 주화의 가치가

19.7킬로그램짜리 스웨덴 10달러와 1달러 비교
자료: The Historical Museum in Lund, Sweden

높자 은화는 집에 두고 구리 주화를 사용하는 사람들이 늘어났다. 즉, 그레샴 법칙이 작용하면서 사실상 구리본위제로 운영된 것이다.

문제는 은의 가치가 구리에 비해 거의 100배나 높아 은 주화와 같은 가치를 지닌 구리 주화의 경우 무겁고 클 수밖에 없었다는 점이다. 가장 많이 사용되는 10달러의 경우 가로세로 길이가 1,224센티미터에 무게가 19.7킬로그램에 달했다. 이로 인해 웬만한 거래에서 구리 주화를 사용하려면 운반을 위해 마차가 필요했고 사실상 즉석에서는 대규모 거래가 거의 불가능했다.

요한 팔름스트루흐와 스톡홀름은행의 설립

1619년 구스타브 국왕은 구리 주화로 인한 거래의 불편을 해소하기 위해 이탈리아의 예를 따라 은행을 설립하려 했지만 국왕과 상인 간에 누가 설립자금을 댈 것인가를 놓고 다툼이 벌어져 결국 실패했다.

러일전쟁 취재차 한국에 온 미국 주간지 《콜리어스》 특파원 로버트 던(Robert L. Dunn)이 자신이 환전한 엽전(약 150달러 정도) 앞에서 기념 촬영을 하고 있다. 1달러를 바꾸면 장정이 지게로 지고 와야 했다고 한다. 당시 우리나라의 경우도 스웨덴과 큰 차이가 없었다고 볼 수 있다.

자료: http://populargusts.blogspot.kr/2013_10_01_archive.html

1656년 11월 칼 구스타브 10세가 외국인인 요한 팔름스트루흐Johan Palmstruch에게 스톡홀름은행Stockholms Banco 설립 인가를 내주면서 최초의 은행이 탄생하게 된다.

라트비아 리가 출신의 네덜란드 상인이었던 팔름스트루흐는 네덜란드에서 사업에 실패하고 빚을 갚지 못해 감옥살이까지 한 후 스톡홀름으로 이주한 인물이다. 준수한 외모와 화려한 언변으로 정착에 성공한 그는 곧바로 상인조합merchants' guild의 대표가 되었으며 왕과의 친분을 활용해 은행 인가를 따냈다.* 30년간 은행업의 독점을 보장받은 팔름스트루흐는 인가를 내준 대가로 출자도 하지 않은 왕과 귀족들에게 은행의 이익을 나누어주기로 약속했다.

스톡홀름은행에도 지급 결제를 담당하는 환 부서_exchange bank_와 증권을 담보로 대출을 하는 대출 부서_lending bank_가 따로 있었다. 그중에서도 환 부서는 무거운 구리 주화를 예치받고 보관증을 내주었기 때문에 인기가 높았다.[16] 1660년까지 약 40만 개의 구리 주화가 예치되었고 시중에는 은행이 발행한 보관증서가 대신 거래에 활용되었는데 지급의 편리성으로 인해 구리 주화보다 가치가 높았다. 실제 돈의 가치보다 보관증이 더 선호되었던 것이다. 이러한 사례는 영국의 금세공업자들이 발행했던 금 예치증서에서도 발견된다. 보관증이 지급 수단으로 활용되면서 수요가 높아지자 팔름스트루흐는 실제 보관하고 있던 구리 주화보다 많은 보관증을 발행하기 시작했다. 모든 사람이 동시에 은행에 찾아와 구리 주화를 인출하지 않는 한 문제가 없을 것이라 생각했던 것이다.

하지만 우려는 현실이 되었다. 1660년 국왕이 죽고 어린 왕을 대신해 나라를 통치하게 된 신탁통치위원회는 구리 달러를 재주조하면서 스톡홀름은행을 위기로 몰아넣었다. 이전보다 구리 양이 줄어든 새 주화가 유통되기 시작하자 사람들이 보관증을 들고 몰려와 구舊주화로 바꾸기를 원했던 것이다. 새 구리 주화가 함량이 충실한 자신의 구주화와 섞일까 봐 우려했기 때문이었다. 예치된 구리 주화보다 많은 보관증을 발행한 팔름스트루흐는 교환수요를 감당하지 못하고 뱅크런에 직면했다. 이때 팔름스트루흐는 뱅크런을 피하기 위해 기발한 착상을 하게 되는데 이는 향후 금융의 역사를 바꾼 은행권의 탄생으로 이어진다.[17]

---

* 흥미롭게도 미시시피 버블 사건을 일으킨 존 로(John Law)도 영국에서 사고를 치고 프랑스로 넘어가 금융위기의 장본인이 된다. 상세한 내용은 Gleeson Janet(1999). *Millionaire: The Philander, Gambler, and Duelist Who Invented Modern Finance*를 참조.

금융 혁신: 은행권의 탄생

상환 요구가 계속되자 팔름스트루흐는 의회에 금화 두카트, 은화 달러, 구리 주화 달러 등 귀금속으로 태환이 가능한 증서를 발행할 수 있게 해달라고 청원하여 승인을 받아냈는데 이 신용 증서credit note가 바로 은행권bank note의 최초 형태였다. *

팔름스트루흐가 발행한 은행권은 BANCO라는 워터 마크가 찍힌 종이 위에 스톡홀름의 문장과 여러 사람의 서명이 들어 있고 금액을 채워 넣어야 하는 일종의 환어음이었다. 오늘날의 은행권에 액면가가 인쇄되어 있는 것과 달리 금액란이 비어 있었던 이유는 당시 스톡홀름의 특수한 사정 때문이었다. 즉, 스톡홀름은 국제 거래의 중심지여서 자신이 발행한 금화 및 은화를 포함하여 약 20여 개의 주화가 유통되었고 액면가가 다양했기 때문에 이를 맞추기 위해서는 액면가를 몇 개로 한정할 수 없었다.

은행권이 도입되면서 금융 행위에 많은 변화가 생겼다. 예를 들면 암스테르담은행이 대출을 할 때 차입인의 계좌에 예금bank money을 넣어주었다면 스톡홀름은행은 금화 및 은화 등 경화와 태환이 가능한 은행권을 교부하는 것으로 해결할 수 있었다.[18] 정부도 스톡홀름은행권으로 세금을 납부할 수 있도록 하는 등 지원을 아끼지 않았다. 이후 스톡홀름은행권은 스웨덴뿐 아니라 유럽의 주요 금융 거점에서 사용될 정도로 큰 인기를 끌었고 향후 부분지급준비제도를 더욱 확고히 정착시키는 데 기여했다.[19]

---

* 많은 사람들이 지폐의 기원으로 원나라 쿠빌라이 칸의 지폐를 꼽지만 이는 오늘날의 지폐인 은행권과는 거리가 멀다.

팔름스트루흐가 발행한 100달러 은행권

자료: 대영박물관

　인기가 높아지자 팔름스트루흐는 은행권을 과도하게 발행했는데 은행이 보유한 귀금속 주화보다 많은 은행권을 발행한다는 의심이 커지면서 은행권이 할인 유통되기 시작했고 1663년에는 은행권 소지자들이 일제히 태환을 요구하면서 뱅크런 상황이 발생했다. 은행이 지급불능 상황에 빠지자 스웨덴 정부가 개입했다. 정부는 스톡홀름은행의 면허를 취소하고 모든 대출을 회수해서 상환에 대비하라고 명령했다. 하지만 대출 회수는 오늘날로 따지면 통화 공급의 위축을 가져왔고 디플레이션을 유발하여 오히려 대출 채권의 회수를 어렵게 만들었다.

　결국 1668년 스웨덴 정부는 스톡홀름은행을 국유화하기에 이른다. 아울러 스톡홀름은행권이 모든 공적, 사적 거래에서 액면가로 거래되도록 법으로 정하여 은행권이 은행으로 되돌아오는 것을 막았다. 한편 팔름스트루흐는 사기죄로 사형을 선고받고 투옥되었다. 1669년 감형된 후 이듬해 석방되었다가 1년 만에 사망한다.

정부은행인 중앙은행의 등장

국유화된 스톡홀름은행은 이후 릭센스탠더스은행Riksens Ständers Bank으로 이름이 바뀌어 국왕과 정부의 통제가 아닌, 철저하게 의회의 관리와 감독을 받는 은행으로 재탄생했다. 은행 경영에서 실패를 맛본 국왕과 정부였지만 은행의 필요성에 대해서는 인식을 같이하고 있었기 때문에 은행과 관련된 전권을 의회에 넘기는 타협안을 마련하여 은행을 계속 유지한 것이다. 의회가 은행을 경영하게 된 것은 당시 칼 구스타브 11세의 왕위를 이은 아들이 겨우 열두 살에 불과해 의회가 권력을 쥐고 있었기 때문이기도 했다. 의회는 은행과 관련된 입법, 감독에 관한 전권, 그리고 통화신용 정책까지 부여받는 것을 조건으로 정부의 제안을 받아들였고 이로써 현대적인 의미의 중앙은행이 탄생하게 되었다. 흥미로운 점은 당시 스웨덴 의회는 귀족, 지식인, 성직자, 농민 대표로 구성되어 있었으나 농민은 새로운 은행의 소유와 경영에 반대해서 1800년까지 이 은행은 농민을 제외한 3개 계급에 의해 경영되었다는 것이다.

새롭게 출범한 릭센스탠더스은행은 스톡홀름은행의 실패를 반면교사로 삼아 은행권 발행을 금지했다. 이후 1701년에 와서야 필요성이 인정되자 지극히 한정된 사람들에 한해 100달러 이상의 은행권을 발행해주었다. 당연히 은행의 수익성이 좋을 리 없었다. 또한 대출 시 담보로 잡을 수 있는 채권의 종류를 제한하여 대출도 적극적으로 하지 않았다. 이로 인해 대부분의 대출은 왕과 귀족이 소유한 땅을 담보로 이루어졌다.

하지만 의회의 통제를 받던 릭센스탠더스은행 역시 금융위기에서

스톡홀름은행에서 이름을 바꾸고 의회가 경영하는 은행으로 재탄생한 초기 릭센스탠더스은행 건물. 오늘날 스웨덴 중앙은행으로 맥을 잇고 있다.

자료: www.historiesajten.se

자유롭지 못했다. 러시아 등과 크고 작은 전쟁을 치르면서 정부는 릭센스탠더스은행을 동원해 전쟁 비용을 마련했는데 특히 모자당hat party 이 집권하고 있던 1740년대와 1750년대에는 이러한 일이 더 자주 반복되었다. 은행권을 남발하면서 물가가 치솟았으며 잦은 태환 정지 조치가 취해지는 등 금융위기가 빈발했다. 물론 전쟁이 잦아들면 다시 태환이 실시됐지만 혼란은 반복되었고 이로 인해 스웨덴의 금융은 나폴레옹 전쟁이 끝난 후에야 다소 안정을 찾을 수 있었다.

　1866년 릭센스탠더스은행은 릭스뱅크Sveriges Riksbank로 이름이 바뀌었으며 1873년 마침내 오랜 혼란을 마감하고 금본위제를 도입했다. 1897년에는 은행권을 독점적으로 발행할 수 있게 되면서 제대로 된 중앙은행으로 자리매김할 수 있었다. 릭스뱅크는 오늘날 스웨덴의 중앙은행으로 맥을 잇고 있다.

2부

확산

: 중앙은행, 돈을 찍어내다 :

18세기 들어 상업은행이 크게 늘어나면서 금융업은 급격히 확대되기 시작했다. 그러나 잦은 전쟁과 취약한 금융 시스템으로 인해 금융위기도 잦아졌다. 특히 금융 발전을 이끈 영국, 프랑스, 미국을 중심으로 금융위기는 계속해서 대형화되었다.

　아이작 뉴턴의 재주조 이후 은화의 유통이 중지되면서 실질적으로 1717년 금본위제를 시작*한 영국은 제1차 세계대전 이전까지 국제금융의 중심축 역할을 했다. 전비 마련을 수월하게 하려는 의도로 1694년에 설립된 영란은행은 오늘날 중앙은행의 모델이 되었고 1844년 제정된 은행법joint-stock banking code은 초기 상업은행의 형태를 만들었다. 이후 영국의 금융 시스템은 많은 나라에 이식되었고 특히 미국의 중앙은행인 연방준비제도Fed(이하 연준)의 설립에도 영향을 미쳤다.

　프랑스의 경우 초기 존 로의 거대한 금융 실험이 실패하면서 금융과 맺은 악연이 프랑스 혁명을 넘어 근대 산업자본의 형성 부진으로까지 이어졌다.

　신생국 미국은 금융의 역사뿐 아니라 금융위기의 역사도 영국 못지않게 길다. 중앙은행은 건국 초기 두 번의 시도가 실패하면서 1913년에야 설립되었지만, 상업은행의 역사는 오히려 영국보다도 앞선다.

＊ 법적으로는 1819년에 확립되었지만 나폴레옹 전쟁의 영향으로 1797년 은행권의 금 태환이 중지되어 있었기 때문에 실제로 태환이 이루어진 것은 1821년 이후부터였다.

1782년 북미은행The Bank of North America이 설립되었으며 매사추세츠은행(1784년), 뉴욕은행(1791년) 등도 독립 이전부터 영업을 시작했다. 흥미롭게도 이렇게 은행 제도가 일찍 들어섰음에도 은행에 대한 일반인의 인식은, 중앙은행의 설립마저 어려울 정도로 부정적이었다. 또한 은행에 대한 규제가 강했음에도 불구하고 대형 금융위기가 빈발했다. 독립전쟁 당시에는 불환지폐 컨티넨탈continental*로 인해 심각한 인플레이션을 겪었고, 영국 자본이 대거 진출해 있었기 때문에 영국의 위기에 같이 휩쓸려 들어가는 경우도 많았다. 하지만 미국의 잦은 위기는 외부적 요인보다는 구조적 취약성에 기인한 경우가 더 많았다.

---

* 컨티넨탈의 심각한 가치 하락은 '한 푼의 값어치도 없는(not worth a continental)'이라는 영어 표현을 탄생시켰다.

3장

위기의 주범이자
위기의 해결사,
영란은행

한마디로 말해 패닉은 신경성 질환으로

과학적으로 보면 피할 수 있는 것이 아니다.

– 월터 배젓, 《롬바드 스트리트》

. . .

금융이 위기에 취약한 것만은 아니다. 금융은 위기를 통해 모습을 갖추었다.[1]

–《이코노미스트》(2014. 4. 12)

. . .

그해의 금융공황은 은행 경영자에게 처음으로 무언가를 깨닫게 해주었고

이 깨달음은 훗날 건전한 규칙으로 자리 잡았다.

– 월터 배젓, 《롬바드 스트리트》

. . .

나는 중앙은행에 가서 최종 대부자 부서lender-of-last resort department를

본 적이 없고 그와 같은 일을 담당하는 부총재를 만난 적도 없다.

– 헨리 월리히

개인 은행가들의 전성시대

초기 영국 금융은 금세공업자 은행가goldsmith banker들의 무대였다. 기초적 금융 행위인 예금 수취, 대출, 환전을 제외하면 금을 보관하는 대신 증서를 내주는 일종의 금고업자에 불과했지만 의외의 사건이 이들을 은행가로 변신시켰다. 전통적으로 영국의 상인들은 금화를 주로 런던타워에 위치한 조폐소에 예치해왔는데 1638년 자금 사정이 어려워진 찰스 1세가 조폐소에 보관되어 있던 약 20만 파운드의 금화를 독단적으로 압류한 것이다. 상인들이 찰스 1세에게 4만 파운드를 대출해주기로 하면서 사태가 해결되었지만 불안감을 느낀 상인들은 이후 조폐소를 피하고 금세공업자에게 금화를 맡기기 시작했다.

금세공업자 은행가들이 금 예치증서를 내주고 금을 보관하는 서비스를 제공하면서 금화 손상에 따른 거래 불편도 해소됐다. 하지만 사람들이 거래의 편의를 위해 금화 대신 예치증서를 더 많이 활용하고 금은 찾아가지 않는다는 사실을 알게 된 금세공업자들은 대출 수단으로 예치증서를 추가 발행했다.* 즉, 신용을 창출하면서 금고업자에서 은행가로 변신한 것이다. 또한 발행된 증서가 실제 은행에 보관되어 있는 증서보다 많아지면서 부분지급준비제도도 만들어졌다. 금세공업자 은행가들은 이로써 대출을 크게 늘릴 수 있었다. 특히 고리대금 금지로 이자를 5~6퍼센트밖에 받을 수 없었지만 왕실과의 거래에서는 예외적으로 높은 이자를 받아 수익을 늘렸다.

하지만 튜더 왕조와 스튜어트 왕조를 거치면서 왕의 교체가 잦아지자 모두 왕과 거래하기를 꺼리게 되었고 왕실 재정은 엉망이 되었다. 특히 1672년 국왕 찰스 2세는 네덜란드와의 전쟁을 준비하면서 은행가들에게 전쟁 비용을 대출해달라고 요구했지만 돈을 돌려받지 못할 것을 우려한 은행가들은 이를 거절했다. 돈을 구하지 못한 찰스 2세는 기존에 빌린 돈의 이자 지급과 원금 상환을 위해 마련된 싱킹펀드 sinking fund**를 끌어다 썼고 이로 인해 기존 채권의 이자 지급과 상환이 중단되면서 국고 지급 정지 상황이 발생했다. 이 일로 국왕과 거래하던 많은 금세공업자 은행가들이 파산했고 왕실의 신용은 땅에 떨어졌다.

1688년 신교 세력인 오렌지 공 윌리엄 3세와 입헌군주정을 옹호하는 휘그당은 명예혁명을 단행하여 구교 세력인 제임스 2세를 몰아냈다. 하지만 혁명이 전례 없는 재정 부담을 가져올 것이라고는 아무도 예상하지 못했다. 혁명으로 인해 영국은 유럽의 최대 강국이자 구교 세력인 프랑스를 상대해야 했고 과거보다 훨씬 큰 군대를 유지할 필요가 있었다. 이에 따라 세금을 올리면서 영국 국민들은 높은 세금 부담에 허덕

---

* 금세공업자들도 보관하고 있는 금을 국왕이 압류할까 봐 불안해했다. 따라서 대출은 압류에 대한 위험을 줄이는 수단이기도 했다.
** 부채의 상환을 위해 정부 세수의 일부를 특정해서 적립한 기금을 말한다.

이게 되었다. 이를 두고 역사학자 존 브루어John Brewer는 당시의 영국은 '전쟁을 치르기 위한 조세국가fiscal-military state'였다고 칭하기까지 했다.[2]

명예혁명 이후 영국은 신교 정부뿐 아니라 식민지인 미국과 아일랜드를 지키고, 프랑스의 위협을 받고 있는 신교 세력인 네덜란드를 돕기 위해 9년전쟁(1688~1697년)에 참전했다. 이를 위해 자국민 4만 8,000명에 독일 용병 2만 1,000명을 더해 군대를 구성하고 61척의 전함을 구축했다. 1688년 이전까지는 왕실을 견제하던 의회도 혁명 이후에는 신교 세력인 새 왕실을 지키기 위해서 세금을 거두어들이는 데 앞장설 수밖에 없었다. 결국 가장 조세 부담이 작은 나라였던 영국은 프랑스와 네덜란드와 함께 조세 부담이 가장 높은 나라가 되었다. 따라서 경제성장으로 세수가 증가했음에도 늘어난 재정 수요를 감당하기 위해서는 재정 구조를 획기적으로 바꾸는 재정 혁명이 필요했고 그 결과 개인 투자자들에게 자금을 차입하고 이자를 지급하는 국가 부채에 의존하기 시작했다.

비교할 수 없는 특권: 영란은행의 탄생

1694년 영국 정부는 프랑스와의 전쟁 비용을 마련하기 위해 당시 큰 인기를 끌던 복권을 활용했다. 정부는 밀리언 어드벤처 로터리Million Adventure Lottery를 통해 10파운드짜리 복권 10만 주를 팔아 100만 파운드를 조달했다. 이 복권은 약 2,500여 개의 다양한 상품(최고 상품은 16년간 매년 1000파운드를 받았다)을 제공했을 뿐만 아니라, 당첨이 되지 않더라도 1710년까지 매년 1파운드의 이자소득을 얻을 수 있어 큰 인기를 끌었다. 정부는 복권을 통해 안정적으로 장기 자금을 끌어들일 수 있었지만 조달 비용이 약 14퍼센트에 달할 정도로 부담이 커서 다른 방안이 절실한 상황이었다.[3]

1694년 왕실은 스코틀랜드 출신 상인이자 은행가인 윌리엄 패터슨* William Paterson의 청원을 받아들여 은행가들을 통해 120만 파운드를 조달했다. 조달 조건은 매년 10만 파운드(8과 1/3퍼센트)를 상환하면서 연리 8퍼센트의 이자를 지불하는 것이었는데 복권을 통해 조달한 자금의 평균 금리가 10퍼센트였던 것을 감안하면 좋은 조건이었다. 의회는 자금 조달을 위해 조달에 참여한 사람들에게 특혜를 부여했는데 바로 이들에게 영국 최초의 조인트스탁회사joint-stock company** 형태의 영란은행Bank of England 설립을 허용한 것이었다.

영란은행의 설립에 참여한 사람들은 명예혁명을 주도한 휘그당 세력이었고 이들은 혁명 후 영란은행을 통해 다시 한 번 결속을 다졌다. 서로가 서로를 밀어주는 관계였기 때문에 자금을 빌려주는 측은 돈을 떼일 염려를 하지 않았고 빌린 측에서도 갚지 않을 이유가 없었다. 대출 자체가 장기적인 성격을 띠었고 원금 청산이 은행의 면허가 종료되는 시점에 이루어지도록 되어 있는 등 구조도 안정적이었다. 즉, 영란은행

---

* 패터슨은 영란은행의 설립 이후 경영을 책임졌지만 곧바로 사임하고 오늘날 파나마 지역에 스코틀랜드 식민지를 건설하는 소위 다리엔 사업(Darien Scheme)에 전념하여 많은 스코틀랜드인들을 투자에 끌어들였다가 실패했다. 이 실패로 스코틀랜드는 경제위기를 맞았고 위기 극복을 위해 1707년 잉글랜드와의 합병을 선택할 수밖에 없었다. 이로 인해 당시 많은 사람들은 이 사업의 실패가 스코틀랜드의 독립을 저지하기 위한 잉글랜드의 음모였다고 믿게 되었다.

** 합본회사(合本會士)라고도 하며 오늘날의 주식회사와 유사한 지분구조를 갖는 초기 주식회사 형태이다. 차이점은 주식회사의 주주가 유한책임을 지는 데 반해 조인트스탁회사는 무한책임이 기본이며, 주식회사의 주식이 균일한 액면가를 가지는 데 비해 납입 금액에 따라 주식의 액면가가 다르다는 점이다. 무엇보다 큰 차이는 조인트스탁회사는 사업 목적이 달성되고 나면 청산하여 이익을 나누고 주식회사는 영속성을 지닌다는 점이다. 조인트스탁회사의 등장은 각국 국왕들의 필요를 여러 가지 면에서 충족시켜 주었다.

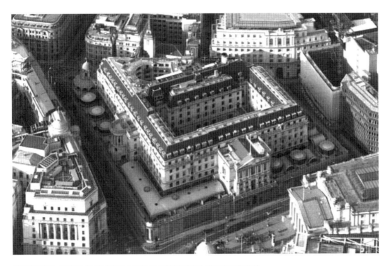

금본위제를 이끌면서 세계의 중앙은행 역할을 했던 영란은행 전경
자료: http://www.webbaviation.co.uk/

이 존속하는 한 정부는 자금을 제공한 이들로부터 상환 요구를 받을 위험에서 벗어날 수 있었다. 이로 인해 정부, 영란은행, 런던의 자본가, 작은 규모의 투자를 할 수 있는 중산층의 이해가 맞아떨어진 재정 시스템이 구축되었다. 다만 프랑스가 이 모든 것을 절대왕정이라는 토대 위에 구축했다면 영국의 경우 궁박한 처지에 있던 윌리엄 3세가, 의회에 재정을 통제할 수 있는 권리를 양보하면서 유지했다는 점이 달랐다. 이로써 왕과 의회의 양대 권력이 형성되었고 영국은 '의회 속에 있는 왕King-in-Parliament'에 의해 통치되었다.[4] 즉, 1688년 이전의 왕은 의회 없이도 통치가 가능했지만, 1688년 명예혁명 이후에는 매년 의회가 승인하는 세금 없이는 통치가 불가능한 시대로 바뀐 것이다.

돈이 궁했던 정부는 영란은행으로부터 필요한 자금을 지속적으로 차입하기 위해 많은 특권을 부여했다. 영란은행은 1825년까지 잉글랜드와 웨일스 지역에서 은행업에 종사할 수 있는 유일한 조인트스탁회사였을 뿐만 아니라 다른 조인트스탁회사와 달리 주주들이 유한책임의 특권을 누리고 있었다.* 이로 인해 은행업이 가진 우발적 위험을 걱정한 많은 부유한 사람들이 주주로 참여할 수 있었다. 당시 다른 은행들은 주주가 6명 이하로 제한되었고 주주들이 무한책임을 지고 있었기 때문에 영란은행에는 엄청난 특혜였다. 이후로도 의회는 지속적으로 영란은행에 특권을 부여하는데 반대급부로 영란은행은 정부에 필요한 자금을 대출해주거나 또는 무상으로 증여하기도 했다.[5]

영란은행이 가진 또 하나의 특권은 정부와 거래하는 유일한 은행이었다는 점이다. 당시 정부만큼 규모가 큰 기관이 없었음을 감안할 때 정부와의 거래를 독점한 것 역시 특혜를 부여한 것이었다.

영란은행은 또한 1742년 법에 의해 잉글랜드 지역에서 은행권을 발행할 수 있는 특권을 부여받았다. 이후 영란은행 은행권은 법정통화의 지위도 획득하게 된다. 즉, 영국의 모든 공사채 채무를 영란은행의 은행권으로 변제할 수 있게 된 것으로 이는 마치 은행권에 금화와 다름없는 지위를 부여한 것과 마찬가지였다.

정부는 영란은행에 특권을 부여하면서 면허기간을 한정해 이를 연장하도록 하여 필요하면 언제든지 면허를 거두어들일 수 있는 장치를 마련했다. 정부와 영란은행은 1697년부터 1844년까지 총 9차례에 걸친 면허 연장 협상을 진행했는데 협상 때마다 상황에 대처하는 양측의

---

* 초창기 은행의 주주들은 회사에 손실이 날 경우 투자한 지분뿐 아니라 개인 재산을 털어서 손실을 보전해야 했다. 즉, 무한책임을 지는 합명회사(unlimited partnership)였다. 이로 인해 개인은 물론 회사도 파산한 은행의 주식을 갖고 있으면 손실 보전 책임을 피하지 못하고 같이 파산하는 경우가 많았다. 이 문제는 오늘날 대부분의 은행이 유한책임을 규정한 주식회사 형태를 취하면서 해결되었다.

협상력이 결과를 좌우했다. 설립 직후 영란은행은 돈이 필요했던 정부에 많은 돈을 대출해주는 동시에 특권을 쌓아갔으며 튤립 광풍을 피해간 네덜란드의 암스테르담은행처럼, 영국 전역을 휩쓴 남해 버블도 운 좋게 피해가면서 순조로운 성장을 이어 나갔다.

영국 전역을 투기장으로 만든 남해 버블

영국과 프랑스를 비롯하여 당시 유럽 각국은 잦은 전쟁을 치르느라 신규 차입을 위해 다양한 방안을 모색했다. 그중에서도 긴급한 수요에 부응하기 위해 발행한 채권이나 차입 등의 고금리 단기 부채를 이자율이 낮은 장기 부채로 전환하는 일에 관심이 높았다. 이러한 전환 과정이 투기로 연결된 것이 거의 비슷한 시기에 발생한 프랑스의 미시시피사 버블과 영국의 남해 버블 사건이었다.

휘그당이 중심이 되어 설립한 영란은행과 달리, 토리당이 중심이 되어 1711년 설립한 남해회사는 스페인의 식민지인 남미 지역(당시 이 지역은 남해South Sea로 불렸다)의 무역 독점권을 보유한 조인트스탁회사였다. 하지만 이는 명목에 불과할 뿐 실상은 스페인의 봉쇄로 어떠한 무역업도 제대로 수행하지 못했다.

이 회사는 1720년에 대단한 모험을 시도하는데 당시 영국 정부의 국채 약 5,000만 파운드 중 영란은행과 동인도회사의 것을 제외한 3,000만 파운드를 자신의 주식과 교환하자고 제안한 것이다. 영국 정부로서는 이들 부채가 연금증서 형태의 공채 성격을 띠고 있어 상환이 불가능할 뿐만 아니라 무엇보다 금리가 높았기 때문에 어떤 식으로든 전환이 필요했다. 남해회사가 제시한 거래 구조는 다음과 같았다.

남해회사는 시장에서 정부가 발행한 연금 형태의 공채 3,000만 파운드를 사들이고 정부는 이 공채에 대해 6퍼센트 이상이었던 기존 금리보다 낮은 5퍼센트(일정 기간 이후 4퍼센트)의 이자를 지급하라는 것이다. 재정 부담을 줄이기 원했던 정부가 이 제안을 마다할 리 없었다. 문제는 남해회사가 기존 공채 소유자들에게 어떤 인센티브를 주어 공채를 남해회사의 주식으로 바꾸도록 유인할 것인가였는데 이를 위해 사용된 수단이 바로 남해회사의 주가를 띄우는 것이었다. 즉, 공채 소유자가 일정한 전환비율로 확정된 주식을 받았을 경우 주가가 계속 오른다면 배당 외에 상당한 자본 이익을 얻을 수 있게 만든 것이다.

처음 이 거래를 제안받은 정부의 입장은 다소 부정적이었지만 재정 부담을 낮추는 데 도움이 된다고 보고 입장을 바꿨다. 그리고 경쟁을 통해 유리한 조건을 얻기 위해 영란은행을 끌어들여 분위기를 띄웠다. 영란은행이 경쟁자로 참여하자 남해회사는 당초 300만 파운드를 제시했던 정부 사례금을 750만 파운드로 올렸고 결국 영란은행을 제치고 거래를 따냈다. 남해회사가 거래를 따낸 1720년 1월, 주가는 곧바로 100파운드에서 200파운드로 뛰어올랐다. 남해회사는 1차로 200만 파운드를 모집하기로 하고 주당 300파운드에 신주를 모집하기 시작했다. 큰 이익을 기대한 공채 소유자들은 전환에 응했고 다른 사람들도 주가 상승에 대한 기대로 신주 청약에 나서면서 영국 전역은 투기장으로 변했다. 남해회사로서는 그야말로 꿩 먹고 알 먹는 거래였다.

2차, 3차 추가 자금을 모집하는 과정에서도 청약가는 계속해서 뛰었고 6월에는 주가가 1,000파운드에 달하게 된다. 남해회사는 당초 예상했던 것보다 훨씬 적은 수의 신주를 발행하고도 약 3,000만 파운드 이상의 공채를 모두 전환할 수 있었으며 아울러 국채를 보유함으로써 안정적인 이자 수입까지 확보할 수 있었다. 초기에 전환에 응했던 개인들도 엄청난 투자 이익을 얻었다. 이 소문이 퍼지자 사자 열풍이 영국을 넘어 프랑스, 네덜란드 등 유럽 대륙까지 번졌다. 남해회사는 주식 청약을 늘리기 위해 은밀히 주식을 더 팔고 이를 통해 모은 자금으로 주식을 사겠다는 사람들에게 대출까지 제공하면서 매번 모집이 완료될 때마다 주가가 당초 약정 금액을 초과하도록 주가를 조작했다.

남해회사의 모든 구조는 폰지형 사기Ponzi Scheme*의 성격을 띠고 있었다. 즉, 신규 투자자의 투자금으로 기존 투자자에게 이자나 배당금을 지급하는 구조였던 것이다. 남해회사는 이 과정에서 투자자의 환상을 부추기기 위해 당시로서는 거의 유일한 미디어 매체였던 유명 작가들을 회사 선전에 활용했는데《로빈슨 크루소》를 쓴 대니얼 디포와《걸리버 여행기》를 쓴 조너선 스위프트 같은 저명한 작가들이 동원되었다.

남해회사 주식의 폭발적인 상승은 다른 회사 주식의 동반 상승을 불러왔고 시장이 과열되자 의회는 1720년 7월 버블법The Bubble ACT을 제정하여 남해회사 같은 면허로 설립된 회사들이 면허에 허용된 것 이상으로 사업을 확장하는 것을 금지했다. 남해회사는 자신들의 지위를 공고히 하기 위해 이 법이 제정되도록 로비까지 했다. 하지만 이 법은 시장에 찬물을 끼얹었고 아이러니하게도 다른 회사들은 물론 남해회사의 주가까지 끌어내렸다. 게다가 소드블레이드은행Sword Blade Bank이

---

* 1919년 미국에서 이탈리아 이민자인 찰스 폰지(Carlo Chales Ponzi)가 벌인 사기 사건으로부터 유래한다. 폰지는 국제우편 쿠폰(요금 지불 대체 수단)으로 큰돈을 벌게 해주겠다고 투자자를 모집한 후 2차 투자자의 투자금으로 1차 투자자에게 배당금을 지불하면서 많은 투자자를 끌어모아 큰돈을 벌었다. 하지만 1920년 여름 지역신문인《보스턴 포스트》가 투자 구조에 의혹을 제기하면서 사기 행각이 종료되었고 폰지를 비롯한 수많은 사람들이 처벌받았다.

무리한 투자로 인해 9월에 파산하자 시장은 완전히 얼어붙었다. 남해회사의 주가가 지나치게 올랐다고 생각한 사람들이 앞다투어 주식을 팔기 시작하면서 주가는 큰 폭으로 하락했다. 한때 1,000파운드를 넘었던 남해회사의 주가는 12월이 되자 100파운드까지 떨어졌다. 결국 1년 만에 제자리로 돌아온 것이었다. 뒤늦게 주식 투기에 뛰어든 사람들과 신용을 얻어 주식을 매입한 사람들이 수없이 파산했다.

하지만 정부는 의도했던 대로 골치 아픈 고금리 공채를 전환하는 데 성공했다. 결국 정부의 전환 정책 때문에 애꿎은 일반인들만 크게 손해를 본 것이었다. 남해회사 버블이 터지면서 당시 영국 사회는 엄청난 후폭풍에 시달렸다. 남해회사의 운영에 관여한 사람들의 전 재산이 압류되었고 남해회사의 주식을 뇌물로 받은 수많은 정치인들이 투옥되었으며 일부는 자살을 선택했다. 특히 상당수의 뇌물성 주식이 왕실의 애첩들에게 흘러든 정황이 밝혀지면서 스튜어트 왕조의 복귀 가능성까지 제기되는 등 막 출범한 하노버 왕조를 뿌리째 흔들었다.

흔들리는 특권, 늘어나는 의무

설립 후 얼마 지나지 않은 1697년, 영란은행은 자신의 경쟁자가 될지도 모를 랜드뱅크Land bank(토지은행)의 등장을 막기 위해 정부에 신규 자금을 대출해주면서 "영란은행이 존속하는 동안 의회는 새로운 은행을 설립하지 않는다"는 약속을 받아냈다. 정부는 앤여왕전쟁Queen Anne's War, 프렌치 인디언 전쟁The French and Indian War, 미국독립전쟁 등 잇단 전쟁을 치르느라 어쩔 수 없이 영란은행에 신세를 져야 했고, 어려운 상황에 처한 정부로 인해 영란은행은 지속적으로 면허 연장을 받아낼 수 있었다. 그 결과, 영란은행 설립 후 50년 동안 정부의 총 부채 중 영란은행의 대출이 차지하는 비중이 무려 5분의 1에 달했다. 1783년 국가 부채가 2억 5,000만 파운드에 달하자 피트 수상William Pitt, The Younger은 싱킹펀드를 도입해서 부채 삭감에 나섰지만 프랑스 혁명의 여파로 나폴레옹 전쟁이 발발하면서 1816년에는 부채가 오히려 8억 파운드까지 늘어났다.

영란은행의 독점적 지위가 커지자 1825년부터 영란은행의 특권을 놓고 비판이 제기되었다. 영란은행이 경기가 팽창할 때는 과도하게 은행권을 발행하고 경기가 위축될 때는 은행권을 축소시키면서 경기 변동의 진폭을 심화시키고 있다는 것이었다. 경제학자 리카도David Ricardo는 영란은행 임원들을 "통화에 관해 생짜 무식한 놈들"이라고 직설적으로 비판하기까지 했다.[6]

영란은행이 누리는 특권만큼 늘어난 의무를 충실히 수행한 것도 아니었다. 금융위기가 닥치면 많은 은행들은 영란은행에 보유한 채권을 팔고 은행권을 발급 받아 긴급자금을 마련해야 했는데 사익을 우선시하는 영란은행이 다른 은행을 도울 이유는 크지 않았다. 영란은행이 소극적이었던 데에는 금본위제도로 인한 제약도 있었다. 즉, 영란은행이 다른 은행을 지원하기 위해서는 위기 시 은행권을 추가 발행해야 했는데 이 경우, 금 보유고의 부족 사태를 야기해 태환 중지에 빠질 우려가 있었다. 이러한 제약이 크게 부각된 계기가 바로 1797년 금융위기였다.

정부에 은행권으로 신규 대출을 해주었지만 전쟁을 수행하는 정부는 곧바로 금으로 태환해서 사용했기 때문에 영란은행의 금 보유고는 나날이 줄어들었다. 이런 상황에서 1797년 나폴레옹과의 전쟁에서 연패하면서 프랑스군이 영국 본토를 침략할 것이라는 소문이 돌자 은행에서 금이 유출되기 시작했고 전국적으로 뱅크런이 발생했다. 영란은행은 다른 은행을 돕기 위해 은행권을 추가 발행해야 했지만 이어지는 금 태환 요구를 견디지 못했다. 결국 정부는 영란은행의 금 태환 의무를 정지시킬 수밖에 없었다. 금 태환 정지는 1821년까지 유지되었으며 이 기간 중 영국은 사실상 금본위제를 벗어나 있었다.

Table 1 | 스코틀랜드의 자유은행업

잉글랜드와 웨일스 지역에서 영란은행의 독점적인 은행업이 확립된 것과 대조적으로 스코틀랜드에서는 18세기 중반까지 효율적이고 경쟁이 치열한 혁신적인 금융 시스템이 자리를 잡았다. 영란은행이 설립된 다음 해인 1695년 스코틀랜드 지역 최초의 조인트스탁 은행인 스코틀랜드은행The Bank of Scotland*이 스코틀랜드 의회의 면허를 받아 설립되었다. 영란은행이 휘그당 세력인 의회의 협조를 받아 윌리엄 3세의 전비를 지원하기 위해 설립되었던 것과 달리, 당시 별도의 의회를 유지하고 있던 스코틀랜드는 윌리엄 3세에게 협조할 이유가 전혀 없었다. 오히려 스코틀랜드은행에 면허를 내주면서 의회의 동의가 없으면 국왕에 대한 대출이 불가하다는 조항을 포함하기까지 했다.

한편 윌리엄 3세도 잉글랜드 지역보다 가난한 스코틀랜드로부터는 어떠한 도움도 기대하지 않았다. 스코틀랜드 의회는 스코틀랜드은행에 면허를 주면서 21년간 은행업 독점권과 배당에 대한 면세라는 특권을 주었지만, 이는 영란은행과 같이 대출을 대가로 받기 위해서가 아니라 새로 설립된 은행이 자리를 잡도록 도와주려는 의도가 강했다.[7] 따라서 면허기간이 끝나자 의회는 스코틀랜드은행의 반대에도 불구하고 스

---

* 흥미롭게도 영란은행이 스코틀랜드 출신인 패터슨의 주도로 설립되었다면 스코틀랜드은행은 잉글랜드 출신의 런던 상인 존 홀랜드(John Holland)에 의해 설립되었다.

코틀랜드왕립은행Royal Bank of Scotland을 시작으로 다른 은행들의 설립을 허용했다. 이로 인해 영란은행의 독점적 지위가 확보된 잉글랜드 지역과 달리 스코틀랜드에서는 자유은행업free banking이 실시되었다. 또한 설립 인원을 6명으로 제한했기 때문에 소규모 은행이 양산된 잉글랜드 및 웨일스 지역과 달리 스코틀랜드에서는 대도시에 본점을 두고 지방에 지점을 둔 본점-지점 형태의 은행산업 구조가 정착되었다.

은행 간 경쟁이 치열할 수밖에 없었던 스코틀랜드는 이후 거의 모든 금융 혁신을 선도한다. 즉, 이자를 지급하는 예금, 은행 간 은행권 청산 시스템, 크레디트 라인*의 설정 등 다양한 금융 기법들이 생겨났다. 경쟁이 치열해 예대 금리 차가 겨우 1퍼센트에 불과했지만 효율적인 경영으로 인해 주주 배당에는 문제가 없었다.[8] 흥미롭게도 훗날 프랑스로 건너가 미시시피사 버블의 토대를 놓은 존 로도 스코틀랜드 출신으로, 존 로는 스코틀랜드 은행 구조의 강점을 칭찬하는 책을 내기도 했다.

이렇게 서로 다른 은행산업 구조는 많은 면에서 잉글랜드 지역과 스코틀랜드 지역의 차이를 만들어냈다. 1809년에서 1830년까지 잉글랜드 지역의 은행 부도율은 스코틀랜드의 5배를 넘을 정도로 스코틀랜드의 은행산업은 안정성이 높았다. 하지만 양 지역의 격차는 1815년 영국이 마침내 나폴레옹을 물리치고 오랜 전쟁을 끝내면서 사라지는데 이는 잉글랜드 지역에서 영란은행의 독점 구조가 무너지게 되었기 때문이다.

1825년 위기: 세계 최초의 신흥시장 금융위기

1815년 나폴레옹 전쟁의 종식은 영국의 금융 시스템에 중요한 변화를 가져왔다. 오랜만에 평화가 찾아오자 전쟁 비용을 마련할 필요가 없어진 영국 정부가 더 이상 영란은행에 끌려다닐 일이 없어진 것이다. 정부채의 발행이 활성화되면서 영란은행에 대한 협상력이 크게 강

---

* 1728년 스코틀랜드왕립은행에 의해 현금신용계좌(cash credit account)라는 이름으로 도입되었다.

화되었고 그동안 유지되었던 영란은행의 특권들이 해체되기 시작했다. 이러한 변화를 재촉한 것은 다름 아닌 10년 주기*로 계속된 대형 금융위기였다.

최초의 신흥시장 금융위기로 알려진 1825년 위기는 다른 금융위기와 마찬가지로 원인이 명확하지 않다. 1809년부터 스페인의 식민지에서 반란이 일어나면서 스페인 제국이 무너지기 시작했다. 1815년 영국, 오스트리아, 프로이센, 러시아 등은 4국동맹Quadruple Alliance을 맺고 제국을 지키는 데 협조하기로 했으며 1918년 프랑스가 가입하면서 확대된다. 1820년부터 남미의 많은 나라들이 독립하자 4국동맹은 스페인 제국을 유지하기 위해 남미 개입을 검토하는데, 영국이 이에 반대하면서 동맹은 흔들리기 시작했다.

영국이 개입에 반대한 이유는 자신들의 남미 투자가 위험해질 것을 우려했기 때문이었다. 영국은 남미 신생국들이 독립하자 미국과 함께 이들에 대한 투자를 대폭 확대했고 따라서 이 지역에서 막대한 이권을 유지하고 있었다. 이권을 지키기 위해 영국은 미국과 4국동맹의 의도를 저지하기 위한 계획을 세우는데 미국은 이미 러시아가 알래스카를 확보하고 오레곤 영토까지 남하하자 독자적인 대응에 나섰다. 이것이 바로 1823년 남미에서 유럽의 간섭 금지 원칙을 천명한 먼로 독트린Monroe Doctorine이었다. 먼로 독트린으로 4국동맹의 의도는 좌절

---

* 1793년과 1797년 운하 개발에 대한 과열, 1825년 활발한 무역이 이끈 호황의 붕괴, 1836년 면화와 철도에 대한 과도한 투기의 붕괴, 1847년과 1857년 곡물과 철도에 대한 투기 붐의 몰락, 1866년 조인트스탁회사들의 부실로 인한 금융위기 그리고 1890년 베어링 위기 등을 들 수 있다. 흥미로운 점은 영국은 1890년 베어링 위기 이후, 제1차 세계대전 직후나 대공황 등 다른 나라들이 심각한 금융위기를 겪던 시기를 큰 위기 없이 넘겼다는 것이다. 영국이 제대로 된 금융위기를 다시 겪은 것은 최근의 일로 바로 2007년 노던락 사태이다.

되었다.

1822년부터 1825년 사이에 콜롬비아, 칠레, 멕시코, 페루, 과테말라가 런던에서 채권 발행에 성공하는 등 영국의 남미 투자는 더욱 확대되었다. 하지만 신생국들은 대부분 조세 체계 등이 제대로 갖춰지지 않은 상태였으며 사실상 상환 능력도 없었다. 당시에는 통신 수단이 미비해서 이 나라들에 대한 정보도 거의 없었지만 투자자들은 스페인과 경쟁 관계에 있는 영국이 이들 국가의 파산을 방관하지는 않으리라 생각했다. 이로 인해 그레고르 맥그레고르Gregor MacGregor라는 사기꾼이 포야이스Poyais라는 존재하지도 않는 국가의 채권을 팔아도 아무도 의심하지 않았다.

하지만 1825년까지 대부분의 나라들이 부도를 냈고 돈을 댄 영국의 금융기관 및 개인 투자자들은 파산했다. 영란은행은 대출을 확대해 투기를 조장했다는 비판을 받았고 위기 상황에서 필요한 유동성을 원활히 공급하지 못해 전국의 은행 770개 중 무려 73개를 파산시켰다는 책임까지 뒤집어썼다.

영국은 1825년 위기를 겪으면서 더 이상 영란은행에 나라의 자금 및 신용 공급을 전적으로 의존할 수 없다는 사실을 깨달았다. 사익을 추구하는 영란은행이 금융 안정 등 공공의 이익을 위해 어떤 일을 할 것이라는 기대 자체가 무리일 뿐만 아니라 영란은행 중심의 특권 구조가 금융 시스템의 안정성을 해치고 있음을 알게 된 것이다.[9]

개선의 필요성을 느낀 영국 의회는 1825년 위기를 잘 넘긴 스코틀랜드의 은행산업 구조를 참고해서 1826년 법을 통해 영란은행의 독점적 지위를 런던 반경 65마일 이내로 축소하고 기타 지역에서는 조인트스탁 형태의 은행 설립을 허용하여 이 은행들이 은행권을 발행할 수 있도록 했다.* 또 위기 당시 지방 은행들이 긴급자금을 구하지 못해 무너졌던 상황이 재발되지 않도록 영란은행에 런던 이외의 지역에 지점을 설치하도록 강제했다.

하지만 영란은행의 우월적 지위가 모두 없어진 것은 아니었다. 런던 밖에 신설된 조인트스탁 은행들의 주주는 유한책임의 특권을 가지는 영란은행의 주주와 달리 여전히 무한책임을 지고 있었으며 따라서 여전히 부유한 사람들을 은행 설립에 끌어들이기가 쉽지 않았다. 게다가 법이 통과된 후 영란은행은, 신설될 은행이 영란은행과 은행권 발행을 놓고 경쟁할 경우 그 은행과는 거래하지 않겠다고 엄포하여 다른 은행들의 은행권 발행을 막았다. 이로 인해 영란은행과 경쟁할 수 있는 새로운 조인트스탁 은행은 생각보다 많이 출현하지 않았다.

이후에도 영란은행의 특권은 계속 논란이 되었고 1833년 영란은행 재면허 논의 때에는 런던 내에서도 영란은행의 독점권을 없애는 것으로 논의가 이루어졌다. 물론 영란은행은 격렬히 반대했지만 더 이상의 차입이 필요치 않았던 정부는 영란은행의 눈치를 보지 않았다. 의회는 영란은행에게 11년의 추가적인 면허 연장을 해주었지만 런던에서도 영란은행의 독점권을 없앴다. 다만 런던 지역에 설립되는 신설 은행은 은행권을 발행하지 못하도록 제한하여 영란은행을 달래는 조치를 병행했다. 아울러 의회는 영란은행의 은행권에 법정통화 지위를 부여하며 향후 금융위기가 닥칠 경우 보다 적극적으로 은행권을 공급하라고 주문했다.

---

* 이 때문에 훗날 런던의 범위를 어떻게 볼 것인가를 놓고 논쟁이 벌어진다. 독점적 영업 지역을 넓게 보려던 영란은행은 행정구역상의 런던 전체로 본 반면 경쟁 은행들은 런던의 한 구역인 금융가(City of London)로 보았다.

하지만 런던 지역에 경쟁 은행이 출현하는 것에 대해 불만이 컸던 영란은행은 이들 은행을 다른 지역 은행과 차별대우하면서 영업을 방해했다. 영란은행의 불만은 금융위기가 왔을 때 더욱 두드러졌는데 1836년 다시 금융위기가 닥쳤을 때 영란은행은 최종 대부자 역할을 1825년 위기 때만큼도 하지 않았다. 이러한 영란은행의 소극적인 자세는 1844년 필 조례Peel Act를 계기로 더욱 굳어졌다.

1844년 금융 개혁: 필 조례와 은행법 제정

1844년 또다시 영란은행의 면허 연장이 논의되었을 때 영란은행의 독점적 구조를 없애면서 동시에 공공의 목적에 기여하도록 하려는 의회의 금융 개혁 조치는 계속되었다. 1844년 의회는 전면적인 금융 시스템 개혁에 착수하는데 하나는 필 조례를 통해 영란은행의 구조를 바꾸는 것이었고 또 하나는 조인트스탁 은행을 규제하는 최초의 은행업법을 만든 것이었다. 총리 로버트 필 경Sir Robert Peel의 주도로 제정된 '영란은행의 은행권 발행과 특권에 관한 법'인 필 조례는 향후 신설될 은행은 물론 합병으로 새로 출범하는 은행의 은행권 발행을 금지하고 영란은행만이 은행권을 발행할 수 있도록 규정했다. 이는 그동안 영란은행은 물론 개인 은행가들의 과도한 은행권 발행이 잦은 은행 위기를 가져왔다는 점을 인식한 조치였다.

동시에 과도한 은행권 발행을 통제하기 위해 영란은행 개편을 단행했다. 의회는 영란은행을 은행권 발행을 담당하는 발권 부서와 그 외 대출 등 상업적 업무를 담당하는 대출 부서로 나누었고, 영란은행에

1,400만 파운드의 은행권 발행을 승인했으며 그 이상을 초과할 경우 이를 100퍼센트 뒷받침할 수 있는 금 보유고를 확보하도록 의무화했다.

필 조례와 함께 만들어진 조인트스탁은행업법The Joint Stock Banking Act 은 은행의 설립 및 경영에 관해 규정한 세계 최초의 은행업법이었다. 이 법은 은행의 지배구조, 이사의 자격, 주주총회, 정부 보고, 회계 감사, 최소 자본금 등을 규정하여 그동안 감독을 거의 받지 않았던 조인트스탁 은행에 대한 규제를 대폭 강화했다.

하지만 은행권의 과도한 발행을 막아 금융 안정을 도모하고자 했던 필 조례가 위기 시에 커다란 족쇄가 되리라는 걸 의회는 예상하지 못했다. 즉, 1,400만 파운드 이상의 은행권을 발행할 경우 100퍼센트 금으로 뒷받침해야 한다는 필 조례는 사실상 영란은행이 위기 시에 은행권을 적극적으로 찍어내는 것을 불가능하게 만들었던 것이다. 정부는 입장이 묘해졌다. 금융위기 시 영란은행에 은행권을 확대 공급하라고 압박해야 했지만, 이는 추가 발행을 위해 금이 필요했던 영란은행에 법을 어기라고 하는 것이나 다름없었기 때문이다.

이로써 영국에서는 금융위기가 올 때마다 웃지 못할 상황이 연출되었다. 즉, 1847년,* 1857년, 1866년 잇단 금융위기 때마다 정부는 매번 영란은행에 필 조례를 어겨도 된다는 면책 서한을 보내야 했다. 흥미로운 점은 영란은행의 태도였다. 법을 어겨가면서까지 경쟁자들을 구제할 마음이 없었던 영란은행은 위기 때마다 제발 필 조례를 그대로 유지해달라고 간청한 것이다.[10]

---

* 1847년 위기 시 로버트 필 경은 정부의 잇단 개입이 은행의 도덕적 해이를 야기한다며 이를 해결하기 위해 구제할지 말지 애매한 태도를 취해야 한다는 '건설적 모호성(constructive ambiguity)'을 주장했다.

1857년 세계 최초의 글로벌 금융위기와
최종 대부자 기능의 탄생

1844년 금융 개혁으로 조인트스탁 은행에 대한 규제가 강화되면서 신설 은행 수가 급감하자 규제 완화에 대한 요구가 커졌다. 결국 1857년, 조인트스탁은행업법은 1844년에 도입된 엄격한 규제를 거의 폐지했으며 1858년에는 조인트스탁 은행의 유한책임 주주를 인정했다.

이는 영란은행이 오랫동안 누려왔던 유한책임 특권이 다른 조인트스탁 은행에도 전면적으로 허용됐다는 의미로, 이로써 그동안 진행되어온 영란은행 독점 구도에 대한 개혁이 거의 마무리되었다. 하지만 새로운 시대는 그때까지 경험하지 못했던 대형 금융위기와 함께 시작되었다.

1857년 위기는 세계 최초의 글로벌 금융위기였다.[11] 영국 자본이 주도한 미국 철도 주식에 대한 투자 거품이 꺼지면서 발발한 금융위기는 미국과 긴밀한 무역 관계를 맺고 있던 영국의 글래스고와 리버풀을 강타했고 다시 유럽 대륙으로 번져 파리, 함부르크, 코펜하겐, 그리고 비엔나를 휩쓸었다. 특히 북유럽의 스칸디나비아 반도, 북부 독일, 영국, 미국의 관문 구실을 했던 함부르크의 위기는 심각했다. 함부르크는 중계무역의 중심지였기에 많은 환어음이 부실화되었으며 함부르크 시정부는 새로운 은행을 설립하여 환어음 매입에 나서야 했다. 영국의 글래스고와 리버풀에서는 무역이 급감하면서 종합상사들이 타격을 받자 연쇄적으로 이들에게 자금을 빌려준 디스카운트 회사(어음할인회사)들이 무너지기 시작했다.

본래 환어음 거래를 전문으로 하는 디스카운트 회사들은 1826년 영란은행의 독점권이 깨지고 영란은행과 상업은행 간의 경쟁이 치열해지자 점차 설 땅을 잃어갔다. 매입한 어음을 영란은행의 재할인 창구를 통해 할인받아 영업자금을 마련했기에 디스카운트 회사들은 영란은행보다 유리한 금리를 제시할 수 없었고 따라서 수익성을 높이기 위해 은행 내부에 보유한 준비금을 낮게 유지했는데 이로 인해 위기가 오면 쉽게 도산할 수밖에 없는 구조였다. 1857년 위기가 발발하자 영란은행은 디스카운트 회사에 자금을 공급하기 시작했다. 영란은행으로서는 썩 내키지 않았지만 의회가 자신의 특권을 지속적으로 없애는 상황이라 눈치를 보지 않을 수 없었다. 당시에는 이미 위기가 오면 영란은행이 나서야 한다는 인식이 자리 잡고 있었다.

영란은행의 개입으로 위기는 넘겼지만 오히려 영란은행의 잦은 개입이 금융회사들의 도덕적 해이를 가져왔다는 비판 여론이 형성되었다. 영란은행은 향후 위기 시 신중하게 개입하겠다는 입장을 밝히고 평상시에는 할인 업무를 중지하겠다고 선언했다. 1857년 위기를 지켜본 《이코노미스트》의 전설적인 편집장 월터 배젓Walter Bagehot도 구제보다는 위기에 대비하기 위해서 은행들이 높은 현금 준비금cash reserve을 준비해야 한다고 지적했다.[12] 하지만 영란은행이 신중한 개입을 하겠다는 입장을 밝힌 지 몇 년 지나지 않아 1866년 대형 디스카운트 회사인 오버런드거니Overend, Gurney & Co가 위기에 빠졌고 이로써 영란은행은 시험대에 올랐다.

1866년 5월 10일 오버런드거니에 예금자들이 끝없이 몰려들어 인출을 요구하자 이를 감당하지 못한 오버런드거니는 결국 지급정지를 선언했다. 오버런드거니는 사실상 전 세계를 대상으로 사업을 영위하던 오늘날의 투자은행 같은 존재였다.[13] 상선 그룹을 소유하고 있었으며 서인도제도에 위치한 도미니카의 농장과 아일랜드의 철도회사에도 투자를 확대했다. 그러나 1865년 말 투자에 실패하면서 큰 손실을 입었다. 자금 사정이 어려워진 오버런드거니는 영란은행에 지원을 요청했지만 영란은행은 이를 거절했고 결국 파산을 피하지 못했다. 표면적으로는 오버런드거니의 손실이 너무 커 회생이 어렵다는 게 이유였지만 사실은 영란은행과 오버런드거니의 오랜 악연이 작용한 결과이기도 했다. 1857년 위기 이후 영란은행이 디스카운트 회사에 대한 할인 업무를 줄이자 불만을 품은 오버런드거니는 영란은행으로부터 예금을 다 빼냈는데, 이 행동이 영란은행의 감정을 크게 건드렸던 것이다.

오버런드거니의 파산은 시장을 공황으로 몰고 갔다. 금융회사들이 연쇄적으로 파산했고 영란은행의 할인 창구 앞에는 살아남기 위해 급전을 구하려는 디스카운트 회사는 물론 소형 은행들이 장사진을 이루었다. 상황이 예상보다 악화되자 영란은행 총재였던 헨리 홀랜드Henry Lancelot Holland는 몰려드는 금융회사들의 채권을 담보로 은행권을 발행하여 시장에 자금을 무한대로 공급했다. 3개월 동안 시장에 공급된 자금은 4,500만 파운드에 달했고 이 은행권은 금에 의해 뒷받침되지 않았으며 당연히 필 조례는 중단되었다.

또한 수시로 재무부를 드나들면서 더 높고 새로운 은행권 발행 한도를 승인받기 위해 재무장관이었던 윌리엄 글래드스톤William Gladstone을 찾아야 했다. 오버런드거니의 몰락과 이후 위기 대응 과정을 지켜본 배젓은 다음과 같이 회고했다.

비록 우리 금융시장이 크지만 우리는 어떻게 이를 다룰 수 있는지 알고 있고 또한 이를 다룰 재량이 있기 때문에 두려워할 필요가 없다. 하지만 재량으로도 해결하지 못한 놀라운 사례가 바로 오버런드거니의 위기였다. 10년 전 오버런드거니는 영란은행 다음가는 회사였다. 특히 해외에는 다른 어느 회사보다 널리 알려져 있었다. 오버런드거니는 엄청난 투자를 했고 막대한 이익을 냈다. 하지만 단 6년 만에 파산했다. 오버런드거니의 투자는 시장을 모르는 애송이가 투자한다 해도 그보다는 잘할 정도로 너무나 부주의했고 어리석었다. 오버런드거니의 사례에서 보듯이 금융시장에서의 명성을 그대로 믿어서는 안 된다. 많은 돈이 어떻게 투자되었는지 주의 깊게 보면서 투자된 돈이 안정적으로 관리되고 있는지 확인해야 한다.[14]

배젓은 오버런드거니의 파산이 가져온 공황을 잠재우기 위해 영란은행이 나서서 어음 할인 등을 통해 시장에 유동자금을 적극적으로 공급한 사례는 향후 영란은행이 계속해야 할 책무라고 보았다. 이때 그는 무제한 자금 공급, 담보 확보, 징벌적 이자율 부과라는 3원칙을 제시했는데 이는 오늘날 중앙은행이 최종 대부자 역할을 할 때 따라야 할 기준인 소위 '배젓 법칙Badget's dictum'으로 정립되었다.

배젓은 위기 시 "자본이 잠식되지 않고 단지 유동성 부족에 시달릴 경우 그가 상업자본가든 작은 은행이든 양질의 담보만 있으면 누구에게나 자금을 빌려주어야 한다"고 주장했다.[15] 배젓은 최종 대부자 기능의 작동을 다음과 같이 설명했다.

최종 대부자 기능은 표면을 흐릿하게 불투명 처리한 젖빛 유리가 살짝 올려진, 중앙은행의 채권 판매 창구를 연상시킨다. 자금이 부족한 회사의 대리인들이 창구에 나타나서 팔고자 하는 채권을 창구의 유리문 틈으로 밀어 넣는다. 중앙은행은 채권을 확인한 후 현금을 내준다. 중앙은행은 누가

월터 배젓. 《이코노미스트》 편집장으로 저서 《롬바드 스트리트》를 통해 초기 영란은행의 통화 정책의 방향을 제시하면서 오늘날 중앙은행 정책의 이론을 정립하는 데 기여했다.

채권을 팔러 왔는지 모르고 관심도 없다. 단지 내민 채권이 괜찮은지, 담보는 가치가 있는지에만 관심을 둘 뿐이다.[16]

최종 대부자 기능은 1793년 베어링사의 프랜시스 베어링이 '최종 책임dernier ressort'이라는 프랑스 법원의 용어를 사용한 이후 영국의 은행가이면서 정치인이었던 헨리 손턴Henry Thornton과 배젓에 의해 체계화된 개념으로 법적인 의무가 아닌 관행이며, 영란은행은 일시적인 유동성 위험을 겪는 은행에 구제금융을 제공해야 한다는 주장이었다.

늦게나마 영란은행이 개입하여 금융위기는 진정되었지만 위기의 후폭풍으로 농민과 상인들이 어려움을 겪자 영란은행에 대한 비판이 고조되었다. 《타임》은 "영란은행은 구제할 가치도 없는 은행들을 살렸고 흥청망청하는 사람들을 위해 사기를 쳤다"고 비난하면서 "어리석은 신부들이 난리를 쳐서 현명한 신부들이 어렵게 모아둔 기름을 나누어 쓰도록 강요한 상황"이라고 비난했다.[*17] 한편 오버런드거니의 붕괴가 심각한 금융공황을 가져왔지만 영란은행이 구제하지 않은 것은 많은 금융회사들에 경종을 울렸다. 이후 금융회사들은 무분별한 투자를 줄였고 1890년 베어링사 위기가 발생하기 전까지 당분간 금융위기를 피할 수 있었다.

베어링사 위기와 사적 구제 시스템의 등장

로스차일드가 등장하기 훨씬 이전부터 세계적인 상업은행으로 자리 잡고 있던 베어링사는 영국이 세계적인 무역대국으로 발돋움하는 것을 도왔을 뿐만 아니라 황제, 왕, 귀족, 대사들과의 거래를 통해 상당한 정치적 영향력을 행사하고 있었다. 사실상 초창기 상업은행의 역사는 베어링사의 역사라 해도 과언이 아닐 정도로 베어링사는 세기적인 거래를 수없이 성사시켰으며 때로는 막후에서 한 왕조의 흥망을 좌우하는 영향력을 발휘했다. 이로 인해 루이 14세의 재상이었던 리슐리외는 농담 반 진담 반으로 영국, 프랑스, 러시아, 오스트리아, 프러시아와 함께 유럽 6강 중 하나로 베어링사를 거론하기도 했다. 무역상으

---

* 신랑들을 맞이하기 위해 등불을 들고 기다리던 〈마태복음〉 25장 신부들의 일화를 가리킨다. 신랑들이 예정보다 늦게 도착하자 충분한 기름을 준비해두었던 부지런한 신부들은 등불을 밝힐 수 있었지만 기름이 모자랐던 어리석은 신부들은 정작 신랑들이 도착했을 때 등불을 밝히지 못하여 혼인 잔치를 할 수 없었다는 내용이다.

로 출발한 베어링사는 투자은행업에 진출해서 무역금융을 취급했고 공사채 증권 인수 및 보험업으로 업무 영역을 확대했다.

사실 베어링사는 신생국 미국의 가능성에 투자한 최초의 상업은행이었다. 1783년 프랜시스 베어링Francis Baring은 미국의 경제금융 중심지나 마찬가지였던 필라델피아에 사무실을 열고 로버트 모리스Robert Morris, 윌리엄 빙엄William Bingham 등 당시 미국 금융을 지배하던 금융가들의 모임인 소위 필라델피아 모임과 각별한 관계를 유지하면서 신생국 미국의 부족한 재원을 지원해주었다. 이후 베어링사는 미국이 프랑스로부터 루이지애나를 사들이는 거래를 성사시키는 데 결정적으로 기여한다.*

미국에서 성공을 경험한 베어링사는 이어 남미를 제2의 미국으로 간주하고 적극적으로 진출했다. 당시 아르헨티나는 영국인들 사이에서 기회의 땅으로 부상했으며 많은 사람들이 이주를 했다. 베어링사는 1824년부터 아르헨티나 채권에 투자했지만 초기 투자는 4년 만에 부도가 나면서 실패했다. 실패에도 불구하고 베어링사는 아르헨티나에 대한 대출을 크게 늘렸으며 심지어 다른 은행들에도 투자를 적극 권유했다. 1885년 아르헨티나가 금본위제에서 탈퇴했지만 베어링사는 개의치 않았다. 베어링사는 아르헨티나와 우루과이가 공공 건설을 위해 발행한 채권을 적극적으로 인수했고 이로 인해 1890년에는 전체 투자액의 4분의 3에 달하는 금액이 이들 두 나라에 집중되었다. 하지만 1890년 아르헨티나가 어려움에 처하면서 아르헨티나에 대한 투자는

---

* 미국은 구매자금을 마련하기 위해 베어링사의 주선으로 이자 5퍼센트의 국채 1,125만 달러를 발행했고 이 채권은 베어링사와 암스테르담에 근거지를 둔 은행가 헨리 호프(Henry Hope)의 컨소시엄에 의해 각각 60퍼센트, 40퍼센트씩 인수되었다.

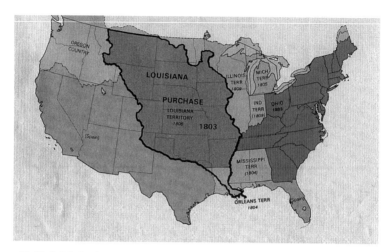

나폴레옹에게서 사들인 1810년 당시의 루이지애나 영토. 미국은 이 거래로 손쉽게 영토를 2배 이상 늘릴 수 있었다.

자료: http://gatewayno.com

부실화되기 시작했다. 아르헨티나 채권 가격이 폭락하면서 그동안 진행되었던 아르헨티나 경제의 버블이 꺼졌으며, 땅값이 폭락하고 설상가상으로 소요까지 발생하면서 뱅크런이 발생했다.

아르헨티나의 추락은 베어링사의 추락으로 이어졌다. 그동안 의존했던 자금줄이 끊어지면서 베어링사는 위기에 처했고 곧 런던의 위기로 번졌다. 1890년 11월 10일 베어링사가 도움을 요청했을 때 영란은행의 총재인 윌리엄 리더데일William Lidderdale은 베어링사가 유동성 위기에 처한 건 사실이지만 자본이 잠식될 정도는 아니라고 판단하고 베어링사가 발행한 채권을 담보로 긴급자금을 공급했다. 하지만 일주일 뒤에 베어링사의 채권이 점점 은행에 쌓이기 시작하자 리더데일은 총리인 솔즈베리Robert Gascoyne-Cecil Salisbury와 재무장관 고센George Goschen에게 만일 영란은행이 베어링사의 채권으로 손실을 보게 되면 일부를 책임지라고 요구하면서 이를 들어주지 않을 경우 "당장 돌아가서 베어링사의 모든 채권을 던져버리겠다"고 위협했다. 리더데일의 위협은 먹혔고 정부는 일부를 보전하겠다고 약속했다.

정부의 보증을 등에 업고 리더데일은 런던시티의 은행가들을 소집하여 베어링사를 구제하기 위한 자금 마련에 착수했다. 리더데일은 100만 파운드를 내놓고 다른 은행들을 반협박하기 시작했다. 이때 한 은행이 베어링사가 책임을 져야 한다면서 구제금융에 참여하기를 꺼리자 리더데일은 만일 구제금융에 참여하지 않을 경우 해당 은행과의 거래를 끊어버리고 그 사실을 언론에 공개하겠다고 위협하기도 했다. 이러한 그의 위협은 효과를 발휘하여 순식간에 모든 상업은행들이 구제금융에 동참했다. 결국 약 1,700만 파운드의 구제금융 자금이 확보되는데 베어링사를 구하는 데 일조했다는 명성을 의식해서 작은 채권할인회사는 물론 지방 상업은행까지 구제금융 자금 마련에 동참했다. 리더데일은 또한 베어링사의 질서 있는 청산을 위해 런던에 돈을 맡겨 놓은 각국에 인출하지 말 것을 부탁하여 협조를 이끌어냈다.

결국 베어링사는 그간 쌓아온 명성 덕에 파산을 모면할 수 있었고 "통상 괜찮은 은행은 좋을 때만 좋지만 위대한 은행은 어려울 때도 좋다"는 런던 금융가의 속설을 입증했다. 이후 베어링사에 대한 질서 있는 청산이 진행되는 과정에서 베어링사의 임원들은 개인 재산을 다 내놓아야 했다. 하지만 이후 12년 만에 베어링 가문은 회사를 되찾고 예전의 영광을 회복했다. 레벨스톡 경Lord Revelstoke에 이어 베어링사를 이끈 존 베어링John Baring은 영국 최초의 여성 하원 의원을 지낸 낸시 랭혼Nancy Langhorne에게 청혼할 때 "당신이 내 아내가 되면 왕과 여왕을 만나야 하고 대사들도 접대해야 한다"라는 말로 베어링 가문의 위상을 자랑했다고 한다. 낸시 랭혼은 베어링의 청혼을 거절하고 미국의 백만장자인 월도프 애스터Waldorf Astor와 재혼했다.[18]

하지만 예전의 영광을 재현한 베어링사는 허망한 사건으로 세상에서 완전히 사라지고 만다. 1995년 2월 26일, 233년 역사의 베어링은행이 약 13억 달러의 손실을 보고 하루아침에 문을 닫는 충격적인 사건이 일어났다. 싱가포르 소재 자회사의 트레이더인 닉 리슨Nick Leeson이 일본 니케이 주가지수 관련 파생상품 거래에서 은행 자본이 완전히 잠식될 정도의 투자 손실을 기록한 것이다. 이로 인해 베어링사는 네덜란드 금융그룹 ING에 매각되면서 역사 속으로 사라졌다.

흥미롭게도 오버런드거니를 구제하지 않은 영란은행은 베어링사를 구제하는 데는 적극적이었다. 국내 영업 비중이 높았던 오버런드거니가 무너질 경우 국내 신용 공급의 위축을 가져오기는 하겠지만 이는 영란은행이 은행권 발행을 통해 쉽게 해결할 수 있는 문제였다. 실제로 영란은행은 오버런드거니의 부도 이후 중앙은행의 최종 대부자 기능을 적극적으로 활용하면서 위기에 처한 시장에 유동성을 공급했다. 하지만 베어링사의 경우는 달랐다. 주로 해외 채권 투자를 하고 있었던 베어링사의 자금에는 해외 투자자 비중이 컸기 때문에 베어링사의 파산은 금이 빠져나가는 것을 의미했다. 금 보유고의 부족을 우려한 영란은행으로서는 베어링사의 파산을 방치할 수 없었고 이 때문에 적극적인 구제에 나설 수밖에 없었던 것이다.

오버런드거니의 손실이 커서 구제금융을 갚을 가능성이 없었던 점도 영란은행의 결정에 영향을 미쳤다. 그러나 이 두 가지 이유보다도 두 기관이 각각 영란은행과 맺은 인연이 결정적으로 운명을 갈랐을 가능성이 높다. 앞서 설명했듯이 오버런드거니는 영란은행과 악연을 맺고 있었던 데 비해 베어링사는 영란은행의 이사를 많이 배출하는 등 영란은행과 밀접한 관계를 유지하고 있었던 것이다.

영국이 금융위기로부터 배운 교훈

베어링사의 위기 이후 영국의 금융시장은 안정적인 성장을 이어갔다. 이렇게 시장이 안정된 데에는 달라진 은행산업 구조가 크게 기여했다. 즉, 1825년 위기 이후 영란은행의 독점을 해체하는 과정에서 조인트스탁 은행들이 대거 등장하여 소규모 은행들이 난립하던 은행산업의 지형이 변하기 시작했고 1858년 마침내 조인트스탁 은행들에도 유한책임이 허용되면서 중앙-지점 구조가 정착되었다. 1836년 조인트스탁 은행이 61개였고 전국적으로 약 472개의 지점이 있었으나 1870년에는 무려 111개 은행이 1,127개의 지점을 두고 영업을 했다. 이 과정에서 위기에 취약한 소규모 은행들은 사라지고 대형 은행들은 영란은행과 거래관계를 맺으면서 금융 시스템이 한층 안정되었던 것이다.[19]

영국은 이후 상대적으로 다른 나라에 비해 은행 위기가 적었으며 특히 다른 나라들이 심각한 위기를 겪었던 1920년대 초와 대공황 당시에도 안정된 모습을 유지했다. 1800년대에 10년 주기로 수많은 위기를 겪었던 영국은 위기를 극복하는 과정에서 향후 각국의 위기 대응에 큰 영향을 미친 두 가지 중요한 원칙을 세우게 된다.

먼저 배젓 법칙으로 알려진 최종 대부자 기능으로, 위기 시 중앙은행이 유동성 위기에 처했지만 회생 가능성이 있는 금융회사에 양질의 담보를 잡고 벌칙성 높은 금리를 부과하면서 무제한으로 자금을 지원하는 관행이 정립되었다. 또 하나의 위기 대응 방안은 중앙은행이 경우에 따라서는 위기 대응 부담을 다른 은행들과 나누는 것이었다. 1890년 베어링사 사태의 해결을 위해 영란은행은 시중은행들이 위기 극복을 위한 상호보증기금을 모으는 데 동참하도록 강력히 요청했다. 즉, 위기 극복 과정에서 영란은행이 허리띠를 제공하고 다른 은행들은 어깨띠를 담당했던 것이다. 배젓 법칙과 상호보증기금은 향후 전 세계의 금융위기 극복 과정에 단골로 등장할 정도로 보편화된다.

한편 해협 건너의 프랑스와 대서양 건너 미국에서는 금융위기가 위세를 더하기 시작했다.

4장

혁명을 부른
금융위기

아시냐는 혁명을 가져왔다. 법과 특권을 파괴하고
왕정을 무너뜨리고 공화정을 세웠다. 아시냐는 프랑스의 막강한 군대를
무장시켰고 군대는 알프스와 피레네 너머까지 삼색기를 휘날렸다.
우리의 자유는 아시냐가 가져다준 것이다.

- 라멜 노가레(프랑스 총재정부의 재무장관)

• • •

만일 정부가 은행가의 돈에 의존한다면 상황은 정부의 지도자가 아닌 은행가가
지배하게 될 것이다. 왜냐하면 주는 손이 받는 손보다 위에 있기 때문이다.
돈에는 조국이 없다. 은행가에게는 애국심과 고귀함이 없다.
다만 이익을 추구할 뿐이다.

- 나폴레옹

신용은 신뢰로부터

적어도 18세기에 들어설 때까지만 해도 돈을 빌려주는 채권자들의 눈에 영국 정부와 프랑스 정부는 별반 차이가 없었다.[20] 물론 영국이 1688년 명예혁명을 통해 재정에 관한 국왕의 자의적인 권한을 줄이고 의회의 통제를 강화하는 근대적인 재정금융 체제를 갖춘 데 반해 프랑스는 여전히 국왕의 자의적이고 방만한 재정 운영과 비효율적인 조세 체계 그리고 재정 집행의 불투명성으로 여전히 후진성을 벗어나지 못한 상태였지만 적어도 전쟁에 필요한 자금을 차입하는 데는 큰 문제가 없었다.

하지만 미국독립전쟁과 이어진 프랑스 혁명이 양국의 운명을 완전히 갈랐다. 18세기 말 미국독립전쟁을 지원하면서 프랑스의 재정 상황은 크게 악화되었고 이는 결국 혁명으로 연결되었다. 설상가상으로 혁명정부의 잦은 채무 불이행과 아시냐로 인한 초인플레이션 사태가 계속되면서 재정 운영의 준칙이 무너졌다. 이로써 근근이 유지되던 투자자의 신뢰는 완전히 땅에 떨어졌다. 혁명정부가 이렇듯 심각하게 재정난을 겪은 이유는 두 가지다. 즉, 구체제의 조세 시스템을 폐지한 상태에서 새 시스템을 제대로 갖추지 못해 조세 체계가 무너진 데다, 반혁명 세력과의 내전 및 외부 세력과의 전쟁 과정에서 엄청난 재정 수요를 감당하지 못하고 온갖 비정상적인 수단을 동원했기 때문이었다.

이로 인해 나폴레옹 정부가 들어선 1800년에 와서는 영국과 프랑스 양국의 재정 운영에 확연한 차이가 나타났다. 영국은 나폴레옹 전쟁에 참전하면서 막대한 전쟁 비용을 증세에 의존하지 않고 대부분 영란은행의 차입금 등 다양한 인플레이션성 단기 자금unfunded debt*으로 조달했다. 이 때문에 1797년부터 1821년까지 상당히 오랜 기간 금 태환을 중단하는 금본위제의 일시 정지를 택할 수밖에 없었다.

전쟁으로 국가 부채가 크게 늘어나고 있었지만 투자자나 채권자들은 전쟁이 끝나면 영국 정부가 이를 상환하고 다시 금본위제로 복귀하여 건전 재정의 기조로 돌아갈 것이라는 믿음을 가지고 있었다. 그렇기 때문에 전쟁을 치르느라 막대한 돈을 차입했음에도 영국의 조달 금리는 크게 오르지 않았고 재원 조달에도 큰 어려움이 없었다. 전시임에도 불구하고 영국의 징세 시스템은 잘 작동하고 있었고 심지어는 1786년 일부 간접세를 특정해서 부채 상환을 위한 싱킹펀드까지 설립하자 영국에 대한 투자자들의 신뢰는 흔들리지 않았다. 이러한 신뢰를 바탕으로 영국 정부는 전시에는 차입에 의존하고 평시에 이를 조세 수입의 잉여 또는 약간의 증세를 통해 갚아 나가는 세 부담의 분산을 추

---

* 다양한 형태의 단기 차입을 의미하며 funded debt는 반대로 상환 방안이 마련된 장기 차입을 말한다. 양자의 조달비용(이자율)에 큰 차이가 있는 것은 당연하다고 하겠다. 영국 정부는 전쟁 중 조달한 unfunded debt를 평화시에 funded debt를 조달하여 갚는 방식으로 부채 관리 비용을 줄였다.

진하면서 위기 상황을 극복했다.

흥미로운 점은 영국은 금 태환을 중지했음에도 불구하고 통화 가치가 큰 변화 없이 유지된 반면 프랑스의 상황은 정반대였다는 것이다. 교회에서 몰수한 땅 등 자산을 담보로 발행한 지폐인 아시냐assignat마저 신뢰를 확보하는 데 실패하여 계속 할인된 가치로 거래되었다. 이후 발행량이 크게 늘면서 가치가 교회 재산으로 충분히 뒷받침되지 못하는 수준에 이르자 아시냐는 곧바로 폭락하여 초인플레이션을 이끌었다. 이러한 차이는 영국의 경우 비록 현재 금 태환을 하지 못하더라도 장래에는 가치를 그대로 인정해줄 것이라는 믿음이 있었던 반면, 프랑스의 경우에는 장래에 어떻게 처리될지 확신할 수 없었기 때문이었다.

이로 인해 나폴레옹 이후 프랑스는 기본적으로 금화 등 경화에 의존하는 금융 시스템을 유지했고 이러한 경향은 브레튼우즈 체제를 넘어 현대에 이르기까지 금본위제에 대한 유별난 집착으로 이어지고 있다. 하지만 경화에 크게 의존하는 시스템은 프랑스가 다른 열강에 비해 산업혁명과 근대화에 늦어지는 이유가 되었다.[21] 프랑스는 상당히 오랜 기간 동안 방만하고 불투명한 재정 운영을 해왔음에도 불구하고 영국과 큰 차이 없이 채권자의 신뢰를 유지했지만 일단 이를 잃고 난 뒤에는 다시 신뢰를 회복하는 과정에서 상당한 대가를 치러야 했다.

금융 천재 존 로의 실험과 미시시피사 버블

튤립 광풍보다는 덜 알려져 있지만 사실 미시시피사 버블이야말로 프랑스의 금융이 오늘날까지 후진성을 면치 못하게 만든 주범이라고 할 수 있다. 파산 직전이었던 프랑스 정부의 재정 상황과 금융의 귀재이자 플레이보이였던 스코틀랜드 출신의 이방인 존 로John Law의 합작품인 미시시피사 버블은 오늘날 우리가 알고 있는 전형적인 금융위기와 유사한 모습을 띠고 있었다.[22]

금세공업자의 아들로 태어난 존 로는 일찌감치 금융에 눈을 떴으며 은행권인 지폐의 유용성에 관한 이론서를 냈을 정도로 금융에 밝았다. 경제학자 슘페터는Joseph Schumpeter는 한때 존 로를 가리켜 "그의 미시시피 프로젝트는 아주 탁월했고 깊이가 있었다. 그는 역사상 최고의 화폐금융 이론가 중 한 사람이었다"라고 극찬했다.

화려한 궁정생활과 잦은 전쟁으로 국민의 원성을 산 루이 14세가 사망하고 어린 왕 루이 15세가 왕위에 오를 당시 프랑스 왕실의 재정은 매우 악화된 상태였다. 어린 왕의 섭정을 맡은 오를레앙 공The Duke of Orleans은 이러한 재정 상황을 회복하기 위해 존 로에게 프랑스 재정을 맡긴다. 존 로는 권력자였던 오를레앙 공과의 친분을 십분 활용해 방크제네랄Banque Générale을 설립하고 은행권을 발행했다. 존 로는 법정통화가 아닌 이 은행권의 수요를 높이기 위해 은행권으로 세금을 납부할 수 있는 특권을 부여받는다. 그런 다음 이를 기반으로 더 큰 구상을 하게 되는데 바로 영국 남해회사의 모델이 된 주식과 정부채의 교환 프로그램이었다.

존 로의 계획은 인수한 미시시피사(후에 Compagnie d'Occident으로 이름이 바뀐다)의 주식을 매각하면서 대금을 자신이 설립한 은행에서 발행한 은행권과 국채로 납입하도록 하는 것이었다. 이를 통해 존 로 개인은 은행권 발행과 주식 매각으로 이익을 얻고 왕실은 시중에 유통되고 있는 고금리 채권을 거두어들여 저금리 채권으로 바꾸면서 재정

부담을 더는, 소위 말하는 누이 좋고 매부 좋은 계획이었다. 존 로는 국채를 들고 있는 사람들이 이를 주식과 교환하도록 유인하기 위해 회사의 미래에 대해 환상을 불어넣었다. 아울러 주식 대금을 납입할 때 당시 시중에서 할인 거래되던 국채의 액면가를 그대로 인정해주는 방식까지 가미했다.

존 로는 이렇게 교환된 국채에 대해 정부가 낮은 이자율을 지급하도록 유인을 제공했다. 정부로서도 고금리 채권을 저금리 채권으로 전환할 수 있는 기회였으니 마다할 이유가 없었다. 이 솔깃한 제안을 한 외국인 존 로를 의심의 눈초리로 바라보던 파리의 고등법원 파를망*은 반대 의견을 냈다. 하지만 왕의 섭정을 담당하며 재정을 호전시켜야 했던 오를레앙 공은 존 로의 아이디어에 의존해 모험을 할 수밖에 없었다.[23] 1719년 존 로는 프랑스령 미국 식민지**에 대한 투자를 내걸고 미시시피사 주식을 주당 500루블에 매각하기 시작했다. 미국 투자에 대한 기대가 부풀어오르자 그는 점차 매각 금액을 올린다. 주가가 치솟자 귀족은 물론 평범한 사람들까지 주식 매집에 나서면서 주가가 불과 1년 만에 1만 루블을 넘어섰고 수많은 백만장자***가 탄생했다. 이 과정에서 정부는 손쉽게 시중의 고금리 국채를 몽땅 거두어들여 전

---

* 프랑스의 경우 왕의 증세에 관한 칙령은 고등법원 성격의 기관인 파를망에 등록되어야만 효력이 발휘되었다. 파를망은 거부권은 없었지만 등록을 피하면서 국왕의 칙령을 이행하지 않을 수 있었다. 특히 파를망은 판사와 매매 관직을 가진 귀족들로 구성되어 있어 이들은 파를망을 통해 자신들의 면세 특권을 지키고 있었다. 전국에 수많은 파를망이 존재했으며, 특히 약 2,300명의 판사와 매매 관직 귀족들이 포진하고 있던 파리 파를망의 권한이 막강했다.

** 훗날 토머스 제퍼슨이 나폴레옹에게 사들인 오늘날의 캐나다 영토와 미국 중부 및 남부의 미시시피를 포함하는 당시 광활한 루이지애나 지역을 의미한다.

*** 백만장자를 의미하는 millionaire는 이 일을 계기로 만들어진 신조어다. 미시시피사의 주가가 가장 높이 올랐을 때의 가격이 2만 리브르에 달했는데 당시 1,000리브르면 상당히 큰 액수였다. 라틴어로 1,000리브르를 뜻하는 말이 '밀레(mille)'인데 millionaire라는 말은 여기서 유래했으며 1,000리브르를 가진 사람을 뜻한다.

환하는 데 성공했다.

존 로의 은행권이 대규모로 발행되면서 파리의 물가는 순식간에 2배이상 치솟았다. 1718년 존 로는 파를망과 다른 사람들의 의심을 잠재우기 위해 방크제네랄의 국유화를 추진하고 이름을 뱅크로열Bank Royals로 바꾸지만 여전히 은행장으로 남아 전권을 휘둘렀다. 1719년에는 동인도회사 등을 합병하여 새 회사(인도회사Compagnie des Indes)를 설립하고 정부로부터 새 주화의 주조권, 간접세 및 직접세의 징수권을 잇달아 사들이는 등 사실상 정부의 재정 기능을 통째로 인수하면서 사업을 크게 확장했다. 미시시피사의 주가는 더욱 치솟았고 이 열풍을 찰스 맥케이Charles Mackay는 다음과 같이 묘사했다.

> 새집이 여기저기 우후죽순처럼 건설되었고 땅을 비추는 번영에 대한 환상이 너무도 강해, 태풍을 알리는 지평선의 짙은 먹구름이 빠르게 다가오는 것을 아무도 보지 못했다.

미시시피사에 대한 기대는 지나친 환상에 불과했다. 당시 미국 식민지 개척자들의 80퍼센트 이상이 각종 전염병과 영양부족으로 죽어 나가는 상황에서 이 회사가 약속한 이익을 만들어내는 것은 애초에 불가능했다. 마침내 사람들이 환상에서 벗어나 현실을 직시하면서 버블이 꺼지기 시작했다. 사람들은 이익을 실현하기 위해 주식을 팔았는데 존 로가 발행한 은행권이 아닌 금화로 이익을 실현하려 했다. 은행권을 금으로 바꾸어주면서 존 로의 금 보유고는 순식간에 바닥이 났고 그의 계획은 완전히 물거품이 되었다.

결과적으로 남해회사의 버블과 마찬가지로 미시시피사 버블도 일반 투자자들의 희생을 바탕으로 정부가 고금리 채권을 저금리 채권으로 전환한 사건이었다. 거의 프랑스 전체를 사들일 기세로 진행된 존 로의 대규모 실험은 실패로 돌아갔고 이후 프랑스는 혁명이 시작될 때까지 근근이 재정을 꾸려 나갔다.

끝내 신뢰받지 못한 불환지폐 아시냐

미시시피사를 통해 국가 재정을 살리려던 존 로의 계획이 수포로 돌아간 후 프랑스에는 튀르고, 네케르, 칼롱 등 많은 재무총감들이 등장하여 재정을 개혁하려 했지만 결국은 모두 실패로 돌아갔고 구체제(앙시앵레짐)가 붕괴되는 혁명의 소용돌이에 빠려든다.

세금 인상을 논의하기 위해 소집된 삼부회가 도화선이 되어 혁명이 전국에 확산되었고 국민의회는 1789년 9월 인간과 시민의 권리 선언(17개 조항)을 선포하여 앙시앵레짐을 종식시킨다.

혁명이 발발하자 사람들이 은행권을 금화 등으로 태환하기 시작했으며 은행들은 뱅크런으로 태환을 중지해야 했다. 태환이 정지되면서 신뢰를 얻을 수 있는 새로운 통화가 필요했던 국민의회는 1789년 당시 주교였던 탈레랑Charles Maurice de Talleyrand의 건의를 받아들여 아시냐를 발행하기로 한다.

이 결정에 대해 국민의회 내에서는 찬반 논쟁이 불붙었고 반대를 이끈 논리는 여전히 아픈 기억으로 남아 있는 존 로의 은행권이 야기한 미시시피사 버블의 악몽이었다. 하지만 반대 여론에도 불구하고 아시냐는 발행된다. 세금 인상에 부정적인 프랑스의 기본 성향이 여전한

400루블 아시냐. 중앙의 독수리가 들고 있는 모자는 프랑스 혁명의 상징인 프리지아 모자로 미국 국회의사당의 돔에 서 있는 자유상 등 여러 정부 기관의 문장에 등장한다.

데다 감당하기 어려운 부채 문제를 해결하기 위한 어쩔 수 없는 선택이었다.

아시냐는 존 로의 은행권과는 여러모로 차이가 있었다. 초기에 발행된 아시냐는 교회로부터 몰수한 토지 매각 대금을 담보로 하는 채권의 성격을 띠고 있었으며, 3퍼센트의 이자를 지급했다. 이자를 지급해야 하니 정부로서도 상환을 빨리 해야 한다는 압박을 받았고 액면 금액이 커서 사용도 제한적이었다. 따라서 아시냐가 발행되었음에도 불구하고 여전히 시장에서는 은화가 주요 거래 수단으로 활용되었다.

1789년 1차로 4억 루블이 성공적으로 발행된 후 1790년 4월에 2차로 발행되면서 아시냐에는 법정통화의 지위가 부여되었다. 3차 발행에서는 무이자로 발행되면서 아시냐는 완전한 지폐의 면모를 갖추게 되었다. 1791년 6월에는 약 6억 루블이 발행되어 그해 말까지 총 18억 루블의 아시냐가 유통되었지만 몰수한 토지의 잠정 가치가 여전히 아시냐의 가치를 능가하고 있어 문제가 되지는 않았다. 하지만 추가 발행이 불가피할 것이라는 세간의 인식 때문에 시장에서는 이미 약 87퍼센트에 해당하는 가격에 할인되어 거래되기 시작했다. 아시냐의 가치가 하락하면서 시장에서는 은화 및 금화가 사라지는 그레샴 법칙이 작용했다.

한편 프랑스 혁명을 지켜보던 영국, 오스트리아, 프로이센, 러시아, 네덜란드, 스페인 등은 혁명의 열기가 번질 것을 우려해 프랑스 사태에 개입하기 시작했다. 전비 마련을 위해 아시냐의 발행은 확대되었고 가치는 더욱 떨어졌다.

1792년 4월 혁명 세력은 오스트리아를 상대로 선전포고를 했다. 오스트리아 출신의 왕비 마리 앙투아네트에게 불만을 품은 파리 시민들은 튀를리 궁에 난입하여 오스트리아와 결탁했다는 이유로 루이 16세를 단두대에서 처형했다. 루이 16세가 처형된 지 9개월 후 마리 앙투아네트도 처형되었다. 1793년 9월에는 혁명세력 간의 다툼 끝에 자코뱅당의 로베스피에르가 지롱드파를 제거하고 공포정치를 시작했다.

프랑스 내외부에서 전쟁이 확대되면서 그나마 남아 있던 조세 체계가 완전히 무너졌다. 혁명정부는 아시냐를 찍어내는 윤전기 이외에는 의존할 곳이 없었다. 아시냐의 발행이 급증했고 가치는 거의 22퍼센트 수준까지 폭락했다. 그러나 다른 자금원이 없었던 혁명정부로서는 아시냐 발행을 줄일 수 없었다. 1793년 4월 농민들이 더 이상 아시냐를 받지 않자 굶주린 시민들이 상점을 약탈하는 등 사회불안이 심화되었다. 혁명정부는 금화와 은화를 아시냐보다 높게 쳐주거나, 아시냐를 받지 않는 사람을 처벌하는 포고령을 발동했다. 액면가대로 아시냐를 받기 거부하는 사람의 경우 초범에게는 3,000프랑, 재범에게는 6,000프랑의 벌금을 부과했다. 9월에는 형을 더욱 높여 사형에 처할 수 있도록 했으며 모든 공사 채권에 아시냐를 사용하도록 강제했다. 또한 거의 모든 생필품에 대해서 가격을 통제하는 최대가격법Law of the Maximum을 발동하는 등 아시냐의 가치를 유지하기 위해 모든 수단을 동원했다.

하지만 이 최대가격법은 사실상 모든 시장 기능을 정지시켰고 정부의 조세 수입을 완전히 사라지게 하는 재앙이 되었다. 조세 수입이 급감하자 혁명정부는 아시냐에 더욱 의존했다. 이는 물가 불안을 부추겼으며 높아진 물가 상황에 맞추다 보니 더 높은 고액권 아시냐를 발행해야 했다. 마치 1920년대 독일 바이마르 공화국의 초인플레이션을 유발한 마르크화 발행을 연상시키는 악순환에 빠진 것이다. 혁명정부가 아무리 윤전기를 빨리 돌려도 오르는 물가는 따라잡기 어려웠다. 물론 아시냐 덕분에 혁명정부는 군대를 유지하면서 외국과 전쟁을 수행할 수 있었지만 아시냐의 남발로 모든 채권은 휴지 조각이 되었다. 반대로 압수된 교회 재산을 외상으로 산 사람 등 채무자들은 거의 횡재를 했으니 사회 전체적으로 모든 사람들이 빚을 늘리려고 안간힘을 쓰는 형국이었다.

한편 1794년 여름부터 외국과의 전쟁이 프랑스에 유리하게 전개되면서 그동안 전쟁을 구실로 실시되던 공포정치가 힘을 잃기 시작했다. 7월 들어서는 공포정치를 이끌던 로베스피에르가 반동으로 실권하여 단두대에서 최후를 맞는다.

1794년 12월 마침내 의도치 않게 재앙에 가까운 결과를 야기한 최대가격법이 폐지되었다. 아울러 시장을 되살리기 위해 금화의 수출을 허용하고 생필품 수입을 허용하는 등 그간 유지된 통제를 풀기 시작했지만 억압된 가격이 현실화되면서 잠시 동안 초인플레이션이 지속되었다. 혁명정부는 공공장소에서 아시냐 윤전기를 파괴하는 퍼포먼스를 벌이는 등 아시냐의 가치를 안정시키기 위해 갖은 수단을 동원했지만 한번 잃어버린 대중의 신뢰를 다시 얻는 데는 실패했다. 1796년 아시냐로는 한계를 느낀 정부가 아시냐를 대신해 금으로 태환되는 다른 지폐(mandate)의 발행을 시도했지만 아시냐가 야기한 지폐에 대한 불신은 새로운 지폐의 정착마저 방해했다.

나폴레옹 보나파르트와 프랑스은행

아시냐는 근근이 유지되던 프랑스 정부에 대한 투자자들의 신용을 완전히 땅에 떨어뜨렸다. 결과적으로 보면 아시냐의 발행은 루이 16세를 폐위시켰고 이어 등장한 혁명정부인 프랑스 제1공화정을 6년 만에 무너뜨리면서 나폴레옹을 등장시키는 데 적지 않은 기여를 한 셈이다.

1799년 12월 쿠데타에 의해 총재정부를 무너뜨리고 정권을 잡은 나폴레옹은 스스로 제1통령이 되어 대대적인 정부 재정 개혁에 착수했다. 개혁의 목표는 프랑스 정부가 다시 채권자의 신뢰를 확보해서 대규모 차입을 가능케 하는 것이었고 역설적으로 이를 위해 그는 지나치리만큼 부채와 차입을 도외시해야만 했다.[24] 쿠데타로 정권을 잡았기에 이후 수많은 전쟁을 치러야 했지만 그는 일반 차입 또는 중앙은행을 통한 인플레이션성 차입금을 제공받지 못해 세금에 의존할 수밖에 없었다. 때문에 본토와 점령지에 각종 명목으로 고율의 세금을 부과했다.

1800년 2월, 나폴레옹은 무너진 채권자들의 신뢰를 회복하기 위한 첫걸음으로 프랑스은행Banque de France을 설립한다. 법적으로 영란은행과 같은 조인트스탁회사로 민간이 소유하는 형태였지만 영란은행 또는 제1차 미국은행을 설립할 때와 달리 일반인들의 반응은 시들했다. 일반인 대상 공모가 인기를 얻지 못하자 결국 주당 1,000프랑씩 3만 주를 발행하여 자본금 3,000만 프랑을 모으는 과정에서 정부가 무려 5,000주를 인수해야 했다. 출발부터 프랑스은행은 존 로의 은행권과 혁명정부의 아시냐로 인한 나쁜 기억을 불식시키기 위해 상업어음의 할인 시에만 은행권을 교부하도록 하여 남발 위험을 원천적으로 차단했고 영업 범위를 파리로 제한했다.

따라서 말이 프랑스은행이었지 실상은 어음 할인을 전문으로 하는 파리의 다른 디스카운트 은행과 다를 것이 없었고 아무런 특혜도 갖지 못한 채 이들과 경쟁해야만 했다.* 물론 정부에 단기 차입금을 제공하기도 했지만 그 규모는 크지 않았다. 이는 프랑스은행의 독립성을 높였기 때문이기도 하지만 정부 스스로도 채권자들의 눈치를 보아야 했기 때문에 자제를 하는 측면이 컸다.

따라서 프랑스은행은 당시 영국의 영란은행과 스웨덴의 릭스은행과는 매우 다른 형태로 운영되었다. 차입을 자제할 수밖에 없었던 나폴레옹은 세수를 확대하기 위해 혁명정부가 폐지했던 구체제의 각종 제도들을 복구했다. 앙시앵레짐의 분권형 간접 징수(정부가 민간에게 미리 선불을 받고 징수 권한을 도급하는 형태)를 복구시키고 혁명정부가 도입한, 전국적으로 통일된 직접 징수 시스템을 폐지했다. 결과적으로 앙시앵

---

* 1803년 파리 지역에서 15년간 독점적인 은행권 발행 권한이 부여되면서 중앙은행으로서의 성격을 더하게 된다.

레짐보다 세금 부담은 더 높아졌다. 게다가 나폴레옹은 총재정부를 폐지하고 스스로 황제에 올라 결국 루이에서 나폴레옹으로 이름만 바뀌었지 구체제가 그대로 복원된 느낌이 들기도 했다.

하지만 세수가 예전보다 크게 늘고 심지어 잉여금까지 발생하자 1799년 11월에는 싱킹펀드를 설치하여 기존의 부채를 줄일 수 있었다. 나폴레옹은 이러한 배경하에 1803년 3월 28일 오랫동안 실시하지 못했던 금본위제 복귀 등 1811년까지 프랑스 재정을 정상으로 되돌리는 데 성공했다. 하지만 호조세는 오래가지 못했다. 1812년 6월 나폴레옹이 자신의 몰락을 불러온 러시아 원정을 시작하면서 재정 상황은 다시 악화되었다. 1814년 나폴레옹이 무너지자 재정도 같이 무너져 내렸다. 그리고 그동안 나폴레옹에게 막대한 전쟁배상금을 지불하여 프랑스의 재정 상황을 돌리는 데 크게 기여했던 점령지 국가들이 이제 거꾸로 프랑스에 전쟁배상금을 요구하면서 프랑스 재정은 끝도 없이 추락했다.

한편 프랑스의 무리한 지원으로 독립을 쟁취한 미국은 독립 이후에도 금융 불안이 지속되었고 이러한 불안은 계속해서 대형화된다.

5장

엘리트 금융 권력과
서민 금융 권력의
암투

상업은행의 역사는 이탈리아에서, 최초의 중앙은행은 스웨덴에서,

중앙은행의 역사는 영란은행에서 찾을 수 있다.

그리고 중앙정부가 발행한 지폐의 역사는 의심할 여지없이 미국에서 찾을 수 있다.

- 존 케네스 갤브레이스

· · ·

인간의 본성은 정부를 통해 볼 수 있다. 만일 인간이 천사라면

정부가 필요 없을 것이다. 만일 천사가 인간을 다스린다면 (천사의 권력 남용을 방지할)

내부 및 외부 통제가 필요 없을 것이다. 이 점이 사람이 사람을 다스리는

정부를 만들 때의 어려움이다. 먼저 정부가 다스리는 사람들을

통제하게 해야 한다. 그런 다음 정부가 자신을 통제하게 해야 한다.

- 제임스 매디슨(미국 3대 대통령)

· · ·

정치에는 중요한 것이 둘 있다. 그중 하나는 돈이다. 그리고 나머지 하나는 기억이 안 난다.

- 마크 한나(미국 공화당 상원 의원)

· · ·

우리에게 필요한 사람들은 이 나라의 미래에 확신을 가지고

미국 기업의 주식이 현금보다 더 가치 있다는 점을 널리 알릴 사람들이다.

- 찰스 메릴(투자은행 메릴린치의 설립자)

유독 미국에서 금융위기가 잦은 이유는?

똑같이 영국의 식민지배를 거쳤지만 미국과 이웃 나라인 캐나다는 완전히 상반된 금융 시스템을 가지고 있다. 이는 금융위기를 겪는 빈도에도 큰 차이를 가져왔다.

캐나다는 지난 1930년대 세계를 휩쓴 대공황은 물론 2008년 대형 글로벌 금융위기에도 끄떡없었다. 대공황 당시 미국에서는 약 1만 개 이상의 은행이 파산했지만 캐나다에서는 단 한 개의 은행도 파산하지 않았다. 지난 180년 동안 큰 금융위기를 무려 열네 번 이상 겪은 미국에 비해 캐나다는 단 두 번의, 그것도 별로 크지 않은 금융 혼란을 겪은 게 전부였다.[25] 심지어 금융 시스템 안정을 주도하는 중앙은행도 미국보다 늦은 1935년에 만들어졌고, 미국이 대공황 당시 전국적으로 도입한 예금보험제도도 비교적 최근인 1967년에 도입되었다. 캐나다의 사례가 더욱 불가사의한 것은 금융위기가 잦은 미국과 경제적으로 긴밀한데도 불구하고 금융위기를 자주 겪지 않았다는 것이다. 수출에 크게 의존하고 있어 미국의 경제위기에 그대로 노출되어 있음에도 캐나다 경제는 미국의 금융위기에 휩쓸리지 않았다. 무엇이 이런 차이를 낳았을까?

먼저 주목할 것은 영국의 식민지배를 똑같이 거치면서 모든 제도와 문화가 유사했지만 특이하게도 은행산업 구조만은 정반대였다는 점이다. 캐나다의 은행산업은 전국적인 지점망을 가진 소수의 대형 은행이 지배하고 있으며 이를 통해 넓은 국토 면적에 비해 상대적으로 인구가 적은 불리함을 극복하면서 규모의 경제를 달성하고 있다. 정부는 이들 은행이 누리는 독점적 이익을 규제로 통제한다. 캐나다 은행들은 5년마다 의회의 재심을 통해 인가를 연장받고 있어 은행들도 과도한 이익을 내는 것을 자제한다. 즉, "적당히 살찐 돼지는 계속 살아남지만 과도하게 무게가 나가는 돼지는 도축당한다pigs get fat, hogs get slaughtered" 라는 격언을 명심하고 있는 것이다.

이에 반해 미국은 지역 기반이 확실한 수많은 단위은행unit bank이 경쟁하는 구조다. 1900년에 이미 인구 100만 명당 약 170개 은행이 있었을 정도였다. 같은 시기를 비교해보면 덴마크에는 34개, 호주와 캐나다에는 5~6개, 독일에는 3~4개, 심지어 영국에는 겨우 2개의 은행이 존재했을 뿐이다.[26] 소규모 단위은행의 난립은 수많은 금융위기의 원인 중 하나로 지목되고 있다. 좁은 지역을 영업 기반으로 하는 단위은행은 지역경제의 부침에 직접적으로 영향을 받을 수밖에 없는 데다 위험을 분산하기 어려운 구조적인 취약점을 안고 있었던 것이다. 이러한 미국의 은행산업 구조는 적어도 1990년대까지 계속되었다.

다수의 소규모 은행이 난립한 미국,
소수의 대형 은행이 들어선 캐나다

미국과 캐나다가 이렇게 다른 은행산업 구조를 가지게 된 배경에는 정책을 만드는 정치권력의 차이가 있었다. 영국과 프랑스는 오랫동안 캐나다를 차지하기 위해 다투었고 1763년 7년전쟁이 끝나면서 영국이 주도권을 잡았다. 하지만 문제는 대부분의 주민들이 프랑스계였다는 점이다. 즉, 미국의 경우 소수의 귀족계급, 영향력 있는 상인, 그리고 농민 등 3자 간의 대립과 연합에 의해 정치적·경제적 질서가 만들어진 데 반해 캐나다에는 여기에 더해 언제든 지배층인 영국인에게 저항할 가능성이 높은 프랑스인들이 있었다.

초기 미국에서는 영국에 대항하기 위해 지배계급인 대농장주와 뉴욕 중심의 상인들이 연합해 농민들과 대립각을 형성했지만 이후 인디언, 스페인 및 프랑스 군대의 위협을 받고 독립전쟁까지 치르면서 대농장주들은 농민들의 협조를 필요로 했다. 따라서 농민들에게 정치적으로 많은 양보를 해야만 했다. 이로 인해 국가 형성 과정에서 농민들의 영향력이 여러 분야에 미치게 되었는데 대표적인 분야가 바로 금융산업이다. 대농장주와 농민 연합은 전국적으로 네트워크가 잘 갖추어진 은행산업을 원하던 알렉산더 해밀턴을 비롯한 상인계급을 혐오했다. 그들은 전국적인 지점망을 가진 대형 은행보다 지역에 기반을 둔 단위은행을 선호했고 이로써 미국만의 독특한 은행산업 구조가 만들어졌다. 또한 이들은 두 차례에 걸쳐 미국 중앙은행을 무너뜨리는 데 결정적으로 기여했다. 흥미롭게도 이들 연합 세력은 정파를 뛰어넘어 일관되게 대형 은행의 출현 가능성을 차단했는데 이러한 흐름은 알렉산더 해밀턴에 반대한 토머스 제퍼슨(공화당)부터 앤드류 잭슨(민주당), 에이브러햄 링컨(공화당), 윌리엄 제닝스 브라이언(민주당 또는 민중당), 그리고 글래스–스티걸법 탄생에 주도적인 역할을 한 헨리 스티걸로 이어졌다.[27]

주정부는 은행 면허를 내주면서 다른 주에서 설립된 은행들의 영업을 철저하게 막았다. 주 안에서도 구역을 많이 나누어 한 구역에서만 영업할 수 있도록 함으로써 한 주 안에 다수의 단위은행이 출현할 수 있었다. 예를 들면 1814년 제정된 펜실베이니아의 옴니버스 은행법 Omnibus Banking Act of 1814은 주를 27개 구역으로 나눈 다음 이들 구역 내에서만 영업이 가능한 총 41개 은행에 면허를 내주었다.[28] 이러한 단위은행 시스템은 향후 대공황을 거치면서 도입된 예금보험제도와 은행 간의 경쟁을 제한하는 이자율 규제(Regulation Q)를 통해 더욱 강화되었다.

하지만 캐나다의 경우는 영국 출신 귀족 및 상인들이 대다수의 농민인 프랑스 세력에 맞서야 했기 때문에 영국인 간 계급에 따른 분화가 이루어지지 않았으며 오히려 프랑스인 세력을 견제하기 위한 정책이 만들어졌다. 따라서 지배계급인 귀족과 대형 은행을 선호하는 상인 간의 연합이 지속되었다. 게다가 미국의 식민지가 모두 대서양 연안에 자리 잡았던 데 반해 캐나다의 식민지는 퀘벡을 제외하고는 내륙에 위치하여 영국으로 목재 또는 곡물을 수출하기 위해서는 퀘벡을 가로지르는 세인트로렌스 강의 물길 확보가 중요했고 따라서 프랑스인들이 다수를 차지하고 있는 퀘벡을 통제할 필요가 있었다. 이 때문에 주의 권리가 강한 미국과 달리 캐나다에서는 행정구역 통제가 용이하도록 연방의 권리가 강화된 정치체제가 만들어졌다.

또한 전국을 연결하는 무역 대금의 거래를 위해서는 환어음 거래가 원활해야 했기에 전국적으로 통일된 은행망이 필요했다. 영국 은행가들과 상인들은 전국적인 은행망을 확보하기 위해 전략적 요충지인 퀘벡과 몬트리올이 있는 캐나다 지역Lower Canada에서 몬트리올은행Bank of Montreal의 설립을 시도하지만 프랑스계 농민 세력의 반대로 두 차례나 실패한다.[29] 잇달아 면허 획득에 실패하자 몬트리올은행은 무한책임을 지는 조인트스탁회사로 면허 없이 영업을 시작했고 마침내 1822년 면허를 받는 데 성공한다. 이후 몬트리올은행은 점차 영란은행처럼 유동성 공급을 책임지는 은행으로 변모했으며 캐나다에 대형 은행과 지점 형태의 은행산업 구조를 만들어내는 데 기여했다.

자신들의 영역을 배타적으로 지키고자 다른 주 은행의 진출을 막으려던 퀘벡 주정부의 시도도 실패로 돌아갔다. 임명직으로 구성된 상원이 이런 식의 분권 구조를 허용하지 않았기 때문이다. 연방정부는 은행들이 전국적으로 어디에나 제한 없이 지점을 설치할 수 있도록 연방법안을 통과시켜 은행업에 관한 주정부의 독점 유지 시도를 무력화시켰고 이를 통해 지점 설치가 자유로워지면서 소규모 단위은행의 존립도 불가능했다. 따라서 캐나다에서는 미국과 반대로 기존 은행 간의 합병 또는 파산이 진행되어 은행 숫자가 점차 줄어들게 되었는데, 1890년 38개에서 1922년에는 17개로 줄었다가 1966년에 이르러서는 겨우 8개만이 살아남았다.

시간이 흐르면서 미국에서도 단위은행의 구조를 깨기 위한 시도가 지속되면서 차츰 전국적인 영업망을 가진 은행이 출현했다. 의회가 1994년 리글-닐 주州 간 은행 및 지점 효율화법Riegle-Neal Interstate Banking and Branch Efficiency Act을 통해 은행산업의 인수합병을 촉진하고 아울러 주 간 경계를 허물어 전국은행의 출현을 가능하도록 한 것이다. 그러나 리글-닐법이 통과되자 지역의 이익단체들은 지역재투자법Community Reinvestment Act을 만들어낸다. 지역재투자법은 비록 전국은행이라 하더라도 지역의 금융 수요에 우선적으로 대응해야 한다는 규제를 도입한 법률로 은행들은 이 규정에 따라 많은 대출을 해당 지역에 할당해야 했으며 이는 은행들의 자금 분산을 가로막아 위험 분산을 제약하는 결과를 초래했다. 또한 이들은 모기지 지원기관인 패니메이와 프레디맥으로 하여금 지역 내의 은행들이 신용 등급이 낮은 고객에게 대출한 주택 구입 채권을 사들이도록 함으로써 은행들이 보다 적극적으로 신용 등급이 낮은 지역에 대출을 확대하도록 압력을 행사했다. 이러한 관행은 2008년 금융위기의 한 원인으로 작용하기도 했다.

그러나 무엇보다 주와 연방정부 간의 힘겨루기가 가장 심했던 분야는 바로 재정금융 시스템의 구축이었고 그 중심에 해밀턴과 제1차 미국은행의 설립이 있었다.

초대 미국 재무장관 해밀턴과 제1차 미국 중앙은행의 설립

1789년 9월 신생국 미국의 첫 재무장관으로 등장한 알렉산더 해밀턴은 천재적인 자질을 발휘하며 재정금융의 기초를 닦는다. 그는 "누구든 재무장관을 단 한 달이라도 해본 사람은 정부의 재정 및 금융 문제를 다루기 위한 은행이 반드시 필요하다고 확신하게 된다"[30]며 1790년 겨울 제1차 미국은행The Bank of the United States *의 설립을 제안했다. 제

1차 미국은행은 실물 거래, 부동산 투자, 정부 채권 인수를 금지하고 의회의 허가가 있어야만 정부 대출이 가능하도록 조항을 규정했다.

　제1차 미국은행은 이전에 설립된 스웨덴의 릭스은행과 영란은행의 모델을 융합한 형태를 취하고 있었다. 먼저 사적 소유였던 영란은행과 정부 소유였던 릭스뱅크와 달리 자본금 1,000만 달러 중 80퍼센트는 공모를 통해 일반인이 소유하고 20퍼센트는 정부가 소유하는 공사公私 공유 구조였다. 또한 정부 재정을 돕기 위해 설립된 영란은행과, 무역 거래 촉진이라는 상업적 목적을 위해 설립된 릭스뱅크와 달리 양자 모두를 목적으로 하고 있었다. 또한 명시적인 면허기간이 없던 릭스뱅크와 연장 시한이 명시적으로 규정되어 있던 영란은행과 달리 20년의 면허기간을 명확히 설정한 반면 어떠한 연장 규정도 정하지 않아 실질적으로 면허기간이 만료되면 자동적으로 소멸되게 되어 있었다.

　제1차 미국은행은 필라델피아에 본부를 두고 뉴욕, 보스턴, 볼티모어, 뉴올리언스 등으로 지점을 확대하여 전국적인 영업망을 갖추었다. 비록 미국 최초의 중앙은행으로 알려져 있지만 제1차 미국은행은 오늘날의 중앙은행과는 다른 점이 많았다. 제1차 미국은행은 정부의 출납 대리인으로 세금(대부분 관세)을 걷고 국채에 대한 이자를 지급하고 연방정부에 대출을 해주는 등** 정부를 상대하는 정부은행이었다. 일반인을 상대로도 예금과 대출을 취급했지만 외국인 대상 거래는 엄격하게 제한했다. 대출 이자는 법에 의해 6퍼센트로 규제되었으며 은행 경영은 재무장관의 감독을 받았다. 하지만 제1차 미국은행은 공식

---

* 이어지는 동일 명칭의 중앙은행과 구별하기 위해 이를 제1차 미국은행이라고 한다.
** 주정부에 대한 대출은 의회의 승인 사항으로 엄격하게 통제되었다.

적으로 통화 및 신용 공급 등 금융 정책에 대한 권한뿐 아니라 주법은행state bank 등 다른 은행에 대한 감독 권한도 없었다.

그러나 당시 정부를 제외하고는 가장 큰 기업이었기 때문에 제1차 미국은행의 금리 결정 등 여러 영업 행위는 다른 은행에 그대로 영향을 미쳤고, 이로써 오늘날의 중앙은행과 유사한 기능을 수행할 수 있었다. 먼저 제1차 미국은행의 은행권은 금으로 태환이 보장되는 지폐였을 뿐만 아니라 세금 납부에 사용할 수 있었기 때문에 다른 주법은행이 발행하는 은행권에 비해 안정적인 가치를 인정받았고 따라서 은행권의 유통 질서를 세우는 데 기여했다. 또한 대출 수준을 조절하는 방식으로 경제 전반의 자금 사정과 신용을 조절했고 이자율 결정에 영향을 미쳤다.

특히 제1차 미국은행은 주법은행들이 발행한 은행권을 확보하고 있다가 이를 활용해 경제 전체의 신용을 조절하는 초기 형태의 통화신용 정책을 구사했다. 즉, 경제가 과열 양상을 보이면 보유하고 있던 주법은행의 은행권을 금으로 태환함으로써 신용 규모를 줄였고, 경기를 촉진시키고자 할 때는 은행권 보유를 늘려 주법은행들이 추가적으로 은행권을 발행할 수 있는 여건을 조성했다.

제1차 미국은행이 이러한 기능을 수행할 수 있었던 것은 유일하게 전국에 걸쳐 있던 지점망 덕분이었다. 요즘과 달리 은행권을 금화로 바꾸려면 이를 발행한 은행에 직접 가서 태환을 요청해야 했기 때문에 지점이 많은 제1차 미국은행은 주법은행이 발행한 은행권을 제시하기에 유리했고 필요한 경우 시기를 조절할 수도 있었다. 또한 제1차 미국은행은 당시 금융시장의 최대 불안 요인이던 주법은행의 과도한 은행권 발행을 억제하는 데도 기여했다. 주법은행들은 은행권이 주 밖으로 나갈 경우 경화로 상환하기까지 오랜 시간이 걸린다는 것을 알고 이를 이용하여 항상 준비된 금화보다 많은 은행권을 발행했는데, 이 때문에 인플레이션 압력이 높았다. 하지만 제1차 미국은행은 지점을 활용해 주법은행에 은행권을 쉽게 제시했고 이로써 주법은행들의 과도한 은행권 발행을 막을 수 있었다.[31]

금융위기의 시작: 윌리엄 듀어와 종이 버블

초기 미국 금융의 주요 인물 중 한 사람이었던 윌리엄 듀어William Duer 는 매우 똑똑했지만 천성적으로 욕심이 많은 사람이었다. '황소'라는 별명에 걸맞게 투기를 좋아했는데 늘 자신의 자산 규모를 초과하는 투자를 즐겼고 이로 인해 과도한 차입에 의존하다가 결국 몰락에 이른다.

듀어는 1791년 7월 4일 제1차 미국은행의 주식공개IPO를 계기로 큰 투기를 시작한다.[32] 당시 제1차 미국은행 주식의 공모가는 400달러였다. 한 번에 400달러를 내는 것이 아니라 주식을 살 수 있는 권리를 우선 25달러에 팔았고 나머지 375달러는 1792년 1월부터 1793년까지 네 번에 나누어 내도록 했으며 25퍼센트는 금이나 은 등 경화로 내고 나머지 75퍼센트는 국채로 낼 수 있도록 했다.

듀어는 제1차 미국은행의 주식이 큰 인기를 끌 것이라 예상하고는 전력을 다해 권리를 사들였다. 1791년 7월 공모가 시작되자 25달러에 불과하던 권리는 순식간에 300달러 이상으로 폭등했다. 듀어는 사자 열기가 계속되지 않을 것으로 보고 주식을 매각하여 차익을 챙긴다. 그의 예상대로 8월 말까지 폭락이 진행되었고 많은 사람들이 투자 실패로 파산했으며 금융공황이 닥쳤다. 폭락장에서도 듀어는 사고팔기를 반복하면서 헐값으로 권리를 사모아 미국은행 총 지분 2만 5,000주 중 무려 1,200주를 확보해 정부(5,000주) 다음가는 주주로 등장한다.

주가 폭락으로 공황이 닥치자 해밀턴은 영국의 예를 따라 자신이 설립한 싱킹펀드를 통해 국채를 사들여 시장에 자금을 공급했고 이로써 시장을 안정시키는 데 성공했다.* 해밀턴은 국채가 실제 가치 밑으로 떨어졌다고 판단될 경우에는 시장에 개입할 수 있다는 싱킹펀드 운용 조항을 인용하여 싱킹펀드 운용위원회의 승인을 받아 국채를 사들였던 것인데 마치 오늘날 연준의 연방공개시장위원회FOMC, Federal Open Market Committee의 공개시장 조작과 같은 역할이었다. 이 위원회의 위원으로는 특이하게도 부통령, 재무장관, 국무장관, 검찰총장, 대법원장 등 당시 신생국 미국의 주요 인사들이 모두 참여했다.

엄청난 성공을 거둔 듀어는 이에 만족하지 않고 또다시 투기에 나선다. 이번에는 주금의 납입 시기에 국채 수요가 늘어날 것이라 생각하여 국채를 매집하기 시작했는데 문제는 막대한 자금이 필요했다는 것이다. 그는 1791년 하반기부터 국채를 매집하는데 이때는 이전과 달리 그의 시도를 방해하는 세력이 있었다. 몇몇 금융가들이 국채를 공매도short selling**하기 시작한 것이다. 가격을 올리기가 쉽지 않자 듀어는 차입을 동원해서 국채 가격을 끌어올렸는데 차입 규모가 커진 것을 본 은행들이 추가 대출을 꺼리자 심지어 대리인을 보스턴 등으로 보내 높은 이자를 지급하여 사채를 끌어들이기까지 했다. 또한 자신이 책임

---

* 해밀턴에 이어 재무장관이 된 갤러틴은 이 싱킹펀드가 오히려 국채가 상환되지도 않았는데 상환된 것 같은 착각을 일으켜 신규 부채의 조달을 조장하는 부작용을 일으킨다고 보고 이를 폐지한다.
** 주식 또는 채권이 없는 상태에서 매도하고 결제일에 떨어진 가격으로 주식을 사서 양도하는 투자 방식을 말하며 주가 하락이 예상될 때 실행한다.

지고 있던 산업단지 건설 투자 조합 SEUM The Society for the Encourgement of Useful Manufactures의 투자금까지 몰래 빼돌려 국채 매입에 활용했다. 듀어의 매집으로 1791년 12월 110달러 수준이던 국채 가격은 1792년 3월 126.25달러까지 뛰어올랐다. 하지만 듀어에게 전혀 예상치 못했던 일이 일어난다.

당초 제1차 미국은행은 문을 연 후 존재 이유를 증명하기 위해 막대한 대출을 하기 시작했는데 일각에서는 시장에 풀린 과도한 신용이 주식 버블을 만들고 있다고 비판했다. 1791년 12월 필라델피아에서 영업을 시작한 제1차 미국은행은 이듬해 2월까지 상당량의 은행권을 발행했고 대규모 어음 할인과 예금을 통한 신용을 창출하여 막대한 자금을 시장에 공급했던 것이다. 1792년 2월 제1차 미국은행은 마침내 비판을 의식해 상당수의 대출을 회수하기 시작했고 차입자들은 할 수 없이 국채 등 보유 자산을 팔아야 했다.

이 과정에서 일부 은행들이 파산했고 국채의 방매放賣가 시도되면서 국채 가격이 폭락했다. 듀어는 일부 공매도 세력에 대항했지만 대세인 팔자까지 막을 수는 없었다. 국채 가격이 속절없이 밀리고 은행으로부터도 상환 압박을 받자 듀어는 그동안 매집한 국채를 손해 보고 팔 수밖에 없었다. 듀어가 매집을 풀자 국채 가격이 곤두박질쳤고 이로 인해 훗날 1792년 금융공황으로 알려진 금융위기가 발생했다.

제1차 미국은행으로 태환을 요구하는 은행권이 밀려들었고 은행은 지급불능의 위험에 빠져들었다. 해밀턴은 1791년 12월 700만 달러 수준이던 제1차 미국은행의 준비금이 위기가 발생한 1792년 3월에는 240만 달러 수준까지 급감하자 뉴욕의 은행들에 예치되어 있던 정부 자금을 인출해서 준비금 확충에 나섰다. 하지만 정부 자금을 인출하자 뉴욕 은행들은 대출을 회수할 수밖에 없었고 연이어 대출 회수가 일어나면서 기업들이 무너지기 시작했다.

3월 19일, 해밀턴은 정부에 관세를 내야 하는 상인들의 파산을 막기 위해 은행에 이들의 자금을 회수하지 말라고 요청하는 동시에 이를 따르는 은행으로부터는 정부가 예치한 자금을 빼지 않겠다고 약속했다. 아울러 그는 전국의 세관에 당분간 제1차 미국은행이 발행한 은행권을 관세로 받도록 해서 은행권이 은행으로 되돌아오는 것을 가능한 한 줄였다.*

또한 1791년 위기 당시 동원했던 싱킹펀드를 통해 국채를 매입하여 국채의 하락을 방지했고 아울러 해외차입에 나서 암스테르담은행으로부터 추가 자금을 확보하면서 시장을 안정시켜 나갔다. 미국 최초의 전면적인 금융위기였던 1792년 금융공황에 대해 해밀턴과 대립했던 제퍼슨은 다음과 같이 한탄했다.

> 마침내 종이 버블이 터졌다. 뉴욕에서는 듀어의 실패로 마치 서로를 넘어뜨리는 볼링의 9개 핀과도 같이 다른 사람들의 실패를 불러왔고 이들의 실패는 또 다른 사람들의 실패를 불러왔다.[33]

듀어는 결국 파산했고 채무자 감옥에서 대부분의 여생을 보내면서 손해를 본 사람들의 돌팔매를 맞아야 했다. 그는 결국 건강이 악화되어 풀려난 지 수일 만인 1799년 5월 7일에 사망했다.

---

* 당시 관세는 미국 정부의 거의 유일한 수입원으로 상당히 오랫동안 경화만으로 납부가 가능했다. 심지어 훗날 그린백이 법정통화 지위에 있었을 때에도 관세 납부 수단으로는 활용되지 못했다.

중앙은행 연장 논쟁과 연장 실패

1792년 위기를 극복한 해밀턴이지만 그의 천재성은 오늘날 배젓 법칙으로 알려진 내용을 실전에 적용했다는 점에서 확인된다.[34] 1792년 금융시장이 공황에 휩싸이자 뉴욕의 금융시장은 상인, 채권 거래상, 은행 등 누구라 할 것 없이 채권을 내다 파는 데 혈안이 되었다. 채권 급매가 가격을 더욱 떨어뜨리는 악순환(소위 부채 디플레이션이라고 한다)을 차단하기 위해 해밀턴은 이들이 채권을 팔지 않고도 유동성을 확보할 수 있도록 은행들이 채권을 담보로 자금을 공급하게 한다. 아울러 해밀턴은 아직 제1차 미국은행의 지점이 설치되지 않은 뉴욕에서 재무부의 대리 역할을 하던 뉴욕은행의 출납원cashier 세턴Seton에게 지시를 내려 재무부 소유의 국채 100만 달러를 상인 및 채권 거래인들에게 빌려주어 이들이 이를 담보로 필요한 자금을 차입하도록 조치했다. 다만 금리를 6퍼센트가 아닌 7퍼센트(고리대금업법상의 상한 금리)로 물리도록 했는데 이것이 훗날 배젓 법칙으로 정착된 벌칙 금리penalty interest rate 였다.

1792년 위기는 오늘날 금융 시스템에도 큰 족적을 남겼다. 바로 뉴욕주식거래소의 설립 계기가 된 것이다. 1792년 위기를 겪은 뉴욕 시는 전문가가 아닌 이들이 위험한 채권 거래에 참여하는 것은 문제가 있다고 보고 일반인들의 증권 거래를 금지했다. 이로 인해 24명의 증권 거래인들이 월가의 버튼우드buttonwood 아래에서 거래 모임을 만들었는데 이것이 오늘날 세계 최대의 주식거래소로 성장한 뉴욕증권거래소의 전신이다.

순항하던 제1차 미국은행은 20년의 면허기간이 마감되는 1811년

버튼우드 아래에서 협정을 맺는 거래인들
자료: 뉴욕증권거래소

이 다가오면서 면허 연장을 놓고 정치적인 소용돌이에 휩쓸렸다. 당초 해밀턴의 은행 설립안을 격렬히 반대했던 제퍼슨과 같은 정파인 매디슨, 갤러틴이 각각 대통령과 재무장관으로 재임했을 뿐만 아니라 의회도 이들과 정치적 노선을 같이하는 공화당 일색이었기에 연장은 불가능할 것처럼 보였다. 하지만 흥미롭게도 실상은 그렇지 않았다. 이미 매디슨과 갤러틴은 제1차 미국은행이 필요하다고 생각해 연장을 추진하고 있었고 이들의 생각은 의회 내 해밀턴을 지지하던 연방주의자들의 지원을 받았다. 하지만 의회의 다수 세력인 공화당은 면허 연장을 놓고 찬성하는 측과 반대하는 측으로 나뉘었다. 특히 상당수의 공화주의자들이 주정부의 면허를 받아 영업 중이던 주법은행과 상업적인 이해관계에 있었기 때문에 이들은 소멸에 찬성하는 입장이었다. 여기에 주정부도 자신의 이해를 확대하기 위해 제1차 미국은행을 제거하라고 주 출신 공화주의자들을 압박했다.

1811년 1월 24일, 하원은 연장안을 단 1표 차인 65대 64로 부결시켰고 상원에서는 17대 17로 가부 동수로 나왔지만 당시 같은 정파였음에도 불구하고 갤러틴 및 매디슨 대통령과 정치적으로 대립하던 조지 클린턴George Clinton 부통령이 연장안 부결에 캐스팅보트를 행사했다. 결국 상하 양원에서 단 1표 차이로 연장에 실패한 것이다.

제2차 미국은행 설립과 1819년 금융위기

제1차 미국은행이 존속하는 동안 미국의 금융산업은 경제 발전, 인구 증가, 영토 증가를 배경으로 급속하게 성장했다.[35] 1791년 뉴욕은행을 비롯해 불과 5개에 불과하던 주법은행은 1811년에는 그 수가 약 110개에 달했다. 제1차 미국은행의 소멸 이후 은행산업은 더욱 급속도로 팽창했다. 1811년부터 제2차 미국은행이 다시 설립된 1816년 사이 은행의 수가 거의 2배나 증가했으며 2,800만 달러였던 은행권 발행 규모도 거의 3배에 해당하는 6,800만 달러에 이르렀다. 당시 재무장관이었던 갤러틴은 은행권이 남발되자 중앙은행이 없어서 생긴 일이라고 한탄했다. 또다시 중앙은행을 설립하려는 시도가 이어졌지만 세 번의 시도는 의회의 부결로, 또 다른 두 번의 시도는 매디슨 대통령의 거부권 행사로 결실을 맺지 못했다.

하지만 은행권 남발로 인플레이션 문제가 심각해지고 영국과 1812년 전쟁이 벌어지면서 은행 공황이 발생하자 매디슨의 생각이 달라지기 시작했다. 1814년, 영국군이 워싱턴 D.C.에 침입해서 백악관을 불태우고 볼티모어를 위협하자 예금 인출이 크게 늘면서 뱅크런이 발생했다. 아울러 전쟁 재원을 차입하기 위해 중앙은행의 설립은 더 시급해졌다. 결국 1816년 제1차 미국은행 면허와 거의 동일한 조건으로 제2차 미국은행이 탄생했다.

하지만 초기 제2차 미국은행은 정책적인 실수와 경영 실패를 거듭하며 국민의 높은 반감을 샀고 또다시 면허기간이 만료됐을 때 연장에 실패하고 만다. 그 중심에는 대형 경제불황을 불러온 1819년 금융위기가 있었다.

1812년 전쟁이 끝나고 유럽 대륙에서 벌어진 나폴레옹 전쟁이 영국의 승리로 마무리된 직후 유럽으로부터의 수입이 급증하면서 미국의 경제 상황이 호전되었다. 게다가 연방정부가 서부지역의 토지 매각을 진행하자 투기 붐이 일었다. 이러한 낙관적인 경제 상황은 주법은행들의 은행권 남발을 불러왔고 경제는 과열로 치닫게 된다. 이러한 상황을 두고 토마스 제퍼슨은 "일찍이 컨티넨탈 지폐 때문에 경험했듯이 우리는 은행권으로 인해 파멸을 맞게 될 것이다"[36]라고 경고했지만 이 말에 귀 기울이는 사람은 아무도 없었다. 또한 주법은행들의 과도한 은행권 발행과 사기행각 등을 감독해야 할 제2차 미국은행이 감독을 소홀히 한 것은 물론, 은행권 발행을 통해 대출을 크게 늘리면서 오히려 과열 상황에 기름을 부었다.

특히 매디슨 내각의 장관을 지낸 초대 은행장 윌리엄 존스William Jones가, 임명될 당시 개인 파산이 진행되고 있었으며 은행 경영과 관련된 경제적인 지식과 경험이 부족하여 이러한 상황을 감당할 만한 인물이 아니었던 점도 문제였다. 존스의 경영은 사기와 실책의 연속이었다.

심지어 볼티모어 지점이 300만 달러의 손실을 입고 문을 닫게 되었을 때 제2차 미국은행은 거의 파산 상태였고 의회는 면허 취소까지 검토했다. 하지만 제2차 미국은행의 주식을 상당수 보유하고 있던 의원들의 반대로 면허는 취소되지 않았고 결국 1819년 존스가 사임하면서 분란은 일단락되었다.

존스의 뒤를 이은 랭던 취비스Langdon Cheves는 하원 의장을 지낸 인물로, 은행을 경영하는 데는 큰 문제가 없었지만 1819년 위기를 더 악화시켜 은행에 대한 사람들의 인식을 더욱 나쁘게 만드는 결정적 실수를 저지른다. 취비스는 전임 은행장이 과도하게 내준 대출을 회수하면서 신용을 줄여 나갔으나, 문제는 이러한 신용 축소가 경제가 하강하는 시기에 이루어졌다는 점이다. 나폴레옹 전쟁 직후 미국으로부터 농산물 수입을 크게 늘린 유럽은 1818년 농업이 예전 생산량을 회복하면서 수입을 줄였다. 이로 인해 그동안 특수를 누렸던 미국 농산물 가격은 폭락했고 농민들의 삶은 급속히 어려워졌다. "은행가임을 감안하더라도 지나치게 보수적"이라는 평가를 받던 취비스는 불황으로 이미 주법은행들이 무너지는 상황에서 대출을 회수하고, 지점을 폐쇄하는 긴축경영을 펼쳐 불황을 더욱 심화시킨다.

1819년 신용이 크게 축소되면서 농부들의 파산이 이어졌고 이는 은행의 파산을 이끌었다. 연방정부가 추진하던 토지 매각은 거의 중지되었고 불황이 덮친 필라델피아, 피츠버그 등 도시에서는 실업이 크게 늘어 빚을 갚지 못한 채무자들이 감옥을 가득 채웠다.

이 1819년 금융위기는 2년간 지속되었으며 이전에 경험하지 못한 대형 위기였다. "은행은 살리고 경제는 파멸로 이끈" 취비스의 정책은 사람들의 공분을 사기에 충분했고 은행, 은행가 그리고 은행권에 대한 불신을 크게 증폭시켰다.

미국은행에 대한 불신과 반감은 미국의 초기 국가 시스템의 핵심인 소위 미국식 시스템American System*의 3개 축 중 하나가 무너진 것을 의미했으며 앤드류 잭슨을 대통령으로 밀어 올리는 데 큰 역할을 한다. 취비스는 은행장에 재선임되었지만 은행에 대한 공분이 지속되면서 결국 견디지 못하고 곧바로 사임했다.

제2차 미국은행의 소멸, 그리고 자유은행업 시대

1819년 위기로 이미지가 크게 악화된 제2차 미국은행이 제 역할을 하기 시작한 것은 니콜라스 비들Nicholas Biddle이 취임하면서부터였다. 비들은 나이가 어리다는 이유로 학위를 받지는 못했지만 13세에 이미 펜실베이니아 대학의 모든 과정을 이수했을 정도로 천재적인 재능을 가진 인물이었다. 제2차 미국은행장에 취임한 비들은 그 이전 어떠한 중앙은행에서도 시도하지 못했던 중앙은행의 역할을 정립했다.

비들은 먼저 경제 상황을 보아가며 통화 공급을 조절했다. 즉, 경제가 불황이면 주법은행들이 발행한 은행권의 태환 요구를 늦춰 신용이 확대되도록 했고, 과열 양상을 보이면 즉시 태환을 요구해 은행권의 유통량을 줄였다. 아울러 비들은 금융위기 시에 주법은행에 유동성 자금

---

* 당시 유력 정치인이었던 헨리 클레이(Henry Clay)가 주창한 미국식 시스템은 1812년 전쟁이 끝나고 미국이 국가의 틀을 만들어가던 시기를 지배하던 이념적 틀이었다. 산업을 육성하기 위한 보호관세, 상업의 증진을 위한 신용을 공급하는 연방은행, 그리고 도로, 운하, 철도 등 내부 교통망 확대를 의미하는 내적 개선(Internal Improvement) 등 세 가지 축을 국가 시스템의 핵심으로 보았다.

을 제공하는 최종 대부자 역할도 충실히 수행했다. 하지만 그가 제2차 미국은행을 탄탄한 반석에 올려놓은 것과는 별개로 면허기간의 종료를 앞두고 존립을 위협하는 위기가 부상하는데, 바로 제2차 미국은행을 극도로 혐오하던 앤드류 잭슨Andrew Jackson 대통령이 등장한 것이다.

제2차 미국은행의 경우 제1차 미국은행보다 면허 만기 훨씬 전부터 연장 문제를 놓고 정치적 논쟁이 가열됐다. 이는 면허 연장 여부가 정치적인 문제로 비화되면서 대선의 쟁점으로 부상했기 때문이었다. 1828년 대통령에 당선된 앤드류 잭슨은 제2차 미국은행을 기득권의 상징으로 간주하고 무엇보다 헌법에 위배되는 비민주적 실체라고 비난했다. 잭슨은 특히 제2차 미국은행이 은행권을 발행하는 것은 헌법 위반이며 화폐의 발행 권한은 헌법에 따라 의회가 가져야 하고, 이를 개인이나 민간기관에 위탁하는 것은 위헌이라고 주장했다.

제2차 미국은행은 1816년에 면허를 받았기 때문에 공교롭게도 잭슨이 1832년 재선에 성공한다면 1836년, 즉 그의 임기 내에 면허 연장이 논의될 가능성이 높았다. 잭슨이 재선될 경우 면허가 연장되지 않을 것을 우려한 비들은 잭슨의 생각을 바꾸려고 수차례 시도했지만 번번이 실패했다. 결국 비들은 의회의 도움을 받아 잭슨의 폐지 공언을 무력화시키기로 하고 1832년 대통령 선거가 있기 몇 개월 전 미국은행에 호의적인 의원들의 동의를 받아 여유 있게 연장안을 통과시켰다. 하지만 잭슨 대통령은 제2차 미국은행은 민주주의에 대한 중대한 위협이라고 선언하면서 1832년 7월 10일 면허 연장안에 대해 거부권을 행사했다.

은행은 여러 면에서 국민과 정부 모두에게 도움이 된다. 하지만 나는 현

중앙은행이 헌법이 부여하지 않은 특권을 누리면서 국가의 권리에 도전하고 국민의 자유를 위태롭게 한다고 믿는다. 따라서 의회가 새로운 은행을 만들 의무가 있다고 생각한다. 의회가 정의, 건전한 정책, 그리고 헌법에 부합하도록 현 중앙은행 면허의 내용을 바꾸었어야 했는데 지금 내 앞에 있는 법안에는 이러한 내용이 시정되어 있지 않다. 나는 이를 매우 유감스럽게 생각한다.

잭슨이 거부권을 행사하자 의회는 이에 반발해 잭슨의 거부권을 무력화시키려 했지만 재의결에 실패했고, 이에 굴하지 않고 다시 면허를 연장하는 법안을 추진했지만 이마저도 무위로 돌아간다. 이러한 정치적 대립으로 인해 제2차 미국은행의 운명은 1832년 12월 대선 결과에 의해 좌우될 상황이었다. 공화당 후보인 헨리 클레이Henry Clay는 제2차 미국은행의 지원을 받아 잭슨을 무소불위의 전권을 휘두르는 '왕'으로 묘사하면서 공격했지만 선거 결과는 219대 49로 잭슨의 압승이었다.

잭슨은 자신의 압도적인 승리를 제2차 미국은행 해체에 대한 국민의 동의로 간주했으며 즉시 제2차 미국은행에 보관되어 있던 연방정부의 자금을 주법은행(정적들은 이 은행들을 애완은행pet banks이라며 비하했다)으로 옮기는 작업에 착수했다. 하지만 비들과 우호적인 관계에 있던 재무장관 맥레인Louis McLane은 잭슨의 명령을 이행하지 않았다. 잭슨은 맥레인을 경질하고 후임에 듀에인William J. Duane을 임명했지만 그 역시 명령을 따르지 않았다. 따라서 1834년 다시 로저 타니Roger B. Taney를 임명한 후에야 겨우 실행에 옮길 수 있었다.

정부가 자금을 빼내자 비들도 대출을 회수하기 시작했고 이로써 은행 공황이 발생했다. 비들은 불황으로 정부가 어려움에 처하면 잭슨의 항복을 받아내 면허를 다시 얻을 수 있으리라 생각했으나 그의 예상은 빗나갔다. 결국 제2차 미국은행은 1836년 면허를 상실했고, 면허 상실 2주 전 펜실베이니아 주 면허로 옮겨 타서 영업을 계속했지만 훗날 금융위기로 큰 손실을 본 뒤 1841년 문을 닫았다. 비들은 잭슨에게 앙갚음하기 위해 1839년 대선 출마를 시도하기도 했지만 제2차 미국은행과 관련된 사기와 경영 실책 등으로 피소되어 남은 인생을 대부분 법정에서 보냈다. 결국 제2차 미국은행은 역사 속으로 사라졌고 미국은 이후 1913년 연준이 탄생할 때까지 약 76년 이상을 중앙은행이 없는 나라로 지냈다.

제2차 미국은행의 소멸 이후 미국은 자유은행업 시대를 맞는다. 1837년 미시간 주를 시작으로 1838년 뉴욕 주와 조지아 주가 은행업법을 제정하여 주정부나 연방정부가 개별 은행에 특허를 주는 방식이 아니라 일반적인 은행업법에 따라 법적으로 설립 요건을 구비한 사람들이 은행업을 할 수 있도록 제도화했다. 이러한 변화는 설립 요구가 많아 개별 은행에 특허 형식으로 면허를 주는 것이 사실상 불가능한 현실을 반영했다.

초기에는 법 제정의 효과가 크지 않았지만 1850년까지 은행에 대한 수요가 폭증하면서 앨라배마 주, 뉴저지 주 등 전국으로 자유은행업 제도가 확산되었다. 하지만 자유은행업 시대에도 여전히 은행에 대한 규제가 강해, 설립과 경영에 비교적 자유가 많이 허용되었던 스코틀랜드, 캐나다, 스웨덴의 자유은행업 시대와는 성격이 많이 달랐다. 은행 수가 크게 늘어난 배경에는 은행 설립을 허용하면서 재정을 보충하려는 각 주의 의도도 한몫했다. 신설 은행은 주정부의 채권 일정액을 예치해야 했으며 아울러 발행된 은행권에 대해 세금을 부과할 수 있었기 때문에 은행 설립이 가져온 재정 확충 효과는 무시할 수 없을 정도로 컸다.

한편 1,500여 개의 크고 작은 은행들이 등장하면서 제각각 발행된 은행권들로 인해 유통에 큰 혼란이 발생했다. 대부분의 은행권들이 액면가보다 할인된 금액에 유통되었으며, 과도한 발행이나 파산 등으로 거래 위험이 높아졌고 위조 및 사기 발행으로 인한 피해도 적지 않았다. 사기 발행의 대표적인 사례가 소위 '들고양이 은행wildcat bank'*으로, 이러한 은행들은 의도적으로 사람들의 발길이 미치지 않는 곳에 은행을 차려놓고 은행권을 발행하여 사실상 개인들이 은행권을 제시하고 경화로 태환하는 것을 불가능하게 했다.[37]

은행권 거래의 위험성이 높아지자 은행과 은행권에 관한 보다 많은 정보가 필요해졌고 이러한 수요에 맞추어 안내 책자까지 등장했다. 각 주는 은행권의 유통 질서를 바로잡기 위해 감독을 강화했지만 수많은 은행을 제대로 감독하기는 어려웠다. 결국 은행권의 유통 질서를 잡는 데 큰 역할을 했던 제2차 미국은행의 부재가, 이후 잦은 은행 위기를 야기하는 단초를 제공한 것이다. 1837년 은행 위기를 시작으로 1847~1848년, 1854~1855년, 1865~1867년, 1873~1877년, 1882~1885년, 1893~1894년, 1896~1897년, 1902~1904년, 1907~1908년 위기가 발생했고 이 과정에서 수많은 은행들이 파산했다.[38]

---

* 들고양이들이 어슬렁거릴 정도로 사람들이 찾아가기 어려운 곳에 있는 은행이라는 의미이다.

그린백 및 전국은행법의 등장

　자유은행업 시대는 남북전쟁의 발발과 함께 전국은행법의 제정, 그린백의 발행으로 큰 변화를 맞았다. 그린백의 정식 명칭은 '유나이티드 스테이스 노트United States Note'였지만 뒷면이 녹색을 띠고 있다 하여 '그린백greenback'이라고 불렸다. 미국 헌법은 주화의 주조만을 규정하고 있을 뿐 지폐를 찍어내는 것에 대해서는 별다른 규정을 하지 않았다. 따라서 남북전쟁이 발발하면서 정부가 전비 마련을 위해 불태환 지폐인 그린백 발행을 추진하자 위헌 논쟁이 일었다. 합헌을 주장하는 사람들은 헌법에 명시적인 부정이 없다는 점을 들면서 강행했지만 사실 미국 헌법이 독립전쟁 당시 대륙 의회가 발행했던 '컨티넨탈'을 되풀이하지 않겠다는 배경하에 만들어진 것임을 감안할 때 헌법이 허용하고 있다는 일부의 주장은 억지나 다름없었다.

　무엇보다 현실적인 필요성을 무시할 수 없었다. 재무장관 체이스도 "이는 전쟁 수단이다. 선택의 문제가 아닌 필연의 문제이고 특수한 상황에서는 특수한 조치가 필요하다"라며 설득에 나섰다. 이로써 1862년 그린백 발행이 가능한 법정통화법Legal Tender Act이 만들어졌다.

　하지만 그린백으로는 충분하지 않았다. 따라서 국채 발행을 추진했지만 전쟁 중에, 그것도 누가 이길지 모르는 상황에서 연방정부의 국채를 사겠다는 사람은 많지 않았다. 체이스는 주정부가 주법은행의 인가를 내줄 때 주정부가 발행한 채권을 예치하도록 한 것에 착안하여 연방정부가 은행을 인가할 때 연방정부가 발행한 국채를 예치하도록 했다. 이에 따라 상원의원 존 슈먼John Scherman의 제안으로 오늘날 미국 은행 체제의 틀이 되는 전국은행법The National Banking Act of 1863~1864*이

제정되었고 전국은행National Bank의 면허를 주고 은행권 발행 등 감독을 담당할 연방통화감독청OCC, The Office of Comptroller of the Currency이 신설되었다.

전국은행법에 따라 설립된 전국은행은 높은 자본금과 준비금 유지, 부동산 대출 금지, 동일인 여신 한도 규제 등 주법은행보다 까다로운 규제를 받았다. 하지만 이러한 규제에도 불구하고 전국은행이 경쟁력을 가지게 된 것은 전국적으로 유통 가능한 통일된 은행권을 발행할 수 있었기 때문이었다. 당시 은행들의 은행권 발행 업무는 예금보다 높은 수익을 가져오는 사업이었다. 게다가 불신이 높아 주법은행들의 은행권이 할인되어 거래되고 있는 현실에서 전국적으로 유통 가능하며 믿을 수 있는 통일된 은행권을 발행할 수 있다는 것은 엄청난 이권이었다. 전국은행법은 은행권 발행 한도를 자본금과 연방통화감독청에 미리 예치한 국채의 가치에 연동시켰는데 이는 은행들이 은행권 발행을 위해 사전에 국채를 확보해야 한다는 의미였고, 이를 통해 연방정부는 손쉽게 국채를 매각할 수 있었다. 또한 전국은행법은 주법은행들이 발행하는 은행권에 세금**을 부과하여 전국은행을 다소 유리하게 만들었다. ***

전국은행은 큰 인기를 끌었다. 1865년까지 신설 또는 주법은행의 전환으로 1,500개의 전국은행이 등장했고 그 수가 1870년에는 1,638개에 달했다. 반면 세금 부과로 인해 은행권을 발행할 수 없게 된 주법은

---

* 메이지 유신 이후 일본은 금융제도를 근대화하면서 미국의 전국은행법을 계승하여 국립은행법이라는 이름을 붙였다. 따라서 이 법에 따라 인가를 받은 민간은행들도 국립은행이라 불렸다. 일례로 개항 이후 부산에 진출한 최초의 은행인 다이이치국립은행도 일본 정부가 세운 은행이 아니라 민간 은행이다.
** 남북전쟁 이후 전국은행법에 따라 주법은행이 발행한 은행권에 대한 과세의 합헌성이 대법원에서 다루어졌고 대법원은 비지은행 대 펜노(Veazie Bank V. Fenno) 사건에서 과세 결정을 합헌으로 판결한다.
*** 전국은행법은 당초 명칭이 전국통화법(National Currency Acts)이었다.

행은 325개로 크게 줄었다.*

초창기 은행들은 손실에 대비해 높은 수준의 자본금을 보유했는데 자산 대비 자본금의 비율이 약 40퍼센트 이상이었다. 법으로 강제하지 않아도 은행들이 높은 자본금을 유지했던 이유는 자신들의 안전성을 과시하려는 의도가 컸다. 따라서 1864년 전국은행법이 제정될 당시에는 대부분의 주법은행들이 높은 자본금을 보유하고 있었지만 주법은행과 전국은행이 서로 경쟁하면서 자본금 요구 수준이 낮아지기 시작했다. 전국은행의 경우 인구 6,000명 이하의 도시에서도 약 5만 달러 이상의 설립 자본금을 요구한 반면, 주법은행의 경우 주마다 다소 차이가 있었지만 설립 자본금이 1만 달러도 되지 않았다. 이로 인해 1877년만 해도 자본금 규모가 5만 달러 이하인 주법은행이 전체의 5분의 1에 불과했지만 1899년에는 그 숫자가 5분의 3에 달했다. 하지만 지나치게 낮아진 자본금은 잦은 금융위기의 원인이 되었고 제1차 세계대전 직전까지 약 10퍼센트까지 낮아지다가 대부분의 은행법들이 최소한의 보유 수준을 정하면서 하락을 멈추었다.

자유은행업 시대와 전국은행법 시대를 거치면서 미국에는 은행이 폭발적으로 증가했고 자산도 기하급수적으로 늘어나 대형 금융위기가 빈발했다. 물론 거시경제의 부침 등 다양한 위기 요인이 가미되었지만 금융 시스템의 구조적인 취약성이 위기 가능성을 더욱 높였는데 이는 전국은행법이 만들어낸 두 가지 약점 때문이었다.

첫째는 전국 통화의 발행 규모가 이들 은행이 연방통화감독청에 맡

---

* 크게 위축되던 주법은행들은 1880년 이후 체킹 어카운트(checking account)라는 새로운 지급 결제 방법을 개발해 고객들이 은행권 대신 개인 수표인 체크(check)를 사용하도록 하는 금융 혁신을 통해 되살아났다.

겨놓은 국채의 시장 가격에 연동됨으로써 전국적인 통화 공급량이 경기 상황보다는 국채의 가격 변동에 연동되는 구조였다는 것이다. 이 때문에 금융위기로 통화량을 늘려야 할 때는 국채의 폭락으로 오히려 은행권이 축소되는 상황이 벌어졌다.

둘째는 전국은행의 지불준비금 예치 구조가 피라미드 구조로 되어 있어 금융 불안을 가중시켰다는 점이었다. 전국은행법에 의해 작은 지역에서 영업하는 전국은행들은 '준비금 도시 은행reserve city banks'으로 지정된 지역의 대도시에 있는 대형 은행에 지불준비금을 예치해야 했다. 그리고 지역 대도시 은행들은 소위 '중앙 준비금 은행central reserve city banks'으로 지정된 뉴욕, 시카고, 세인트루이스의 대형 은행에 지불준비금을 예치했다. 이로 인해 실질적으로 전국은행들의 준비금이 대부분 뉴욕 시 등에 집중되는 효과를 가져왔다.

문제는 당시 미국의 주력 산업이 농업이었고 자금의 수요와 공급에 쏠림 현상이 있었는데 이 준비금 예치 구조가 이러한 자금시장의 불안정성을 더욱 높였다는 것이다. 즉, 가을에 수확한 농산물이 수출을 위해 대도시로 몰리면 당연히 농산물 구입 대금이 농촌으로 빠져나가게 된다. 따라서 지방의 전국은행들이 자금을 빼가면서 뉴욕 등 대도시는 가을에 고질적인 자금 부족 현상을 겪게 되었는데 이러한 계절적 요인으로 인한 금융 불안이 다른 악재와 겹칠 경우 위기를 피하기 어려웠다.

이처럼 전국은행법의 문제점이 금융시스템을 위기에 취약하게 만들었지만 미국이 겪은 금융위기의 보다 근원적인 배경에는 앞서 설명했듯이 미국 특유의 단위은행 중심의 은행산업 구조가 있었다.

은행 위기를 예방하는 장치들: 이중 책임과 예금보험제도

은행 위기가 빈발하자 각 주는 위기를 막기 위해 다양한 제도적 장치를 마련했다. 먼저 청산소에 금융위기 대응 기능을 부여했다. 청산소는 은행 간 자금 거래의 결제 및 청산을 위해 설치되었는데 은행들은 여기에 공동으로 여유자금을 모아 위기 시 어려움을 겪는 은행에 필요한 자금을 긴급 지원하게 했다. 1857년 설립된 뉴욕 청산소The New York Clearing House는 긴급 유동성 제공 수단으로 전 회원 은행들이 보증하는 증서를 활용했다. 처음에는 긴급자금을 지원하는 것이 목적이었기 때문에 액면가가 큰 증서를 발행했지만 1893년 설치된 애틀랜타 청산소의 경우에는 지폐나 다름없는 소액 단위의 증서를 발행했다. 이는 사실상 법적 근거가 없는 화폐나 다름없었다.

청산소의 증서가 돈처럼 활용되자 의회는 1907년 금융위기 이후 알드리치-브릴랜드법Aldrich-Vreeland Act을 제정하여 이들 증서에 긴급통화로서의 법적 근거를 마련해주는 동시에 청산소에 대한 감독을 강화했다. 긴급통화를 발행하는 등 중앙은행의 역할을 담당하던 청산소는 훗날 연방준비제도법이 제정되면서 그대로 중앙은행으로 이어졌다. 따라서 오늘날 미국의 연준은 기존에 존재하던 청산소를 국유화한 것에 다름없다.[39]

아울러 각 주는 은행들의 잦은 파산을 막기 위해 보통법common law에 따라 지분에 한정하던 주주 책임을 지분만큼의 금액에 대해서도 추가적으로 보상하도록 했다. 이 이중 책임제는 당초 상당수 주에서 시행되었으며 1863년 전국은행법 제정 당시 전국은행에도 적용되면서 미국 대부분의 은행들이 이중 책임제를 도입했다.[40] 이론적으로 보면 이중 책임제하의 은행 경영자들은 유한책임을 질 때보다 은행 경영에 더욱 신중을 기할 수밖에 없었지만 실제적인 운영 결과를 보면 이 제도를 실시한 주의 은행 안정성이 그렇지 않은 주보다 더 높았던 것도 아니다. 그 이유는 이중 책임제를 도입한 주의 산업이 대부분 은행 위기에 지극히 취약한 농업에 집중되어 있었기 때문에 은행 경영자들이 신중하게 경영을 하더라도 구조적인 취약성을 피하기 어려웠기 때문이었다. 더구나 대공황 같은 대형 위기를 막는 데도 한계가 있었을 뿐만 아니라 대공황 때 1만 개가 넘는 은행이 파산하면서 이중 책임으로 수많은 개인 파산이 촉발되었다. 이것이 사회문제로 비화되자 대공황 이후 대부분의 주가 이중 책임제를 폐지했다.*

이중 책임제와 더불어 은행의 안정성을 높이기 위해 예금보험제도가 도입되었다. 1933년 대공황 직후 전국적으로 시행된 예금보험제도는 잦은 금융위기로 금융 불안정성이 심화되면서 이를 막기 위해 이미 각 주에 도입되어 있었다. 미국 최초의 예금보험은 1829년 설립된 뉴욕 주의 세이프티 펀드Safety Fund**였다. 세이프티 펀드가 은행 평가에 따라 보험료를 산정해서 위기 시 이를 받아 은행 예금의 보상을 실시했다면 1831년 설립된 버몬트 주 등 일부 주들은 위기가 발생하여 보상이 필요할 경우 공동으로 보상액을 분담하는 상호보증 시스템을 운영했다. 하지만 이 예금보험제도는 1850년대를 거치면서 시들해졌다.

---

* 연방예금보험제도가 도입되면서 중복을 피하기 위해 폐지되었다는 주장도 있다.
** 세이프티 펀드는 1866년 폐지될 때까지 여러 차례에 걸쳐 자본 보강이 필요할 정도로 경영자들의 도덕적 해이가 컸으며 이러한 사례를 잘 알고 있었던 프랭클린 루스벨트 대통령은 대공황 직후 연방예금보험제도의 도입을 반대했다.

즉, 자유은행업 시대의 도래로 은행권이 예금보다 널리 활용되면서 예금을 보장하는 것이 큰 의미가 없어졌으며 전국은행법이 통과되어 주법은행의 은행권 발행에 세금을 물리자 많은 주법은행들이 전국은행으로 전환하면서 주정부의 예금보험을 적용받는 경우가 줄어들었기 때문이다.

하지만 1907년 금융위기 이후 각 주는 다시 예금보험제도를 도입하기 시작한다. 일부에서는 예금보험제도가 은행 경영자들의 도덕적 해이를 불러와 위험 투자를 조장하고, 그 결과 은행산업의 안정성을 해친다는 반론도 제기되었다. 이로 인해 대부분의 주에서 도덕적 해이를 줄이기 위해 이중 책임을 동시에 규정했다.

기득권층 이해의 상징, 금본위제

은화는 1792년 제정된 주조법The Coinage Act에 의해 금화와 함께 법정통화로 인정받고 있었다. 즉, 미국은 금화달러와 은화달러를 기본으로 하는 금은복본위제를 채택하고 있었다. 맨 처음에는 은 371그레인, 금 24.75그레인을 1달러로 정했으나, 1837년 이후 금화 1달러에 포함된 순금의 양을 23.22그레인으로 낮추어* 금과 은의 가치를 대략 1 대 16의 비율로 고정했다. 금과 은의 가치 차이에 따라 고액인 경우에는 금화가, 낮은 금액인 경우에는 은화가 주조되었다. 따라서 1달러 은화는

---

* 당시 금 1온스(480그레인)의 가격은 20.67달러였다. 현재 금 1온스의 가치가 1,000달러를 훨씬 상회하는 것을 감안할 때 달러화의 인플레이션이 어느 정도 진행되었는지를 짐작할 수 있다.

법정통화였음에도 불구하고 주조되는 일이 거의 없었다.

1851년 이후 러시아, 오스트레일리아, 캘리포니아에서 대규모 금광이 발견되어 금의 공급이 늘어나자 금 가격이 하락하고 상대적으로 은의 가치가 올라간다. 금과 은의 시장 가치가 1대 16에서 1대 15로 변동하면서 은화를 만들어 사용하는 것이 손해가 되자 시장에서 은화가 사라졌다.[41] 금화는 액면가가 시장 가치에 비해 높고 은화는 액면가보다 시장 가치가 높아 금화를 사용하는 것이 유리했기 때문이다. 다시 한 번 "악화가 양화를 구축한다"는 그레샴 법칙이 작용한 것이다. 문제는 소액 거래에 활용되던 은화가 자취를 감추면서 농민 등 소액 거래에 의존하는 사람들이 화폐 부족에 시달리게 됐다는 것이다. 의회는 이 문제를 해결하려고 은의 함량을 줄여 발행하도록 했다. 예를 들어 1달러의 금화가 100센트의 가치를 가진다면 1달러 은화의 실질 가치를 96.9로 유지하여 은화의 퇴장을 막은 것이다. 그러나 의회의 노력으로 명맥을 유지하던 은화는 남북전쟁을 계기로 발행된 그린백이 소액 거래에 집중적으로 사용되면서 완전히 자취를 감추고 만다. 즉, 금은복본위제가 실질적으로 금본위제로 운영된 것이다.

현실이 이렇게 변화하자 1873년 의회는 주조법을 개정하여 금화달러와 소액의 은화만을 법정통화로 두고 은화달러를 법정통화 지위에서 삭제했다. 하지만 은화의 시장 가격이 폭락하면서 대반전이 일어난다. 네브래스카 주에서 은광이 발견되면서 은 가격이 1 대 15에서 1 대 30까지 떨어진 것이다. 이제 은화를 만들어 쓰는 것이 유리한 상황이 되었는데 1873년 법 개정으로 인해 은화달러의 주조가 불가능했다.

유통화폐 부족 사태로 인해 디플레이션으로 고통 받던 농민들은 은화달러를 법정통화의 지위에서 삭제한 1873년 주조법 개정을 '1873년의 범죄Crime of 73'라고 부르면서 "1 대 16의 비율로 은화의 자유 주조를free sliver at 16 to 1"이라는 구호 아래 은화를 다시 법정통화로 되돌리라고 요구하며 정치적 저항을 시작했다. 즉, 은의 시장 가격이 1 대 16보다 훨씬 낮기 때문에 은화달러를 주조하면 액면가가 시장 가격보다 높아 자연스럽게 많은 은화달러가 시장에 공급되면서 디플레이션으로 허덕이던 많은 사람들, 특히 채무자인 농민들을 구제할 수 있을 것이기 때문이었다.

이러한 농민들의 희망과 달리 1873년 철도 주식의 투기*가 무너지면서 경제위기가 도래하자 정부는 1875년 태환법Specie Resumption Act을 통과시켜 그린백을 퇴출했다. 이는 농민과 도시 노동자의 반발을 불러왔고 이들은 그린백을 지키고 은화달러의 자유 주조를 실현하기 위해 제3정당을 만들어 정치 세력화하는 데 성공한다. 1872년과 1896년 사이 미국의 대통령 선거와 의회 선거에서는 은행가들의 이익을 대변하는 공화당과 민주당 외에 노동자와 농민들의 지지를 받은 제3정당 후보들의 의회 진출이 이루어졌는데 1880년에는 그린백당Greenback party이 약 20여 명의 연방 하원 의원을 배출하기도 했다. 제3세력들은 커진 정치적 영향력을 활용해서 일정량의 은화달러를 제조하도록 의무화하는 1878년의 블랜드-앨리슨법Bland-Allison Act과 1890년의 셔먼 은구매법Sherman Sliver Purchase Act을 잇달아 통과시켰다. 그린백당에 이어

---

* 1930년 경제위기가 대공황(Great Depression)으로 불리기 이전에 대공황으로 알려져 있던 1873년 공황은 필라델피아에 근거지를 둔 제이쿡앤컴퍼니(Jay Cooke & Company)의 파산으로 촉발되었다. 제이 쿡은 남북전쟁 당시 정부채 매각으로 큰돈을 벌었으나 전쟁 이후 재건 과정에서 철도 건설 붐이 불자 철도 건설에 돈을 대다 파산한다. 이 여파로 뉴욕 증시는 잠정적으로 문을 닫았고 전국적으로 100개 철도 회사가 파산하면서 생활고에 처한 철도 노동자의 극심한 저항을 불러왔다. 1879년까지 계속된 1873년 공황은 영국, 독일 등에도 영향을 미쳤고 전 세계적으로 보호무역주의를 강화하는 계기가 된다.

등장한 민중당은 통화 공급 확대, 은행제도 개혁, 금융 시스템의 민주적인 통제를 내걸고 금본위제를 부정하고 그린백 및 은화달러의 확대를 주장했다.

이러한 민중주의 운동은 당시 미국에 많은 투자를 하고 있던 영국 등 외국 자본가들을 긴장시켰다. 미국이 금본위제를 포기할지도 모른다고 우려한 이들이 은행권을 금으로 태환하기 시작하면서 1893년 금융 공황이 발생한다. 특히 1895년에는 미국의 금 보유고가 급격히 줄어들면서 금본위제 유지가 불가능해지자 당시 대통령이었던 클리블랜드는 JP 모건의 도움을 받아 위기를 모면해야 했다. 모건은 자신이 나라를 구했다고 생각했지만 이 일은 오히려 모건 등 독점 은행가들에게 반감을 가지고 있던 민주당 의원들을 자극했다. 이들은 금본위제를 반대하는 쪽으로 입장을 선회했고 그린백 및 은화 주조를 옹호하는 민중당 세력과 연대하여 금본위제 대신 은화를 포함하는 복본위제를 지지했다. 민주당의 일부가 가담하면서 은화 자유주조운동은 더 큰 위력을 발휘하게 되었다. 1896년 대선에서 이들을 대변하는 사람이 바로 민주당 전당대회에 혜성같이 등장한 윌리엄 제닝스 브라이언William Jennings Bryan이었다.

독점자본의 해체

1896년 대선을 앞두고 민주당 대통령 후보 전당대회에 등장한 네브래스카의 젊은 하원 의원 브라이언은 수려한 용모와 화려한 언변을 무기로 예상을 뒤엎고 대통령 후보를 거머쥐었다. "너무 용모가 수려해서 입을 떼기도 전에 청중의 마음을 사로잡는다"[42]는 평이 말해주듯이 대중 연설에 뛰어났던 브라이언은 불황에 시달려온 농민들의 마음을 단숨에 사로잡았으며 그의 메시지는 전당대회장을 넘어 큰 반향을 일으켰다. 민주당 후보 브라이언의 상대는 기득권층을 대변하는 공화당이었다. 공화당은 철도 사업을 중심으로 독점자본을 유지해온 세력과 디플레이션으로 이익을 누려온 은행 자본가들을 대변하며 기득권층의 이해의 상징인 금본위제를 주장했다. 브라이언은 전당대회 연설에서 이 점을 분명히 했다.

> 그들이 우리가 자신들의 걸림돌이 된다고 말한다면 우리는 그들에게 이렇게 말해야 한다. 당신들이야말로 우리의 이해에 걸림돌이 되고 있다. …… 우리는 침략자가 아니다. 우리는 정복하기 위한 전쟁을 하는 것이 아니다. 우리는 우리의 집, 가족 그리고 번영을 위해 싸워왔다. 청원을 했지만 경멸받았고, 호소했지만 무시되었고, 사정했지만 조롱받았다. 결국 우리에게 재앙이 찾아왔다. 이제 더 이상 빌지도, 호소하지도, 청원하지도 않을 것이다. 우리는 그들을 물리칠 것이다.

브라이언은 "상류층이 돈을 벌고 이것이 아래 계층으로 흐르는 사회가 아닌 중하류층이 번영하며 이 부富가 상류층으로 흐르는 사회를 만들자"*고 주장했다. 또 금본위제는 외국 투기세력의 음모이며 이를 물리쳐야 자율정부self-government를 세울 수 있다고 주장하면서 오늘날까

---

* 흥미롭게도 이 구절은 오바마 미국 대통령이 상류층의 부가 아래로 흐르는 '트리클다운 경제(trickle-down economy)'가 아닌 중산층이 강화되는 '미들아웃 경제 (middle-out economy)'를 만들자고 주장한 내용과 유사하다.

지 그를 유명하게 만든 금십자가 연설을 다음과 같이 마무리했다.

> 가시 면류관을 노동자들의 이마에 씌울 수 없으며 금십자가에 사람들을
> 못 박을 수 없다.

이로써 1896년 대선은 민주당 후보 브라이언과 공화당 매킨리William McKinley의 한판승부로 치러지는데 이는 브라이언으로 상징되는 은화의 자유주조를 옹호하는 복본위제와 매킨리가 대변하는 금본위제 간의 대결이자, 역사상 유례를 찾기 어려운 재정금융 정책이 정면으로 충돌한 소위 '본위제 싸움'이었다. 공화당의 후보 매킨리는 당시 '백만장자들의 모임'이라고 불릴 정도로 독점자본가들이 다수 포진하고 있던 상원의 제2 실력자 마크 한나Mark Hanna와 넬슨 알드리치Nelson Aldrich 의원의 지원을 받았다. 특히 공화당의 실력자였던 마크 한나는 1869년에서 1913년까지 단 8년을 제외하고는 계속 공화당이 대통령을 배출하는 데 막후에서 중요한 역할을 했을 뿐만 아니라 상원에서도 1883년에서 1913년까지 단 2년을 빼고 공화당 전성시대를 주도했던 인물이다.*

이러한 시대적 배경에서 1900년 정치적 지향점을 이면에 감춘 풍자 소설이 등장하는데 바로 브로드웨이 뮤지컬 〈위키드Wicked〉로 패러디 되기도 한 프랭크 바움L. Frank Baum의 《오즈의 마법사The Wonderful Wizard of Oz》이다. 은화 자유주조운동과 브라이언을 은연중에 지지하고 있는

---

*마크 한나는 시어도어 루스벨트 대통령의 당선에도 영향을 미쳤다. 알드리치 역시 상원에서 산업과 금융 분야의 정책을 주도했고 그의 영향력은 1913년 연준의 창설로까지 이어졌다.

주머니에 매킨리를 넣은 마크 한나가 금십자가에 박혀 있는 노동자에게 가시 면류관을 씌우고 있다. 한나를 무등 태운 사람은 유대인 금융가인 로스차일드로 유대인에 의해 예수가 십자가에 못 박힌 성경의 구절을 패러디했다.

자료: 사운드 머니

이 소설은 각각의 등장인물들이 시대상을 반영하고 있는데 허수아비는 농부를, 양철 나무꾼은 산업 노동자를, 사자는 제닝스 브라이언을, 그리고 도로시는 전형적인 미국 소녀를 상징한다.[43]

브라이언은 《오즈의 마법사》라는 소설이 등장할 정도로 대중적인 인기를 구가했지만 대선에서는 인구가 많은 북부의 은행가 및 자본가들의 지지를 받은 매킨리에게 큰 차이로 패한다.* 이는 미국이 은화를 배제하고 금화만을 대상으로 하는 금본위제로 이행하는 데 더 이상 걸

---

* 이후 브라이언은 1900년, 1908년 대선에 계속 출마했으나 실패했고 민주당 출신 윌슨 대통령이 취임하면서 국무장관으로 임명되었으나 미국의 제국주의적인 외교 정책에 반발해 중도에 사퇴했다.

림돌이 없어졌음을 의미했고 미국은 1900년 금본위제법The Gold Standard Act의 제정을 통해 이를 공식화했다. 흥미롭게도 매킨리의 당선 이후 은화 자유주조운동은 시들해졌는데 이는 알래스카, 남아프리카공화국, 호주 등지에서 금이 대량으로 발견된 데다 질이 나쁜 원석에서 금을 뽑아내는 기술이 발달하여 금 가격이 하락했기 때문이다. 덕분에 그동안 농민을 짓누르던 디플레이션 또한 사라졌다.

한편 JP 모건 등을 비롯한 산업—금융 독점자본가들은 매킨리의 당선으로 한숨 돌렸다가, 1901년 9월 매킨리가 암살당하고 자신들과 같은 편이라고 생각했던 부통령 시어도어 루스벨트가 대통령에 오르면서 트러스트—버스팅trust-busting(독점기업 해체)이라는 강력한 반독점 정책을 구사하자 크게 당황한다. 루스벨트는 1890년 제정된 셔먼 반독점법The Sherman Antitrust Act을 가동해서 JP 모건의 노던 시큐리티즈 컴퍼니Northern Securities company를 해체했다. 이러한 반독점 정책은 정파와 관계없이 태프트William Howard Taft와 윌슨Woodrow Wilson 대통령까지 이어졌다. 1896년 매킨리가 당선되면서 계속될 것 같았던 독점자본가들의 전성시대가 매킨리의 암살로 예기치 못한 반전을 맞이한 것이다.

사실 루스벨트는 공화당의 개혁파로 전국적인 인기를 누렸으며 그의 인기를 노린 매킨리는 1900년 재선을 위해 루스벨트를 부통령으로 만들었으나 그가 갑작스럽게 사망하면서 공화당의 주류에게는 황당한 상황이 발생한 것이었다. 대통령이 된 루스벨트가 트러스트 해체를 들고 나왔을 때 미국 경제는 이미 극심한 수준의 독과점화가 진행된 상태였다. 연구에 의하면 1897년에서 1904년 사이 미국에서는 약 4,227개의 회사들이 제각각 257개 트러스트에 흡수되어 있었고 이로 인해 1914년에 이르러서는 318개의 트러스트가 전국 제조업의 약 5분의 2를 차지하고 있었다.

　트러스트를 경제는 물론 민주주의의 위협 세력으로 본 루스벨트는 법무부로 하여금 셔먼 반독점법에 근거하여 제일 강력한 트러스트인 JP 모건의 노던 시큐리티즈 컴퍼니의 해체를 요구하는 소송을 제기하게 했고 마침내 1904년 대법원은 루스벨트의 손을 들어주었다. 사실 1890년 7월 2일 벤저민 해리슨 대통령 때 성립된 셔먼 반독점법은 당시 미국 사회의 자유방임주의적 경제 분위기를 고려하면 아주 특이한 입법이었다. 스티글리츠가 "만일 경제 역사에 깊은 관심을 가진 학생이라면 셔먼 반독점법의 성립에 어떤 경제학자가 기여했는지에 궁금증을 가져야 한다"고 말할 정도로 당시 상식과는 거리가 먼 입법이기도 했다.

　노던 시큐리티즈 트러스트는 해체되었지만 모건의 영향력은 줄어들지 않았고 오히려 그는 이어지는 1907년의 대형 경제위기 때 다시 한 번 미국 경제를 구한다.

3부

붕괴

: 경제 대공황 :

무엇이 대공황을 초래했을까? 이 질문에 대한 답은 아직까지 준비되지 않았다. 역사상 가장 큰 경제적 재앙인 대공황에 대한 연구는 지금도 계속되고 있지만 그 원인은 충분히 규명되지 않은 상태다. 대공황에 대해 오랫동안 연구한 전 연준 의장 버냉키는 대공황을 다음과 같이 회고했다.

> 대공황은 믿을 수 없을 만큼 극적인 사건들의 연속이었다. 주식 대폭락,
> 무료 급식을 위해 길게 늘어선 사람들, 은행들의 연쇄 파산, 급격한 환율
> 변동 등이, 점점 짙어지는 또 하나의 세계대전의 먹구름을 배경으로 그 모
> 습을 드러냈다. 내 생각에 이렇게 인간사 각종 사건들이 가득 찬 시대도
> 없었다.[1]

사실 대공황은 경제학자들만 관심을 가지는 주제가 아니다. 대공황이 나치즘과 파시즘을 불러왔고, 아울러 자국의 경제 이익만을 추구한 각국의 행보가 제2차 세계대전을 이끈 원인으로 거론되자 경제는 물론 정치, 사회, 문화 등 각 분야의 전문가들이 대공황의 원인을 끊임없이 연구하고 있다. 하지만 아직까지 그 원인은 완벽하게 해부되지 않았다. 다만 미국을 중심으로 대공황의 원인을 찾던 그동안의 시각에서 벗어나 전 세계가 어떻게 대공황이라는 정점을 향해 진전했는지를 연구하는 흐름으로 바뀌면서 그 전모가 조금씩 드러나고 있을 뿐이다.

대공황이 남긴 상처는 그 어떤 경제위기와도 비교가 되지 않는다. 대공황이 한창 기승을 부리던 1929년에서 1933년 사이에 미국의 GDP는 무려 30퍼센트 가까이 추락했다. 같은 기간에 실업률은 3퍼센트에서 25퍼센트까지 치솟았다. 그나마 일자리를 얻었다 해도 대부분 시간제에 불과했다. 디플레이션 압력으로 물가가 지속적으로 하락하면서 1930년 초에 연간 물가는 약 10퍼센트 정도 급락했다. 무엇보다 주가 폭락과 은행 파산이 전례를 찾기 어려울 정도로 이어졌다. 1930년에서 1933년 사이에 전국은행 580개가 파산했고 1933년 한 해에만 1,475개의 은행이 파산했다. 주법은행의 경우는 더 심해서 1920년대 635개의 은행이 파산했으나 1930년에서 1933년 사이에는 연평균 2,573개의 은행이 문을 닫았고 1933년 한 해에만 5,190개의 은행이 사라졌다.[2] 결국 1930년에서 1933년 사이 약 1만 개 이상의 은행이 파산한 것인데, 이는 미국 전체 은행의 약 40퍼센트에 해당하는 수치다.[3]

　은행들의 파산으로 통화량은 1929년에서 1933년 사이에 30퍼센트 이상 줄어들었다. 비단 숫자만이 문제가 아니었다. 대공황으로 인해 사람들의 삶은 상상 이상으로 어려워졌다. 당시 촬영된 사진 속에는 배급을 받으려고 각종 구호소 앞에 길게 늘어선 사람들과 구직자들의 행렬이 기록으로 남아 있다. 또한 그 시대의 그림과 소설은 고통에 빠진 많은 서민들의 고단한 생활을 생생히 그려내고 있다.

　1929년 주가 대폭락이 대공황의 상징이 되었지만 사실 대공황 이전에도 미국을 중심으로 대형 금융위기는 빈발했고 위기를 전 세계로 확산시킬 만한 각종 정책적 실수가 자행되었다. 그 시작이 바로 1907년 금융위기다.

6장

위기의 전조:
제1차 세계대전과
금본위제 복귀

만일 승전국이 독일을 관대하게 처분하여

전쟁배상금과 승전국 간 채무를 없애주고 자유무역과 국제협력을 증진시키면서

치욕스러운 전쟁 책임을 묻지 않았더라면

독일의 민주주의가 활짝 꽃을 피웠을지도 모른다.

그랬으면 1923년 독일 마르크화와 중산층을 괴멸시킨 초인플레이션도,

1929년 심각한 대공황도 일어나지 않았을지 모른다.

그랬으면 히틀러가 권력을 잡는 일도 없었을지 모른다.

그랬으면 제2차 세계대전도 일어나지 않았을 것이고

나치의 죽음의 수용소도 존재하지 않았을 것이다.

– 존 메이나드 케인스. 《평화의 경제적 귀결》 서문

그림자 금융의 일격: 1907년 금융위기

천둥이 울리기 전에 번개가 치듯이 1907년 금융위기 이전에도 미국에서는 크고 작은 경제 불안이 이어지고 있었다. 먼저 1906년에 샌프란시스코 대지진이 발생한 후 보험사들이 보험금 지불을 위해 금융 자산을 팔아 현금 확보에 나서면서 자금 경색이 악화되었다. 게다가 기업과 농민들이 투자를 늘리면서 자금 수요를 늘리자 이자율이 크게 뛰었다.

이렇게 금융시장의 불안정성이 높아지던 중 시장의 신뢰를 무너뜨리는 사건이 터진다. 1907년 10월 뉴욕에서 오거스터스 하인즈F. Augustus Heinze와 그의 형 오토Otto C. Heinze가 유나이티드 코퍼사의 주식 매집을 시도한 것이다. 유나이티드 코퍼사의 주식이 주당 62달러로 치솟았지만 생각보다 시장에서 거래되는 주식 물량은 많았고 결국 자금 부족으로 하인즈 형제는 중도에 매집을 포기해야만 했다. 매집을 풀자 주가가 15달러까지 폭락했다. 매집에 나섰던 하인즈 형제는 큰 손실을 입었고, 오토가 운영하던 은행을 비롯한 일부 은행에서는 예금 인출 소동이 벌어졌다.

위기가 심상치 않게 흐르자 뉴욕 청산소는 긴급자금을 풀어 상황을 진정시키고자 했다. 하지만 뉴욕에서 세 번째로 큰 신탁회사인 니커보커의 찰스 바니Charles T. Barney가 매집에 관여했다 큰 손실을 입었다는 소문이 돌면서 니커보커에서 예금이 빠져나가기 시작했다. 전형적인 뱅크런이 시작된 것이다. 니커보커를 시작으로 신탁회사들이 연쇄적으로 지급불능 상태에 빠졌지만 은행이 아니었기 때문에 뉴욕 청산소의 긴급자금을 지원받을 수 없었다. 문제는 이들 신탁회사의 규모가 전체 시장의 패닉을 야기할 정도로 컸다는 점이다.

남북전쟁 이후 뉴욕에서는 신탁회사들이 급성장하면서 1907년에는 이들의 자산 규모가 뉴욕 전체 은행의 자산 규모와 비슷한 수준에 이르렀다.[4] 은행과 비슷한 수준으로 성장했지만 이들은 사실상 규제의 사각지대에 있었다. 오늘날 기준으로 보면 은행과 유사한 자금 중개 기능을 수행하지만 감독 당국의 규제에서 벗어나 있는 소위 그림자 금융shadow banking에 해당했다. 신탁회사들은 은행에 비해 높은 금리를 제공했고 수익성을 높이기 위해 채권, 주식 등 위험 투자를 확대했다. 문제는 예금의 25퍼센트를 준비금으로 보유해야 했던 은행과 달리 신탁회사들의 준비금은 5퍼센트에 불과했기 때문에 너무도 쉽게 지급불능 상태에 빠졌다는 것이다.

고객들의 인출 요청이 쇄도하자 신탁회사들은 자산을 급매도하기 시작했고 주식 및 채권 급락으로 다른 은행들의 건전성까지 위협하는 전형적인 부채 디플레이션 상황이 연출되었다. 10월 22일, 니커보커가 파산하자 이제 위기는 금융공황으로 발전했다. 그러나 이 새로운 형태의 위기를 해결할 만한 수단은 없었다.

뉴욕의 금융시장이 크게 흔들리자 버지니아 주 리치몬드를 여행 중이던 JP 모건은 급히 뉴욕으로 돌아와 벤저민 스트롱Benjamin Strong 등 측근들을 모아 위기 대응 방안을 모색했다. 시어도어 루스벨트 대통령도 재무장관을 뉴욕으로 보내 모건을 측면에서 지원하게 했다. 모건은 니커보커의 재무 상황을 조사하는 한편, 주요 금융회사 대표들을 자신의 집으로 소집했다. 조사를 통해 이미 니커보커의 손실이 커서 구제할 수 없는 수준에 이르렀다는 것을 알게 된 그는 이 위기가 트러스트컴퍼니오브아메리카Trust Company of America 등 다른 신탁회사로 옮겨 붙는 것을 차단하기 위해 지원자금을 모집하기 시작했다. 모건 자신이 300만 달러를 내고 다른 은행들이 800만 달러, 재무부가 2,500만 달러 그리고 록펠러가 1,000만 달러를 냈다.

모건은 이 돈을 위기를 겪고 있는 은행과 신탁회사에 투입했다. 동시에 은행들이 신탁회사들과 거래를 계속 유지하도록 설득했다. 하지만 예금자들의 동요는 가라앉지 않았고 예금 인출이 계속되면서 상황은 점점 심각해졌다. 1907년 11월 2일 모건은 특단의 대책을 마련하기 위해 뉴욕의 대표적인 금융인 50여 명을 자신의 서재에 모이게 했다. 그러고는 위기를 극복하는 데 필요한 자금을 내라고 강요하면서 액수가 채워질 때까지는 아무도 자신의 집을 떠나지 못한다며 실제로 문을 잠가버렸다. 결국 새벽 4시 45분에 긴급자금 2,500만 달러가 마련되었고 이 돈은 발등의 불을 끄는 데 결정적인 역할을 했다. 이 '서재 사건'은 금융위기가 닥쳤을 때 공동 대응방안을 마련하는 과정에서 곧잘 등장하는 정부나 중앙은행의 강압 중 가장 유명한 사건으로 기록된다.*

모건에 의해 뉴욕의 금융공황은 진정되었지만 뉴욕발 위기는 이미 전국을 강타하고 있었다. 동요한 예금자들이 전국에서 예금을 인출하기 시작했으며 이로써 도처에서 뱅크런이 발생했다. 상황이 걷잡을 수 없이 번지자 주정부들이 나서서 은행 휴업을 선언했다. 그러나 은행 휴업 조치는 경제에 직격탄을 날렸다. 1907년에서 1908년 사이 미국의 국민총생산은 무려 11퍼센트 급락했고 실업률은 2배나 뛰었다.

중앙은행 설립 시도

1907년 금융위기는 미국 금융가들에게 큰 충격을 주었다. 이제는 대형 위기를 막기 위해 새로운 시스템을 구축해야 한다는 공감대가 형성되었고 이러한 공감대는 중앙은행 설립 시도로 이어졌다. 위기 이전에 이미 신탁회사의 등장이 금융 시스템의 안정성을 흔들 것이라고 염려한 신세대 금융인들(내셔널시티은행의 부행장 프랭크 밴더립Frank Vanderlip, 쿤롭사의 폴 와버그Paul Warburg, 뱅커스트러스트의 벤저민 스트롱, JP모건사의 헨리 데이비슨Henry Davison 등)이 있었지만 이들의 생각은 당시 금융계를 이끌던 내셔널시티은행장인 제임스 스틸먼James Stillman과 JP 모건 등을 움직이지 못했다.

하지만 1907년 위기는 금융계의 리더인 모건부터 무언가를 해야 한

---

* 흥미롭게도 이러한 강압은 역사적으로 자주 관찰된다. 1890년 베어링사의 구제금융을 마련하기 위해 강압을 행사한 리더데일 영란은행 총재부터, 1998년 LTCM의 청산자금을 모금하려고 은행가들을 불러 모아 협박한 맥도너 뉴욕연방준비은행 총재, 2008년 금융위기의 와중에 은행장들을 불러 모아 은행의 자본금을 확충하기 위한 타프(TARP) 자금을 받으라고 강요한 폴슨 재무장관, 2008년 리먼의 몰락 직전 금융기관장들을 모아 구제금융을 강요한 가이트너 재무장관 등이 대표적인 예지만, 알려지지 않았을 뿐 거의 모든 위기 극복 과정에 이러한 강압이 있었으리라는 것을 짐작할 수 있다.

다는 생각을 하게 만들었다.[5] 신탁회사들의 무분별한 투기에서 비롯됐지만 위기를 자신들의 힘으로 해결하지 못하고 재무부로부터 2,500만 달러를 지원받고서야 문제 해결이 가능했다는 점에 이들은 당황했다. 뉴욕 청산소가 개입하여 위기가 은행으로 전이되는 것을 차단했음에도 불구하고 결국 은행을 포함한 전 금융시장이 위기 속으로 빨려 들어가는 것을 막을 순 없었던 것이다. 물론 위기 직후 의회는 알드리치-브릴랜드법을 통해 청산소들이 위기 시에 긴급통화의 역할을 할 수 있는 증서 발행을 관리하도록 조치했지만 이 역시 근본적인 대책은 되지 못했다. 결국 청산소보다 근본적으로 긴급통화를 공급할 수 있는 시스템이 필요했고 이는 1836년 제2차 미국은행의 소멸 이후 미국에서 존재를 감춘 중앙은행을 다시 만들어야 한다는 생각으로 자리 잡게 된다.

당시 의회 내에서 금융 문제에 대해 막강한 영향력을 행사하고 있던 로즈아일랜드의 상원 의원 넬슨 알드리치Nelson Aldrich도 월가의 이러한 생각에 동의했다. 그는 "선진국치고 잦은 금융위기의 재앙을 막을 기관과 화폐금융 정책을 가지지 않은 나라는 없다. 뭔가를 해야 한다. 은행 위기가 있을 때마다 언제나 JP 모건이 있는 것은 아니다"라며 중앙은행 설립을 위해 구체적인 행동에 나서기 시작했다.[6]

1908년 의회는 알드리치를 위원장으로 하여 상하원 의원 각각 9명이 포함된 국가통화금융위원회National Monetary Commission를 구성했다. 이들은 영란은행 등 유럽의 중앙은행을 시찰하고 연구보고서를 작성하는 등 미국의 금융 불안정을 해소하기 위해 광범위한 조사 활동을 시작했다. 하지만 더 이상의 진전은 없었다. 위원회의 활동에 실망한 JP 모건의 파트너 헨리 데이비슨은 중앙은행 설립을 위한 비밀 모임을 계획하는데 이것이 바로 소위 '퍼스트 네임 클럽First Name Club'으로 유명한 조지아 주 제킬 섬에서의 회합이었다.*

1910년 11월 모건 소유였던 제킬 섬에서 열린 비밀 모임에는 데이비슨과 알드리치를 비롯하여 프랭크 밴더립, 폴 와버그, 벤저민 스트롱 그리고 재무성의 부차관보였던 프리아트 앤드류A. Priatt Andrew Jr. 등 6명이 참가했고 이들은 논의 끝에 소위 알드리치 플랜을 만들어냈다. 이들이 비밀 모임을 가진 이유는 알드리치 플랜이 월가의 도움을 받아 작성된 사실이 알려지면 월가에 대해 부정적인 여론으로 인해 통과가 어려울 것이라는 현실 인식이 작용한 탓이었다.

알드리치 플랜은 위기 대응을 위해 지역 은행들을 모아 전국준비금협회NRA, National Reserve Association를 만들고 여기에 은행은 물론 대다수 금융회사들을 의무적으로 회원으로 가입시킨 다음, 통화 발행권과 정부 국고 업무를 담당하게 하자는 내용을 담고 있었다. 즉, 지역 은행 15개를 모은 NRA를 구성한 다음 은행가들이 이를 운영하는 구조로 사실상 전국 청산소를 하나로 묶는 발상이었다. 정부가 일부 이사를 임명하기는 하지만 기본적으로는 민간 은행과 민간 금융회사 공동의 위기 대응 기구였으며 따라서 민간 기구에 화폐 발행 등 중앙은행 기능을 준 것이었다.

월가와 함께 만들었다는 사실은 비밀에 부쳐졌지만 알드리치 플랜은 누가 보더라도 월가의 이익을 대변하고 있다는 느낌을 피하기 어려웠다. 따라서 당시 월가에 대해 반감을 가진 민주당이 주도하던 상하 양원에서 통과될 가능성이 거의 없었다. 윌리엄 태프트William Howard Taft

---

* 월가의 주요 인물이 참석한 비밀 모임이라는 점이 세상에 알려지면서 제킬 섬 회합은 이후 수많은 금융 경제 소설에서 음모론의 소재로 활용되고 있다.

대통령과 금융가들이 나서서 적극적으로 옹호했지만 의회는 NRA가 월가의 금융 권력을 한층 강화시킬 것이라 생각하여 알드리치 플랜을 부결시켰다. 설상가상으로 1912년 의회는 1907년 금융위기의 원인이 중앙은행의 부재가 아닌 JP 모건 등 금융 독점재벌money trust에 있다고 보고 이들을 조사하기 위한 푸조위원회Pujo Committee를 출범시켰다. 푸조위원회의 조사를 받는 과정에서 모건은 수석 조사관 새무얼 운터마이어Samuel Untermyer와의 질의응답을 통해 자신의 독특한 금융관을 다음과 같이 설명했다.

> 운터마이어: "신용은 현금이나 부동산 등을 통해 얻을 수 있지 않나요?"
> 모건: "아닙니다. 제일 중요한 것은 신용을 얻으려는 사람의 자질입니다."
> 운터마이어: "신용을 얻으려는 사람이 돈이나 부동산보다도 더 중요하다는 의미인가요?"
> 모건: "물론 돈은 그 무엇보다 우선합니다. 그러나 돈으로는 자질을 살 수 없습니다. 내가 신뢰할 수 없는 사람이라면 세상의 모든 채권을 다 들고 와도 돈을 빌릴 수 없을 것입니다."

조사로 인한 스트레스는 모건을 죽음으로 내몰았다.[7] 푸조위원회의 조사 보고서가 나온 지 6주 뒤인 1913년 3월 모건은 로마의 그랜드호텔에서 숨을 거두었다. 그가 죽자 교황을 비롯해 독일 황제 등 많은 사람들이 애도를 표했지만 정작 미국에서는 그의 죽음을 아쉬워하는 사람이 많지 않았다. 4월 1일 《뉴욕타임스》는 사설을 통해 그의 죽음에 다음과 같이 의미를 부여했다.

우리는 또다시 그와 같은 위대한 인물을 찾을지도 모른다. 하지만 그와 같은 기여를 할 사람을 찾지는 못할 것이다. ……그가 활약하던 시대는 이미 지나갔다. 환경이 바뀌었고 금융에 지대한 영향력을 행사했던 모건은 이러한 환경 변화에 다른 누구보다도 기여했다. ……그의 시대에 우리는 괄목할 만한 성장을 달성했고 월가는 더 이상 한 사람의 리더십을 필요로 하지 않는다. 모든 수단들을 모으고 상호 협조가 필요한 시대가 왔으므로 모건의 후계자는 필요치 않다. 모든 사람에게 어디로 가야 할지 방향을 알려줄 사람은 더 이상 필요치 않은 것이다.[8]

정부 권력과 은행가 권력의 타협:
1913년 연방준비제도의 탄생

1912년 미국은 대통령 선거에 돌입했다. 알드리치 플랜을 비롯한 금융 개혁은 대통령 선거의 쟁점으로 등장했다. 민주당의 대선 후보 우드로 윌슨Woodrow Wilson은 월가의 투자은행인 쿤롭사의 제이콥 시프 등으로부터 암암리에 재정 지원을 받고 있었지만 월가에 부정적이던 당시의 여론을 활용하기 위해 알드리치 플랜을, 헌법상 정부에 귀속되어 있는 화폐 발행권을 악덕 민간 은행가들에게 내주는 방안이라고 강조하면서 알드리치 플랜에 우호적이던 태프트 대통령을 몰아붙였다. 또한 푸조위원회는 월가의 투자은행들이 미국의 금융과 산업 발전을 막는 세력이라고 결론 내렸고, 윌슨의 측근으로서 훗날 연방대법원 판사로 임명된 루이스 브랜다이스Louis Brandeis는 푸조위원회의 발표를 선거에 활용하기 위해 "우리의 금융 재벌Our Financial Oligarchy"이라는 글을 발표하여 월가에 대한 부정적 여론을 부추겼다. 윌슨은 공화당이 내분을 겪으면서 대통령을 지낸 루스벨트Theodore Roosevelt가 제3당을 만들어 출마하자 태프트 대통령과 루스벨트를 누르고 어부지리로 당선되었다. 윌슨의 당선은 알드리치 플랜의 사망 선고와도 같았다.

하지만 죽은 줄 알았던 알드리치 플랜은 극적으로 되살아난다. 취임을 앞둔 1912년 12월 윌슨에게 당시 하원의 은행 및 금융위원회The House Committee on Banking and Finance 위원장에 취임할 예정이던 민주당 출신 카터 글라스Carter Glass가 찾아온 것이다. 이 만남에서 두 사람은 알드리치 플랜을 수정하여 통과시키기로 합의한다. 윌슨으로서도 선거 이후 금융 재벌들의 협조가 절실했기에 선거 전과는 태도를 달리할 필요가 있었다. 윌슨은 의회 내 민주당의 협조를 얻어낼 만큼 알드리치 플랜의 수정을 요구했다. 이에 따라 대통령이 임명하는 연준 이사회와, 여전히 은행가들이 좌지우지하는 연준의 실질적인 권력인 뉴욕연방준비은행 이사회라는 양대 권력을 절충시킨 타협안이 마련되었다. 그 결과 1913년 12월 연방준비제도법Federal Reserve Act이 탄생했다.[9]

연준은 다른 나라의 중앙은행과 달리 12개 지역 은행의 연합체로, 정부에 독립적인 분권화된 중앙은행을 설립하려던 당초 의도가 외형상 관철된 것처럼 보였다. 아울러 전국은행법의 구조적 한계인 자금시장의 계절적 불안정을 해소하기 위해 평상시에는 여유자금을 모아 관리하는 기능을 하다가 위기 시 추가적인 자금을 공급할 수 있게 했다.

연방준비제도법은 "탄력적 통화를 공급하고, 기업 어음의 할인 수단을 제공하고, 효과적인 은행 감독 체계를 구축하는" 것으로 연준의 역할을 규정하고 있는데 바로 이 '탄력적 통화 공급'이란 말이 위기 시에 돈을 찍어 금융기관에 긴급자금을 지원할 수 있다는 의미이다. 이전의 통화는 금화 또는 금은과 태환이 가능한 증서 및 전국은행권으로 이루어져 돈을 찍어낼 때 제약을 받았지만 이 규정으로 위기 시 통화를 제약 없이 공급할 수 있게 된 것이다.[10]

아울러 연준이 할인 서비스를 제공하면서 은행인수어음bankers' acceptance이 거래되는 단기 금융시장의 발달이 촉진되었다. 은행인수어음은 통상 은행이 발행하는 단기 어음으로, 고객이 물건을 구매할 때 판매자에게 지불한다. 어음을 수취한 사람은 이를 만기까지 보유해야 했으나 연방준비제도법에 의해 할인을 받을 수 있게 되면서 단기 금융시장이 발달하게 된 것이었다.[11]

하지만 연준의 내면은 당초 설립자들이 생각했던 모습과는 거리가 있었다. 이는 본래의 생각대로 관철하지 못하고 정치적인 타협을 거친 탓이다. 무엇보다 미국 금융 시스템의 가장 큰 문제인 단위은행 제도를 개혁하여 지점이 허용된 전국 규모의 은행 설립 기반을 마련하는 데 실패했다.

또한 정부로부터의 독립성도 형식적이어서 곧 이어진 제1차 세계대전 당시에는 전쟁 비용을 충당하려는 재무부에 적극적으로 협조했다. 즉, 1917년에는 회원 은행들이 연준에서 자금을 빌릴 때 정부 채권을 담보로 활용하도록 했으며 할인 창구를 이용하는 금융기관들로부터 프리미엄을 받던 관례를 벗어나 정부채의 경우에는 오히려 낮은 할인율을 적용함으로써 은행들의 정부채 매입을 측면에서 지원했다. 이러한 협조로 인해 1917년에서 1920년 사이 많은 돈이 풀리면서 물가가 높아졌고 이렇게 풀린 돈은 미국을 떠나 독일 등 다른 나라로 흘러 들어갔다. 이 돈은 결국 훗날 유럽 국가들의 주식 버블을 야기했다.[12]

따라서 연방준비제도법이 제정되었지만 전국은행과 주법은행이 공존하는 은행 구조는 크게 변하지 않았다. 물론 전국은행은 연준의 회원 은행으로 의무 가입해야 했지만 주법은행 역시 원할 경우 회원 은행으로 가입하여 연준이 제공하는 창구 할인 등의 혜택을 누릴 수 있었다. 더구나 연준에 가입한 주법은행도 개별 주법에 의해 지점 설치의 자유 등 일부 특권은 그대로 유지했다. 이렇게 연준 가입을 주법은행의 자율에 맡긴 조치는 1930년 대공황 때 큰 혼란을 야기했다. 연준이 회원 은행에만 긴급 유동성을 공급하고 비회원 은행은 지원하지 않아 더 많은 파산을 야기했고 이것이 필요 이상으로 통화 공급을 축소시켜 대공황을 심화시켰다는 비판을 받게 된 것이다.

한편 연준의 출범은 기존의 금융 감독 체제에 약간의 변화를 가져왔다. 특히 남북전쟁 직전 전국은행법에 의해 신설되었던 연방통화감독청장이 사실상 통화 정책에서 손을 떼게 되었다. 연준이 통화 공급량을 조절하게 되면서 전국은행권 관리 업무마저 사실상 종료되자 연방통화감독청장에게 남은 것은 은행의 검사와 감독 기능뿐이었다. 흥미로운 점은 정부가 임명한 의장 및 이사들의 보수가 민간 은행의 본질을 유지하고 있던 지역 연방준비은행 총재보다 낮았고 정부 내에서의 서열도 보잘것없었다는 점이다. 의전에서도 최근 설립된 기관이라는 이유로 항상 끝자리에 배정되었다. 의전에 불만이 있다는 얘기를 전해들은 윌슨 대통령도 "소방서장 다음이 적절할 것"이라며 다소 올려주라고 했을 뿐이었다.[13]

더구나 비토권을 가진 지역 연방준비은행이 존재하는 상황에서 초기 낙선한 정치인을 이사로 임명하여 이사회의 기능이 거의 유명무실해지자 대부분의 권한을 뉴욕연방준비은행 총재인 벤저민 스트롱이 행사했다. 하지만 많은 사람들은 연준의 설립으로 이제 금융 혼란이 끝날 것이라 기대했고 윌슨을 연준의 설립자로, 글라스를 수호자로 치켜세웠다. 연준의 메인 빌딩인 에클스 빌딩 로비에는 윌슨과 글라스의 동상이 서 있는데 특히 글라스의 동상 밑에 새겨진 글은 연준에 대한 사람들의 기대가 어떠했는지 잘 보여준다.

> 연방준비제도법을 통해 우리는 위대하고 활력 넘치는 은행 시스템을 구축했다. 이 시스템은 단지 주기적인 금융위기를 바로잡고 치유하며 나아가 금융산업에만 도움을 주려는 것이 아니라 교역의 비전, 확장성 그리고 안전을 담보하며 국내는 물론 해외에서 산업의 가능성과 능력을 넓히는 데 기여할 것이다.[14]

하지만 아이러니하게도 연준은 탄생 후 곧바로 불황에 직면했고 금융위기를 막은 것이 아니라 오히려 불황을 대공황으로 이끄는 데 적지 않은 역할을 했다. 그리고 대공황은 미국은 물론 세계경제를 파멸로 이끌었다.

금본위제가 부른 전후 경제의 혼란

제1차 세계대전 이전 국제경제의 질서는 금본위제 위에 세워져 있었다. 금본위제는 지폐의 가치를 일정량의 금 또는 그와 동일한 가치를 지니는 일정량의 은에 묶어두는 것이다. 국내적으로는 정부의 통화 및 신용 공급량을 금의 양에 묶어두어 인플레이션이 일어날 가능성을 미연에 방지하고 국제적으로는 각국 지폐를 일정량의 금에 연동시켜 환율을 고정시키는 의미를 지니고 있었다. 금본위제에서는 통화의 공급량이 금의 유출입에 따라 좌우되었기 때문에 이론적으로는 중앙은행이 인위적으로 통화 공급량을 조절해서 이자율을 높이거나 내리는 정책 수단을 사용할 수 없었다.

하지만 환율이 고정되면서 국경을 넘어선 투자 안정성이 보장되고 투자가 크게 늘어나는 소위 제1차 글로벌라이제이션 시대가 열린다. 전쟁 전에는 각국이 금화를 주조하여 유통시키면서 금화와, 금화로 가치가 담보되는 지폐가 함께 유통되었기 때문에 사실상 금화본위제였다. 환율이 고정되자 각국 지폐 간의 가치도 고정되었다(이를 패리티parity라고 하는데 예를 들면 제1차 세계대전 전 미국 달러화와 영국 파운드화의 가치는 1파운드당 4.8665달러에 고정되어 있었다). 물론 금본위제는 장점 못지않게 단점도 많아 비판이 높았다. 밀턴 프리드먼은 금본위제에 대해 "금을 파낸 다음 다시 다른 구덩이에 묻는 것이나 다름없다"며 금을 상업적으로 활용하지 못하고 중앙은행 금고에 처박아두는 어리석은 짓이라고 비꼬기도 했다.

비교적 안정적으로 운영되던 금본위제는 1914년 제1차 세계대전의 발발과 함께 유럽 각국이 전시경제로 전환하면서 일시적으로 정지되었다. 증세로는 부족한 전쟁 비용을 마련하기 위해 결국 중앙은행에 기대어 돈을 찍어낼 수밖에 없었던 것이다. 오스트리아-헝가리제국, 프랑스, 독일 등 교전국들이 금 태환의 정지를 선언했고 금본위제에서 일시적으로 탈퇴했다.

1914년 유럽에서 전쟁이 발발하자 1917년까지 전쟁에 개입하지 않았던 미국의 금융시장이 크게 흔들렸다. 우리나라가 오늘날 뉴욕의 금융시장에서 달러를 빌려오듯이 당시 미국은 런던의 금융시장에 단기 자금을 많이 의존하고 있었는데 전쟁으로 런던의 금융회사들이 영업을 중지하거나 축소하면서 국제 통화였던 파운드화를 구하지 못해 위기에 빠진 것이다. 게다가 그동안 미국의 주식시장 등에 투자했던 유럽의 자금이 철수하면서 혼란이 가중되었다. 미국의 채무자들은 런던시장에서 빌린 외채를 갚기 위해 전력을 다해 파운드화를 구했고, 이로 인해 4.86달러였던 달러와 파운드의 교환비율이 6.75달러까지 치솟았다.

사태가 심각해지자 갓 태어난 연준은 재무부와 함께 파운드화 부족으로 위기에 처한 은행 등에 금으로 표시된 긴급자금을 지원했다. 이는 미국의 금이 채무 상환을 위해 유럽으로 유출됐다는 의미였다. 하지만 전쟁이 계속되면서 이러한 흐름은 역전되었다. 유럽 각국은 전쟁을 수행하기 위해 물자와 식량을 수입해야 했고, 그 결과 미국으로 금이 다시 유입되기 시작한 것이다. 1917년 4월, 전쟁 전 약 16억 달러였던 미국의 금 보유고는 마침내 약 29억 달러까지 2배 가까이 증가했다.

경제적 리더십의 부재가 초래한 결과

제1차 세계대전은 과거의 그 어느 전쟁보다 깊은 상처를 남겼다. 영국과 프랑스는 승전국이, 독일과 오스만제국은 패전국이 되었지만 이러한 구별은 무의미했다. 승전국과 패전국 모두 전쟁 이후 정치적으로나 경제적으로 엄청난 곤경에 처했다. 전쟁은 과거보다 훨씬 파괴적이고 참혹했기 때문에 모두가 상상을 뛰어넘는 인명 피해와 재산 피해를 입었다. 사망한 군인만 약 850만 명이 넘었는데 이는 이전 100년간의 모든 전쟁에서 사망한 약 560만 명보다도 많은 수였다. 민간인의 희생은 더 커서 대략 500만 명에서 1,000만 명이 사망한 것으로 추정되었다. 물적 피해 역시 가늠하기 어려웠다. 한 자료에 의하면 직접 비용과 간접 비용을 합쳐 약 3,380억 달러에 달하는데 이는 당시 전쟁 4년간 미국 GDP의 약 1.5배에 달하는 엄청난 액수였다.[15]

제1차 세계대전은 많은 것을 바꾸어놓았다. 무엇보다 전쟁 이전 세계경제를 이끌던 영국이 쇠퇴하고 전쟁 중 대규모 금을 보유하게 된 미국이 세계경제의 중심축으로 부상했다. 하지만 전쟁 이후 영국은 과거의 영광에 집착해 영향력을 회복하려는 무리한 시도를 계속한 반면 미국은 세계경제의 리더가 된 상황을 받아들이지 못했다. 이로 인해 영국은 금본위제 복귀를 무리하게 시도했고 미국은 영국과 프랑스 등에 빌려준 돈을 받아내기 위해 압력을 가했다. 영국과 프랑스 등 승전국들은 미국에 진 빚을 독일의 전쟁배상금으로 해결하고자 했다. 만일 미국이 리더의 역할을 받아들여 세계경제의 큰 그림을 그리고 문제를 파악했더라면 독일에 과도한 배상금을 요구하는 일은 없었을 것이다.

하지만 미국은 전쟁 이후 고립적으로, 때로는 소극적으로 대응했다. 자신이 제안한 국제연맹에 참여하지도 않았고 전시 채권을 탕감해주지도 않았다. 당시 미국은 국내 문제에 집착한 나머지 세계경제를 볼 수 있는 안목이 없었다. 킨들버거는 이렇게 제1차 세계대전 이후 경제적 리더십의 부재, 즉 경제적 헤게모니 국가의 부재를 훗날 대공황의 심화 원인으로 보고 있다.[16]

국제경제 통화 시스템에는 리더가 필요하다. 리더는 내부화된 규칙을 가지고 의식적이든 무의식적이든 다른 나라의 행동 기준을 설정한다. 리더는 규칙을 지키게 하고, 시스템을 유지하기 위해 큰 부담을 떠안으며, 특히 어려울 때는 잉여 물품을 사들이고 국제적 투자 자본을 공급하고 어음 할인 등을 통해 시스템을 뒷받침한다. …… 세계 공황이 장기간 지속된 이유는, 그리고 그 심각성에 대한 설득력 있는 설명은 영국이 국제경제 통화 시스템의 보증 역할을 계속할 능력을 상실했다는 것, 그리고 미국이 1936년까지 그러한 역할을 떠맡기를 망설였다는 것이다.

문제는 전후 세계경제가 전쟁 이전의 상황처럼 금본위제를 통해 자동적으로 안정될 수 있는 체제가 아니었다는 점이다. 전쟁 이후 미국 등 일부 국가들은 여전히 금본위제하에 있었고 다른 많은 나라들은 금본위제에서 벗어나 있었다. 이러한 상황에서 전쟁 직후의 경제적 혼란까지 뒤따르자 각국은 환율 인하 경쟁과 살인적인 관세를 통해 국내 산업을 보호하는 소위 근린 궁핍화 정책에 의존하기 시작했다.

경제 상황이 계속해서 위중해지고 있음에도 1919년 1월 제1차 세계대전 처리를 위해 파리에 모인 승전국들은 독일에 전쟁의 모든 책임을 전가하려 했다. 이들은 패전한 독일이 어떤 수준의 배상금도 감당할 수 없을 만큼 최악의 상황에 있다는 점을 외면했다. 6월 28일의 베르사유 조약에서는 독일이 향후 30년간 모든 배상을 해야 한다는 원칙만을 정했을 뿐 금액과 시기 등을 확정하지 않았다. 배상금을 확정하기 위한 배상위원회가 구성되었지만 위원회 역시 정확한 배상금의 확정을 미루어 1920년이 다 가도록 배상금 액수는 확정되지 않았다. *

---

* 승전국들은 심지어 점령 중인 군대에 필요한 물자까지 독일에 요구했는데 그 범위가 광범위했을 뿐만 아니라 규모도 무리한 수준이었다. 승전국이 요구한 물자는 배, 자동차, 기계, 농산물, 건축 자재, 가축, 석탄 등이었고 가축에는 말 700마리, 소 4,000마리, 젖소 14만 마리, 양 1,200마리, 염소 1만 마리 등이 포함되어 있었다. 아울러 프랑스와 벨기에는 석탄 4,300만 톤까지 요구했다.

프랑스의 강경한 입장은 배상금액의 확정을 더욱 어렵게 했다. 전쟁의 대부분이 프랑스 영토에서 치러지면서 피해가 상대적으로 컸던 데다 과거 1871년 보불전쟁에 대한 굴욕을 되갚겠다는 사적인 감정이 앞섰던 것이다. 마침내 1921년 5월 런던에서 열린 회의에서 310억 달러에 달하는 배상금액이 확정되었지만 과거는 물론 제2차 세계대전과 비교해도 과도한 수준이었다. 과거 보불전쟁에서 패했을 때 프랑스는 GDP의 약 25퍼센트에 달하는 배상금을 부담했지만 제1차 세계대전 이후 독일에 부과된 배상금은 무려 GDP의 83퍼센트에 달했다.

　승전국이 이렇게 과도한 배상금을 물린 데에는 전쟁을 치르면서 미국에 진 빚의 영향이 컸다. 독일과 싸운 유럽 16개국이 미국에 진 빚은 120억 달러 수준이었는데, 영국이 50억 달러, 프랑스가 40억 달러 등으로 대부분 영국과 프랑스의 몫이었다. 또한 유럽 대륙의 17개국이 영국에 약 110억 달러의 빚을 지고 있었는데 이중 프랑스가 갚아야 하는 금액이 30억 달러였고 러시아가 갚아야 할 금액은 25억 달러에 달했다. 따라서 영국으로서는 미국에 갚을 돈을 빼고도 여전히 채권국이었지만 프랑스는 전쟁 중에 미국과 영국 모두에 막대한 빚을 짐으로써 독일로부터 배상을 받지 못하면 자신이 갚아야 할 빚도 감당하지 못할 절박한 상황에 있었던 것이다.

　상황은 러시아에서 혁명으로 들어선 소비에트 정부가 과거 러시아 정부의 부채 승계를 거부하고 디폴트를 선언하면서 더욱 악화되었다. 이 선언으로 러시아로부터 받을 돈이 있던 영국과 프랑스는 추가적인 손실을 입었다. 결국 영국과 프랑스는 미국에 진 빚을 갚기 위해 독일을 압박했으며, 미국이 승전국들의 빚을 어느 정도 탕감해주지 않는 한 독일의 배상금은 합리적으로 조정되기 어려웠다. 독일에 대한 배상금이 불합리하게 결정되자 파리강화회의에 영국 대표로 참석했던 케인스는 독일에 대한 연합국의 과도한 책임 추궁을 '카르타고식 평화 Carthaginian Peace'*라고 비난하면서 스스로 협상 대표단에서 물러났다. 이후 케인스는 1919년 말 과도한 배상금 결정이 독일 경제는 물론 세계경제에 큰 부담이 될 것임을 예언한《평화의 경제적 귀결The Economic Consequence of Peace》을 저술하여 승전국들의 결정을 신랄하게 비판했다. 순식간에 세계적인 베스트셀러가 된 이 책의 예언은 오래 지나지 않아 현실이 되었다.

1조 마르크 대 1마르크를 부른 독일의 초인플레이션

엄청난 규모의 전쟁배상금과 이에 대한 독일의 저항은 독일 경제를 나락으로 떨어뜨렸으며 역사상 유래를 찾기 어려운 초인플레이션을 불러왔다. 1920년에서 1922년 사이 각종 전쟁배상금으로 정부 재정은 적자 상태에 놓였고 승전국이 요구하는 배상 스케줄을 제대로 이행하지 못하면서 1922년 12월에는 채무 불이행 상태에 빠지게 된다.

배상금 재원을 마련하고 늘어난 지출을 감당하기 위해 독일 정부는 세금을 다소 올렸지만 이미 패전으로 산업 기반이 무너진 독일 경제는 지출을 감당할 수 있는 수준이 아니었다. 결국 정부는 돈을 찍어내는 인쇄기에 의존하기 시작했다. 이로 인해 1921~23년 사이 통화 공급

---

* 로마는 카르타고와 치렀던 세 차례의 전쟁(포에니 전쟁 또는 한니발 전쟁이라고도 한다) 이후 카르타고를 흔적도 없이 파괴하고 사람들을 모두 노예로 팔아넘겼는데 이처럼 패자를 과도하게 다루어 평화를 이끌어낸 것을 지칭한다.

량은 7,500배나 늘어났다. 오늘날 경제사의 한 페이지를 장식하는 초인플레이션이 시작된 것이다.

독일의 초인플레이션 진행 과정을 경제사학자 그로스만Grossman은 이렇게 설명하고 있다.[17] 전쟁 직후인 1920년 독일의 물가는 전쟁 전인 1914년에 비해 약 10배가량 올랐다. 6년도 안 되는 기간 안에 10배가 오른 것인데 미국의 물가가 10배 오르는 데 약 59년(1946~2005년)이 걸렸던 것을 감안하면 얼마나 빠른 속도였는지 짐작할 수 있다. 하지만 이후의 진행 과정은 더욱 믿기 어렵다. 그로부터 1년 반이 지난 1922년 6월에 독일의 물가는 다시 10배가 올랐으며, 그 다음 10배는 6개월, 그 다음은 4개월, 그리고 초인플레이션이 진행되던 당시에는 수일이 채 걸리지 않았다. 1923년 10월 한 달 동안에는 물가가 거의 300배나 상승했다.

이로 인해 1921년 초까지 미국 달러화 대비 1.5 내지 2.5센트 수준에서 교환되던 마르크화는 1923년 말 0.00000000003센트로 사실상 종이 값도 안 되는 수준까지 떨어졌다. 초인플레이션은 엄청난 액면가를 지닌 지폐를 양산했다. 전쟁 전에는 100마르크(약 240달러)화가 가장 큰 금액의 지폐였으나 1923년 말에는 100조 마르크화까지 발행되었다.

초인플레이션으로 경제적 혼란이 가중되자 독일은 패전 이후 5년 동안 여섯 번이나 정부가 바뀌었다. 1923년 8월 등장한

가치가 폭락한 마르크화로 불을 지피는 독일 주부

구스타프 스트레제만Gustav Stresemann 총리는 바이마르 헌법 7개 조항을 정지시키는 국가비상사태를 선포하고 인플레이션을 잡기 위한 대책에 나섰다. 10월에는 새 통화인 렌텐마르크Rentenmark의 발행을 위한 법률이 공표되었지만 사회적 혼란이 거듭되면서 초인플레이션은 더욱 기승을 부렸다.

이탈리아에서 무솔리니가 로마로 진군하여 정권을 잡는 것을 본 히틀러는 1923년 11월 9일 뮌헨 폭동을 일으켰다. 폭동은 실패로 돌아갔지만 혼란은 더욱 커졌다. 1923년 11월에는 빵 한 조각의 가격이 200억 마르크에서 1,400억 마르크로 폭등하면서 독일 전역에서 식량과 생필품을 구하기 위해 약탈과 폭동이 일어났으며, 마르크화의 가치는 전쟁 전에 비해 약 1조 분의 1 수준으로 폭락했다. 농민들은 마르크화를 받기를 거부하면서 그해의 농작물을 팔지 않았고 이로 인해 많은 사람들이 굶어 죽었다. 베를린에서는 수천 명의 사람들이 빵과 일자리를 요구하며 시위에 나섰고 길가의 상점을 닥치는 대로 약탈했다. 유대인 거주 지역에서는 눈에 보이는 대로 유대인을 폭행하는 사태가 벌어지기도 했다.

스트레제만은 통화 문제를 전담할 장관급 자리를 신설하여 11월 13일 할마르 샤흐트Hjalmar Schacht를 임명했고 11월 15일 독일은 휴지 조각에 불과할 정도로 가치가 떨어진 마르크화의 발행을 중지하고 다음 날 렌텐마르크를 발행했다. 새 통화 렌텐마르크는 토지와 건물에 의해 가치가 뒷받침되는 저당증권 형태의 화폐였다.

하지만 이미 지폐에 대한 불신이 극에 달한 상황에서 사람들은 렌텐마르크를 신뢰하지 않았다. 샤흐트는 신뢰를 얻기 위해 발행량을 철저히 통제했다. 발행 한도인 24억 렌텐마르크(약 6억 달러)는 독일의 경제

렌텐마르크화

규모를 감안할 때 지극히 작은 액수였기 때문에 중앙정부는 물론 지방 정부, 은행, 대기업들로부터 발행 한도를 늘리라는 압박이 심했지만 샤흐트는 누구의 말도 듣지 않고 새 화폐의 공급량을 엄격하게 통제했다.

애덤 퍼거슨Adam Fergussson이 1975년에 출간한 저서 《돈이 죽을 때》* 에 기록한 대로 샤흐트는 "단 일주일도 안 되는 짧은 시간 안에 독일 최악의 금융 혼란을 안정시켰다."[18] 샤흐트가 새 통화를 성공적으로 정착시킬 수 있었던 것은 당초 약속한 공급량을 정확히 지켰기 때문이 었다. 그가 한 일이라곤 어떠한 압력에도 굴복하지 않고 발표된 정책을 유지한 것이 전부였다. 그러자 단 수주일 만에 놀라운 일이 벌어졌다. 기존 마르크화는 거부하던 농민들이 렌텐마르크를 받고 농작물을 내다 팔기 시작한 것이다. 거래가 재개되자 최악의 식량난이 해소되었다. 렌텐마르크가 성공적으로 정착되면서 초인플레이션도 잡히기 시

---

* 원제는 *When Money Dies: The Nightmare of deficit Spending, Devaluation, and Hyperinflation in Weimar Germany.* 바이마르 공화국의 초인플레이션 현상을 다룬 이 책은 초인플레이션의 경제적 인 영향은 물론 사회에 미친 충격도 담고 있다. 2007년 금융위기 당시 세계적인 투자가인 워런 버핏이 극찬하면서 선풍적인 인기를 모았고 품절이 되면서 이베이에서 1,000달러에 거래되기도 했다.

작했다.

샤흐트는 이미 신뢰를 상실하고 날로 가치가 폭락하는 중앙은행의 라이히마르크Reichsmark를 퇴출시키기 위해 새 통화인 렌텐마르크화와의 교환비율을 어떻게 정할 것인가를 놓고 고민했으며 적기에 교환비율을 확정하는 뛰어난 실력을 보여주었다.

1923년 11월 12일 라이히마르크는 1달러당 6,300억 마르크 수준에서 교환 거래되었고 재무부의 많은 사람들은 이 비율로 교환비율을 확정하자고 주장했다. 하지만 샤흐트는 암시장에서 라이히마르크가 지속적으로 폭락하는 것을 지켜보며 추가 폭락을 예측하고 결정을 미루었다. 그의 예상대로 11월 14일 라이히마르크는 달러당 1조 3,000억 마르크로 떨어졌고 다음 날에는 2조 5,000억 마르크로 떨어졌다. 11월 20일 라이히마르크가 달러당 4조 2,000억 마르크까지 떨어지자 샤흐트는 새로 발행한 렌텐마르크와 라이히마르크의 교환비율을 1 대 1조로 결정했다. 1914년 달러당 14조 2,000억 마르크로 거래되던 환율을 감안하면 엄청난 폭락이었다. 샤흐트가 통화 문제에 전권을 쥔 지 불과 며칠 사이에 약 80퍼센트 정도가 추가 폭락한 것이다. 샤흐트는 며칠 기다리면서 교환비율을 고민한 끝에 구화폐를 흡수하고 신화폐를 도입하는 비용을 엄청나게 줄일 수 있었다. 그 결과 최초 발행 당시 약 3,000억 달러의 가치를 가지고 있던 라이히마르크를 단지 1조 9,000억 렌텐마르크, 즉 약 4,500만 달러에 환수할 수 있었다.[19]

샤흐트의 맹활약으로 초인플레이션은 잡았지만 초인플레이션이 가져온 사회 혼란은 바이마르 공화국의 명운을 재촉했을 뿐만 아니라 히틀러를 등장시켜 세계를 또다시 참혹한 대전 속으로 밀어 넣었다.

비관론자의 실패한 예언: 영국의 금본위제 복귀

독일 경제가 초인플레이션을 겪으면서 추락하던 당시 영국 경제는 금본위제로의 무리한 복귀 시도로 홍역을 앓고 있었다. 사실 영국은 대전 직후 다른 나라들이 공식적으로 금본위제에서 이탈한 것과 달리 금으로의 태환이 쉽지 않은 각종 행정 규제를 통해 실질적인 중지 효과를 얻고 있었다. 여기에는 전쟁 중 발휘된 영국 국민들의 애국심도 한몫했다. 전쟁이 일어나자 영국은 보유한 금으로 물자를 구입하고 미국으로부터 막대한 외채를 얻어 전비를 마련했지만 전쟁이 확대되면서 결국 돈을 찍어낼 수밖에 없었다.

문제는 이렇게 풀린 돈으로 인해 전쟁 이후 파운드화의 금 태환 재개가 어려워졌다는 것이다. 영국뿐 아니라 각국은 전쟁 중에 금 수출 중지, 인플레이션을 억제하기 위한 물가 통제를 단행하고 있었고 전쟁 이후에도 이를 그대로 유지하고 있어 금본위제로의 복귀가 쉽지 않은 상황이었다. 금본위제의 중심에 서 있던 영국이 이렇게 금본위제를 재시행하지 못하자 다른 나라들은 기준을 어디에 맞추어야 할지 몰라 혼란에 빠졌다. 그나마 여전히 금본위제를 유지하고 있던 미국이 이러한 상황을 정리하면서 이끌어가야 했지만 미국은 이를 맡아 처리할 준비가 되어 있지 않았다.

사실 1914년 11월 연준이 출범했지만 연방준비제도법은 엄격한 금본위제를 요구하기보다는 통화신용 정책의 자율성을 연준의 손에 쥐어주었다. 법에 의하면 연준은 지폐만큼의 금 보유고를 유지해야 했지만 명확한 비율이 아닌 최소한의 기준만을 정해서 사실상 국내 경제 상황에 맞춰 자율적으로 수행하도록 했다. 이로 인해 경제학자 라이오

넬 에디Lionel D. Edie는 연준이 설립되면서 미국은 이미 순수한 금본위제에서 벗어났다고 주장했다.

> 연방준비제도법은 사실상 금 보유고가 신용의 규모와 연결되는 고리를 끊었다. 그렇게 함으로써 금본위제의 자동장치는 작동을 멈췄다. 연준의 메커니즘이 금본위제의 작동을 가능하게 하는 자동조절장치를 지니고 있지 않다는 점을 인식해야 한다.[20]

연준의 등장은 대전 이전처럼 금의 유출이 시작되면 해당 국가의 물가 및 임금 수준이 하락하고 이로써 경쟁력이 회복되면서 대외 균형이 달성되는 금본위제의 자동조절장치가 작동하지 않는 시스템이 된 것을 의미했다. 연준은 설립 이후 금본위제의 자동조절기능에 경제를 맡기지 않았고 시장에 적극적으로 개입하는 중화 정책sterilization을 구사했다. 즉, 금의 유입으로 통화가 풀리면 국채를 매각해서 추가된 유동성을 시장으로부터 흡수했다. 이러한 중화 정책은 금이 유출되는 나라의 부담을 더욱 가중시켰고 세계경제 전체로 보면 유통 통화의 부족으로 인한 디플레이션의 위험을 키우는 조치이기도 했다.

게다가 대전 이후에는 노동조합이 등장하여 임금과 물가의 경직성이 한층 높아졌는데 이는 참정권이 확대되면서 노동자들의 정치적인 영향력이 커지고 좌우파 모두 노동자의 요구를 무시하기 어려운 상황에 처했기 때문이었다. 경제 상황이 달라졌음에도 불구하고 정책 당국자들은 여전히 금본위제를 도덕적이고 원칙이 있는 세련된 제도로, 관리통화 제도로 나아가는 것은 비도덕적이고 원칙이 없는 무식한 제도로 간주했다. 이렇듯 금본위제에 대한 맹신은 혼란스러운 당시의 사회

분위기와 맞물려 더욱 견고해졌다.

제1차 세계대전 직후인 1920년부터 영국의 대표 산업이었던 석탄, 면화, 조선 등이 불황에 빠졌다. 특히 석탄산업의 불황은 심각한 수준이었다. 경영자들이 수지를 맞추기 위해 임금 삭감 및 구조조정에 나서자 1921년 4월 석탄 노조가 대규모 파업을 단행했다. 실업자도 크게 증가하여 무려 700만 명을 넘어섰다. 불황 속에서 영국 정부가 선택한 것은 불황 극복 정책이 아닌 금본위제로의 조기 복귀였다.

사실 영국의 정책 당국자들은 나폴레옹 전쟁으로 일시 중지되었던 금본위제가 전쟁 직후 복귀되었듯이, 대전 이후 금본위제로 복귀하는 것은 시간문제라 생각했다. 하지만 전쟁 이후 물가수준이 높아지고 달러화 대비 파운드화의 가치가 하락하면서 영국이 대전 이전의 수준으로 복귀하는 것은 거의 불가능한 듯 보였다. 1914년부터 1919년 3월까지 영국의 도매 물가지수는 115퍼센트나 상승했고 영국이 파운드의 가치를 유지하는 정책을 포기하자 환율은 기존 비율인 파운드당 4.86달러에서 3.38달러로 폭락했다. 따라서 이전 수준으로 복귀하기 위해서는 물가를 내리고 파운드화를 평가절상해야 했지만 전후 실물경제가 나빠지는 상황에서 이는 쉽지 않은 일이었다.

하지만 1918년 전후 통화 정책의 방향을 논의하던 통화 및 외환에 관한 컨리프위원회Cunliffe Committee on Currency and Foreign Exchange After the War는 경제를 안정시키기 위해서는 금본위제 복귀가 최선이라고 결론내리고 파운드당 4.86달러 수준으로의 조기 복귀를 권고한다. 영국을 비롯한 각국이 전쟁 전의 수준을 고집한 데는 자존심을 지키겠다는 생각 외에 경제적인 속셈도 작용했다. 즉, 당시 각국은 늘어나는 재정 수요를 감당하기 위해 국채를 발행해야 했는데 전쟁 전 수준으로의 복귀 약속은

국채 발행을 수월하게 하고 이자율 또한 낮추어주었던 것이다.[21]

위원회의 권고에 따라 영란은행은 1920년 4월, 금리를 7퍼센트까지 올리며 금본위제 복귀를 준비했고 이 수준을 무려 54주나 지속하는 전례 없는 조치를 취했다. 이 결정은 영국이 거의 모든 산업에서 경쟁력을 잃게 하는 재앙이나 다름없었다. 영란은행의 시도가 무리였다는 것은 영국과 미국의 석탄산업만 보아도 쉽게 이해할 수 있다.[22]

전쟁 전에 동일한 양의 석탄을 영국에서는 100파운드에, 미국에서는 486달러에 살 수 있었다면 파운드의 대$_{對}$달러 환율 4.86달러를 감안할 때 양국의 석탄 가격은 같다고 할 수 있다. 하지만 1913년에서 1925년 사이 미국의 물가는 대략 48퍼센트 상승한 반면 영국의 경우에는 64퍼센트 가까이 상승했다. 이는 1925년 미국의 석탄 가격은 약 721달러에, 영국의 경우는 164파운드에 달했음을 의미한다. 만일 전쟁 이전의 환율 4.86달러가 적용될 경우 영국의 석탄 가격은 797달러로, 미국의 721달러보다 훨씬 비싸며 이는 영국의 석탄산업이 국제적으로 가격경쟁력을 잃었다는 의미이다. 만일 영국이 파운드화의 가치를 떨어뜨려 파운드당 4.40달러 수준을 유지하면 양국의 석탄 가격은 약 721달러로 비슷해질 것이다.

따라서 영란은행이 대전 이전 수준에 맞추어 4.86달러로 복귀를 시도할 경우 결국 물가를 내릴 수밖에 없었는데 이는 강력한 긴축정책의 채택을 의미했다. 영국이 임금을 동결하고 이자율을 높여 파운드화의 평가절상을 추진하자 채산성 악화에 직면한 사용자들은 임금 삭감 조치를 들고 나왔고 이에 반발한 노동자들은 전국적인 파업에 돌입했다.

이러한 무리한 복귀 시도는 영란은행 총재였던 몬터규 노먼$_{Montagu}$ $_{Norman}$ 등이 주도했다. 노먼과 영란은행 그리고 영국의 금융가인 시티의 금융인들은 제1차 세계대전 이후 미국의 뉴욕으로 넘어가고 있는 국제금융 중심지로서의 영향력을 다시 회복하겠다는 생각에 금본위제 복귀를 추진했다. 이러한 복귀 움직임에 대해 정면으로 반대하고 나선 사람은 다름 아닌 세계적인 경제학자 케인스였다.

케인스는 금은 '야만적 유산'에 불과하며 금에 연동된 신용 창출은 금의 양이 한정되어 있고 금의 공급량 증가 속도가 경제 발전 속도를 따라가지 못해 경제 발전을 제약할 것이라고 금본위제를 원색적으로 비판했다. 그는 또한 저서 《화폐개혁에 관한 소고A Tract on Monetary Reform》*에 성경 구절까지 인용하며 금본위제 복귀가 과거 영국의 영광을 재현하는 것이 아니라 오히려 영국을 미국의 월가에 종속시킬 것이라고 예언했다.

> 야만의 유물인 금본위제로의 복귀 시도는 각자의 물가수준을 결정할 체계를 포기하는 데서 그치지 않고 금송아지(금본위제)의 재단 아래 달러 본위제를 세우려는 미국 연준에 신용 공급의 전권을 넘겨주는 사태로 이어질 것이다.[23]

1922년 겨울, 영국은 경제 불황이 심해지는 가운데서도 파운드화 환율을 4.61달러까지 끌어올리는 데 성공했다. 이제 4.86달러로의 복귀는 달성 가능한 목표인 듯 보였다. 하지만 유럽의 정치적·경제적 혼란이 가중되면서 영국의 금본위제 복귀는 마지막 고비를 넘지 못하고 연기를 거듭하게 된다. 1923년 1월, 배상금 지불 지연을 이유로 프랑

---

* 케인스주의에 가장 비판적이었던 밀턴 프리드먼도 이 책을 케인스의 저서 중 최고로 꼽고 있다.

스와 벨기에 연합군이 독일의 루르 지방을 점령한다. 독일이 이에 대한 저항의 표시로 인위적으로 산업 생산을 급감시키면서 전운이 감돌자 유럽의 투자자들은 파운드화 자산을 팔아 안전한 달러 자산으로 옮겨 타기 시작했고 1924년 1월에는 환율이 다시 4.25달러까지 떨어지면서 영국의 목표는 멀어진 것처럼 보였다.

하지만 1924년부터 미국이 본격적으로 영국의 복귀를 지원하고 나왔다. 미국은 영국의 금본위제 복귀가 세계경제 안정을 위해 꼭 필요하다고 인식하고 있었는데 이러한 미국의 인식은 1925년 뉴욕연방준비은행의 벤저민 스트롱이 영란은행 총재인 몬터규 노먼에게 보낸 편지에도 잘 드러나 있다.

영국 정부가 금본위제로 복귀하기 어려울 것이라는 생각과 함께 금본위제 복귀에 실패할 경우 상상하기조차 어려운 불안정한 상태가 장기간 계속될 것이라는 귀하의 생각에 동감합니다. 복귀에 실패할 경우 달러화 대비 각국 통화의 지속적인 가치 하락이 진행될 것이고 이는 극심한 환율 변동을 가져올 것입니다. ……따라서 실패할 경우 미국이 보유한 금은 유출될 것이고 신용 공급과 물가를 통제하는 다른 시도가 있겠지만 이는 상당한 어려움과 고통을 겪고, 나아가 정치적으로나 사회적으로 혼란을 겪은 이후에 다시 원래대로 금본위제로의 복귀로 결론 날 것입니다.[24]

벤저민 스트롱이 이끄는 뉴욕연방준비은행은 5월과 8월 사이에 종전 4.5퍼센트였던 금리를 3회에 걸쳐 3퍼센트까지 인하했다. 이 조치로 1920년에서 1924년 9월까지 미국으로 총 15억 달러나 유입되던 금이 흐름을 바꾸어 1924년 12월부터 1925년 1월까지 1억 7,000만 달러 가까이 유출되었다. 아울러 영국의 금 보유고를 보충하기 위해 2억 달러를 대출해주고 또 JP 모건이 주도한 은행 차관을 통해 필요한 경우 언제든지 인출해 쓸 수 있도록 1억 달러의 크레디트 라인까지 제공했다.

미국의 금리 인하로 인해 금이 다시 유입되고 금본위제 복귀에 유리한 환경이 마련되자 영국은 최종적으로 복귀를 위한 논의에 착수했다. 마침 1924년 금본위제도에 보다 전향적이었던 보수당이 노동당을 누르고 정권을 잡으면서 복귀 움직임은 보다 구체화되었다. 노동당에서 보수당으로 갈아타면서 정권을 잡은 보수당의 재무장관이 된 처칠은 이 문제를 상의하기 위해 집무실인 다우닝가 11번지에 금본위제 복귀에 찬성하는 재무성 관리 오토 니메이어Otto Niemeyer와 존 브래드버리 John Bradbury 그리고 금본위제에 반대하는 전 재무장관 레지날드 맥케나 Reginald McKenna와 케인스를 초청하여 4자 토론을 벌였지만 각자 자신의 주장만을 되풀이할 뿐 어떠한 결론도 내리지 못했다.

하지만 1925년 들어 전년도 금리 인하의 부작용으로 미국 경제가 과열 양상을 보이자 연준은 2월 27일 금리를 다시 3.5퍼센트로 인상하여 영국의 입장을 애매하게 만들었다. 이에 대해 영란은행은 금리 차를 다시 벌리기 위해 금리를 4퍼센트에서 5퍼센트로 올려 계속해서 금을 유입시켰고, 노먼은 처칠에게 금본위제로의 복귀를 끊임없이 요구하면서 "내가 당신을 황금 재무장관Golden Chancellor으로 만들어주겠다"고 설득했다. 1925년 4월 28일 '예산의 날', 결국 처칠은 연말에 금본위제로 복귀하겠다고 공식 선언했다.

한편 금본위제 복귀를 저지하지 못한 케인스는 "비관론자의 실패한 예언"[25]이라며 스스로를 자책했고 〈처칠의 경제적 결과〉라는 팸플릿을 통해 처칠과 영란은행을 신랄하게 비판했지만 정부의 결정을 뒤집지는 못했다. 하지만 케인즈의 예상대로 금본위제 복귀는 영국 경제를 더욱 어려운 국면으로 몰아갔다.

불안정한 외환시장, 유지될 수 없는 금본위제

영국이 금본위제로 복귀하고, 급등락을 거듭하던 프랑스의 프랑화도 1926년 안정을 찾으면서 국제적으로는 금본위제가 다시 안착한 듯이 보였다. 그러나 이는 환상에 불과했다. 문제는 영국의 파운드는 고평가된 상태로 정착된 데 반해 프랑스의 프랑화는 저평가 상태였다는 점이다. 전쟁 직후 14.97달러에 거래되던 프랑화는 이후 급격하게 가치가 폭락했다. 특히 독일의 배상금 지연으로 루르 지방을 점령했을 당시에는 물가가 2배 가까이 뛰어 1926년에는 달러당 49프랑까지 폭락했다. 독일처럼 초인플레이션이 닥칠 것을 우려한 푸앵카레Poincare 정부는 재정을 안정시키기 위하여 대규모 증세를 단행했고 다시 달러당 25프랑으로 안정세를 찾았다. 겉으로 안정세를 찾은 듯 보이는 미국, 영국, 프랑스 간의 환율은 사실 프랑스에게 유리한 안정이었다.

고평가된 파운드화로 인해 영국은 지속적으로 금 유출 압력에 시달렸고 1927년부터 영국이 금본위제를 지속할 수 있을 것인가에 대한 의구심이 일기 시작했다. 상대적으로 낮은 환율의 혜택을 본 프랑스는 무역 호조로 파운드화 및 달러 보유고가 지속적으로 늘어났고 프랑화의 평가절상을 노리는 투기자금까지 가세하면서 프랑스로 자금이 몰려들었다. 프랑스는 1926년 11월 530만 파운드에서 1927년 5월 말에는 1억 6,000만 파운드화로 파운드화 보유가 늘어나자 이를 금으로 바꾸기 시작했다. 이는 심각한 금 유출로 어려움을 겪고 있던 영국을 더욱 힘들게 했다.

상황이 어려워지자 영국이 프랑스에 제1차 세계대전 당시 빌려준 돈을 일시금으로 돌려달라고 요구하면서 양국 관계는 껄끄러워졌다. 결국 미국이 조정을 위해 개입했다. 프랑스에 더 이상 파운드화를 금으로 바꾸지 말라고 권유하면서 금이 필요할 경우 미국 연준이 런던에 보유 중인 금으로 지원해주겠다는 신사협정을 맺은 것이다.

1927년 7월 초, 미국 롱아일랜드에 있는 미국 재무장관 오그덴 밀스Ogden Mills의 자택에서 노먼, 샤흐트, 그리고 프랑스 중앙은행 총재의 대리인인 리스트Rist가 참석하여 외환시장 안정을 위한 회의를 개최했다. 이 회의에서 영국과 독일에서 벌어지고 있는 금 유출을 막기 위해 양국은 금리를 인상하고 다른 나라들은 금리를 인하하기로 하는 국제 공조에 합의했다. 8월에는 금리를 4퍼센트에서 3.5퍼센트로 인하했고 이를 통해 1927년 약 8,000만 달러에 해당하는 금의 유입 흐름을 차단하고 하반기에는 약 2억 3,400만 달러에 해당하는 금의 유출을 달성했다. 아울러 연준은 금리 인하와 더불어 국내에서 통화 공급을 크게 늘렸다. 이러한 조치로 영국은 금 유출 압력으로부터 다소 여유를 찾을 수 있게 되었다.

하지만 금리 인하와 통화 공급을 확대한 연준의 결성은 1929년 주식 대폭락과 대공황의 단초를 제공했다는 비판을 받았다. 이 비판은 당시 미국이 심각하지 않은 수준의 불황 상태에 있었다는 점이 밝혀지면서 근거가 약한 것으로 확인되었지만 아직 완전히 비판으로부터 자유로워진 것은 아니다.

7장

대공황을 부른
연방준비제도의
실책

현 단계 우리의 지식으로는 이 엄청난 새로운 위기를 이해할 수 없습니다.

신속하게 종합적이고 충분한 지침을 마련할 예언자는 그 어느 곳에도 없습니다.

이 위기는 우리의 이해 수준이 위기에 처했음을 보여주기도 합니다.

우리가 실패한 것은 우리의 생각이 사악해서가 아니라

우리가 잘못된 판단을 했기 때문입니다.

— 월터 리프먼(1933년 7월 케인스와 벌인 토론에서)

. . .

리플레이션 정책은 기업들의 수익성을 높여주고 사람들의 불황 심리를 끊어주며

자산 가격의 상승에도 긍정적으로 작용합니다. 장기 금리 이상의 인플레이션을 통해

이전의 물가수준으로 돌아가고자 하는 소위 리플레이션 정책은 1930년

일본과 미국 양국에서 경제를 호전시키는 데 효과적이었던 것으로 입증되었습니다.

일본에는 리플레이션 정책으로 대공황에 빠져 있던 일본을 탁월하게 구출해낸

재무장관 다카하시 고레키요가 있었으며 미국에는 금융 완화를 통한

리플레이션 정책으로 대공황을 극복해낸 프랭클린 루스벨트 대통령이 있었습니다.

— 벤 버냉키(2003년 5월 31일 일본 화폐경제학회 강연에서)

여전히 베일에 가려진 대공황의 원인들

그동안 수많은 연구가 진행되었지만 대공황의 진실은 여전히 베일에 가려져 있다. 당시 대부분의 사람들은, 대공황을 실물 부문의 충격이 가져온 거시경제적 결과로 인식했다. 엄청난 수의 은행이 파산하여 예금주와 경영자들이 손실을 보았지만 은행이 대공황을 야기한 원인과 관련이 높을 거라고 생각하는 사람들은 없었다. 소위 '청산주의자liquidationist'라 불리는 사람들은 오히려 1920년대 연준이 과도하게 통화를 풀어 과잉 투자, 과잉 생산 그리고 과다 차입을 가져왔고, 이로 인해 자원 배분이 왜곡되어 불황이 초래되었다고 주장했다. 때문에 이러한 잘못이 해소되는 과정으로서의 불황은 고통스럽기는 하지만 필연적이라고 주장했다.

하지만 경제학자 어빙 피셔Irving Fisher*는 이러한 전통적인 견해를 반박했다. 그는 은행이 파산하면서 통화 공급이 축소된 것이 대공황의 원인이라고 주장했다. 피셔는 부채 디플레이션debt deflation 이론을 통해 왜 경제 주체들이 위기를 벗어나려고 노력했음에도 결국 빠져나오지 못하고 경제 전체가 대공황으로 끌려 들어갔는지를 다음과 같이 설명했다.

> 과잉 투자와 과잉 투기는 종종 중요한 의미를 갖는다. 그런데 빌린 돈으로 투자와 투기를 했을 경우 야기되는 문제는 훨씬 심각하다. 빚을 청산하려고 많은 사람들이 몰려들면서 빚을 줄이려는 개개인의 노력이 오히려 상환 부담을 키우기 때문이다. 즉, 빚을 줄일수록 빚 부담이 더 커지는 것이다. 경제라는 배는 한 번 기울면 계속해서 더 많이 기울어지는 경향이 있다.[26]

피셔는 호황기에 은행들이 대출을 늘리고 가계와 기업들은 빚을 늘리면서 보다 위험한 투자에 나서는 행태에 주목했다. 이후 경제가 정점을 지나 불황에 진입하면 무리하게 행한 투자는 부도를 맞기 시작한다. 가계와 기업들은 빚을 상환하기 위해 부실자산을 헐값에 매각하게 된다. 은행들 역시 부도로 회수하지 못한 손실에 더해 보유자산의 헐값 처분이라는 이중 손실에 직면한다. 헐값 처분이 가져온 전반적인 자산 가격 하락은 물가를 하락시키고 실질금리를 올리면서 추가적인 부실을 불러온다. 또다시 가계와 기업들은 부도를 맞고 헐값에 자산을 처분할 수밖에 없는 상황에 빠진다.

이 상황에서 개인이나 기업은 부채 규모를 줄이는 것이 합리적인 행

---

* 어빙 피셔는 대공황 이전 미국의 가장 유명한 경제학자였고 케인스조차도 피셔를 자기 이론의 증조부(great-grandfather)라고 인정할 정도였지만 대공황 이후 많은 사람들의 기억 속에서 사라졌다. 1929년 주식 대폭락이 있기 바로 직전에 미국의 주식시장이 '영원히 계속될 고점(permanently high plateau)'에 도달했다고 확언한 실수 때문이었다. 개인적으로도 주식 투자로 많은 돈을 벌었다가 주가 대폭락으로 모든 재산을 잃고 친척의 도움을 받으며 여생을 보내야 했다.

동이라고 생각하지만 피셔의 설명
대로 전반적인 물가 하락으로 부
채 부담이 더욱 커지는 소위 '구성
의 오류fallacy of composition'*에 빠진
다는 것이다. 이와 같은 과정이 반
복되면서 물가는 계속 낮아지고 이
로 인해 1930년대의 대공황이 진
행되었다는 것이 피셔의 설명이다.
　대공황 당시 정책 결정자들은 피

어빙 피셔

부채 디플레이션의 진행 과정

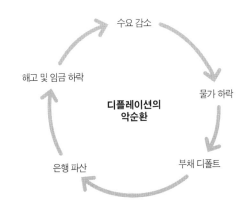

자료: http://oneinabillionblog.files.wordpress.com/2012/06/deflationaryspiral.png

---

* 경제학에서 많이 사용되나 논리학의 이론에서 영향받은 개념으로, '나무는 보고 숲은 못 본다'는 의미이
다. 즉, 개인의 이성적인 행위가 집단의 이성적인 행위를 담보하지 않는다는 개념으로 경제학에서 저축
의 역설을 설명할 때 활용된다. 저축은 개인으로 보면 합리적인 행동이지만 거시경제 전체로 보면 소비
와 투자를 줄여 전체 경제의 성장에 부정적인 영향을 미친다. 바로 구성의 오류의 한 유형이라고 하겠다.

셔의 견해보다는 청산주의적인 견해에 경도되어 있었다. 연준 이사 아돌프 밀러Adolph Miller, 필라델피아 연방준비은행 총재 조지 노리스George Norris, 재무장관 앤드류 멜런Andrew Mellon 등은 청산주의적인 입장에 서서 경기부양을 위한 적극적인 통화 정책을 반대했다. 하지만 이렇듯 막강한 영향력을 발휘한 청산주의적 견해도 케인스 혁명Keynes revolution 이 등장하면서 차츰 설 땅을 잃었다.

케인스주의자들은 기본적으로 통화량의 축소 등 통화적인 요인에서 대공황의 원인을 찾는 견해를 부정했다. 그들은 워낙 불황이 심해 낮은 금리에도 불구하고 투자가 촉진될 수도, 소비가 증진될 수도 없었다고 주장한다. 경제가 소위 '유동성 함정'에 빠져 있어 추가적인 통화 공급 확대로는 경제를 불황의 늪에서 구해낼 수 없는 상황이었다며 통화 공급 등의 금융 정책을 '외줄 밀기'에 비유했다. 하지만 케인스주의자들의 주장도 주류의 위치를 차지하는 데는 실패했다.

1963년 프리드먼Milton Freedman과 슈왈츠Anna J. Schwartz는《미국의 통화정책사A Monetary History of the United States, 1867~1960》에서 어빙 피셔의 견해를 보완하여 은행 파산이 불러온 통화량 축소가 대공황을 불러온 가장 큰 원인이라고 주장했다. 프리드먼은 만일 대공황 당시 연준이 통화 공급을 확대했더라면 은행 파산으로 인한 통화 공급의 축소분을 보충하고, 이로써 경제를 대공황까지 가지 않도록 관리할 수 있었을 것이라고 주장했다. 현재까지 이 견해가 많은 학자들에 의해 가장 설득력 있는 이론으로 받아들여지고 있다. 하지만 아직도 대공황의 진정한 원인에 대한 연구는 계속되고 있으며 "대공황은 거시경제학의 성배the holy grail of macroeconomics"라는 버냉키의 말처럼 앞으로도 새로운 이론은 계속 제기될 것이다.

Table 2 | 하이먼 민스키가 분석한 금융위기의 전개 과정

1841년 영국의 언론인 찰스 맥케이는 자신의 저서《대중의 미망과 광기》에서 네덜란드의 튤립 버블(1634~1637년), 미시시피사 버블(1719~1720년), 남해회사 버블(1711~1720년) 등 초기 금융 투기의 역사와 원인을 최초로 파헤쳤다. 맥케이는 투기의 역사를 인간의 비이성적인 행태가 이끈 해프닝으로 설명했는데 이 설명은 오늘날까지 금융위기를 보는 관점에 많은 영향을 미쳤다.

최근 들어서는 인간의 비이성적인 행태가 금융위기를 야기하고 때로는 심화시키는 것에 대해 과거보다 많은 관심이 집중되고 있으며 이는 행동주의 경제학behavioral economics을 탄생시키기도 했다. 하지만 비이성적인 행태만을 강조하다 보면 반복되는 위기를 막기 위한 정책적인 시사점을 얻는 데는 한계가 있을 수밖에 없다.

인간의 비이성적인 행태를 포함한 보다 체계적인 금융위기 전개 과정 연구가 경제학자 하이먼 민스키Hyman Minsky에 의해 시도되었다. 1996년에 발표한《불안정한 경제 안정시키기》에서 민스키는 피셔의 부채 디플레이션 이론을 바탕으로 경제가 호조를 보일 때 은행, 기업, 개인 등 모든 경제 주체가 신용 팽창에 뛰어드는 소위 '신용의 경제 순응성'이 모든 금융 불안의 시작이며, 모든 위기의 배후라고 주장했다. 호황기에는 미래에 대한 장밋빛 환상에 휩쓸려 투자를 늘리고 위험에도 주저 없이 투자하기 때문에 경제 내에 신용이 급속도로 팽창하고, 경제가 비관적일 때는 모두가 몸을 움츠려 신용을 급속도로 축소시킴으로써 위기를 증폭시킨다는 것이다.

이는 주류 경제학자들의 의견과 정면으로 배치되는 주장이다. 주류학자들은 낮은 실업률, 낮은 물가, 금융시장의 안정은 언제나 좋은 것이라고 생각하지만, 민스키는 지나친 안정은 낙관론을 불러와 과도한 위험을 추구하게 하고 이를 통해 더 심각한 불안정이 야기된다고 주장한다.[27]

민스키는 모든 위기는 경제적 변위displacement로부터 시작한다고 주장했다. 경제적 변위란, 사람들이 장밋빛 환상을 가지면서 그동안 유지했던 신중한 태도에서 벗어나기 시작하는 단계를 말한다. 사람들은 이러한 태도 변화의 구실을 다양한 데서 찾고 이를 스스로 믿는 경향이 있다고 한다. 일본의 장기 불황을 불러온 '세계 제일의 일본Japan as Number One,' 1997년 아시아 신흥국을 몰락시킨 '아시아의 기적Asian Miracle,' '아시아의 호랑이들' 그리고 2008년 미국의 위기를 키운 '신경제The New American Economy,' '대안정기The Great Moderation' 등은 경제적 변위를 야기한 잘못된 믿음이었다. 경제사학자 니얼 퍼거슨은 경제적 변위를, 심리적인 요인이든, 지하자원

의 발견과 같은 물질적인 요인이든, 기술혁신 같은 지적 요인이든 경제 주체들이 미래를 낙관하게 만드는 모든 것이라고 설명했다.[28]

경제가 변위 단계에 오르면 곧바로 신용 팽창이 가속화되는 환호euphoria의 단계에 진입한다. 예를 들어 단순히 주식을 사려는 사람들이 더 많아지기 때문에 주가가 오르고 올라간 주가가 또다시 더 많은 사람을 주식시장으로 불러 모으는 단계이다. 이를 소위 '양(+)의 피드백 현상positive feedback'이라고 한다. 퍼거슨은 환호의 단계를 과도한 거래라고 설명한다. 기대수익이 높아지면서 사람들은 이를 설명하기 위한 구실을 찾아 나선다. 그러면서 "이번에는 과거와 다르다"라는 근거 없는 착각이 넘쳐 난다. 금융위기는 바보 같은 사람들에게나 일어나는 일일 뿐 똑똑한 우리에게는 위기가 닥칠 리 없다는 근거 없는 믿음에 더해 현재의 호황은 대폭락 사태를 가져왔던 과거와는 근본적으로 다르다는 확신이 자리를 잡는 것이다. 라인하르트와 로고프는 "이번에는 다르다"라는 이 말이 역사적으로 전쟁보다 더 많은 돈을 날리게 했다고 꼬집었다.[29]

2008년 글로벌 경제위기 직전 미국 주가가 천정부지로 치솟자 당시 연준 의장이었던 그린스펀은 정보통신의 혁명이 미국 경제의 생산성을 높인 결과라고 스스로를 합리화했다. 이쯤 되면 너나 할 것 없이 모두가 투기에 나서는 광적인 단계에 진입하면서 버블이 형성된다. 광적이라는 것은 비합리적인 의사결정이 지배하는 상황을, 버블은 경제가 자신을 받치고 있는 기초(펀더멘탈)를 완전히 벗어나 스스로를 밀어 올리는 상황을 말한다. 1980년대 일본이 주도한 세계적인 부동산 투기 열풍, 1990년대 후반부터 2008년까지 계속된 미국의 주가 폭등 그리고 우리나라의 아파트 불패 신화 등이 모두 이 단계에 진입했다. 이를 가리켜 '머니 게임money game'이 진행되는 단계라고도 한다.

하지만 지나치게 오르면 내려가기 마련이다. 일부 소심한 사람들이 슬슬 발을 빼면서 약간의 침체기가 도래한다. 이익을 실현하고 이제 시장을 떠나야 하는 게 아닌가, 또는 혹시 떠날 때를 놓치고 있는 것은 아닌가 하는 불안감이 밀려오면서 결국에는 불이 난 극장 안처럼 모든 사람들이 일시에 출구로 몰려드는 공황이 발생한다. 퍼거슨은 이를 '대반전' 또는 '불신의 단계'라고 설명한다.

이처럼 피셔, 민스키, 퍼거슨 등의 노력으로 금융위기의 전개 과정이 어느 정도 파악되긴 했지만 금융위기를 예측할 수 있는 우리의 능력에는 한계가 있는 것이 현실이다. 사실 2008년 위기 이후 신고전주의 학자들은 시장을 방관해 버블을 조장했다는 비판을 받았지만 비판에 앞장선 케인스주의자들 역시 다가올 위기를 예측한 것은 아니었다. 2008년 위기는 모든 경제학자와 모든 경제학의 실패라고 할 수 있다.

위기 직후 세간의 비판대에 오른 그린스펀도 《지도와 영역The Map and the Territory》에서 2008년 위기를 사전에 감지하지 못한 것에 대해, 인간의 비이성적인 행태인 환호, 두려움, 공황, 낙관, 집단행동에 대한 고려가 부족한 전통적 경제 모델의 실패였다고 변명한 바 있다.

연준의 첫 번째 실책: 1928년 금리 인상과 주식 대폭락에 대한 잘못된 대처

1928년에 들어서면서 미국 경제에는 1927년의 금리 인하가 가져온 부작용이 나타나기 시작했다. 특히 주식시장의 과열 양상이 뚜렷해지자 연준의 고민은 깊어졌다. 주식 등 일부 자산 가격의 버블을 제외하고는 경제 전반이 과열되었다고 판단하기 어려웠기 때문이었다. 스트롱은 주식시장의 과열을 초래했다는 비판에 대해 "비판하는 사람들은 우리가 주식 투기를 막지 못했다고 한다. 하지만 나는 (금리 인상 등) 연준의 조치가 취해질 경우 결과가 어떻게 될 것이고 책임을 누가 질 것인지를 고민하지 않을 수 없다"라고 속내를 내비쳤다. 하지만 연준은 2월부터 8월까지 금리를 3.5퍼센트에서 5퍼센트까지 끌어올리면서 주식시장의 버블을 잡으려고 시도했고 스트롱은 금리 인상을 선택한 것에 대해 다음과 같은 고민을 토로했다.

아이를 키울 때도 한 명이 잘못하면 모두에게 회초리를 들어야 한다. 통화

신용 정책에 있어서도 하나하나 대응하기는 어렵다. …… 한편으로는 과열을 억제하고 한편으로는 취약한 부문을 보완하는 정책을 오류 없이 시행할 수 있을까? 지금 눈에 보이는 경제 문제는 전쟁으로 인해 오랫동안 잃어버렸던 자신감이 회복된 것으로 보기 어려울 수도 있다. 하지만 아무도 알지 못하고 감히 예측하기도 어렵다.[30]

스트롱은 1928년 10월 55세의 나이에 결핵으로 사망했다.

금리 인상에도 불구하고 주가는 계속 상승하여 1928년 11월 10일 주가가 최고점을 기록하고 11일에는 주식 거래량이 무려 650만 건을 기록했다. 전자 시스템에 의한 거래가 아니었던 점을 감안하면 엄청난 규모였다. 스트롱이 없는 연준은 리더십 혼란에 빠졌고 정책의 권한이 뉴욕연방준비은행에서 워싱턴의 연준 이사회로 옮겨졌다. 연준 이사회는 1929년 8월까지 금리를 6퍼센트로 올리면서 주식시장의 버블을 잠재우기 위해 전력을 다했다. 재할인율이 6퍼센트에 달하자 주식담보대출금리도 거의 9퍼센트까지 뛰었으며 콜금리는 10퍼센트를 넘었고 단기적으로 여신 금리가 20퍼센트까지 올랐다.

하지만 금리 인상은 정책 실수였다는 것이 밝혀졌다. 주식시장의 과열과 달리 당시 미국 경제는 경기순환 과정의 저점에 있었고 금리 인상은 막 회복을 시작하려던 경제를 다시 나락으로 떨어뜨렸다는 것이다. 혹자는 1928년에서 1929년 사이에 진행된 연준의 이러한 금리 인상이 대공황을 초래했다고까지 주장한다. 금리 인상이 주가는 못 잡고 엉뚱하게 경제를 잡았다는 것이다. 연준의 금리 인상에도 불구하고 1929년 9월 폭락 때까지 주가는 상승세를 지속했지만 산업 생산은 무려 45퍼센트 가까이 추락했다.

경제 전반의 후퇴가 가시화되고 주식시장의 과열로 시장의 불안감이 고조되던 1929년 9월, 뉴욕에 런던 증시의 대폭락이라는 부정적인 뉴스가 전해진다. 런던 증시의 폭락은 금융 사기에 대한 충격이었지만 그럼에도 불구하고 뉴욕 증시가 방향을 대전환하기에는 충분한 재료가 되었다. 투매가 시작되었다. 10월 28일과 29일 양일간의 투매로 다우지수가 무려 25퍼센트나 폭락하여 후세에 소위 '검은 화요일'로 알려진 대폭락이 일어났다. 9월에 381포인트를 기록했던 다우지수는 11월 13일 무려 45퍼센트나 폭락한 198포인트까지 급전직하했다.

미국 시장이 무너지자 대부분의 자금이 안전한 투자처를 찾아 움직였고 일부가 런던으로 이동하면서 영국은 금 보유고를 지키는 전쟁에서 다소 숨을 돌릴 수 있었다. 통상 금융위기가 오면 자금은 가장 안전하고 영향력 있는 금융의 중심지로 이동한다. '안전을 위한 도피' 현상이 발생하는 것이다.[31] 심지어 금융 중심지 한복판에서 위기가 발생한다 해도 마찬가지다. 2008년 리먼브라더스 사태 때도 자금은 뉴욕으로 이동했다. 하지만 1929년 당시에는 전통적인 금융 중심지인 영국의 런던과 신흥 중심지인 미국의 뉴욕이라는 두 개의 중심지가 존재했다. 9월 이후 얼마간의 자금이 런던으로 이동했지만 안전한 곳을 찾아 뉴욕으로 이동하는 자금도 있어서 미국의 금 보유고도 적지 않게 증가했다. 따라서 월가의 대폭락은 영국의 금본위제 이탈을 다소 막았을 뿐, 기본적으로 고평가된 파운드화로 인한 문제는 지속되었다.

증시가 폭락하면서 금융시장의 혼란이 시작되었지만 연준의 대응은 미숙했고 이 때문에 많은 이들이 스트롱의 죽음을 아쉬워했다. 스트롱은 한때, 만일 경제위기가 닥칠 경우 이를 극복할 수 있다는 자신감을 표명하면서 위기 시 연준이 할 수 있는 일을 다음과 같이 밝힌 바 있다.

1929년 10월 29일 주식 대폭락 직후의 미국 월가

연준은 경제가 나락으로 떨어지는 것을 막기 위해 존재한다. 연준은 위기가 왔을 때 돈으로 거리를 가득 채울 수 있는 권한을 가지고 있다. 이 점은 사람들도 잘 알고 있기에 연준의 권한과 상식을 믿고 행동할 것이다. 연준이 존재하기 전에는 금융 시스템이 지금과 달라서 이 경우 사람들이 어떻게 행동할 것인지는 사람들의 마음에 달려 있었다. 연준이 있는 지금은 패닉 같은 재앙이 일어날 가능성은 없다.[32]

하지만 주가가 대폭락했음에도 "돈으로 거리를 가득 채우는" 식의 위기 대응은 없었다. 대공황 이후 의회 증언에 출석한 경제학자 어빙 피셔는 "만일 스트롱이 살아 있었다면 대공황의 경로는 달라졌을 것이

다"라고 말하며 스트롱의 부재를 아쉬워했다.[33] 그는 스트롱의 통화신용 정책의 핵심은 통화량을 안정적으로 유지하는 것이었고 따라서 대공황 당시 은행이 무너지면서 통화량이 급격히 위축될 때 스트롱이 있었다면 오늘날의 양적 완화와 같은 정책이 나왔을 것이라고 가정했다. 프리드먼과 슈왈츠도 "만일 뉴욕연방준비은행의 벤저민 스트롱이 죽지 않았다면 대공황을 초래한 많은 실수들을 피할 수 있었을 것"이라고 주장하면서 어빙 피셔와 견해를 같이했다. 하지만 스트롱의 죽음에 대해 의미를 크게 부여하지 않는 견해도 많아 아직은 논란이 계속되고 있다.

사실 프리드먼과 슈왈츠에 의해 밝혀졌지만 1928년 주식시장의 과열을 막기 위한 연준의 금리 인상은 1927년의 경제 상황을 오판한 조치였다. 1927년 연준이 금리를 낮추었고 주식시장의 과열이 초래되었지만 미국 경제는 신규 주택 건설이 25퍼센트 이상 감소했고 임금 상승폭도 떨어졌으며 무엇보다 실업이 증가하는 등 경기변동상 불황의 저점에 있었다. 때문에 금리 인상보다는 인하가 필요한 시점이었다고 그들은 주장한다.

문제는 이러한 실수의 파장이 미국에만 국한되지 않았다는 점이다. 1928년 미국의 불황은 금본위제를 타고 전 세계로 흘러갔다. "미국은 대공황에 끌려들어간 것이 아니라 사실상 이를 이끌었다"는 말처럼 미국은 전 세계로 불황을 수출한 셈이었다.

연준의 두 번째 실책:
디플레이션 방관하며 상황 오판

하지만 주가가 대폭락했음에도 당시 이것이 단순한 불황을 넘어 대공황으로 전개되리라고 생각한 사람은 아무도 없었다. 1930년 1월 15일 내셔널시티은행장이었던 찰스 미첼Charles Mitchell은 "불황은 오래가지 않을 것이다"라고 단정했다. 훗날 이 발언은, 서브프라임 모기지 채권의 부실로 은행들이 무너지기 시작한 시점인 2007년 6월 연준 의장 버냉키가 했던 "현시점에서 서브프라임 분야의 문제가 경제 전체나 금융 시스템에 심각한 영향을 줄 가능성은 거의 없는 것으로 보인다"라는 낙관적인 발언만큼이나 상황을 오판한 말로 사람들의 입에 오르내렸다.

주가가 폭락하자 연준은 금리를 인하하기 시작했다. 재할인율은 1929년 11월 이후 인하를 거듭하여 당초 6퍼센트 수준에서 6월에는 2.5퍼센트까지, 이후 1931년 5월에는 1.5퍼센트까지 내려갔다. 하지만 금리 인하도 경제가 깊은 불황에 빠지는 것은 막지 못했다. 이미 경제가 강력한 디플레이션 압력에 말려들면서 금리 인하로 인한 경기부양 효과는 나타나지 않았다. 생산 감소 및 재고정리로 연쇄적인 파급효과가 나타났고 상품 가격의 하락과 수입 감소가 이어졌다. 미국의 수입 감소는 미국에 수출하는 나라들의 수출 감소를 의미했다. 따라서 이 나라들은 미국으로부터 수입을 할 돈이 부족할 수밖에 없고 이는 다시 미국의 수출 감소로 이어지면서 전 세계의 무역 규모가 급격히 위축되기 시작했다. 슘페터의 표현대로 "발밑의 땅이 꺼져가는 상황"이 진행되고 있었던 것이다.

실물경제가 추락을 거듭했지만 청산주의 이론에 경도되어 있던 정책 결정자들은 보다 과감한 통화 확대 정책을 쓰지 않았다. 이 불황을, 1920년대 돈을 과도하게 풀어 문제가 된 과잉 투자, 과잉 생산, 과다 부채 등을 제거하고 경제의 건실한 기반을 되찾기 위해 필요한 고통이라고 인식했다. 미국의 재무장관이었던 앤드류 멜런도 "과도한 노동력도 청산하고, 주식시장의 과열도 제자리로 돌리고, 과잉 생산에 나선 부채 많은 농업 부문도 정리하고 부동산 투자의 과잉도 되돌려야 한다"라고 말했을 정도였다.

하지만 실물경제가 계속 무너지자 초조해진 후버 대통령이 멜런의 반대에도 불구하고 경기 부양에 나서면서 1930년에는 금융시장이 다소나마 안정을 되찾았다. 주식시장이 대폭락했음에도 불구하고 1929년 하반기의 주가는 연초 수준에서 유지되었다. 이자율을 인하하자 주가는 하락세를 멈추고 다소나마 상승하기까지 했다. 실물경제는 여전히 강한 디플레이션 압력을 받으면서 추락했지만 주식시장의 폭락세는 진정되었고 은행의 연쇄 파산도 잦아들었다. 1930년 초 금융시장이 어느 정도 안정을 되찾자 많은 사람들은 위기의 끝이 온 것이 아닌가 오판하게 되었다. 심지어 실물경제가 여전히 무너지고 있던 1930년 5월 후버 대통령은 미국이 경제위기를 벗어난 것은 아니지만 최악의 상황은 지나갔다고 낙관적인 전망을 하기까지 했다.

후버뿐만이 아니었다. 이 시점에서 연준도 역시 손을 놓고 있었다. 연속적인 금리 인하로 더 이상 금리를 낮출 여력도 없었지만 투자가 되살아나지 않는 요인이 디플레이션이 진행되고 있어 실질금리가 여전히 높기 때문임을 깨닫지 못하고 있었다. 이로써 연준은 시장에 돈을 더 풀어야 할 시점에 아무런 움직임도 보이지 않는, 또 한 번의 결정적 실수를 했다. 프리드먼과 슈왈츠는 1930년 연준이 대규모 공개 시장 조작을 통해 시장에 돈을 푸는, 보다 공세적인 태도를 취했어야 했다고 주장한다. 과거에 비해 금리가 낮아졌다 해도 이미 디플레이션이 심각하게 진행된 상황에서는 투자를 자극하기 어려웠기 때문에 낮은 금리와 상관없이 시장에 돈을 풀어야 했다는 것이다. * 마치 2008년 위기 당시 제로 금리 상황에서도 추가적인 유동성 공급에 나섰던 양적 완화를 연상시키는 주장이다.

연준이 손을 놓고 있는 동안 국내외적으로 나쁜 소식이 밀려들면서 주가는 다시 1928년 수준으로 하락했다. 1930년 연말까지 2만 6,355개의 기업이 파산했고 약 400만 명이 직장을 잃었으며 국민총생산GNP은 전년 대비 12.6퍼센트나 감소했다. 은행 파산도 줄을 이었다. 주로 농업 주인 아칸소, 일리노이, 미주리 주를 중심으로 은행들의 연쇄 도산이 시작되더니 1930년 11월과 12월 두 달 동안 전년도의 파산 숫자에 거의 맞먹는 600여 개가 파산하면서 한 해 동안 총 1,350개의 은행이 문을 닫았다. 전년 대비 2배 가까운 파산이었다. 이 와중에 뉴욕의 대형 상업은행인 미국은행Bank of United States까지 파산하자 예금자들의 불안감은 극에 달했다. 1931년에도 은행 파산은 멈추지 않았고 2차 은행 파산 사태가 이어졌다. 이제는 농촌과 도시 인근이 아니라 시카고, 클리블랜드, 필라델피아 등 지역 금융 중심지에 자리한 은행들마저 무너지기 시작했다.

미국의 실물경제 및 금융 부문의 추락이 지속되자 위기가 국제적으

---

* 이 주장은 2008년 금융위기를 벗어나지 못하는 상황에서 2013년 로렌스 서머스 전 재무장관이 IMF에서 행한 연설 중 뉴노멀(새로운 정상)이 도래한 것 아닌가라는 의문과 함께 균형금리가 실질적으로 마이너스(−)를 의미한다는 주장과 일맥상통한다.

로 확산되기 시작했다. 즉, 미국에서 유럽 상품에 대한 수요가 급감하면서 유럽의 공산품과 농산물 가격이 하락했고 제조업은 도산했다. 이는 미국 상품의 소비시장이 사라지고 있음을 의미했다. 유럽으로서는 제1차 세계대전 당시 미국에 졌던 채무를 갚을 방법이 없어졌다.

게다가 영국이 금본위제를 버리고 대규모 평가절하를 단행하자 하루아침에 가격경쟁력을 잃은 미국 수출업자들이 파산했다. 이들의 파산은 다시 추가적인 은행 파산을 불러왔고 악순환의 고리는 끊어질 줄 모르고 세계경제 전체로 번져 나갔다.

오스트리아에서 자금 인출이 시작되면서 1931년 5월에는 대형 은행인 크레디트안슈탈트Credit Anstalt가 뱅크런 상황에 빠졌다. 이어서 오스트리아의 이웃 나라인 독일에서 자금 인출 사태가 벌어졌고 독일 중앙은행인 라이히뱅크는 1개월 만에 보유고의 34퍼센트를 잃었다. 위기는 헝가리, 루마니아 등으로 계속해서 번져 나갔다.

독일의 경제위기가 가속화되자 1931년 6월 20일 후버 대통령은 독일의 배상금 지불을 잠정 중단시키고 동시에 연합국이 미국에 빚지고 있던 전시채권의 지불을 1년간 중지하는 모라토리엄을 선언했다. 마침내 7월 7일 모라토리엄이 발동됐지만 독일 경제는 안정을 찾지 못했다. 이듬해 로잔 회의에서 영국과 프랑스는 독일의 전쟁배상금 책임이 종식되었음을 선언했지만 이미 과도한 전쟁배상금 문제가 일조한 대공황과 제2차 세계대전은 너무도 가까이 다가와 있었다.

연쇄 파산 행렬에서 살아남은 유럽 은행들은 외환 보유고로 가지고 있던 파운드를 팔아 금을 확보했다. 파운드화의 매각은 얼마 남지 않은 영란은행의 금 보유고를 압박했다. 영란은행은 금 보유고를 지키기 위해 재할인율을 2.5퍼센트에서 4.5퍼센트까지 급격히 인상하고 아울러 미국 연준과 프랑스은행으로부터 차입을 시작하여 금본위제 사수에 나섰다. 또한 영국 정부는 증세와 예산 삭감 조치를 통한 긴축재정을 펼쳤지만 투매를 감당하기에는 역부족이었다. 불과 2개월 동안 약 2억 파운드에 해당하는 금이 유출되었고 이후 하루 단위로 500만 파운드, 1,000만 파운드, 1,800만 파운드 등으로 금액이 커지자 결국 1931년 9월 21일 월요일, 영국은 더 이상 견디지 못하고 금본위제 포기를 선언했다. 이날 영국의 일간지《런던타임스》는 원인을 다음과 같이 분석했다.

현 위기의 핵심은 전례 없는 물가 폭락이며 이것은 대부분 나라들이 금본위제를 버리도록 했고 또한 금으로 연동된 채무의 상환을 불가능하게 했다. 세계의 물가수준은 전쟁 이전보다도 떨어졌고 이로 인해 전쟁 이전보다 큰 부채 부담을 지게 됐다.

영국은 제1차 세계대전 후 금본위제로 복귀는 했지만 과거와 같은 금융 중심지의 위상은 회복하지 못한 채 결국 포기하는 수순을 밟았다. 영국이 금본위제를 포기하자 불과 4주 만에 18개 국가들이 영국의 뒤를 따랐고 파운드화는 30퍼센트나 폭락했다. 케인스는 "우리가 금의 족쇄로부터 벗어난 것을 기뻐하지 않는 영국인은 없을 것이다. 마침내 우리는 사리事理에 맞는 것을 할 수 있는 자유를 얻었다"라며 크게 환영했다.[34] 금본위제를 벗어난 후 영란은행은 금리를 인하했고 그동안의 긴축을 풀고 본격적인 경기부양에 나섰다.

연준의 세 번째 실책:
최악의 금융공황을 부른 잘못된 금리 인상

영국의 금본위제 포기는 미국에 심각한 정책적 고민을 던져주었다. 국내적으로는 주가 대폭락과 기업 파산이 이어져 물가가 하락하고 실업 대책이 시급했다. 자금을 풀어야 했지만 미국마저 탈퇴할 것을 의심한 투기자들과 각국 중앙은행들이 달러를 투매하면서 심각한 금 유출 압력에 직면했다. 이로 인해 미국은 금리는 올리고 신용은 줄여야하는 상반된 정책 딜레마에 빠졌다. 영국의 이탈로 파운드화가 폭락하면서 큰 손실을 입은 각국의 중앙은행들은 들고 있던 달러를 서둘러 금으로 바꾸기 시작했다. 물론 이 상황에서 연준은 금의 유출을 막고 국채를 매입하는 중화 정책을 통해 금본위제를 지키면서도 통화 공급을 확대하는, 상반돼 보이는 대내외 정책 목표를 조화시킬 수 있었지만 반대로 달러를 거두어들이는 정책을 선택했다. 연준은 1931년 10월부터 1.5퍼센트에 불과했던 금리를 무려 3.5퍼센트까지 급격히 끌어올렸다. 이는 국내의 불황은 염두에 두지 않은 채 금본위제 유지에만 역점을 둔 정책이었다.

이렇게 국내적으로 통화 긴축을 강화한 정책은 그나마 살아남았던 은행들마저 재앙으로 몰고 갔다. 10월 한 달 동안에만 약 522개의 은행이 문을 닫았으며 연말까지 2,294개의 은행이 파산했다. 은행의 파산은 통화 공급을 더욱 위축시켰고 물가와 산업 생산을 점점 끌어내렸다. 경제 상황이 악화되자 의회는 국내 상황과 동떨어진 정책을 유지하는 연준을 압박하기 시작했고 1932년 봄 연준은 어쩔 수 없이 국채 매입과 통화 확대에 나섰지만, 한편으로는 여전히 금본위제를 작동시

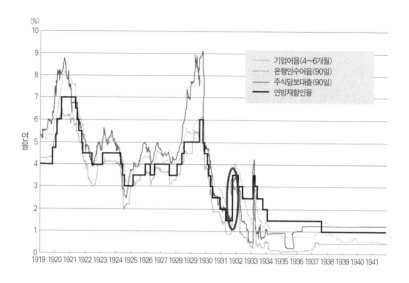

단기 금리 추이(1919~1941년)

1931년 10월 연준의 급격한 금리 인상은 대규모 은행 파산을 불러온 대실책이었다.

자료: http://www.newworldeconomics.com/archives/2014/012614.html

키기 위해 금을 풀고 달러를 거두어들이고 있어 실질적인 금융 완화는 되지 못했다.

　한편 1932년 연말 대통령 선거가 다가오면서 민주당 후보 루스벨트와 후버 대통령 사이에서는 대공황의 책임을 놓고 뜨거운 공방이 벌어졌다. 루스벨트는 후버가 상무장관과 대통령으로 있으면서 주가 대폭락을 막지 못했고 스무트–홀리 관세법으로 전 세계적인 무역 보복 전쟁을 유발하여 대공황을 자초했다고 비난했다. 이에 대해 후버는 주식시장이 폭락하기 전에 이미 경제가 하강하고 있었고 미국이 아닌 유럽의 금융위기가 세계경제를 위기로 몰아넣었으며 관세 인상은 농민을 보호하기 위해 불가피했다고 반박했다.

미국의 정책 당국자들은 전 세계가 금본위제를 버리는 상황에서도 여전히 금본위제에 대한 미련을 버리지 못했으며 금의 유출을 우려한 연준은 1932년 10월부터 또다시 금리를 올리기 시작했다. 경제 상황은 더 나빠졌고 후버의 패배는 기정사실이 되었다. 11월 선거에서 루스벨트가 대승했지만 하루가 급한 상황에서 후버와 루스벨트는 정권이 이양되는 다음 해 3월까지 서로 반목하면서 경제 혼란을 가중시켰다.

후버는 만일 달러화가 평가절하되면 전 세계적으로 환율전쟁이 일어날 것이라고 주장하며 금본위제 유지를 선언해달라고 루스벨트를 압박했다. 하지만 취임 전이었던 루스벨트는 이에 대해 어떠한 확약도 하지 않았다. 후버와 연준의 정책은 루스벨트의 취임 전까지 계속되었는데 그 결과 은행 파산이 이어졌고 경제도 계속 추락했다. 후버는 20년이 지난 후에도 금본위제를 버리지 않은 자신의 결정을 두둔하면서 자신은 "세계의 안정을 가져온 주춧돌을 유지했으며 혼란을 막는 데 기여했다"고 자평했다.[35] 또한 1933년 초의 은행 공황을 막지 못한 책임은 자신이 아니라, 자신에게 책임을 덮어씌우려 했던 루스벨트에게 있다고 비난했다.

1932년 말부터 확산되기 시작한 은행 공황 사태는 12월이 되자 전국으로 확산되었고 1933년 1월에는 통화량이 급속히 축소되었다. 이미 1932년 10월부터 네바다 주를 시작으로 아이오와, 루이지애나, 미시간, 뉴저지 등으로 은행 휴업bank holiday 사태가 확산되었다. 이어 이들이 뉴욕의 대형 은행에 맡겨놓았던 준비금 인출이 시작되면서 금융공황은 미국 금융의 심장부라고 할 수 있는 뉴욕의 은행들을 겨냥하기 시작했다. 1933년 2월에만 약 8억 달러에 가까운 자금이 빠져나가자 뉴욕의 은행들은 연준에 지원을 요청했지만 3월 4일 연준은 이 요청을 거절했

다. 이미 후버 대통령의 긴급 요청에 의해 열린 2월의 연준 이사회에서
도 아무런 대책을 내놓지 않았던 연준의 입장에는 변화가 없었다.

그 결과 미국 역사상 최악의 은행 공황이 전국을 강타하기 시작했다.
2,000여 개의 은행이 추가로 문을 닫았고 결국 1929년을 시작으로 약
1만 1,000개의 은행이 미국에서 사라졌다. 이로 인해 통화 공급이 무
려 30퍼센트나 줄어들었다. 통화량 축소는 기업의 연쇄 도산을 불러
왔고 위기 직전 불과 3퍼센트 수준에 불과했던 미국의 실업률은 무려
25퍼센트까지 치솟았다.

이렇게 엄청난 대재앙을 가져온 원인은 디플레이션이었으며 특히
물가 하락이 또다시 물가 하락을 불러온 소위 '부채 디플레이션'의 악
순환 때문이었다. 미국의 경우 주가 폭락 직후인 1929년 10월부터
1933년 3월 루스벨트의 리플레이션reflation 정책이 시행될 때까지 도매
물가의 경우 37퍼센트, 농산물의 경우 무려 65퍼센트가 하락했다. 게
다가 1931년 영국이 금본위제에서 이탈하면서 파운드화가 30퍼센트
정도 평가절하되자 미국의 디플레이션 압력은 더욱 커졌다. 광범위한
물가 하락은 개인과 기업의 부채 부담을 한계 상황으로 내몰았고 전국
적으로 진행된 은행 파산의 직접적 원인이 되었다.

대공황이 미국 경제에 남긴 상처는 컸다. 실업률과 주가 회복에 많
은 시간이 걸렸다. 실업률의 경우 1940년대의 3퍼센트대 실업률로 복
귀하기까지 무려 17년 이상이 걸렸으며 주식도 이전 고점을 되찾는 데
25년이나 소요되었다. 무엇보다 연준은 고비 때마다 정반대 정책을
선택하면서 단순한 불황으로 끝날 수도 있었던 상황을 사상 초유의 대
공황으로 키웠고 이 대공황은 전 세계를 동반 추락시켰다.[36]

한편 1만 개가 넘은 은행 파산은 미국 은행 제도의 근간인 단위은행

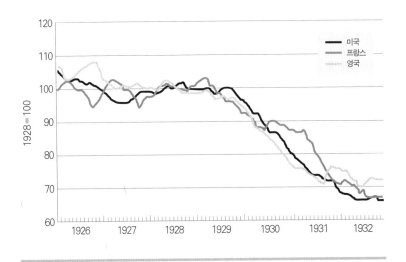

자료: League of Nations, Statistical Yearbook of the League of Nations 1931/32

체제를 뿌리째 흔들었다. 은행이 지역별로 하나 정도씩 분포되어 있는 구조였기에 단위은행이 파산하자 은행이 하나도 존재하지 않는 농촌과 도시들이 생겨났다. 은행의 부재는 지역 경제활동의 위축을 의미했다. 때문에 많은 주들은 그동안 엄격히 규제했던 은행업의 지역 제한을 풀고 주 내에서 지점 설치를 자유화하기 시작했다. 이는 그동안 굳건히 유지되던 단위은행업의 소멸을 의미했다. 하지만 역설적으로 루스벨트 대통령이 취임 이후 추진한 금융구조 개혁은 단위은행 체제를 다시 살리는 계기가 되었다.

루스벨트 대통령과 긴급 안정 조치

1933년 3월 4일 대통령에 취임한 루스벨트는 금본위제 유지를 중시하던 그동안의 정책 기조를 완전히 뒤엎고 철저하게 불황 탈출에 정책의 최우선 순위를 둔 일련의 긴급 조치들을 내놓았다. 그는 취임 연설에서 예수가 환전상의 좌대를 뒤엎고 성전에서 쫓아낸 성경 구절*을 인용하면서 경제 혼란의 책임을 전적으로 금본위제와 이를 뒷받침하고 있는 국제 은행가들에게 돌렸다.

환전상들이 이 시대 문명의 성전, 높은 권좌에서 쫓겨났다. 이제 그 성전을 오래된 진리로 되돌려야 하며 이는 금전적 이익이 아니라 더 고귀한 사회적 가치에 따라야 한다. 행복은 돈을 소유하는 것에 있지 않다. 창조적인 노력에 따른 성취에 즐거움이 있는 것이다.

아울러 "우리가 두려워할 것은 두려움 그 자체이다The only thing we have to fear is fear itself"라고 강조하면서 대공황 극복을 위해서는 과감한 정책 전환이 필요하다고 역설했다. 그는 취임과 동시에 전례 없는 과감하고 신속한 정책 행보를 이어갔으며 한편으로는 라디오로 방송되는 노변정담爐邊情談을 통해 희망을 잃어버린 국민들에게 자신감을 불어넣었다.

루스벨트는 3월 6일 은행들의 파산 행진을 막기 위해 3월 9일까지 전국적인 은행 영업 정지national bank holiday를 단행했고, 아울러 금 태환

---

* 사복음서(마태복음, 마가복음, 누가복음, 요한복음)에 모두 나오는 이 일화는 수많은 정치인들과 경제학자들의 비유에 등장한다.

과 금 수출을 중단하여 사실상 금본위제를 정지시켰다. 9일에는 의회에 특별 회기를 요청하여 은행 문을 다시 열기 위한 입법 조치를 요구했다. 이에 의회는 주말까지 폐쇄 조치를 연장하면서 은행 문을 다시 여는 재량을 재무부에 부여했다. 은행이 문을 열면 다시 인출 사태가 일어날 것이라는 우려에도 불구하고 재무장관 윌리엄 우딘William Woodin은 과감하게 월요일 아침에 은행 영업을 정상화했는데 결과는 대성공이었다. 인출 사태가 반전되어 예금이 다시 들어오기 시작한 것이다. 전날 저녁 노변정담을 통해 "문 연 은행에 예금하는 것이 침대 밑에 넣어두는 것보다 안전하다"[37]는 루스벨트의 설득이 큰 효과를 발휘했다.

또한 의회는 연방통화감독청장에게 자본 잠식 상태에 있는 은행들의 구조조정을 위해 재산 관리인conservator을 임명할 수 있도록 했다. 재산 관리인에게는 은행의 자산을 조사하고 경영을 책임지면서 회생 계획까지 마련할 수 있는 광범위한 권한이 주어졌다. 아울러 긴급한 상황에서 연준이 은행권을 담보로 긴급자금을 지원할 수 있도록 허용했고 이에 따라 약 10조 달러가 6,000여 개 은행에 투입되었다. 4월 9일에는 그동안 시중에 유통되었던 금화, 금괴, 금 증서를 5월 1일 이전까지 연방은행에 반환하라는 대통령 행정명령을 내려 내부적으로 연준의 금 보유고가 줄어드는 것을 막았다.

루스벨트의 과감한 조치는 은행들을 살려 돈의 흐름이 멈추지 않도록 하는 데에만 한정되지 않았다. 불황과 실직으로 모기지 대출을 갚지 못해 차압 등 가계 파산에 직면한 수많은 가정을 구하기 위해 정부가 직접 개입했다. 취임 직후인 4월에는 차압을 막기 위한 입법을 추진하여 집 소유자 대출공사HOLC, Home Owners' Loan Corporation를 설립했다. HOLC는 은행으로부터 파산에 직면한 모기지 대출을 사들여 상환 일

POSTMASTER: PLEASE POST IN A CONSPICUOUS PLACE.—JAMES A. FARLEY, Postmaster General

UNDER EXECUTIVE ORDER OF THE PRESIDENT
Issued April 5, 1933

all persons are required to deliver

ON OR BEFORE MAY 1, 1933

all GOLD COIN, GOLD BULLION, AND GOLD CERTIFICATES now owned by them to a Federal Reserve Bank, branch or agency, or to any member bank of the Federal Reserve System.

Executive Order

FORBIDDING THE HOARDING OF GOLD COIN, GOLD BULLION AND GOLD CERTIFICATES

일반인의 금 보유를 금지한 루스벨트 대통령의 행정명령

정을 늘리고 이자율을 낮추어주는 등 파산까지 가지 않도록 지원했다. HOLC는 당시 GDP의 약 8.3퍼센트에 해당하는 막대한 양의 모기지를 사들였으며 전체 모기지 대출의 약 16퍼센트에 해당하는 약 80여만 개 모기지 대출의 파산을 막았다.[38]

루스벨트는 또한 농민들을 구제하기 위해 농가 부채를 은행이 인수하도록 했다. 일반 가정과 농민의 부채 부담을 낮추는 루스벨트의 과감한 개입은 최근까지 학자들로부터 성공한 정책으로 평가받는다. 2008년 위기 당시 많은 학자들이 이와 유사한 정책을 제안했지만 부시와 오바마 정부는 이를 실현하지 못했다.

또한 국내 경제를 디플레이션 압력에서 탈출시키기 위해 달러 가치를 평가절하할 수 있는 모든 조치를 단행했는데 그 핵심은 금본위제 탈퇴와 더불어 금의 가격을 지속적으로 올려 달러 가치를 하락시키는 정책이었다. 루스벨트는 노변정담에서 다음과 같이 설명했다.

달러로 표시되는 우리 제품의 가격이 상승해서도, 우리 제품의 품질이 불량해서도, 또는 우리가 수출할 제품을 충분히 확보하지 못해서도 아닙니다. 외화로 환산했을 때 우리 제품의 가격이 훨씬 많이 오르면서 세계 무역시장에서 우리가 합당한 점유율을 계속 확보할 수 없기 때문입니다. 따라서 적정 금액의 외화로 우리 제품을 사들일 수 있었던 시점으로 달러 가치를 되돌리는 조치를 강구할 필요가 있습니다.

루스벨트는 4월 19일, 외국 정부가 소유한 것을 제외한 모든 금의 국외 유출을 공식적으로 금지했으며 같은 날 상원 의원 엘머 토머스Elmer Thomas의 도움을 받아 소위 '인플레이션 법안Inflation Bill'을 마련했다. 이 법안에는 국채로 30억 달러의 금을 매입할 수 있고 언제든 은을 매입할 수 있으며, 달러의 금 함량을 50퍼센트 줄일 수 있다는 등의 내용이 포함되어 있다. 5월 12일, 이 법안이 통과되면서 금 가격을 조절하여 달러 가치를 떨어뜨릴 수 있는 광범위한 권한이 대통령에게 부여되었다.

금본위제에서 이탈한 4월 19일의 조치로 달러는 곧바로 다른 금본위제 통화들에 비해 평가절하되었으며 대對파운드화 환율도 3.2달러에서 3.85달러로 오르는 등 디플레이션 압력에서 벗어나기 시작했다. 사실 미국이 금본위제를 버린 이유는 영국과 달랐다. 영국은 금이 지속적으로 유출되는 탓에 금 부족으로 금본위제를 포기할 수밖에 없었지만, 루스벨트는 금이 고갈될 것을 우려하지는 않았다. 그는 국내 경제를 짓누르는 불황의 압력을 리플레이션으로 탈출하기 위해 금본위제를 정지시켰던 것이며 이후 금값을 올리고 달러를 떨어뜨리는 정책을 추진하기 위해 장애물을 제거했을 뿐이다.

1933년 6월 5일, 미국은 마침내 금본위제의 마지막 고리였던 모든 공사 채권과 금 지급증서에 대해 금으로 지불을 요구할 수 있는 조항을 무효화시키면서 완전히 금본위제에서 벗어났다. 하지만 이 조치는 사유재산권 침해 논란을 야기했고 대법원이 5 대 4로 간신히 합헌 결정을 내려 살아남게 된다. 루스벨트는 위기 상황을 야기한 발등의 불을 하나씩 꺼나가면서 한편으로는 은행법The Banking Act of 1933의 제정을 통해 연방예금보험공사FDIC, Federal Deposit Insurance Corporation를 설립하고 상업은행과 투자은행의 분리를 규정한 글래스-스티걸 조항, 그리고 금리 상한선 설정 등 광범위한 금융 개혁을 추진했다.

루스벨트의 금융 개혁

1933년 은행법으로 미국 전역에서는 상업은행의 예금 2,500달러까지 예금보험으로 보장되었으며 보장 한도는 곧 5,000달러로 증액되었다. 루스벨트는 뉴욕 주의 세이프티 펀드 등 이미 많은 주에서 시행되던 예금보험의 실패 사례를 보고 예금보험제도에 부정적인 입장이었지만 한시적 시행을 전제로 도입에 찬성했다. 하지만 흥미롭게도 예금보험제도는 훗날 루스벨트의 업적으로 기록된다.

1935년에 와서 은행법은 연방예금보험공사를 항구적인 성격으로 바꾸었다. 연준의 회원 은행들은 예외 없이 가입해야 했으며 비회원 은행들의 경우 선택사항이었지만 금융공황을 겪던 당시의 상황으로 인해 약 97퍼센트의 상업은행이 보험에 가입했다. 연방예금보험공사의 출범은 훗날 은행 공황을 잠재우는 데 큰 역할을 한 것으로 평가받았다. 프리드먼과 슈왈츠는 "연방예금보험의 도입은 1933년 은행 공황 이래 가장 중요한 구조개혁이었으며 금융시장의 안정에 기여했다"

고 평가했다.[39]

  1933년 은행법이 추진한 또 하나의 구조개혁은 은행 부문을 투자은행업과 상업은행업으로 분리하여 겸영兼營을 금지한 소위 글래스-스티걸 조항*을 도입한 것이었다. 이 방안은 1907년 위기 이후 월가에 대한 조사를 진행한 푸조위원회의 권고안에도 실려 있었으나 그동안은 현실화되지 않았다.[40] 하지만 1929년 주식시장 대폭락의 원인을 파악하기 위해 은행산업의 구조와 증권회사에 대한 광범위한 재평가를 진행한 상원 금융소위원회 위원장이었던 카터 글래스Carter Glass가 필요

© Corbis/Topic

글래스-스티걸 조항에 서명하는 루스벨트 대통령. 카터 글래스 상원 의원(왼쪽부터 세 번째)과 헨리 스티걸 하원 의원(오른쪽에서 네 번째)이 함께했다.

---

* 1933년 은행법의 주요 내용은 상업은행과 투자은행의 분리, 연방예금보험공사의 설치 그리고 연준의 공개시장 조작을 위한 연방공개시장위원회(FOMC)의 설치 등이다. 이중 특히 상업은행과 투자은행의 분리 조항은 훗날 글래스-스티걸법으로 불리게 되었으며, FOMC의 설립 조항으로 인해 연방준비제도법(Federal Rrserve Act)이 개정되었다.

성을 강하게 주장하면서 관철되었다.

당시 이 조항은 유사한 규제를 하고 있던 벨기에를 제외하고는 전례가 없는 강한 규제로 인식되어 월가의 불만이 높았지만 대부분의 대형 은행들은 따를 수밖에 없었다. JP모건도 투자은행 부문을 분리해 모건 스탠리Morgan Stanley로 독립시켰다. 그런데 흥미롭게도 이 조항이 의도한 상업은행과 투자은행의 분리는 당시의 금융공황 또는 1929년 주식 대폭락과 어떤 관련도 없는 규제였다. 훗날 진행된 많은 연구는 당시 은행들이 가지고 있던 증권 기능이 대공황을 야기한 금융시장의 혼란과 어떠한 관련도 없었다는 것을 밝혀냈다.[41]

또한 1933년 은행법은 전국은행법에서부터 이어져온 주주의 이중 책임double liability을 폐지했다. 예금보험제도가 도입되면서 중복을 피하는 의미도 있었지만 은행 파산과 함께 야기된 수많은 은행 주주들의 파산이 사회문제가 되었기 때문이다. 사실 은행산업을 다시 일으켜 세우기 위해서는 자본 확충이 시급했는데, 이중 책임의 존재는 돈 있는 사람들이 은행에 투자하는 것을 주저하게 만들었기 때문에 폐지가 불가피했다.

1933년 은행법이 가져온 세 번째 개혁 조치는 레귤레이션 큐Regulation Q로 알려진 이자율 상한의 도입이었다. 이 규제로 인해 전국은행과 연방 예금보험공사의 회원 은행으로 예금 보장을 제공하는 은행의 경우에는 요구불 예금에 대한 이자를 지급할 수 없었고 아울러 정기예금과 저축성 예금에 대해서도 연준이 정한 이자율 상한의 제약을 받았다.

이 조항이 의도하는 바는 두 가지였다. 첫째 그동안 미국의 잦은 은행 위기는 뉴욕 등 금융 중심지에 자금이 집중되었다가 가을에 빠져나가는 계절적 불안정에 기인했는데 이자율 제한을 통해 자금이 금융 중심지로 집중되는 유인을 줄이겠다는 것이었다. 금리가 높다는 이유로 지방 은행들은 초과된 지급준비금을 항상 금융 중심지 은행에 예치하고 있었다. 둘째는 이자율 제한을 통해 은행 간 경쟁을 줄여 안정적인 경영과 수익을 보장하겠다는 의도였다. 이로 인해 1933년에 모든 요구불 예금 및 저축성 예금의 이자율이 3퍼센트로 제한되었고 1935년에는 2.5퍼센트까지 내려갔다. 1936년에는 90일 이상 179일 미만 정기예금의 경우 1~2퍼센트까지 내려갔다. 이 제한은 향후 20년 동안 유지되었다.

또한 1933년 은행법은 연준에 연방공개시장위원회FOMC를 설치하여 통화금융 정책을 결정할 수 있는 권한을 부여했다. 따라서 단기 정책금리인 연방기금금리Federal fund rate*를 조절함으로써 시장의 자금 상황을 관리할 수 있게 되었다. 1913년 연방준비제도법이 만들어질 때만 해도 각 지역의 연방준비은행은 관할지역에서 금리를 정하고 공개시장 조작 등 독자적인 통화 정책을 수행할 수 있는 자율성을 보장받았다. 하지만 점차 자신들의 결정이 서로에게 영향을 미치는 것을 알게 된 뉴욕, 필라델피아, 보스턴, 시카고, 클리블랜드 등 5개 연방준비은행이 비공식적으로 금리 결정에 관한 의견을 조율하기 시작했고 1923년에는 이 모임이 공개시장투자위원회OMIC, Open Market Investment Committee로 공식화된다. 이후 1930년 12개 지역 연방준비은행이 모두 참여하는 공개시장정책위원회OMPC, Open Market Policy Conference가 설치되었고 기존의 OMIC는 OMPC의 결정을 시장에서 구체적으로 이행하는 체제로 개편된다. 하지만 위원회 결정을 따를 것인가 말 것인가는

---

* 또 다른 정책금리인 재할인율(discount rate)은 7인의 연준 이사들이 정하고 있다.

미국 중앙은행인 연준의 가장 중요한 의사결정이 이루어지는 연방공개시장위원회 회의 전경

여전히 지역 연방준비은행이 자율적으로 결정할 수 있었다.

1935년 은행법은 이러한 연준의 의사결정 시스템을 대폭 바꾸었다. 지역 연방준비은행의 권한은 줄고 연준 이사회의 권한은 확대되었으며, 1942년에 이르러서는 오늘날처럼 연준 이사 7인과 지역 연방준비은행의 대표 5인으로 구성된 12인 위원회로 다시 개편되었다. 지역 연방준비은행의 경우 뉴욕연방준비은행은 당연직이고 나머지 11개 연방준비은행은 4개 그룹으로 나누어 1년 단위로 순환하면서 투표권을 행사하는 제도가 정착되었다. 다만 투표권만 그룹별로 행사했고 개별 12개 연방준비은행의 대표들은 매번 회의 때마다 참석하여 통화 정책에 대한 의견을 자유로이 개진할 수 있었다.

또한 1935년 은행법은 연준 이사회 당연직 의장이었던 재무장관과 이사회의 구성원이었던 연방통화감독청장을 제외시켜 이사회의 정치적 독립성을 강화했다. 흥미로운 것은 지역 연방준비은행 대표에 대한 호칭을 변경하여 연준 이사회의 대표성을 강화했다는 점이다. 1913년 연방준비제도법이 제정된 이후 연준 이사회의 대표와 지역 연방준비은행의 대표 모두가 총재governor로 불렸지만 1935년 은행법은 연준 이사회Federal Reserve Board를 연방준비제도 총재들의 이사회The Board of Governors of the Federal Reserve System로 바꾸고 연준의 대표를 총재Governor에서 의장chairman으로, 지역 연방준비은행의 대표를 총재에서 은행장president으로 한 단계 낮추었다.[42] 따라서 연준의 이름이 총재들의 이사회The Board of Governors로 바뀌었음에도 불구하고 총재governor가 하나도 없는 특이한 형태가 탄생했다.

구사일생으로 살아남은 단위은행 시스템

대공황으로 1만 개가 넘는 은행이 파산하면서 아예 은행이 하나도 없는 지역이 속출하자 지점 설치를 금지했던 27개 주 중 13개 주가 이 규제를 철폐했다. 이로써 오랫동안 미국의 금융구조를 규정해왔던 단위은행 제도가 사라지는 듯했다. 하지만 이러한 흐름을 차단하고 단위은행 시스템을 그대로 존속시킨 것이 바로 루스벨트의 금융구조 개편이었다. 특히 전국적으로 실시된 예금보험제도와 이자율 제한이 결정적이었다.

예금보장보험의 전면적인 실시는 알려진 것과 달리 대공황으로 인해 존립 위기에 놓여 있던 단위은행들의 로비 결과였다.[43] 심지어 은행위기를 잠재우는 데 정말 예금보장보험이 기여했느냐를 두고도 많은 연구가 의문을 제기하고 있다. 사실 은행들은 1932년에서 1933년 사이에 집중적으로 무너졌고 연방예금보험공사는 이러한 위기가 잦아든 이후에 설치되었기 때문이다.

도입 당시에도 예금보험제도는 루스벨트 대통령은 물론 재무장관과 연방통화감독청장, 심지어 1933년 은행법을 주도한 상원은행위원회 위원장 카터 글래스까지도 반대했다. 하지만 예금보험제도가 마지막 순간에 포함된 것은 당시 단위은행업자들의 로비를 받고 있던 하원은행위원회 위원장 헨리 스티걸Henry Steagall의 요구 때문이었다. 스티걸의 협조 없이는 은행법의 통과가 어렵다는 것을 인식한 글래스는 법안을 통과시키기 위해 정치적인 타협을 할 수밖에 없었으며 이로써 아주 소액에 한해 한시적으로 실시하기로 하는 안이 포함되었다.

이로 인해 예금자가 안정적인 대형 은행이나 불안정한 단위은행이나 별 차이가 없다고 여기게 되면서 단위은행업자들이 살아남을 수 있게 되었다. 단위은행업자들의 로비는 여기서 그치지 않았다. 그들은 단위은행법 유지에 방해가 되는 거의 모든 금융 행위를 법으로 금지시켰다. 즉, 1933년 은행법은 단위은행들의 집합이 지주회사가 되는 것을 사실상 불가능하게 함으로써 지점을 가진 대형 은행의 출현을 막았다.

또한 글래스-스티걸 조항의 도입도 대공황이 상업은행의 투자은행업 겸영으로 초래되었다는 인식때문이라기보다는 대형 은행의 출현을 막기 위한 단위은행업자들의 이해가 반영된 측면이 컸다. 요구불 예금에 대한 이자 지급을 금지하는 이자율 제한도 그 배후에는 단위은행업자를 보호하려는 의도가 숨어 있었다.[44] 요구불 예금에 대한 이자 지급 금지는 대공황 이전 뉴욕 등 금융 중심지로 집중되던 자금의 흐름에 대한 유인을 줄여주었고 이로써 지방의 단위은행업자들에게는 유리한 환경이 조성되었다. 겉으로는 카터 글래스가 이끌었지만 실속은 헨리 스티걸이 챙긴 글래스—스티걸 법안이 탄생하게 된 배경이다.

런던 세계경제회의의 실패와 3국 협정의 탄생

루스벨트 대통령의 취임으로 국내적으로 대공황을 극복하기 위한 조치들이 잇달아 도입되는 가운데 국제적인 공동 대응의 필요성도 논의되기 시작했다. 그 결과 1933년 6월 런던에서는 65개국이 참가한 세계경제회의the World Monetary and Economic Conference가 개최되었다. 하지만 각국의 이해관계가 서로 달라 공동 대응을 위한 방안 마련에는 실패했다.

당시 각국은 경쟁적인 환율 인하와 살인적인 보호관세 조치 등 소위 근린 궁핍화 정책beggarthy neighbor이 오히려 대공황을 심화시킨다는 점에는 인식을 같이했지만 해법은 서로 달랐다. 영국과 세계적인 금융가들은 금본위제 복귀를 모색하고 있었고 이러한 영국의 의도에 대해 미국은 국제 자본가들의 음모라며 강하게 반발했다. 루스벨트는 영국이 주도한 금본위제 복귀 움직임에 대해 "소위 국제금융가라고 하는 사람들의 낡은 집착"이라며 직격탄을 날렸고 각국의 입장에서 위기 극복을 위해 노력하면 충분하다고 주장하면서 사실상 세계경제회의 자체를 무산시켰다.

이제 세계는 더 이상 몇몇 큰 나라들에 의해 인위적으로 만들어진, 한시적인 외환시장을 통해 안정을 달성할 수 있다는 생각에서 벗어나야 한다.

……전 세계적인 불황을 초래한 위기의 원인과 해결책을 국제 공조를 통해 찾을 수밖에 없다는 주장이 있다. ……하지만 각국이 어려운 것은 대부분 국내 문제 때문이다. ……문제는 국외가 아니라 국내에 있다. 따라서 해결책도 국내에서 찾아야 한다.

따라서 1933년 혼란스러운 세계경제를, 금본위제를 통해 안정시키려는 금본위제 옹호 세력들의 마지막 시도는 미국의 반대로 무위로 돌아갔다. 런던 세계경제회의를 무산시킨 미국의 의도는 앞으로 다른 나라와 같이 환율 인하 경쟁에 합세하겠다는 선언이나 다름없었다.

미국은 1934년 금보유법The Gold Reserve Act of 1934을 통해 금을 연준에서 재무부로 이관하고 1온스의 금을 20.67달러에서 35달러에 태환되도록 달러 가치의 평가절하를 단행했다. 이는 경제 심리를 반전시키는 데 크게 기여했다. 주가가 뛰고 오랫동안 대공황에 억눌려 있던 사람들이 드디어 물가 안정에 대한 기대심리를 갖게 됐다. 기업들은 투자를 재개하고 사람들은 소비를 늘리기 시작했다. 오랫동안 빠져 있던 불황의 늪으로부터 탈출이 시작된 것이었다.

하지만 루스벨트가 런던 세계경제회의를 무산시킨 대가는 불과 3년 만에 역풍이 되어 돌아왔다. 1936년 국제 외환시장에서 프랑스가 프랑화의 저평가를 유지하기 위해 시장에 개입하면서 영국은 물론 미국 경제를 어려움에 빠뜨린 것이다. 영국의 파운드는 무역수지 적자로 하락세를 면치 못했고 프랑스는 보유 중인 파운드화를 금으로 바꾸면서 영국의 어려움을 가중시켰다. 영국으로서도 환율 인하에 나설 수밖에 없었다. 악순환이 계속되자 미국이 중재에 나섰다. 미국과 영국은 프랑스의 대폭적인 환율 인하를 받아들이고 이를 상쇄하는 환율 인하를 하지 않기로 잠정 합의했다. 이로써 환율 인하 경쟁이 멈추게 되는데 이것이 바로 1936년 환율전쟁의 휴전이라고 할 수 있는 3국 협정이다.

미국, 영국, 프랑스 이외에 프랑스와 함께 소위 골드블록gold bloc을 형성하고 있던 벨기에, 스위스, 네덜란드가 참여한 3국 협정은 정식 협정이라기보다는 일종의 신사협정으로 국내적으로 심각한 경제 상황이 발생했을 때를 제외하고는 환율 인하 경쟁을 자제하자는 내용이었다. 이는 최초의 중앙은행 간 통화 스왑 협정이기도 했다. 하지만 프랑스가 다시 프랑화의 평가절하를 추진하면서 이 협정은 없었던 일이 됐다.

각국이 대공황으로 인한 경제위기를 극복하기 위해 공조가 아닌 자국의 이해에 따라 움직이면서 서로 간의 반목은 극에 달한다. 이러한 경제적 갈등에 정치적 갈등이 더해지면서 이제 전 세계는 전쟁이라는 외길을 향해 한 발 한 발 다가섰다. 1933년 1월, 오랜 혼란 끝에 독일에서 히틀러가 총리로 등장하면서 유럽은 전쟁을 피하기 어렵게 되었고 유럽의 주요국들은 차례로 전시 경제로 전환하기 시작했다. 전시 경제는 발권력을 동원해서 전비를 마련하는 것을 의미했고 이로 인해 불황 탈출이 문제가 아니라 물가를 우려해야 할 정도로 상황이 반전되었다. 1936년 독일은 이미 완전고용 상태에 접어들었고, 미국은 1937년 경제가 다시 심각한 불황에 빠져드는 소위 더블딥double dip을 경험한 후 일본군의 진주만 공습을 계기로 제2차 세계대전에 본격적으로 참전하게 된다. 결국 전쟁에 의해 대공황에서 벗어나게 되었지만 세계는 대전이라는 엄청난 대가를 치러야 했다.

4부

미봉

: 브레튼우즈 체제의 실패와 잦아지는 금융위기 :

대공황과 제2차 세계대전에 놀란 세계는 전쟁이 끝나기도 전에 서둘러 금본위제를 대체할 수 있는 국제금융 질서 마련에 착수했다. 그리고 두 명의 천재 경제학자 해리 화이트Harry D. White와 존 케인스John M. Keynes의 치열한 논리 대결 끝에 전후 국제금융 질서를 이끌 브레튼우즈 체제가 탄생했다.

하지만 구조상 치명적인 모순을 안고 있던 브레튼우즈 체제는 출발부터 삐걱거렸다. 공식적으로 붕괴된 것은 닉슨 대통령이 금 태환 중지를 선언한 1971년이지만, 브레튼우즈 체제가 실제로 작동한 기간은

전후 세계경제를 이끈 브레튼우즈 체제가 탄생한 미국 뉴햄프셔 주 브레튼우즈의 마운트워싱턴 호텔 전경
자료: The World Bank Archives

기껏해야 1959년에서 1968년의 약 10년간이다. 이는 국제금융 체제로서 상당히 오랫동안 지속되었던 제1차 세계대전 이전의 금본위제에 비해 턱없이 짧은 기간이었으며, 제1차 세계대전 직후 '복귀된 금본위제'가 대공황의 발생으로 무너지기까지 지탱했던 6년보다 조금 긴 기간이었다. 혹자는 브레튼우즈 체제의 붕괴야말로 경제적 현상 중에서 가장 정확하게 예측된 사건이라고 말했을 정도로 브레튼우즈 체제가 지닌 많은 모순은 출범 직후부터 여러 학자들의 지적을 받았다.[1]

금 태환 중지를 선언한 이후 달러는 급격히 가치를 잃어갔는데 이는 막대한 재정 적자와 무역 적자로 인해 달러가 엄청나게 풀린 결과였다. 미국은 전후 마셜 플랜, 복지 확대, 베트남전쟁 등을 치르면서 재정 적자가 크게 확대되었고 국내적으로 물가가 급상승하면서 심각한 경제위기에 직면했다. 따라서 연준 의장 볼커가 인플레이션과의 전쟁을 선언한 것은 어쩔 수 없는 선택이었다.

인플레이션과의 전쟁으로 금리가 크게 뛰면서 초래된 국내 경기의 불황은 예기치 않게 국제적인 금융위기를 불러왔다. 즉, 국내적으로는 저축대부조합의 대규모 파산을 가져와 미국 금융의 특징인 단위은행업이 몰락했고, 미국으로 자본 환류 현상이 진행되면서 신흥국의 금융위기를 야기한 것이다. 이제 전 세계는 달러의 함정에 빠져들었다.

8장

브레튼우즈 체제의
등장과 깊어지는
환율 갈등

국제결제은행의 주 목적은 통상적인 투자 통로를 통해 이루어진 사인私人 간의
대출을 보증하는 것입니다. 정상 통로를 통해 합리적인 이자율의 대출이
가능하지 않을 때 이를 가능하도록 해줄 것입니다. 그 결과, 자금이
필요한 사람들이 과거보다 낮은 이자율로 대출을 받을 수 있을 것이고
고리대금업자를 국제금융이라는 신성한 성전에서 몰아낼 것입니다.

– 헨리 모겐소(1944년 7월 22일 브레튼우즈 회의 폐막 연설 중)

. . .

계속되지 못하면 멈추어 서게 마련이다.

– 헐버트 스타인(닉슨 대통령 경제보좌관)

. . .

중세의 연금술사들은 오랫동안 납을 금으로 만들려고 시도해왔다.
닉슨은 훨씬 기적 같은 일을 해냈다. 즉, 종이를 금으로 만든 것이었다.

– H. W. 브랜즈,《달러 세상Greenback Planet》

. . .

위대한 국가에는 위대한 화폐가 있었고 믿을 만한 화폐는 국력을 증강시켰다.

–《이코노미스트》(2014. 4. 29)

전후 국제금융 질서의 탄생: 브레튼우즈 협정

제2차 세계대전은 대공황을 종식시켰다. 대공황뿐 아니라 모든 나라의 국내외 경제 현안을 수면 아래로 잠재웠다. 양차 대전 사이 세계경제는 혼란의 연속이었고 대공황과 전쟁이 없었다 하더라도 이를 바로잡기 위해 무언가 획기적인 작업이 필요한 상황이었다. 하지만 전쟁 직전 세계경제를 혼돈의 도가니로 몰아넣은 환율 인하 경쟁은 전쟁으로 잠시 수면 아래로 가라앉았을 뿐, 언제든 다시 부상할 골칫덩어리였다. 따라서 전쟁을 거치면서 명실상부하게 글로벌 리더 국가로 올라선 미국으로서는 어떻게든 금본위제를 대체해 전후 세계를 이끌어갈 국제금융 질서를 고민하지 않을 수 없었다.

제1차 세계대전 이후 전 세계의 금이 미국으로 집중되면서 국제사회가 금본위제로 복귀하는 것은 현실적으로 불가능했다. 놀랍게도 미국이 새로운 국제금융 체제를 고민하기 시작한 것은 전쟁 이후가 아닌 일본의 진주만 공습으로 미국의 참전이 확정되면서 전쟁이 확대일로에 있던 시점이었다.

　1941년 12월 13일, 재무장관 헨리 모겐소는 부하 직원이었던 해리 덱스터 화이트Harry Dexter White 통화 담당 국장에게 전쟁 이후 금본위제를 대체할 국제금융 체제 설립안을 만들도록 지시한다. 당시 미국 정부는 국제금융 중심지를 영국에서 미국으로 옮기기로 마음먹었고, 이를 뉴욕 국제금융가들의 손이 아닌 워싱턴 재무부의 손으로 실행하려 했다.

　향후 케인스와 함께 브레튼우즈 협상의 주역으로 등장하는 화이트는 하버드 대학에서 프랑스의 국제 교역에 관한 연구로 박사 학위를 받은 국제경제 및 환율 전문가였다. 그는 이미 환율 문제를 다룬 경험이 있어 무엇이 문제이고 1930년대 환율 인하 경쟁이 가져온 혼란을 어떻게 피할 수 있는지를 정확하게 알고 있었다. 재무부 역시 1934년부터 환율안정기금을 운영하고 있어 환시장의 생리를 잘 파악하고 있었다. 또한 1936년에는 영국 및 프랑스와 함께 3국 협정을 이끌어냈을 정도로 국가 간 이해관계 조율에 대한 실무 경험을 지니고 있었다.

　모겐소의 지시를 받은 화이트는 불과 2개월 만인 1942년 3월 소위 화이트 안the White Plan을 완성했다. 화이트 안의 기본 생각은 "미국이 외환시장의 혼란을 안정시키고 화폐금융 및 신용 시스템의 붕괴를 막아야 하며 무역 질서를 구축하고 아울러 전쟁 피해 복구를 위한 엄청난 자금이 원활히 공급되는 시스템을 만들어 세계경제의 번영을 이끌어야 한다"는 것이었다. 이러한 생각은 국제통화기금IMF, 세계무역기구WTO, 세계은행IBRD, World Bank의 설립으로 구체화되었다.[2] 당시 화이트 안에는 세계무역기구 설립에 관한 구체적인 내용은 포함되지 않았는데 화이트는 무역 문제는 결국 환율 문제로 귀결되기 때문에 국제통화기금으로도 충분하다고 생각했다.[3]

세기의 두뇌 대결: 케인스와 화이트

화이트 안의 핵심은 국제안정기금United and Associated Nations Stabilization Fund(훗날 International Monetary Fund로 개칭되었다)이라는 초국가적 기관을 설치하여 환율 안정, 국제수지 불균형 시정, 무역과 금융 자유화를 촉진하자는 것이었다. IMF의 자본금은 각국이 경제력을 고려해서 산출된 할당액(쿼터)에 따라 출자한 금, 자국 통화 또는 정부 증권으로 조달하고 계산을 위해 미화 10달러에 해당하는 금과 등가인 유니터스unitas라는 단위를 만들어 사용하자고 제안했다.

화이트는 대전 직전 각국이 경쟁적으로 환율을 인하하면서 국제시장이 큰 혼란을 겪었던 상황이 재현되는 것을 막기 위해 각국의 통화를 금 또는 금 태환이 가능한 통화에 연동시켜 실질적으로 환율이 고정되도록 했다. 즉, 금이 미국에 몰려 있는 현실을 고려하여 달러의 가치를 금에 연동되도록 하고 각국은 미국의 달러에 자국 통화의 가치를 연동시키자는 아이디어로, 사실상 금환본위제의 성격을 가지고 있었다. 아울러 국제수지 불균형 시정 등 예외적인 경우에 한해 회원국 5분의 4의 찬성을 얻어 변경하는 것을 제외하고는 원칙적으로 개별국이 환율을 자율적으로 변경할 수 없도록 했다.

금본위제를 '야만적 유물'이라고 비판했던 케인스는 기본적으로 금본위제보다 유연한 국제금융 질서를 선호했다. 따라서 케인스는 화이트에 비해 다소 과감한 국제금융 제도를 만들기 원했다. 이러한 그의 생각은 초국가적 중앙은행 성격의 국제청산동맹International Clearing Union의 설치 제안으로 드러났다. 1923년 저서《화폐론Treatise on Money》에서도 상세히 밝혔듯이 오랫동안 연구해온 초국가적 은행의 창설과 국제

브레튼우즈 회의에서 협의 중인 케인스(왼쪽)와 화이트(오른쪽)

통화를 실현하고자 하는 방안이었다.

국제청산동맹의 기본적인 아이디어는, 은행을 이용하는 고객처럼 각국이 국제청산동맹에 계좌를 개설하고 무역 거래의 결제 등에 이 계좌에 들어 있는 자금인 국제통화, 즉 방코르Bancor(은행 금bank gold을 뜻하는 프랑스어)를 사용하자는 것이었다.

방코르를 사용하면, 각국은 결제를 위해 다른 나라의 통화를 보유할 필요가 없었고 수출국은 수입국의 방코르를 받아 계좌에 넣어두고 필요할 때 지출할 수 있었다. 당시 각국은 태환이 되지 않는 타국 통화를 들고 있었고 이를 해결하기 위해 여러 종류의 통화협정이 필요했는데 방코르로 이 문제를 원천적으로 해결할 수 있었던 것이다. 또한 필요할 경우 각국이 금으로 방코르를 사들임으로써 방코르를 늘릴 수 있게 했다. 하지만 방코르를 금으로 태환하는 것은 불가능하게 하여 경제 규모가 커지면 방코르도 같이 늘어나도록 설계했다. 이는 금본위제하에서 금이 퇴장하면서 디플레이션을 초래했던 우려를 불식시키기 위

한 방안이었다.[4]

　방코르는 각 나라의 통화는 물론 금과 교환비율(환율)이 정해져 있어 보기에 따라서는 화이트가 구상했던 안의 달러 역할을 할 수도 있었다. 물론 달러의 경우 연준의 독자적인 통제를 받지만 방코르는 누구의 자의적인 통제가 아닌 국제 화폐의 성격을 가진다는 것이 중요한 차이였다.

　국제청산동맹의 또 다른 특징은 각 나라의 계좌에 넣어둘 수 있는 방코르의 상한선과 하한선을 설정했다는 점이다. 즉, 적자국이 하한선을 넘을 경우 벌금을 물려 평가절하를 통해 균형을 찾도록 압력을 가하는 동시에 흑자국의 경우에도 상한선을 넘으면 벌금을 가해 평가절상을 강제하는 것으로 적자국에게만 시정 의무를 부담하게 하는 화이트 안과 차이가 있었다. 따라서 방코르는 환율이 경제의 기초 여건(펀더멘탈)을 지나치게 벗어나지 않도록 하는 사전 조절 기능을 가지고 있었고 이를 통해 환율을 한결 수월하게 조정할 수 있었다.

　방코르는 또한 필요할 경우 공급을 늘릴 수 있었기 때문에 금 생산량 부족으로 유통 통화가 부족해지는 금본위제의 문제를 해결할 수 있었다. 케인스는 방코르를 국제청산동맹의 계좌를 통해 통합 관리하는 방안을 마련했는데 이를 통해 1920년대 금본위제하의 혼란기에 많은 나라들이 취했던 금의 유입을 촉진하고 유출을 막는 중화 정책을 원천적으로 금지하려는 의도였다.

　기본적으로 화이트 안이나 케인스 안 모두 자국 통화의 태환이 가능하고 환율 고정 효과가 있다는 점에서 큰 그림상으로는 차이가 크지 않았다. 하지만 양국은 서로의 안을 관철하기 위해 치열한 두뇌 싸움을 전개한다. 이는 두 안의 기술적인 차이 때문이라기보다는 자국의 이해를 반영하려는 숨은 의도 때문이었다.

미국은 흑자국의 위상을 그대로 굳히기 위해 환율 변동을 가능한 한 어렵게 하면서 자신들이 확보한 막대한 금 보유고를 십분 활용하기 원했다. 하지만 적자국이었던 영국은 미국에도 국제수지 불균형에 대한 시정 의무를 지우기 원했고 금에 지나치게 얽매이기보다는 방코르를 국제 통화로 삼기 원했다. 사실 미국으로서는 자국에 유리하게 국제질서를 유지하면서도 한편으로는 그 질서 속에서 자유롭게 국내 경제 상황에 따라 이자율 및 달러의 공급을 독자적으로 결정할 수 있는 여지를 확보하려고 했던 것이다.

미국과 영국은 지지 국가들을 모으기 위해 치열한 경쟁에 돌입했다. 정부 간에 물밑에서 지지자를 끌어 모으는 각축전이 벌어졌고 양국 언론은 대놓고 자국이 내놓은 안을 옹호하고 상대국이 내놓은 안을 끌어내리면서 경쟁은 감정싸움으로 치달았다. 대다수의 금을 보유하고 있는 미국의 입장에서 보았을 때 새로운 형태의 국제 통화를 만들자는 케인스의 발상은 한마디로 어불성설이었다. 《뉴욕타임스》는 금본위제가 그동안 경제 발전에 기여했으며 제1차 세계대전 이후 벌어진 1920년대 금본위제의 혼란은 각국 정부가 중상주의적인 시각에서 원활한 작동을 방해한 데 원인이 있었다고 분석하면서 케인스가 주장하는 방코르와 국제청산동맹 같은 새로운 체제는 필요하지 않다고 주장했다.

반면 영국의 언론은 금본위제를 과거의 유물로 치부하고 심지어는 과거 금본위제의 본산이었던 영란은행을 낡은 생각을 가진 기관으로 매도하면서까지 금의 역할을 줄여야 한다고 주장했다.[5]

양국의 다툼에 대다수 나라들은 영국에게 심정적으로 동조했다. 대부분 적자국이었기에 흑자국에도 일정한 의무를 지우는 케인스 안에 끌렸던 것이다. 하지만 이들은 물론 영국도 사실상 자신의 안을 관철할 힘이 없었다. 거의 미국의 원조에 의존하여 전쟁을 지속하던 영국이었기에 자신의 안을 관철하기란 불가능했다. 사실 미국으로서는 영국이 제시한 안이 세계적인 경제학자 케인스의 작품만 아니었다면 그냥 무시해도 될 일이었다. 당시 영국 대표단에 참여했던 주미 영국 대사 헬리펙스 경Lord Halifax의 말에는 협상력이 없는 그들의 입장이 고스란히 드러난다.

> 그들이 돈자루를 쥐고 있는 것은 명확하다. 하지만 우리에게는 두뇌가 있지 않은가.[6]

미국과 영국을 포함한 많은 나라들은 미국의 워싱턴 D.C.와 애틀랜타시티 등에서 회합을 가지면서 양안의 절충을 시도했지만 예상했던 대로 케인스 안이 폐기되고 화이트 안으로 접근이 이루어졌다.

제2차 세계대전이 막바지로 치닫던 1944년 6월 30일, 뉴햄프셔 주 브레튼우즈에 있는 마운트워싱턴호텔에는 44개 연합국 대표들이 전쟁 이후 금본위제를 대체할 국제금융 체제를 만들기 위해 모여들었다. 이들의 머릿속을 지배하고 있던 공통된 생각은 제1차 세계대전 직후 전후 처리를 위해 모인 파리강화회의Paris Peace Conference의 실수를 되풀이하지 않겠다는 것이었다.[7]

당시 파리강화회의의 기본 원칙인 미국 우드로 윌슨 대통령의 14개 조항, 특히 제3조의 "평화에 찬성하고 이를 유지하는 데 참여하는 모든 나라들 간의 교역에 방해되는 모든 경제적 장애 요인을 가능한 한 제거하고 교역 조건의 형평을 이룬다"는 정신은 독일의 전쟁배상금 문제에 매몰되어 헌신짝처럼 버려졌다. 아울러 윌슨 자신도 국제 분쟁의 평화적인 해결을 위해 제안한 국제연맹The League of Nations에 미국을 참여시키는 데 실패했다. 이렇게 제1차 세계대전 이후 국제 질서를 새롭게 구축하는 데 실패하였기 때문에 세계가 또다시 전쟁을 치르고 있다고 생각한 각국 대표들은 이전과는 다른 자세로 최종안을 마련하는 데 집중했다.

브레튼우즈 회의는 IMF와 세계은행의 설립을 위한 2개 소위원회로 나뉘어져 있었다. 화이트와 미국 측은 쟁점이 많고 상대적으로 중요한 IMF 설립 소위원회를 맡았고 케인스에게는 오늘날 세계은행으로 알려진 국제결제은행Bank for International Settlement 설립을 위한 소위원회가 맡겨졌다.

다행히 국제결제은행의 설립과 관련해서는 각국 간에 이견이 거의 없어 쉽게 합의가 이루어졌다. 하지만 화이트가 소위원회 의장을 맡은 IMF 설립 논의의 경우에는 화이트와 케인스 간에 이미 큰 틀의 합의가 이루어졌음에도 불구하고 쟁점마다 자국의 이해를 관철하는 문제를 놓고 첨예하게 대립했다.

브레튼우즈에 모인 각국은 수많은 논의 끝에 미국의 안대로 설립 의견을 모았지만 케인스는 여전히 화이트 안에 대해 이견을 제시하면서 자국의 입장을 미국의 안에 집어넣으려 시도했다. 케인스는 세계경제가 위기에 처할 경우 원활한 처리를 위해 260억 달러에 달하는 대규모 기금을 설립하기 원했지만 화이트는 미국이 도움 받을 일이 거의 없는데다 설립기금의 대부분을 자국이 부담해야 한다는 생각에 가능한 한 기금의 규모를 줄이려고 노력했다. 화이트가 염두에 둔 금액은 5억 달러 규모였다. 양자는 결국 85억 달러 규모의 기금 설립에 합의했다.

브레튼우즈에 모인 연합국 대표들
자료: Mount Washington Resort photo

예고된 몰락: 불가능한 삼위일체

브레튼우즈 체제의 핵심은 각국 통화는 달러와 태환되고, 각국 중앙은행이 보유한 달러는 미국이 금으로 태환을 보장하는 태환성과 자본의 자유 이동에 있었다. 하지만 태환성을 지키지 못하는 사건들이 빈발하면서 브레튼우즈 체제는 시작부터 흔들렸다.

1947년 3월 1일 IMF가 출범했지만 전쟁 직후의 경제적 혼란으로 각국은 전쟁 중 취했던 각종 통제 조치를 풀 여유가 없었다. 무엇보다 유럽은 극심한 달러 부족에 시달렸고 미국으로부터 수입이 늘어 경상수지 적자 폭이 확대되었다. 아울러 자본이 이탈하여 미국으로 흘러들어가자 유럽은 미국이 특단의 조치를 취해줄 것을 기대했지만 전쟁 직후 미국은 소비를 늘리고 달러화의 강세를 유도하는 등의 조치를 전혀 고려하지 않았다. 유럽 국가 중에서도 영국의 상황은 심각했다. 두 차례의 전쟁으로 산업 기반이 파괴되었고 대규모 전쟁을 수행하느라 세계에서 가장 많은 부채를 짊어진 나라로 전락했으며 지속적인 경상수지 적자는 금의 유출을 재촉했다. 금 보유고가 급속히 떨어지자 금의 고갈을 우려한 투자자들이 파운드화를 버리고 금으로 갈아타기 시작했다. 하지만 미국은 영국을 도와주기는커녕 압박을 가했다.

전쟁 이후 미국은 그동안 영국이 주도하던 세계경제의 질서를 본격적으로 해체하기 시작했다. 특히 제2차 세계대전 이전 파운드화로 연결된 영연방국가들의 스털링 블록sterling bloc*을 해체하고 영연방국가 간의 최혜국 특혜 조항 등을 없애라고 압박했다. 전쟁 중에는 같은 편이었지만 전쟁이 끝난 뒤에는 경제적인 헤게모니를 놓고 다투는 경쟁 상대가 된 것이다. 영국의 경상수지 적자가 계속되고 금이 바닥을 보이자 각국의 중앙은행들은 파운드화의 금 태환이 불가능해질 것을 우려해 금으로 태환하기 시작했고 영국은 더욱 어려운 상황에 빠졌다. 1947년 8월 마침내 스털링 블록마저도 파운드화를 버리기 시작하자 영국은 더 이상 견디지 못하고 파운드화의 태환 중지를 선언할 수밖에 없었다. 파운드화는 30퍼센트 가까이 폭락했다.

영국과 달리 대부분의 유럽 국가들은 브레튼우즈 체제가 출범한 뒤에도 전쟁 중의 외환 통제를 풀지 않았다. 이로 인해 사실상 브레튼우즈 체제는 1950년대 말까지도 가동되지 않았다. 각국이 자본 이동의

---

* 스털링 블록은 영연방국가들이 영국의 파운드화에 자국의 통화 가치를 고정시킨 체제를 의미하며 이들 국가들은 영란은행에 외환 보유액을 예치하고 있었다.

통제를 풀지 않고 금융 억압financial repression을 지속한 이유는 전쟁 중에 급격히 늘어난 정부 부채의 이자 부담을 줄이기 위해서였다. 자본이 높은 수익률을 찾아 떠나면 당연히 이자율이 높아지겠지만 이동을 제한하면 이자율이 낮게 유지될 수 있었기 때문이다.

하지만 1959년부터 각국이 서서히 자본 통제, 즉 외환 통제를 풀자 환율을 안정시키는 것이 불가능해졌다. 환율이 상대적으로 고평가되어 경상수지 적자가 심한 나라들은 달러가 빠져나가면서 IMF에 지속적으로 지원을 요청해야 했고 때로는 브레튼우즈 체제의 예외 조항에 기대어 환율을 평가절하할 수밖에 없었다. 프랑스는 1957년, 1958년, 1969년에, 캐나다는 1962년에, 영국과 덴마크는 1967년 달러화 대비 자국 통화의 평가절하를 단행했다. 한편, 흑자국도 환율을 고정시킬 수 없기는 마찬가지였다.

미국이 소련에 대항하기 위하여 유럽에 원조를 확대하고 국내적으로는 복지제도를 확충하면서 재정 적자가 눈덩이처럼 불고 경상수지마저 적자로 돌아서자 전 세계에 달러가 풀리기 시작했다. 각국의 중앙은행에는 달러가 넘쳤고 달러화와 연동된 환율로 인해 미국의 물가가 그대로 자국에 영향을 미쳤다. 이로 인해 독일(1961, 1969년), 네덜란드(1961년), 스위스(1971년), 오스트리아(1971년) 등은 달러 가치 하락이 가져온 물가 상승을 차단하기 위해 자국 통화의 평가절상에 나서야 했다.[8] 이렇게 환율 변동이 잦아지자 국제적인 환투기꾼들이 환차익을 노리고 개입했다. 결국 각국은 하나 둘씩 환율의 결정을 시장에 맡기기 시작했다. 이는 사실상 브레튼우즈 체제로부터의 탈퇴를 의미했다.

브레튼우즈 체제는 달러를 중심으로 한 고정환율제와 각국 통화의 태환성을 보장한 자본의 자유 이동을 추구했지만 이는 통화신용 정책에 있어서 각국의 공조를 전제로 하고 있었다. 만일 일본의 이자율이 1퍼센트고 한국의 이자율이 3퍼센트라고 가정했을 때 이자율 차이를 노리는 차액 투기 거래자들은 일본에서 자금을 조달한 다음 이를 원화로 바꾸어 한국에 예금만 해도 아무런 위험 없이 2퍼센트의 차익을 챙길 수 있다. 이를 캐리트레이드_{carry trade}라고 한다. 이는 외환 거래에서 투기자들이 지속적으로 엔화를 팔고 원화를 사들이는 것을 의미하기 때문에 엔화는 평가절하 압력을 받고 원화는 평가절상 압력에 놓이게 되어 사실상 고정환율을 유지할 수 없게 만든다. 각국이 자국의 경제 상황에 맞는 금리 정책을 취한다는 것은 바로 고정환율제의 붕괴를 의미했고 이로써 브레튼우즈 체제는 지속될 수 없었던 것이다. 따라서 고정환율제, 자본의 자유 이동 및 독자적인 금융 정책은 서로 양립할 수 없는 관계였는데 이를 '3중고_{trilemma}' 또는 '불경스러운 삼위일체_{The Unholy Trinity}'라고 한다.

1950년대 후반 각국은 외환 통제를 풀고 고정환율제를 유지하면서 차례로 브레튼우즈 체제로 들어섰지만 각국의 경제 상황은 정책 공조가 불가능할 만큼 차이가 컸다. 각국은 독자적인 금융통화 정책을 펴 나갈 수밖에 없었고 이는 곧 브레튼우즈 체제가 유지되기 위한 전제조건부터 어긋나기 시작했음을 의미했다.

흔들리는 달러, 흔들리는 브레튼우즈 체제:
트리핀 딜레마

제2차 세계대전 이후 미국은 소련과 냉전이 시작되자 유럽의 안정을 위해 적극적으로 나섰다. 마셜 플랜을 통해 유럽의 부흥을 지원하고 1949년에는 북태평양조약기구NATO를 출범시켜 유럽을 소련의 위협으로부터 막아내기 위한 행보에 나선 것인데 이는 엄청난 재원이 투입되는 일이었다. 또한 아이젠하워, 케네디, 존슨 대통령으로 이어지면서 베트남전쟁, 한국전쟁 등 크고 작은 전쟁을 치러야 했으며 존슨 대통령의 '위대한 사회Great Society' 등 다양한 사회복지 확충 프로그램이 도입되면서 재정 적자는 크게 확대되었다. 게다가 경상수지까지 적자로 반전되자 금 1온스당 35달러의 태환을 보장한다는 약속도 의심받기 시작했다.

유럽의 중앙은행들은 달러가 넘쳐나자 필요 이상의 달러를 금으로 바꾸기 위해 미국에 금 태환을 요구했고 미국의 금 보유고는 날이 갈수록 줄어들었다. 미국이 조만간 금 태환을 해주지 못할 것이라는 우려가 확산되자 달러화에 대한 투매가 시작되었고 시장 환율은 온스당 35달러를 벗어나 상승하기 시작했다.

달러화에 대한 우려가 높아지는 상황에서 케네디 대통령은 "정부는 달러의 가치를 지킬 것이다. 달러가 떨어질 것을 걱정하는 사람은 곧 그것이 근거 없는 걱정이었다는 것을 알게 될 것이다. 달러가 하락하고 금값이 오를 것에 투기하는 세력들은 곧 그들의 희망이 부질없다는 것을 알게 될 것이다"[9]라고 호언장담하면서 분위기를 진정시키려고 노력했다. 케네디의 아버지는 어린 케네디에게 "한 국가의 힘은 그 나라의 통화 가치에 달려 있다"[10]고 가르쳤다고 한다.

하지만 케네디의 호언장담에도 불구하고 재정 적자와 경상수지 적자가 줄어들지 않는 한은 시장을 안심시킬 수 없었다. 케네디의 뒤를 이은 존슨 대통령은 베트남전쟁에 개입하고 국내적으로는 '위대한 사회'라는 캐치프레이즈를 내걸고 사회 보장을 대폭 확대했는데 이로써 미국의 재정 적자는 더욱 확대되었다.

미국이 결국 온스당 35달러를 포기할 것이라는 예측이 힘을 얻으면서 금 가격은 공식 가격인 35달러를 벗어나 상승하기 시작했다. 미국은 금을 풀면서 35달러 선을 지키려고 했지만 역부족이었고 종전 당시 약 200억 달러에 달하던 금 보유고도 급속히 줄어들기 시작했다. 혼자 힘으로는 금 가격을 안정시킬 수 없었던 미국은 벨기에, 프랑스, 이탈리아, 네덜란드, 스위스, 서독, 영국 등과 함께 금연합The London Gold Pool을 결성하여 금 가격 안정을 위해 공조를 취하기 시작했다. 하지만 투기세력의 공세를 피하기에는 역부족이었다. 문제는 달러에 대한 우려가 이제는 투기세력을 넘어 일반인에게도 확산되기 시작했다는 것이다. 당시 캐나다 토론토의 한 시민은 금을 사면서 "나는 투기하는 것이 아니다. 나를 보호하려는 것이다"라며 이러한 분위기를 전했다.[11]

1968년 3월, 미국의 금 보유고는 겨우 120억 달러에 불과했다. 연준이 달러 발행분의 25퍼센트에 해당하는 금을 보유해야 한다는 규정에 따라 보유해야 하는 금을 제외하면 달러의 태환에 대비할 수 있는 금은 겨우 10억 달러뿐이었다. 이는 세계 각국의 중앙은행 및 민간이 가지고 있는 달러의 태환을 대비하기에는 턱없이 부족한 금액이었다.

존슨 대통령은 이러한 우려를 잠재우고 달러에 대한 투기를 줄이기 위해 금 보유조항Gold Cover의 폐지를 의회에 요청한다. 밀턴 프리드먼,

찰스 킨들버거 등 학문적인 성향과 관계없이 학자들이 나서서 금 보유 조항의 폐지에 동의했다. 다만 프리드먼은 "태환되지 않는 지폐는 거의 예외 없이 한 나라에 재앙을 안긴다"라는 어빙 피셔의 말을 인용하면서 중앙은행이 아무런 통제 없이 지폐를 찍어낼 위험을 방지할 수 있는 다른 장치를 마련할 필요가 있다고 조언했다.[12] 현실적으로 금 보유조항의 폐지 이외에는 선택의 여지가 없었음에도 불구하고 이 문제는 상하 양원에 포진하고 있던, 전통적으로 중앙은행의 발권력을 아주 부정적으로 인식하는 중서부 출신 의원들의 강한 반대에 부딪혀 힘겹게 통과되었다. 하지만 이는 투기세력을 잠재우기보다는 오히려 미국이 결국 금 태환을 포기할 것이라는 확신만 던져주었다.

런던의 금시장을 통해 보유한 금을 풀었다 샀다 하면서 35달러 수준을 유지하던 미국은 더 이상 금 가격을 유지하는 것이 불가능함을 깨닫는다. 결국 금연합국가들은 뉴욕에 모여 향후 대응 방안을 논의한 끝에 더 이상 금시장 개입을 통해 가격을 유지하는 것을 포기하기로 결정했다. 다만 미국은 브레튼우즈 체제의 핵심인 중앙은행 간 35달러 수준의 금 태환은 계속해서 유지하기로 했다. 그 결과, 민간 시장에서 금의 가격은 상승하기 시작했고 이로써 금의 이중 시장이 형성되었다. 하지만 이 조치는 브레튼우즈 체제를 구하기 위한 임시방편에 불과했고 결국 미국은 평가절하를 단행하거나 달러의 금 태환 의무를 버리는 것 중 하나를 택할 수밖에 없게 되었다. 이는 전후 국제금융 질서를 지켜온 대헌장(마그나 카르타)인 브레튼우즈 시스템의 붕괴를 의미했다.

각국 중앙은행이 은밀하게 달러를 처분하고 있을 때 드골Charles de Gaulle이 이끄는 프랑스 정부는 공개적으로 달러 가치 하락이 국제금융 체제를 흔들고 있다고 미국을 비난했다. 전쟁 이후 유럽에 대한 미국의 영향력 확대에 불만이 높았던 드골 대통령은 미국 정부가 재정 적자와 경상수지 적자를 보충하기 위해 달러를 계속 찍어내자 "미국은 전 세계로 인플레이션을 수출하고 있다. 이는 받아들일 수도 없고 또한 지속될 수도 없는 일이다"라며 강하게 반발했다. 재무장관이었던 발레리 데스텡Valéry Giscard d'Estaing도 미국이 국제결제 통화의 특권을 과도하게 남용하고 있다는 의미로 "미국의 과도한 특권America's exorbitant privilege"이라고 비판했다.[13] 드골의 불만은 말에서 끝나지 않았다. 드골은 1965년 2월 전 세계에 브레튼우즈 체제를 끝내고 금본위제로 돌아가자고 공식적으로 제안한다.

> 과거 국제경제의 번영을 가져왔던 때처럼 논란의 여지가 없고 특정국의 화폐가 아닌 화폐의 기초 위에 국제 거래를 올려놓을 필요가 있다.[14]

당시 달러를 찍어내 재정 적자와 경상수지 적자를 감당하고 있던 존슨 대통령의 입장에서는 이러한 제안을 받아들일 수 없었다. 존슨은 "1930년대 우리 모두를 대재앙으로 이끌었던 금본위제로 돌아갈 수는 없다"[15]며 강하게 반대했다. 드골은 미국이 반대하자 프랑스가 외환보유액으로 가지고 있던 달러를 모두 금으로 바꾸었고 심지어 뉴욕연방준비은행에 보관하고 있던 금의 일부를 군함에 실어 프랑스로 가져가기까지 했다.

기축통화인 달러화의 혼란은 사실 브레튼우즈 체제와 더불어 피할 수 없는 현상으로, 구조적인 모순이 드러난 것에 불과했다. 로버트 트리핀Robert Triffin은 세계경제의 규모가 커질수록 기축통화에 대한 수요는 커지고 결국 달러에 대한 수요가 높아질 수밖에 없는데, 금의 생산이 따라가지 못해 금으로 태환 가능하지 않은 달러가 풀릴 경우 이는 거꾸로 기축통화인 달러가 더 이상 안전자산이 아니게 되는 모순적인 상황을 야기한다고 주장했다. 이를 '트리핀의 딜레마Triffin's dilemma'라고 부르는데 1950~60년대 국제시장에서 달러가 바로 이러한 운명에 처해 있었다.

달러에 대한 수요가 높아지면서 미국의 국제수지는 악화될 수밖에 없었다. 달러 가치가 떨어지면서 다른 나라들이 달러 보유고를 늘리는 것은 의미가 없는 일이 되었다. 달러는 더 이상 안전자산이 아니었다. 각국은 달러를 버리고 금으로 갈아타기 시작했다. 특히 1968년 이후 물가 상승 우려가 제기되자 연준 의장 마틴이 금리를 올려 통화량을 조이면서 상황은 더욱 악화되었다. 달러화에 대한 신뢰가 떨어지고 시장에서 유통되는 달러가 줄어들자 국제사회는 심각한 유동성 부족에 처했고 이를 타개하기 위해 달러를 보완하는 특별 인출권SDR, Special Drawing Right을 만들어낸다. SDR은 브레튼우즈 협상 당시 케인스가 제안한 방코르와 유사한 개념으로, 실제로 존재하는 화폐가 아니라 계산의 단위로 활용되도록 설계되었다.

SDR은 1970년 초 각 회원국에 쿼터에 따라 최초로 배정되었지만 브레튼우즈가 직면한 국제 유동성 문제를 해결하기에는 역부족이었고 각국이 변동환율제로 이행하면서 사실상 사장되었다. *

---

* 오랫동안 사람들의 관심 밖에 있던 SDR이 최근 다시 주목받고 있다. 2008년 글로벌 금융위기 와중에 IMF의 개혁이 논의되었고 중국의 강한 요구로 SDR에 대한 추가적인 배분이 이루어졌다. 2014년 우크라이나 경제위기 당시에는 IMF의 구제금융이 SDR로 지급되기도 했다. 아울러 2010년 그리스 구제금융을 마련할 때 메르켈 독일 총리는 SDR의 활용 방안을 제안한 바 있으나 실현되지는 못했다. SDR은 국제 기축통화인 달러나 유로화로 태환한 후에 사용이 가능하다는 점에서 아직까지는 활용도가 낮으며 활용도를 높이기 위한 방안이 다양하게 연구되고 있다.

미국은 달러에 대한 불신을 잠재우고 브레튼우즈 체제를 지키기 위해 민간 금시장과 중앙은행 금시장을 분리하고, 아울러 각국의 중앙은행이 달러를 금으로 바꾸지 못하도록 압력을 가면서 SDR까지 만들었지만 이런 대응은 결국 근본적인 모순을 해결하지 못한 응급조치에 불과했다. 결국 브레튼우즈 체제는 붕괴의 수순을 피하지 못했다.

닉슨의 금 태환 중지 선언과 스미소니언 협정

1969년 1월, 닉슨이 대통령에 취임한 직후 당시 국가안보보좌관이었던 헨리 키신저Henry Kissinger는 비밀리에 재무부의 통화 정책 담당 차관보에 임명된 폴 볼커Paul Volcker에게 정부 전문가들로 태스크포스를 구성하고 국제금융 체제에 대한 보고서를 작성하도록 지시했다. 재무장관이 아닌 국가안보보좌관의 지시로는 상당히 이례적인 일이었지만 당시 키신저가 닉슨의 눈과 귀와 같은 역할을 하고 있었다는 점에서는 충분히 가능한 일이기도 했다.

키신저의 지시로 만들어진 태스크포스인 소위 볼커 그룹The Volcker Group은 브레튼우즈 체제 이후의 국제금융 질서를 구상하기 시작했으며 이 보고서는 1969년 6월 백악관에서 닉슨 대통령과 키신저 안보보좌관, 데이비드 케네디 재무장관, 아서 번 경제자문관, 윌리엄 마틴 연준 의장이 지켜보는 가운데 보고되었다. 이날 보고의 핵심은 국제사회가 결국 변동환율제로 이행할 수밖에 없다는 점이었으나 경제 지식이 부족한 닉슨 대통령을 충분히 이해시키지는 못했다.

볼커 그룹은 1934년 대공황 당시 만들어진 금보유법이 금 가격의 결정을 행정부가 아닌 의회의 승인 사항으로 명시하고 있다는 점을 감안하여 금과 달러의 교환비율(35달러)을 변동시키는 평가절하보다는 행정부의 재량에 달려 있는 금 태환의 중지를 선택하고 이를 비밀리에 준비한다. 하지만 국제시장에서는 달러 투매가 계속되었다. 각국은 시장에 개입하여 달러화를 사들이면서 환율을 유지하고자 했지만 사실상 한계에 부딪혔고 독일 등 일부 국가들은 시장 개입을 거의 포기했다. 상황이 미국의 결단을 재촉하고 있었지만 국제시장에서 연일 치솟고 있는 금 가격은 닉슨 대통령의 큰 관심사가 아니었다. 사실 미국은 더 큰 경제적 고민에 직면해 있었는데 바로 1980년대 미국 경제를 어려움에 빠뜨린 스태그플레이션이 다가오고 있었던 것이다.

인플레이션을 우려해 금리를 올리면서 통화 긴축을 추진했던 연준 이사회 의장 마틴이 물러나자 1970년 2월 닉슨은 그 자리에 자신의 경제보좌관인 아서 번스Arthur Burns를 임명했다. 번스는 닉슨의 재선을 위해 긴축을 풀고 통화량을 늘리기 시작했다. 하지만 물가만 치솟을 뿐 실업률은 떨어지지 않아 경제를 살리는 데는 실패했다. 국제시장에서 달러화의 가치는 계속 폭락했고 1971년에 들어서는 더 이상 결단을 피할 수 없는 지경에 몰렸다.

상황이 위중해지자 1971년 8월 닉슨은 자신의 경제 팀을 비밀리에 워싱턴 북쪽의 대통령 전용 별장 캠프데이비드Camp David로 소집해서 세계를 깜짝 놀라게 할 만한 정책을 마련한다. 즉, 각국 중앙은행이 보유한 달러화에 대한 금 태환을 중지하는 조치였다. 당시 대통령 경제자문위원회 의장이었던 허버트 스타인Herbert Stein은 이날 회의에 참석하기 위해 헬기로 이동하던 도중 대통령 연설 담당인 윌리엄 사파이어William Safire로부터 무슨 일이냐는 질문을 받자 "아마도 1933년 3월 4일

(프랭클린 루스벨트 대통령의 취임 직후 단행한 은행 폐쇄 조치) 이래 경제 역사에서 가장 중요한 날이 될 것"이라고 말해 경제 문제에 대해 별로 지식이 깊지 않았던 사파이어를 더욱 어리둥절하게 만들었다고 한다.[16]

드디어 1971년 8월 15일 일요일 저녁, 닉슨은 마침내 달러의 금 태환 중지를 선언했다. 닉슨의 발표는 전 세계를 충격에 몰아넣었지만 정작 국제경제에 관심이 없던 미국 시민들은 이날 함께 발표된 임금과 물가를 중심으로 한 가격 통제에 더 큰 관심을 보였고 상당수 지역신문도 이를 더 크게 다루었다. 1934년 이래 미국은 이미 금 보유를 금지하고 있었기 때문에 일반인의 입장에서는 금 태환 중지가 큰 뉴스가 아니었다. 흥미로운 사실은 이날 달러의 금 태환 정지가 미치는 엄청난 시장 충격을 감안해서 회의 참석자들의 전화가 터지지 않도록 통신 차단을 할 정도로 보안에 신경을 썼다는 점이다. 금 태환 정지가 발표되면 금값이 크게 뛸 것이었기에 투기세력에게 누출되면 큰일이었기 때문이었다.

하지만 예상과 달리 시장에서 금값은 크게 오르지 않았고 이는 볼커조차 예상치 못한 일이었다. 회의 도중 볼커는 이 정보만 있으면 엄청난 돈을 벌 수 있다고 농담을 했고 누군가 얼마나 벌 수 있느냐고 질문하자 대답 대신 당시 예산국장으로 회의에 참석하고 있던 조지 슐츠 George Schultz에게 정부 적자가 얼마나 되냐고 물었다. 슐츠가 230억 달러라고 대답하자 "내게 10억 달러를 주면 그 돈을 만들어주겠다"고 했다.[17] 하지만 금값은 폭등하지 않았는데 이미 미국이 견디지 못할 것이라는 점이 가격에 반영되어 있었던 데다, 시장이 예상했던 달러의 평가절하 대신 엉뚱하게도 태환이 중지되면서 더 이상의 투기 유인까지 사라졌기 때문이다.

금 태환을 정지한 미국은 국제수지 불균형을 해소하기 위해 흑자국인 독일, 일본, 영국에 대해 평가절상 압력을 가하기 시작했다. 다른 나라들은 미국이 먼저 달러화의 평가절하를 단행하라고 맞섰다. 지루한 힘겨루기 끝에 일본, 독일 등은 12퍼센트 정도의 달러화 대비 평가절상을 하고 미국은 달러의 평가절하를 단행하여 온스당 35달러에서 38달러로 교환비율을 낮추었다. 물론 달러화에 대한 금 태환이 재개된 것은 아니었다.

주요 선진국은 1971년 12월 워싱턴의 스미소니언박물관에 모여 그동안의 협의를 바탕으로 스미소니언 협정을 체결했다. 이 자리에서 닉슨 대통령은 1944년 브레튼우즈 체제가 미국의 힘에 의존한 협정이었다면 스미소니언 협정이야말로 주요국들이 협력한 진정한 국제금융 체제라고 치켜세우며 이것으로 진정한 세계경제 질서가 만들어졌다고 선언했다. 하지만 여전히 달러는 고평가되어 있었으며 이 협정으로 국제수지 불균형이 해소되기란 불가능했다. 무엇보다 재선을 눈앞에 둔 닉슨이 국내에서 돈을 계속 풀어 재정 적자를 확대시키는 바람에 달러화의 약세 기조는 더욱 강해졌다. 즉, 전제 조건인 미국의 달러화 가치 유지 노력이 없는 상황에서 스미소니언 체제는 곧바로 유명무실해졌다.

각국은 더 이상 고정환율제를 유지하지 못하고 서서히 변동환율제로 이행하게 된다. 결국 고정환율을 추구했던 마지막 시도도 실패했다. 각국이 변동환율제로 이행하면서 이제 통화 정책은 각국 중앙은행의 손에 전적으로 맡겨지게 되었으며, 그 결과는 전례 없이 높은 물가로 이어진다.[18]

9장

고인플레이션 시대와 금융위기

재무부와 비교할 때 마법사와 마녀들의 마술은 창피한 수준이 아닐까?

- 루트비히 폰 미제스(오스트리아 출신 경제학자)

볼커와 인플레이션 위기

　전쟁 직후 1950년에서 1968년까지 미국은 평균 2퍼센트의 안정된 물가 상승률을 유지했다. 하지만 1968년 4.7퍼센트, 1969년 5.9퍼센트로 지속적으로 높아지면서 자연스럽게 인플레이션 기대 심리가 형성되었다. 이로 인해 1970년대에 들어서면서부터는 물가를 감안한 임금 협상이 이루어지기 시작했고, 인플레이션 기대 심리가 생활 속에 깊이 자리 잡게 된다. 아울러 유럽 경제의 부흥을 위한 마셜 플랜과 한국전쟁 및 베트남전쟁 그리고 존슨 대통령의 복지 확대 정책인 '위대한 사회 건설'이 이어지면서 재정 적자가 확대된 데다 1970년대에는 오일쇼크라는 악재까지 겹쳤다. 그 결과 재정 적자와 경상수지 적자가 동시에 발생하는 '쌍둥이 적자'와, 높은 실업률과 높은 물가가 함께 나타나는 스태그플레이션stagnation+inflation=stagflation이라는 최악의 조합이 자리 잡았다.

　1970년 아서 번스가 임명될 때까지 거의 20년 동안 연준 이사회 의장은 윌리엄 마틴William McChesney Martin이 맡았다. 마틴은 제2차 세계대전 직후 재무부의 출장소에 불과했던 연준을 1951년 재무부와의 합의The Fed-Treasury Accord of 1951를 통해 독립적인 통화 정책을 추진할 수 있는 중앙은행으로 격상시켰다. 뿐만 아니라 '바람에 기대는 통화 정책lean against the wind'을 통해 경기가 과열되었을 때는 금리를 인상하고 불황기에는 경기 부양을 위해 금리를 인하하는 연준의 통화신용 정책이 자리 잡는 데 기여했다. 또한 "중앙은행은 파티가 무르익을 때 술통을 치워 흥을 깨야 한다take away punch ball when the party was really warming up", "인플레이션이야말로 한밤중의 도둑이나 다름없다"는 등 인플레이션에 적대적인 발언을 자주 했지만 행동까지 인플레이션 매파는 아니었다.

마틴은 재임 내내 점차 높아지는 물가에 대해 크게 신경 쓰지 않았으며 정부의 높은 재정 수요를 뒷받침하기 위해 낮은 금리를 유지했다. 임기 말인 1968년에 와서야 비로소 물가 문제를 심각하게 인식했고 이를 잡기 위해 달러 공급을 줄이고 금리는 높이는 긴축 정책을 실시했다.[19] 하지만 그의 말대로 "인플레이션이라는 말馬은 이미 마구간을 뛰쳐나와 한참을 달아난 뒤였다. 연준이 할 수 있는 일이라고는 가둘 수 없게 된 말이 너무 빨리 달아나지 않도록 관리나 하는" 궁색한 처지가 되었다. 하지만 1970년대 이후 연준은 이마저도 실패하고 미국은 역사상 전례 없는 인플레이션에 시달리게 된다.

미국의 물가가 심상치 않은 상승을 보이던 1970년 1월 말, 닉슨은 연준 의장 마틴의 후임으로 자신의 경제보좌관인 아서 번스를 임명했다. 사실 전임자 마틴이 높아지는 물가를 잡겠다고 뒤늦게 통화의 고삐를 바짝 조이면서 경제는 다소 불황으로 빠져들었고 이는 재선을 노리는 닉슨을 어렵게 했다. 따라서 번스의 임명에는 마틴의 정책을 되돌리려는 의도가 숨어 있었다. 프리드먼의 은사이기도 했던 번스는 물가 인상을 용인하지 않는 매파로 잘 알려진 사람이었다. 따라서 그가 연준 이사회 의장을 맡게 되자 프리드먼은 "역사상 가장 자격을 갖춘 연준 의장"이라고 번스를 치켜세웠다.

하지만 그의 기대는 곧 실망으로 판명난다. 닉슨의 재선을 위해 번스는 통화의 고삐를 조이는 정책을 선택하기 어려웠다. 따라서 번스는 금리 인상 대신 행정부의 직접적인 가격 통제를 지지했다. 즉, 물가 상승은 통화가 너무 많이 풀리면서 야기된 수요 과잉demand-pull이라기보다는 원가 상승cost-push에 의한 측면이 크기 때문에 가격 통제가 물가를 잡는 데 더 효과적이라고 주장한 것이다.

닉슨과 번스가 물가를 잡기 위해 통화를 줄이지 않고 가격 동결 조치를 취하자 프리드먼은 "용광로가 과열되고 있는데 온도를 낮추려는 노력은 하지 않고 온도계를 부순 것과 같은 정책"이라고 신랄하게 비판했다.

닉슨과 번스의 정책이 실패할 것은 자명했다. 돈이 풀려 물가는 높아졌지만 가격 통제 정책으로 인해 기업의 수익성이 악화되었고 실업이 늘어갔다. 높은 물가에 실업률마저 높은 최악의 조합인 스태그플레이션이 다시 도래한 것이다. 1960년대만 해도 물가수준 2.25퍼센트에 실업률 4.75퍼센트를 기록했던 경제는 1970년대에 이르자 6퍼센트대의 높은 물가수준에도 불구하고 6.25퍼센트의 실업률을 기록해 10년 사이 미국의 고통지수misery index(물가 상승률과 실업률의 합계를 의미)는 무려 2배 이상 상승했다.

미국이 물가 문제를 소홀히 다루어 심각한 물가 불안에 빠져들던 1978년, 의회는 아이러니하게도 연준에 기존의 물가 안정에 더해 완전고용을 위해서도 노력하라는 '2가지 임무'를 부여한 험프리-호킨스법Humphrey-Hawkins Act을 통과시켰다. 이제 만일 누군가 연준에 물가가 지나치게 높지 않느냐고 비판하면 "그러면 실업률이 높은 것을 원하느냐?"고 공식적으로 반박할 구실을 준 것이나 마찬가지였다.

1978년 3월 카터 대통령은 임기가 만료된 번스의 후임으로 제조업체 사장인 조지 밀러George William Miller를 임명한다. 통화 정책을 담당하는 요직에 금융 경험이 없는 밀러를 임명한 것은 다소 의외의 선택이었다.

밀러는 물가가 지나치게 높다는 주장에 동의하지 않았으며 그대로 놔두면 정상으로 돌아갈 것이기 때문에 별다른 조치가 필요하지 않다고 생각했다. 하지만 1979년 오일쇼크로 물가가 두 자리 숫자로 뛰어오르며 생활 속에서 체감되는 수준에 이르자 국민의 불만이 커졌고 물가가 모든 경제 이슈의 중심을 차지하게 되었다. 물가에 대한 우려가 재선을 위협하기에 이르자 카터로서도 변화가 불가피했다. 카터는 마침 재무장관이 공석이 되자 연준 의장이 된 지 11개월밖에 안 된 밀러를 재무장관으로 임명하여 사실상 명예롭게 연준 의장직을 물러나게 한 후 폴 볼커를 의장으로 선택한다. 카터의 기대대로 볼커는 전례 없는 과감한 조치를 통해 물가를 잡는 데 성공했지만 급격한 통화량의 감축은 불황을 야기했다.

1979년 10월 6일 교황 요한 바오로 2세가 최초로 워싱턴의 백악관을 방문한 이날, 볼커는 물가와의 전쟁을 선포했다.

이날 기자회견에서 볼커는 연준이 물가와의 한판 싸움을 하려면 과감한 정책 전환이 필요하다고 강조하면서 "스킬라Scylla와 카리브디스Charybdis가 함께 왔다.* 우리가 이 두 개의 위험을 잘 헤쳐 나갈 수 있으리라는 생각은 기분 좋은 희망이긴 하나 환상에 불과하다. 현재 우리는 이쪽 아니면 저쪽에 베팅해야 하고 앞으로 나아가야 한다"고 말하면서 고실업과 고물가의 위협으로부터 미국 경제를 구해내야 한다고 선언했다. 이날 볼커는 향후 연준이 통화량을 직접 관리하면서 물가를 잡겠다고 밝혔는데 이는 이자율이 천정부지로 뛰어도 개의치 않겠다는 선언이기도 했다.

하지만 대부분의 사람들은 연준이 통화량을 직접 관리하겠다는 볼커의 말이 무슨 의미인지 알아채지 못했다. 따라서 이날 뉴스를 탄 것은 연준의 새로운 통화 관리 목표가 아니라 함께 발표된 1퍼센트 금리 인상이었다. 하지만 이후 사람들은 통화 공급량 목표 제시가 무슨 의미인지 절실히 깨닫게 된다. 연준이 제시한 통화 공급량 목표를 지켜나가자 금리는 두 자리 숫자를 훌쩍 넘었다. 많은 가계와 기업들이 금융 부담을 감당하지 못하고 도산했고 경기가 급속히 위축됐다.

이러한 강성 정책에 대해 재선을 앞둔 카터는 물론 언론 및 학계조차 반발했지만 볼커는 정책을 바꾸지 않았다. 심지어 노벨 경제학상을 받은 폴 새뮤얼슨조차도 "중앙은행 총재가 두 눈을 가진 이유는 한 눈은 통화량을 보기 위함이요, 또 다른 눈으로는 이자율을 보기 위함이다"[20]라는 말로, 기업과 가계의 부담이 높아지고 있는데도 통화량 목표에 집착하는 연준을 우회적으로 비판했다.

선거를 앞둔 카터 대통령과 그의 참모들은 불황을 자초하는 연준에

＊ 미국의 언론과 학자들은 스킬라를 인플레이션에, 카리브디스를 실업에 자주 비유한다. 트로이를 정벌한 오디세우스는 이타카로 돌아오는 과정에서 모진 고난을 당하는데 이탈리아와 시칠리아 사이의 좁은 해로는 두 괴물이 지키고 있었다. 하나는 상체는 여자이나 하체는 여섯 마리 뱀의 형상을 한 스킬라였고, 하나는 배들을 빨아들이는 소용돌이 형태를 취하고 있는 카리브디스였다. 오디세우스는 이 둘의 위협을 피해 무사히 빠져나왔다.

대해 극도의 불만을 나타냈다. 그들은 연준이 대통령 선거 때까지만이라도 물가를 잡기 위한 정책을 다소 느슨하게 진행하기를 바랐지만 볼커는 그대로 밀고 나갔다. 1980년 말 대선은 예상대로였다. 카터는 공화당 후보인 레이건에게 역사적으로 기록될 만한 참패를 당했다.

선거 이후 레이건 행정부가 출범하면서 볼커가 인플레이션과의 전쟁을 계속할지를 두고 의구심이 높아졌다. 볼커의 정책으로 카터가 패했다는 속설이 일반 상식처럼 굳어지면서 새로 출범한 레이건 행정부가 상대하기 껄끄러운 볼커와 함께할 것이라고 생각하는 사람은 많지 않았던 것이다. 혹자는 레이건 행정부에 잘 보이기 위해 볼커 스스로 통화 긴축 모드를 풀 것이라 예측하기도 했다.

하지만 1981년 실업률이 마침내 8퍼센트를 돌파하고 금리가 20퍼센트 가까이 올라도 볼커는 정책을 바꾸지 않았다. 1982년 실업률이 두 자리 숫자인 11퍼센트까지 치솟자 볼커에 대한 국민들의 저항은 더 거세졌다. 빚에 허덕이던 일부 농민들이 트랙터를 몰고 연준 빌딩으로 돌진하기도 했다. 주택 건설업자들은 건설현장의 장비인 각목에 "더 이상 건설 경기를 죽이지 말라" 또는 "농민을 구하라" 등 비난 글을 써서 볼커에게 보냈다.* 볼커에 대한 위협이 심각하다고 생각한 정부가 온종일 경호를 붙일 정도로 볼커에 대한 일반 국민의 분노는 극에 달했다.

하지만 이 와중에 기대 물가 심리가 잡히면서 고질적인 물가의 악순환이 끊어지기 시작했다. 1980년 무려 12~13퍼센트에 달하던 물가 상승률이 1983년에는 3퍼센트까지 하락했다. 1982년 말 마침내 물가

---

* 볼커는 이 각목을 버냉키에게 물려주었고 현재 연준 의장실에 보관되어 있다.

불황이 심해지면서 신규 건축이 사라지자 건축업자들이 항의의 표시로 볼커에게 보낸 각목

에 대한 국민들의 기대 심리가 사라졌다고 판단한 볼커는 다소 금리를 내리면서 통화 긴축 정책을 조금씩 풀기 시작했고 1983년 레이건은 볼커를 연준 의장에 재임명했다.

　인플레이션에 대한 기대 심리가 완화되면서 1980년에 612달러까지 치솟았던 금 가격은 1985년에 317.26달러까지 떨어졌고 1986년에는 물가도 겨우 1.1퍼센트 상승하는 데 그쳤다. 미국이 고삐 풀린 물가를 잡게 된 데는 물론 볼커의 과감한 정책이 큰 역할을 했지만 1981년에 들어선 레이건 정부가 규제 완화, 낮은 세율 등을 바탕으로 경제를 불황에서 구해내면서 달러 강세를 유도한 덕분이기도 했다. 달러 강세가 해외로부터 유입되는 수입품의 물가를 낮추는 데 기여했고 특히 유가 안정에 기여한 것이다. 볼커와 레이건의 정책 조합을 통해 미국은 1983년부터 1986년의 단 3년 동안 총 16.6퍼센트의 경제성장을 달성했다.

　하지만 달러 강세는 독일, 일본과의 무역 적자를 더욱 심화시켰다. 무엇보다 물가를 잡았음에도 불구하고 높은 실업률은 여전히 해결되지 않았다. 1985년 초, 달러 강세로 고전하던 미국의 산업계와 노동조합은 수입을 줄이고 수출을 늘리기 위해 달러화의 평가절하를 정부에 요구했고 텍사스 출신의 재무장관 제임스 베이커James A. Baker는 경상수지 적자가 확대되는 것을 막기 위해 달러의 평가절하를 추진했다.

하지만 각국이 고정환율을 버리고 변동환율 시스템을 채택하고 있고 이미 달러와 금의 관계가 단절된 상황에서 달러를 평가절하하려면 과거와 다른 접근 방법이 필요했다. 주요국들이 일제히 시장에 개입하여 시장 환율을 돌려놓아야 했던 것이다. 사실 1985년의 달러 강세는 미국의 경제적인 반전에 투자자들이 미국 투자를 늘리면서 달러의 수요가 늘어난 데 원인이 있었기 때문에 미국 경제에 대한 일종의 신임 투표 성격을 지니고 있었다. 미국으로서는 나쁘지 않은 상황이었다.

1985년 9월, 뉴욕의 플라자 호텔에 모인 미국, 프랑스, 일본, 독일, 영국 등 5개국 재무장관들은 향후 몇 년간 달러화의 약세 유도에 합의했고(소위 플라자 합의the Plaza Accord라고 한다), 이를 계기로 각국 중앙은행의 대대적인 외환시장 개입이 이루어졌다. 이로써 1988년까지 달러는 프랑화 대비 약 40퍼센트, 엔화 대비 약 50퍼센트, 마르크화 대비 약 20퍼센트의 평가절하를 달성했다.[21]

하지만 플라자 합의가 가져온 달러 약세에도 불구하고 실업률은 여전히 7퍼센트대를 유지했고 1990년대에 다시 물가 상승률이 6퍼센트에 달하면서 미국은 다시 물가 불안에 시달려야 했다.

저축대부조합 위기

미국경제를 심각한 위기로 몰고 간 높은 인플레이션과 이를 막기 위한 볼커의 전쟁은 금융업에 예기치 못한 지각변동을 가져왔다.

사실 대공황 당시 도입된 이자율 규제로 인해 대공황 이후 은행업은 거의 물, 전기 등과 같은 유틸리티 사업과 같이 위험도 크지 않고 경쟁도 심하지 않는 지루한 산업이 되었다. 이러한 상황을 보여주는 신조어 '3-6-3'도 등장했다. 즉, 3퍼센트로 조달하여 6퍼센트로 대출하고 3시에 골프장으로 간다는 의미였다. 따라서 당시 은행의 경영진은 직원들의 야근을 싫어했는데 이유는 창문의 불빛을 보고 고객들이 은행에 무슨 일이라도 있는 게 아닌지 괜한 오해를 할 수도 있기 때문이었다고 한다.

하지만 높은 인플레이션으로 금리 규제는 더 이상 효과를 발휘하지 못했다. 1979년 10월 볼커가 물가와의 싸움을 시작하면서 통화 공급을 조이자 시장 금리가 뛰어올랐다. 예금자들은 이자율 규제를 받는 은행 및 저축대부조합보다 더 높은 금리를 찾아 나섰고 자금이 은행 밖으로 빠져나가기 시작했다. 인플레이션을 감안할 때 예금 금리는 사실상 마이너스나 마찬가지였기 때문에 고객들로서는 예금을 유지할 하등의 이유가 없었다. 이로 인해 은행들도 어려운 상황에 빠지게 되었지만 고정금리형 장기 모기지 대출을 가진 저축대부조합에는 거의 재앙이나 다름없었다.

1831년 필라델피아에서 시작된 저축대부조합은 일정액의 적금을 납입한 예금자들에게 집을 짓거나, 사거나 또는 보수하는 데 필요한 자금을 대출해주는 구조였다. 이후 필요 시 일정 기간 사전 고지를 하고 인출할 수 있는 시스템으로 발전하면서 인출에 제한이 없는 은행과 별 차이가 없게 되었다. 하지만 은행과 달리 저축대부조합의 대출은 기본적으로 고정금리형 장기 모기지 대출이었다. 저축대부조합의 입장에서 보면 단기 예금으로 조달한 자금을 장기 고정금리로 대출해주는 것으로 금리 변동 위험 및 장단기 기간 불일치term mismatch 위험을 모두 지고 있는 셈이었지만 당시 금융 환경이 엄격한 이자율 규제를 받고 있었기 때문에 별 문제가 되지 않았다.

초기에 금리가 오르면서 일부 예금이 이탈하자 은행과 저축대부조합은 금리 이외에도 다양한 사은품을 증정하면서 고객의 이탈을 막기 위해 노력했다. 하지만 예금 금리가 워낙 낮아 고객을 붙잡아두는 데는 한계가 있었다. 사실 저축대부조합은 은행과 달리 예금 금리에 어느 정도 자율성을 가지고 있었지만 이들의 자산이 대부분 낮은 고정금리형 모기지 대출이었기 때문에 높은 금리를 줄 여유가 없었다. 따라서 인출을 막기 위해 높은 금리를 제공하는 데는 명백한 한계가 있었다.

저축대부조합의 수익성이 급격히 악화되자 정부는 규제 완화를 통해 기존에 허용되지 않던 카드 발행, 머니마켓과의 거래 그리고 대규모 부동산 개발자금의 취급을 허용했다. 하지만 이는 2013년 우리나라의 저축은행 사태가 잘 증명했듯이 오히려 위기를 더 키운 실수였다. 수익성을 올리기 위해 이들은 시장 금리보다 높은 금리를 제시하여 돈을 끌어들이고 이를 더 큰 수익이 예상되는 위험 투자에 대출했다. 소위 '회생을 위한 도박'이 시작된 것이다. 이들이 자금을 끌어들일 수 있었던 것은 예금보험의 적용이 크게 확대된 덕분이었다. 즉, 연방저축대부조합보험공사FSLIC, Federal Saving and Loan Insurance Corporation*가 기존의 4만 달러에서 10만 달러까지 예금보험의 적용을 확대한 것이다. 이제 예금자들은 저축대부조합의 건전성은 고려하지 않은 채 이들이 제공하는 높은 이자에만 관심을 가졌다.

또한 당시 연방정부 직원들의 인원 동결 조치로 감독 인원이 20퍼센

---

* 1934년 연방예금보험공사(FDIC)가 설립되고 난 다음 해에 저축대부조합의 예금보험을 위해 설립되었으며 1989년 FDIC에 통합되었다.

트 가까이 감소하면서 현장 감독이 소홀해진 것도 저축대부조합의 부실을 부채질했다. 다시 말해 저축대부조합의 수익성 기반이 흔들리는 상황에서 영업 확대 허용, 예금보험 확대, 규제 완화, 감독 소홀이라는 위기를 야기할 만한 종합세트가 다 갖추어진 셈이었다. 때마침 불어닥친 오일쇼크가 상황을 엎친 데 덮친 격으로 몰고 갔다.[22] 유가가 급등하면서 미국의 텍사스를 중심으로 한 남서부 주에서는 밀려드는 돈으로 인해 부동산 개발 열기가 타올랐고 은행과 저축대부조합이 여기에 동참하면서 부동산 대출을 크게 확대했다.

1987년 유가가 급락하기 시작하자 모든 문제점들이 동시에 나타나며 잔치가 끝난 뒤의 모습을 적나라하게 보여주었다. 은행의 연쇄 파산이 시작되었다. 특히 유가 급등으로 혜택을 보았던 미국의 남서부 주에서는 거의 4분의 3에 달하는 은행과 저축대부조합이 파산했고 텍사스의 경우 10개의 대형 은행 중 9개가 파산하는 은행 공황이 발생했다. 이 저축대부조합 위기는 대공황 이후 미국이 겪은 최대의 금융위기였으며 위기가 끝났을 무렵에는 미국 은행의 약 4분의 1과 저축대부조합의 절반이 사라졌다.

저축대부조합의 예금보장금 지급으로 FSLIC는 약 750억 달러의 적자를 기록했다. 1980년에서 1994년 사이에 파산한 1,300여 개의 저축대부조합과 3,000여 개의 은행을 처리하기 위해 각각 1,600억 달러와 2,000억 달러 정도가 투입되었으며 이 모든 비용은 당연히 연방정부로부터 나왔다. 결국 국민의 세금이 동원된 것이었다.

부실 저축대부조합을 처리하기 위해 여러 가지 새로운 방식이 등장했는데 그중 하나가 '자산부채 이전P&A, Purchase and Assumption'이었다. 즉, 부도난 은행의 자산 전부 또는 일부를 우량 금융회사가 사가도록 하고 이들에게 예금보험금의 일부를 넘기는 방식이었다. 이는 예금보험공사의 보험금 지급 부담과 이후 자산 매각의 부담을 덜 수 있었기 때문에 훗날 부실 금융기관 처리 방식으로 널리 활용되었다.

또 다른 방식은 컨티넨탈일리노이즈은행의 처리에서 보여준 '규제 유예regulatory forbearance'로, 부도 처리가 금융시장에 미치는 영향이 클 경우 소위 '은행 영업 지속 보장open bank insurance'을 통해 이미 지급불능 상태에 빠진 은행이 문을 닫지 않고 계속 영업할 수 있도록 자금을 공급하는 조치였다. 이 방식은 이후 대마불사 문제를 야기했다는 비판을 받았고 1991년 의회는 감독 당국이 이를 남용하는 것을 막기 위해 '적기 시정 조치Prompt Corrective Action provisions' 제도를 만들어 단계적으로 감독 당국의 경영 개선 조치가 따르도록 했다.

단위은행업의 몰락: 2008년 위기의 씨앗

볼커의 인플레이션 전쟁이 야기한 높은 이자율과, 이로 인한 저축대부조합의 몰락은 그동안 미국 은행업의 구조적인 문제점으로 지적된 단위은행업의 몰락을 가져왔다. 대공황을 거치면서도 큰 변화 없이 살아남았던 단위은행업이 몰락하게 된 것은 인플레이션으로 인한 금리 상승 외에 다른 요인들이 작용한 결과였다.

먼저 통신과 컴퓨팅 기술의 발달로 지역적 한계를 벗어나 보다 광범위하고 과학적인 고객 정보 수집이 가능해졌으며 타 지역에 진출하려는 인센티브도 과거보다 높아졌다. 때마침 개발된 ATM은 은행들의 이러한 욕구를 충족시켜 주었는데 은행들은 영업 지역 제한을 우회하기 위해 ATM을 활용하기 시작했다. 지역의 단위은행들은 일부 대형 은행의 ATM이 지역에 침투하는 것을 막기 위해 소송을 제기했지만 1985년 대법원은 ATM은 은행의 지점이 아니라는 판결*을 내렸다.

또한 은행 및 저축대부조합에서 이탈한 고객들을 노리는 소위 그림 자 금융이 발달하여 은행들이 더 이상 영업 지역 제한으로 얻을 수 있 는 이익이 예전처럼 크지 않았다. 즉, 기업단기어음CP과 머니마켓 뮤 추얼펀드money market mutual fund의 발달로 그동안 은행에 의존해왔던 기 업들이 다른 자금원을 찾아 나섰던 것이다. 게다가 그동안 단위은행 업자들의 강력한 저항에 눌려 있던 미국의 정책 당국자들도 점차 지역 규제를 풀기 원했다. 금융의 글로벌화가 진행되면서 각종 규제로 대형 은행의 출현을 막은 미국이 전 세계 금융업에서 뒤처지고 있다는 인식 이 퍼지기 시작했던 것이다.

이와 같이 다양한 원인들이 있었지만 미국 단위은행업의 구조를 변 화시킨 가장 큰 원인은 무엇보다도 단위은행업을 유지하는 데 강력한 영향력을 행사하던 저축대부조합이 위축되어 더 이상 전국적 지점망 을 갖춘 은행의 출현을 막지 못했기 때문이었다.

저축대부조합의 처리는 많은 비용을 필요로 했다. 주정부들은 비용 절 감을 위해 건전한 저축대부조합 및 은행이 일부 부실업체를 인수하는 것을 허용했고 이로써 자연스럽게 영업 지역 제한이 흔들리기 시작했 다. 결국 1982년 의회는 1956년 제정된 은행지주회사법The Banking Holding Company Act of 1956을 개정하여 주법의 제한 여부와 관계 없이 부실 은행의 인수를 가능하게 했다. 이는 전국 어디에서나 지점을 통한 영업이 가능

---

* Independent Bankers Association of New York States vs. Marine Midland Bank.

하다는 것을 의미했다. 이후 1994년 리글-닐 주_州간 은행 및 지점 효율화법이 제정되어 주 간 영업이 전면적으로 허용되면서 오랫동안 미국 은행업의 특징이었던 단위은행업은 완전히 소멸하고 말았다.

하지만 단위은행업이 소멸했다고 해서 단위은행업을 지탱하던 지역 중심의 이익단체까지 사라진 것은 아니었다. 이를 가능하게 한 것이 바로 지역 재투자법Community Reinvestment Act of 1977이었다.[23] 당초 지역 금융 수요를 충족시키려는 목적으로 제정된 이 법은 1990년대 단위은행업이 무너지고 합병이 진행되어 초대형 은행들이 출현하는 과정에서 당초 의도한 바와 다른 영향력을 행사하는데 바로 합병 관련 심사에 활용되었다는 것이다. 즉, 합병 허가를 받고자 하는 은행들은 지역사회에 기여하여 선량한 시민의 의무를 다했다는 점을 입증해야 했는데 바로 저소득층에 대한 대출 확대는 이러한 기준을 충족시켜 주었다.

따라서 합병 관련 청문회에서 은행의 실적을 입증해주는 저소득층 대출 관련 이익단체들의 입김이 강해졌다. 대형화를 원하는 은행들은 이들에게서 좋은 평판을 얻기 위해 저소득층 대상의 대출을 확대할 수밖에 없었고 이들의 요구대로 신용도가 낮은 사람들에게 모기지 대출을 확대하는데 이로써 '서브프라임 모기지 대출'*이 등장하게 된다. 문제는 이들의 압력이 서브프라임 모기지 대출을 사들여 모기지 채권을 만들어 파는 패니메이, 프레디맥 등 공적 기구들의 대출 기준까지 낮추었다는 점이다. 그 결과 신용도가 낮은 사람들에 대한 모기지 대출이 가능해졌고 이는 2008년 금융위기를 부른 한 원인으로 작용했다.

물론 서브프라임 모기지 대출이 크게 확대된 데에는 대처와 레이건이 등장하면서 불어닥친 규제 완화 바람과 함께 정파와 사상에 관계없이 서민들의 주택 마련을 위한 각국 정부의 지원이 지속적으로 확대된 영향도 크다. 1979년 총선에서 승리한 보수당의 마거릿 대처Margaret Thatcher는 1986년 10월 27일 소위 빅뱅으로 불리는 대대적인 금융규제 완화에 착수했고 금융업을 핵심 산업으로 육성하기 위한 정책을 적극적으로 추진했다. 이러한 규제 완화는 상업은행과 투자은행의 기능을 하나의 은행이 가진 소위 유니버설 은행업universal banking을 가능하게 했으며 이로써 영국의 은행들이 글로벌 강자로 부상하는 데 결정적으로 기여하게 된다.

영국의 변신은 미국에 큰 영향을 미쳤다. 미국도 그린스펀의 등장과 함께 대대적인 금융규제 완화를 추진하기 시작했다. 세계의 금융을 지배하는 양국에서 벌어진 이 규제 완화 경쟁은 소위 '바닥을 향한 경쟁 race to the bottom'의 시작이었고 결과적으로 2008년 초대형 금융위기의 토대가 되었다.

＊ 통상 신용 등급이 낮은 사람들을 대상으로 하는 대출 상품인 서브프라임 모기지 대출(subprime mortgage loan)은 법적으로 정의되어 있지 않다. 다만 지침으로 다음과 같은 다섯 가지의 낮은 신용 특징 중 하나 이상을 가진 사람들에게 나가는 대출을 말한다. ① 지난 12개월 동안 두 번 이상 30일간의 연체가 있었거나 또는 지난 24개월간 한 번 이상 60일간의 연체 경력이 있는 사람, ② 지난 24개월 이전 차압(foreclosure)당한 경험이 있는 사람, ③ 지난 5년간 파산 경험이 있는 사람, ④ 개인 신용평가기관 FICO가 측정한 신용 등급 660점 이하에 있는 것과 같이 채무 불이행 확률이 높은 사람, ⑤ 총부채상환 비율(DTI)이 50퍼센트 이상인 사람.

10장

흔들리는
신흥국 금융

어떤 새도 자기 날개로만 날아오른다면 지나치게 높게는 날아오르지 못한다.

– 《포브스》

. . .

외국인의 예금은 분명히 섬세하고 특이한 성격을 가지고 있다.
이는 외국인의 (그 나라에 대한) 좋은 평판에 달려 있으며
그러한 의견은 사라지거나 때로는 나쁜 평판으로 변한다.

– 월터 배젓. 《롬바드 스트리트》[24]

. . .

국제적인 투기세력의 특징은, 준 것은 언제든 다시 가져간다는 것이다.
그것도 가장 최악의 순간에 가져간다.[25]

– 닐 어윈. 《연금술사들》

. . .

금융공황은 스스로 커간다. 만일 공황이 이류 인간을 덮친다면
우리 같은 일류 인간인들 무사할까?

– 월터 배젓. 《롬바드 스트리트》[26]

1982년 멕시코 부채 위기: 민간 채무 재조정의 등장

국내적으로 저축대부조합의 몰락이라는 원치 않은 결과를 가져온 볼커의 인플레이션 전쟁은 국제적으로도 큰 소용돌이를 일으켰다. 금리가 오르면서 세계적인 대형은행으로부터 막대한 자금을 차입하여 재정 적자를 메우고 있던 많은 나라들이 당장 이자율 부담을 이기지 못하고 어려움을 겪기 시작했고 1981년부터 모로코, 폴란드, 유고슬라비아가 부채 위기에 빠졌다. 1982년 8월 멕시코가 채무 불이행 상태에 빠지자 곧이어 아르헨티나, 브라질, 칠레 등 남미 국가들이 모두 심각한 부채 위기를 겪게 되었다. 결국 이들 남미 국가들은 1990년 소위 브래디 본드Brady Bonds로 채무 재조정이 완료될 때까지 부채 위기를 벗어나지 못했다.

이 부채 위기의 중심에 멕시코가 있었다. 1970년까지 비교적 안정적인 성장을 이어가던 산유국 멕시코는 국제 유가가 오르면서 정부 지출을 크게 늘리기 시작했다. 1975년에는 재정 적자가 거의 GDP의 10퍼센트까지 확대되었고 멕시코 정부는 이를 차입과 통화 발행으로 메웠다. 원유 수출 대금을 담보로 해외 차입에 나서 1973년 40억 달러 수준이었던 외채가 1981년 430억 달러까지 크게 늘었고 중앙은행을 통해 통화 발행을 확대하면서 물가가 20퍼센트 이상 상승했다. 인플레이션이 심화되면서 페소의 실질 가치는 하락했고 평가절하 압력이 커지자 중앙은행은 페소의 가치를 지키기 위해 외환 보유고를 동원해 개입하기 시작한다.

이러한 상황에서 볼커의 금리 인상이 야기한 국제적인 금리 상승 분위기가 멕시코를 외채 위기로 몰아갔다. 멕시코 정부는 서구의 민간 은행들로부터 차입한 자금의 이자 상환 부담이 점차 커지고 외환 보유고가 고갈되자 그간 외환시장에 개입하여 페소 가치를 유지하던 정책을 포기했고, 그 결과 페소 가치는 50퍼센트 가까이 폭락한다. 미국 연준으로부터 긴급자금을 조달해 간신히 견디던 멕시코 정부는 1982년 8월 약 800억 달러의 외채에 대해 채무 불이행을 선언한다.

멕시코가 파산하자 이웃 나라 미국은 수수방관할 수 없었다. 불법 이민자들이 크게 늘어날 것은 물론이고, 국경을 맞대고 있는 남부 주들의 경제 악화가 불을 보듯 뻔했기 때문이다. 미국 정부와 연준은 곧바로 멕시코 사태에 개입해서 서방 은행들로 하여금 약 15억 달러의 긴급자금을 지원하도록 했고 연말에는 IMF가 구조조정을 전제 조건으로 38억 달러를 지원했다. 한편 부채 문제를 장기적으로 해결하기 위해 베이커 미국 재무장관은 신규 자금의 지원과 구조조정 프로그램을 연계한 베이커 플랜The Baker Plan을 마련했다. 그러나 이 계획은 당초 예상보다 멕시코 경제의 회복이 지연되면서 실패로 돌아간다. 결국 1989년 9월, 이자율을 대폭 삭감한 브래디 본드와 기존 채권 간의 스왑이 이루어지면서 멕시코 사태는 일단락되었다. 멕시코는 1980년 대를 경제위기 속에서 보냈고 소위 '잃어버린 10년'의 원조 국가가 되었다.

흥미롭게도 이 멕시코 위기는 IMF의 기능을 크게 바꾸어놓았다. 이전의 글로벌 위기(1956년 수에즈 운하 위기, 1970년 말 오일쇼크 등) 때는 위기 국가들이 IMF에 긴급자금만을 요청했지만 1982년 멕시코 위기는 IMF에 위기 관리자의 역할을 요구했던 것이다. 멕시코 위기는 수많은 서방 은행들이 당사자로 참여하고 있었기 때문에 채무 재조정 등 외부 참여자의 조율 없이는 해결이 어려운 상황이었다. IMF는 이 위기를 해결하면서 국제적인 은행들에 채무 재조정을 요구했고 이로써 훗날 민간 채무 재조정PSI, Private Sector Involvement의 일환인 채권의 원금 삭감(헤어컷) 관행이 워크아웃 과정에 포함되는 계기가 되었다.[27]

볼커의 퇴장과 그린스펀의 등장

볼커를 연준 이사회 의장에 재임명했지만 레이건은 기본적으로 볼커와 성향이 달랐다. 무엇보다 볼커는 레이건과 그의 측근들이 추진하는 규제 완화에 부정적이었다.

1980년 대선에서 승리한 레이건은 자유주의 시장경제에 바탕을 둔 '레이거노미스Reaganomics'를 출범시켰다. 레이건은 재무부와 국무부 등 다양한 분야에 월가 출신을 광범위하게 포진시켰고 이들은 경제 전 분야에서 강력한 규제 완화를 추진했다. 취임한 지 일주일도 안 되어 대통령 행정명령을 통해 닉슨의 임금과 물가 통제를 모두 해제해버렸고 소위 '트리클다운 경제학trickle-down economics'이라는 이론적 배경하에서 세율을 대폭 인하했다. 이러한 규제 완화는 금융 분야에도 예외 없이 적용되었다. 레이건은 조지 부시George H. W. Bush 부통령과 메릴린치 출신인 도널드 리건Donald T. Regan 재무장관을 금융규제 완화 태스크포스 공동팀장에 임명했고 투자은행과 상업은행이 모두 요구하는 업무 영역 확대를 위한 규제 완화에 적극 나서게 된다.

레이건의 당선으로 볼커의 설 자리는 줄어들 수밖에 없었다. 기본적으로 철학이 달랐기 때문에 갈등이 없을 수 없었으며 취임 직후부터 레이건은 인플레이션과의 전쟁이 미국의 경제 불황을 심화시키고 있다는 생각에 볼커에게 금리를 낮출 것을 은연중 종용했다. 볼커는 또한 레이건 팀이 강력하게 추진하는, 글래스-스티걸법을 무력화시키는 규제 완화 및 합병 허가 등에도 반대 입장을 고수했다. 레이건 행정부는 1982년 상업은행과 저축대부조합의 이자율 규제와 저축대부조합의 부동산 투자 제한 등을 푸는 예금취급금융기관법The Garn-St. Germain Depository Institutions Act을 시작으로 1983년에는 금융규제완화법Financial Institutions Deregulation Act을 통해 상업은행, 투자은행, 저축대부조합 등 전 금융권에 대한 규제를 대대적으로 완화했다. 하지만 볼커는 이러한 규제 완화를 우려했고 심지어 상업은행에 증권 인수underwriting 기능을 부여하자 의회에 "은행법과 증권업을 섞는 행위는 신중을 기해야 한다"는 서한까지 보냈다.[28]

볼커와 레이건 팀의 갈등은 1988년 대선이 다가오면서 한층 심각해졌다. 공화당은 인위적인 경기 부양을 반대하는 볼커의 정책이 자신들을 카터와 같은 운명으로 만들 수도 있다는 생각에 불안해했다. 따라서 대통령 선거를 1년 앞둔 1987년 볼커의 세 번째 연임을 저지하기로 결정하고 압박을 가하기 시작했다. 레이건과 참모들은 우선 지속적으로 연준 이사에 공화당원들을 심었다. 이들은 연준 이사 7명 중 4명이 자기 사람들로 채워지자 볼커의 결정에 사사건건 시비를 걸었는데, 언론은 이들을 중국 문화혁명 당시 전권을 휘둘렀던 4인방에 비유했다.

1986년 2월 24일, 이들 4인방은 이사회의 결정 사항인 연준의 재할인율 결정에 관한 안건에서 반대 결정을 주도해 연준 역사상 두 번째로 의장의 의견이 소수 의견으로 전락하는 사태가 발생했다.* 볼커는 1985년 플라자 합의 이후 달러화의 평가절하가 계속되는 것을 우려하면서 이를 가속시키는 재할인율의 인하를 바람직하게 보지 않았다. 하지만 선거를 앞둔 공화당에서는 금리 인하를 원했다. 볼커는 당일 평소처럼 자신의 의견대로 결론이 날 것으로 생각하고 이를 표결에 붙였지만 행정부에 우호적인 4인방이 금리 인하에 찬성하는 바람에 졸지에 4 대 3으로 의장이 소수 의견에 서게 된 것이다. 이는 공개적으로 볼커를 불신임한 것이나 다름없었다.

이후 자신의 의견이 잇달아 반대에 부딪히자 1987년 볼커는 백악관의 새 비서실장으로 임명된 하워드 베이커에게 사의를 표명했다. 그의 사임을 기다리면서 이미 앨런 그린스펀과 접촉하고 있던 레이건을 비롯한 참모들은 볼커의 사의를 반려할 이유가 없었다.

1987년 8월 볼커의 후임으로 연준 의장에 오른 그린스펀은 줄리아드 음악학교에서 클라리넷을 전공하다 중퇴했고 밴드 활동도 한 특이한 경력의 소유자였다. 1945년 뉴욕 대학을 졸업한 후 컬럼비아 대학에 들어가 연준 의장을 지낸 아서 번스 밑에서 경제학을 공부했다. 중

---

* 1979년 윌리엄 밀러(G. William Miller) 의장이 금리 인상에 반대했다가 소수 의견에 선 선례가 있다.

퇴후* 컨설팅 회사를 운영하던 그린스펀은 포드 대통령의 경제 자문을 맡으면서 정계에 진출했고 레이건에 의해 연준 의장에 발탁되었다. 그린스펀은 한때 《파운틴헤드Fountainhead》, 《움츠린 아틀라스Atlas Shrugged》를 쓴 소설가이자 사회비평가인 아인 랜드Ayn Rand의 객관주의 철학에 심취했고 이는 그가 자유주의 경제철학을 가지는 데 큰 영향을 미쳤다. 객관주의 철학은 시장을 인간 본성이 표출된 것으로 간주하고 과열 등 비이성적 현상은 그대로 두면 결국 정상으로 복귀할 것이라고 주장하는 경제적 자유주의 사상이다. 이 사상은 그린스펀을 규제 없는 시장주의, 민영화, 작은 정부를 옹호하는 자유주의자로 만들었다.

그린스펀은 1987년 10월 6일, 첫 의회 출석에서 "현재의 은행 시스템은 50년 전에 만들어진 규제 체제에 갇혀 있으며 과학기술의 발달과 경쟁 환경 변화에 맞게 개편되어야 한다"라고 말했다. 이는 대공황 당시 입법된 글래스-스티걸법의 폐지를 포함한 대대적인 규제 완화에 나설 생각임을 천명한 것이었다. 이후 그린스펀은 취임 2개월 만인 1987년 10월에 주식 대폭락 사태를 비롯해 1997년 아시아 외환위기, 1998년 러시아 디폴트 사태와 LTCM 위기, 그리고 2001년 닷컴 버블 등 일련의 경제금융 위기를 겪지만 전반적으로 미국 경제의 안정적인 성장을 가져온 소위 '대안정기The Great Moderation'를 열면서 대단한 명예를 누리게 된다. 하지만 2008년 미국을 근원지로 한 글로벌 금융위기가 터지자 재임 중 시행한 금융 정책의 문제점이 도마 위에 올라 화려한 명성은 퇴색하고 만다.

---

* 1977년 뒤늦게 뉴욕 대학에서 경제학 박사 학위를 받았다. 연준 의장 취임 당시 논문의 비공개를 요청하면서 알려지지 않다가 2008년 한 언론에 의해 밝혀진 그의 박사 학위 논문은 주택 버블에 관한 것이었다. 여기서 그는 버블의 붕괴까지 예측한 것으로 알려졌다.

검은 월요일: 금융 혁신이 가져온 위기

그린스펀은 1987년 8월 연준 의장에 취임했는데 시장은 의외로 빠른 시간 안에 그를 시험대에 올렸다. 취임 2개월 만에, 1929년 대공황에 버금갈 만한 주가 대폭락 사태가 터진 것이다. 볼커의 강력한 물가 억제 정책이 성공하면서 경제가 비교적 순항하고 있었지만 눈덩이처럼 불어난 경상수지 적자와 동시에 재정수지 적자가 나타나는 소위 쌍둥이 적자로 인해 시장 불안은 나날이 높아졌다. 레이건 대통령이 취임할 당시 약 7,000만 달러에 불과하던 정부 부채는 1988년 약 2조 달러에 달할 정도로 급격히 늘어났고 일본과 독일이 가격경쟁력을 바탕으로 미국 시장을 공략하면서 경상수지 적자 폭도 눈덩이처럼 불어났다. 불어나는 쌍둥이 적자에 볼커의 반인플레이션 정책으로 안정세를 보이던 물가가 흔들리면서 6퍼센트대까지 치솟자 투자자들의 불안이 커졌다.

1987년 10월 들어 다소 흔들리던 주가는 10월 16일 약 100포인트 정도 밀리면서 위기 조짐을 보이더니 10월 19일 월요일 단 하루 만에 무려 508포인트(22.5퍼센트)나 빠졌다. 바로 '검은 월요일Black Monday'로 기록되는 사건이다. 이는 미국 역사상 최대의 폭락으로 508포인트는 1929년 대공황의 시발을 알리는 '검은 금요일Black Friday'의 폭락을 2배나 능가하는 규모였다. 개장과 동시에 주식시장에 팔자 주문이 쏟아지면서 거래 시스템이 중지(소위 서킷 브레이커circuit-breaker라고 한다)되었고 순식간에 금융시장은 대혼란에 빠졌다.

강의를 위해 텍사스 주 댈러스를 방문 중이던 그린스펀은 상황의 심각성을 느끼고 군용기편으로 급히 워싱턴으로 돌아와 상황이 악화되는 것을 막기 위해 적극적으로 시장에 개입했다. 그린스펀은 "연준은 중앙은행의 책임인 경제와 금융 시스템을 지키기 위해 유동성을 공급할 준비가 되어 있다"라고 공개적으로 밝히면서 수십억 달러의 재무성 채권을 사들여 시장에 막대한 자금을 풀었고 동시에 뉴욕연방준비은행은 은행들의 정상 영업을 독려하면서 위기가 실물경제로 번지는 것을 적극적으로 차단했다.

뉴욕연방준비은행 총재 제럴드 코리건E. Gerald Corrigan은 "은행에 대출을 강요하는 것은 아니다. 다만 상황을 이해해달라는 것이다. 기억은 오래간다. 위기 때문에 은행이 고객을 상대하지 않는다면 고객은 이를 오래 기억할 것이다"[29]라고 말하면서 은행에 대출을 회수하지 말라고 위협했다. 이와 같은 과감한 선제적 대응은 시장의 동요를 잠재우는 데 크게 기여했다. 추가적으로 금리 인하가 뒤따르자 당초 우려한 대공황 같은 경제위기로 확대되지 않고 경제에 큰 악영향을 주지도 않은 채 위기는 잦아들었다. 10.19 폭락 사태는 오히려 새로 취임한 그린스펀이 조기에 시장의 신뢰를 확보하는 데 큰 도움이 되었다.

폭락 사태가 진정되자 당시 재무장관 니콜라스 브래디Nicolas Brady의 주도로 구성된 브래디위원회Brady Commission *는 전례 없는 폭락 사태의 원인 조사에 들어갔다. 위원회는 당시 유행하던 새로운 투자 기법인 포트폴리오 인슈어런스portfolio insurance라는 프로그램 트레이딩을 대폭락의 주범으로 지목했다. 컴퓨팅 기술이 주식의 주문에 활용된 포트폴리오 인슈어런스는 요즘도 널리 활용되는 소위 동태적 헤징dynamic hedging 프로그램이다. 이 프로그램은 팔자 주문이 밀려들고 주가가 하

---

* 이 위원회의 장 데이비드 뮬린스(David Mullins)는 연준 이사회 부의장을 지낸 후 LTCM에 참여했다.

The New York Times

Late Edition

VOL.CXXXVII... No. 47,296   NEW YORK, TUESDAY, OCTOBER 20, 1987   30 CENTS

STOCKS PLUNGE 508 POINTS, A DROP OF 22.6%; 604 MILLION VOLUME NEARLY DOUBLES RECORD

1987년 '검은 월요일'을 보도한 《뉴욕타임스》 1면. 대공황과 비교하고 있는 것이 흥미롭다.

락하기 시작하면 손실을 최소화하기 위해 더 많은 팔자 주문을 내도록 설계되어 있는데 이것이 연쇄적인 폭락을 이끌었다는 것이다.

하지만 예일 대학의 로버트 실러Robert Shiller 교수는 이보다 더 큰 원인이 배후에 있다고 지적했다.[30] 실러는 설문조사를 통해 응답자 중 절반 정도가 1987년 대폭락이 있기 직전 1929년 대공황 시점의 주식시장 폭락과 같은 사건이 일어날 가능성에 대해 이야기를 나눈 적이 있다는 점을 밝혀냈다. 즉, 많은 사람들이 당시의 높은 주가 수준에 대해 불편한 마음을 갖고 있었고 이를 우려하던 차에 주가가 하락하자 모두가 팔자에 나서면서 곧바로 대폭락과 패닉으로 연결되었다는 것이다. 결국 특정한 경제적 이유가 아닌 심리적 요인으로 인해 엄청난 대폭락 사태가 야기되었다는 주장이다. 그리고 이를 가능하게 한 것이 새로운 거래 방식 포트폴리오 인슈어런스였다.

연준이 1987년 대폭락 사태를 성공적으로 극복했지만 사실 이 폭락은 세계가 제2차 세계대전 이후 누려왔던 금융 안정이 더 이상 계속되지 않으리라는 것을 상징적으로 보여준 사건이었다. 그동안 금융위기를 초래했던 원인들에 더하여 새로운 위험이 추가된 것을 세계는 제대로 이해하지 못하고 있었던 것이다. 이미 세계는 브레튼우즈 체제 이후 새로운 위험에 직면했으며, 이에 제대로 대응하지 못해 무너지는 금융회사를 목격하고 있었고 특히 외환 거래의 위험성이 부각되고 있었다. 또한 규제 완화와 통신 및 컴퓨팅 기술이 이끈 금융의 발달 이면에 동반된 위험을 제대로 관리하지 못하고 있었다. 그리고 이를 간과한 대가로 뼈아픈 금융위기를 치르게 된다.

북유럽 은행 위기: 전면 보증 조치와 배드뱅크의 등장

브레튼우즈 체제가 무너지면서 외환 거래의 위험이 커지자 크고 작은 은행들이 잘못된 외환 투기로 도산하는 사태가 빈발했다. 1974년 6월, 독일 쾰른의 헤르슈타트은행Bankhaus I. D. Herstatt이 약 2억 달러의 손실을 보면서 무너졌고, 수개월 뒤 뉴욕의 프랭클린내셔널은행The Franklin National Bank 역시 외환 거래로 인한 대규모 손실로 파산했다.

하지만 세계인에게 다시 대공황 이전과 같은 잦은 금융위기의 시대로 들어섰다는 것을 깨닫게 해준 사건은 놀랍게도 비교적 안정적인 성장을 이어오던 북유럽에서 발생했다. 이후 북유럽의 금융위기는 신흥국 위기의 전형적인 모습으로 자리 잡았다. 즉, 금융규제 완화와 이로 인한 신용의 팽창, 자산 가격의 버블, 부채의 증가 그리고 외국 자본의 갑작스런 유입 중단 및 유출로 외환위기를 겪는 과정이 신흥국의 위기 유형으로 반복된다. 1997년 아시아 외환위기는 물론 2014년 터키, 남아프리카공화국, 인도 등 일부 취약한 나라들이 미국의 양적 완화 축소 방침에 영향을 받아 위기에 빠진 상황도 모두 이 시기에 진행된 북유럽 금융위기를 그대로 재현했다.

제2차 세계대전 이후 노르웨이, 핀란드, 스웨덴은 성장을 지속했지만 금융은 여전히 강력한 규제를 받고 있었다. 은행, 자본시장, 외환시장이 엄격한 통제하에 있었으며 환율은 달러에 고정되었고 자본의 이동도 제한되었다. 정부는 이자율 상한제를 통해 시장 금리보다 낮은 정책 금리를 유지하고 생산성이 높은 산업으로 자금을 몰아주는 신용 할당을 통해 가계 대출, 서비스산업 등으로 자금이 흘러들어가는 것을 차단했다. 이처럼 이자율을 낮게 유지한 상태에서 인플레이션이 진행되자 실질 금리는 마이너스 수준에 이르렀으며 따라서 시장에는 항상 자금에 대한 초과 수요가 존재했다. 이러한 상황에서 이 나라들은 거의 동시에 금융 부문에 대한 규제 완화를 단행했다.

세계적인 금융 자율화 추세에 발맞추어 노르웨이는 1984~85년 사이에, 스웨덴은 1986년에, 핀란드는 1988년에 신용 할당을 폐지하고 예금과 대출에 대한 이자율 규제도 없앴다. 자본시장의 규제를 대폭 완화했고 외국 은행의 국내 진출도 허용했다. 이들은 금융 자율화를 추진하면서 금융 감독도 동시에 완화했는데 금융 감독 체제를 개편하여 현장 감독을 대폭 줄여 나갔다. 그동안 자금에 대한 초과 수요가 존재하던 이들 나라가 규제를 완화하자 곧바로 해외로부터 막대한 자금이 유입되었다. 은행 등 금융회사들은 해외에서 저리로 자금을 차입하여 국내에 대출하기 시작했다. 이들 자금이 그동안 자금에 목말라했던 부동산 및 가계로 흘러들어간 것은 당연한 일이었다. 가계와 기업들의 부채 부담이 커졌고 지출은 크게 늘어났다. 주식시장으로도 여유자금이 몰리면서 주가가 크게 상승했다.

이미 단기 외채의 비중이 높아 위기에 대한 취약점이 하나둘씩 늘어가는 시점에 이를 더욱 부추긴 것은 주요 수출품 가격의 급등이었다. 오일쇼크로 유가가 급등하고 종이의 원료인 펄프 가격이 뛰어올라 노르웨이와 핀란드가 각각 큰 폭의 경상수지 흑자를 기록하게 된 것이다. 이러한 이유로 인해 국내에 돈이 풀리자 부동산과 주가는 버블로 치달았다. 하지만 정책 당국자들은 이를 버블이 아니라 그동안 규제로 성장하지 못한 시장이 정상화되는 과정으로 보고 어떠한 조치도 취하지 않았다. 경제가 과열 양상을 보이자 일부에서 우려의 목소리가 나왔다. 핀란드 경제위원회 사무총장이었던 제프 레판넨Sepp Leppänen은 "차입이 늘어나는 것은 통제할 수 없을 것이며 향후 핀란드 경제는 저성장, 높은 실업률, 낮은 투자율, 높은 정부 부채, 경상수지 적자 확대 그리고 불안정한 노동시장으로 어려움을 겪을 것"[31]이라고 경고했지만 무시되었다.

하지만 이들 국가가 누리던 유리한 환경이 급변하면서 상황은 반전되었다. 먼저 오일쇼크를 벗어나 유가가 안정되기 시작했고 펄프 가격도 정상으로 돌아가면서 경상수지가 순식간에 적자로 돌아섰다. 아울러 그동안 해외에서 유입된 단기 자금으로 떠받쳐지고 있던 부동산 및 주식시장의 버블이 꺼지면서 일부 투자자들이 큰 손실을 보았고 이러한 부도 사태는 여기에 자금을 댄 은행들의 손실로 이어졌다. 각국의 통화가 폭락세를 보이고 해외 자금 이탈이 늘어나자 부동산 및 주가도 동반 추락했다. 큰 손실을 입은 은행들이 무너졌고 정부의 개입이 불가피했다.

노르웨이의 경우 위기의 초반에는 은행들이 그동안 자율적으로 모은 기금을 동원해서 문제 은행들을 지원했지만 곧 기금이 고갈되면서 더 이상 독자적으로 위기를 해결할 능력을 상실했다. 은행 등 금융권이 패닉에 빠지자 결국 1991년 노르웨이 정부는 정부은행보험기금Government Bank Insurance Fund을 설립하여 문제 은행들의 국유화를 단행했다. 하지만 노르웨이의 위기는 핀란드와 스웨덴이 겪을 위기에 비하면 심각하지 않은 편이었다.

수출에서 큰 비중을 차지하는 펄프 가격의 폭락으로 시작된 핀란드와 스웨덴의 위기는 정책 당국의 예상을 뛰어넘을 정도로 진행되어 경제 전반이 추락하기 시작했다. 게다가 이미 추락한 이웃 나라 노르웨이 경제의 영향으로 해외 자금이 빠르게 이탈했다. 환율을 일정 수준으로 유지하던 중앙은행은 외환 보유고를 풀고 이자율을 인상하면서 버텼지만 결국 투기세력까지 개입하자 더 이상 견디지 못하고 환율 방어를 포기한다. 환율이 폭락하자 그동안 과도하게 외자에 의존하던 기업들과 이를 국내에 들여온 은행들이 큰 손실을 입고 파산 위험에 직면한다. 여기에 금리가 오르자 가계와 기업들도 파산 대열에 합류했고 은행의 손실은 더욱 커졌다.

결국 1991년 핀란드 저축은행들의 중앙은행 역할을 하던 대형 은행 스콥뱅크Skopbank가 파산했고 핀란드 정부는 이를 처리하기 위해 GDP의 약 3퍼센트에 해당하는 세금을 동원했다. 핀란드 정부는 스콥뱅크의 자산을 신설된 자산관리회사에 넘겨 양질 자산과 불량 자산으로 구분하고 대규모 정부 세금을 투입하여 정상화를 시도했다. 핀란드는 이 과정에서 노르웨이처럼 일반 주주들의 주식을 완전 감자하지 않고 주식의 원금을 돌려주었다. 스웨덴도 핀란드와 마찬가지로 3~4위 대형 은행들에 세금을 투입하여 구제에 나섰다.

북유럽 은행 위기가 오늘날까지 많은 관심을 끄는 것은 이 국가들이 위기를 극복하면서 취한 각종 정책들 때문이다. 그들은 금융위기가 잦았던 영국과 미국의 정부와 중앙은행에서는 찾아보기 어려운 다양한 정책들을 쏟아냈다.[32]

먼저 핀란드와 스웨덴은 정부의 개입으로 문제 은행들을 처리하는 것으로 끝내지 않고 은행의 채권자들에 대한 전면 보증 조치를 취했다. 전례 없는 조치인 데다 명확한 법적 근거도 없었지만 그동안 암묵적으로 은행 거래에 대한 안정성이 사회적으로 받아들여져 있었기 때문에 큰 반발 없이 이루어졌다. 뿐만 아니라 이 전례 없는 조치들이 스웨덴에서는 1996년, 핀란드에서는 1998년까지 상당 기간 유지되었다. 스웨덴은 위기에 처한 은행의 부실자산을 분리하여 이를 처리하기 위해 설립된 배드뱅크bad bank로 옮겼는데 이 모델도 훗날 많은 나라에서 부실 금융기관의 처리에 활용되었다.

위기가 닥치면 은행은 자금을 확보하지 못해 자산을 헐값에 매각해야 하는데 이는 부동산 및 주가 급락을 이끌어 다른 은행으로 위기를 확산시키는 고리 역할을 했다. 따라서 은행이 부실자산을 매각하도록 하기보다는 일정한 할인율을 적용하여 정부가 사들인 뒤 이를 전담하여 처리하는 부실 전담은행을 세우는 것이 위기의 확산을 막는 데 효과적이었다.

아울러 은행 위기 당시 북유럽은 중앙은행이 유동성 자금을 지원하던 종전의 방식에서 한 발 더 나아가 정부가 자본 확충을 위해 직접 은행에 지분 투자를 했는데 이 과정에서 기존 주주들의 지분을 감자하는 형식으로 은행 부실에 대한 책임을 물었다. 이는 일부 도덕적 해이 가능성이 있지만 은행의 증자가 거의 불가능한 상황에서 위기 은행을 빨리 안정시킬 수 있는 방안이었고 정부는 이 투자를 통해 향후 일정한 수익까지 얻게 되었다. 이 조치도 역시 2008년 글로벌 금융위기 당시 각국이 앞을 다투어 선제적으로 받아들였다.

1994년 멕시코 데킬라 위기: 환율안정기금의 활용

북유럽의 금융위기 이후 세계는 또 한 번의 글로벌 위기를 목격하는 데 바로 1994년에 발생한 멕시코 데킬라 위기(페소 위기라고도 한다)였다. 1992년 그린스펀을 두 번째 연준 의장에 임명했던 조지 부시 시니어는 연말 대통령 선거에서 "문제는 경제야, 이 바보야It's the economy, stupid"라는 캐치프레이즈를 내건 민주당의 빌 클린턴에게 패하며 재선에 실패했다. 부시는 선거의 패인을 연준의 정책에 돌리면서 그린스펀을 비난했지만 이미 상황은 돌이킬 수 없었다.

1994년 공화당의 하원 리더였던 뉴트 깅그리치Newt Gingrich는 작은 정부, 정부 적자 축소, 복지 축소 등을 담은 '미국과의 계약Contact with America'이라는 어젠다를 들고 나와 그해 중간 선거에서 미국 역사상 보기 드물게 상하 양원을 장악하는 큰 승리를 거두었고 클린턴 행정부는 큰 위기에 몰리게 된다. 이 와중에 12월 말 멕시코 경제위기가 터졌다.

당시 멕시코의 경상수지 적자는 GDP의 7퍼센트에 달했으며 외환보유고는 이미 바닥난 상태였다. 따라서 멕시코는 더 이상 자국 통화인 페소 환율을 지키지 못하고 방어를 포기했다. 급락하기 시작한 페소의 가치는 불과 6개월 만에 50퍼센트 가까이 떨어졌다. 북유럽 국가들처럼 단기 외채 부담이 컸던 멕시코는 수십억 달러에 달하는 단기 외채의 상환이 불가능해지면서 거의 파산 상태에 몰렸다. 250억 달러에 달하는 채무 상환 날짜가 1년 내에 돌아옴에도 불구하고 멕시코의 외환 보유고는 60억 달러에 불과했다. 상황이 다급해지자 멕시코는 IMF에 도움을 요청했지만 IMF 혼자 감당하기에는 멕시코의 부채 규모가 너무 컸다.

하지만 지난 1982년 위기와 같이 멕시코와 국경을 맞대고 있는 미국으로서는 멕시코의 국가 부도 사태를 강 건너 불구경하듯 할 입장이 아니었다. 더군다나 멕시코와는 1994년 1월 자유무역협정인 나프타NAFTA가 체결되어 많은 미국 기업들이 멕시코에 진출해 있는 상황이었다. 따라서 미국은 멕시코를 구제하기로 결정한다. 하지만 의회의 구제금융 승인을 기다리기에는 멕시코의 상황이 너무나 다급하자 미국 행정부는 전례 없는 조치를 취한다.

1995년 1월 재무장관 로버트 루빈Robert Rubin이 1930년대 미국 재무부가 설립한 환율안정기금Exchange Stabilization Fund을 동원하여 200억 달러에 달하는 멕시코 채권에 대한 보증 조치를 단행한 것이다. 미국과 IMF는 멕시코의 이자율을 크게 높여 외자 이탈을 줄이고 아울러 신규 자금의 유입을 유인했다. 상당수 기업들이 이자 부담을 견디지 못하고 무너지며 멕시코 경제는 추락했지만, 차츰 자금이 다시 들어오고 환율이 안정되면서 이자율도 낮아지고 경제가 정상으로 돌아왔다.

미국의 멕시코 지원 중에서 특이한 것은 바로 환율안정기금의 활용이었다. 대공황 당시 루스벨트 대통령은 달러화를 평가절하하기 위해 지속적으로 금을 매입했는데 덕분에 이미 보유하고 있던 미국의 금 가치도 덩달아 오르면서 막대한 평가 차익을 거두게 된다. 1934년 미국 정부는 이 이익의 일부를 활용하여 의회가 아닌 재무장관이 재량권을 행사하는 환율안정기금을 설치한다. 흥미로운 점은 미국이 달러화 환율 안정에 사용해야 하는 이 펀드의 사용 목적을 넓게 해석하여 멕시코 구제에 사용했다는 것이다.

이후 미국은 1997년 아시아 외환위기 때에도 인도네시아와 한국을 지원하면서 이 펀드 자금을 동원했다. 멕시코 데킬라 위기가 새로운 유형의 자금 지원을 만드는 계기가 된 것이다.[33] 이 펀드는 2008년 글로벌 금융위기 때 다시 등장했다. 이번에도 환율 안정 목적이 아니었다. 리먼브라더스의 몰락 이후 머니마켓의 자금 이탈이 가속화되자 미국 정부는 이를 동원해서 보증 조치를 취했다.* 결국 멕시코 위기 이후 환율 안정기금은 미국 재무부가 단골로 애용하는 위기 대응 자금이 되었다.

멕시코 위기는 신흥국의 경우 선진국과 다른 위기 대응 방안이 필요하다는 교훈을 남겼다. 사실 신흥국의 위기 유형은 선진국과 많은 면에서 차이가 있으며 따라서 대응 전략도 차별화되어야 한다.

신흥국의 경우 선진국과 달리 사적인 채무 계약이 통상 단기인 것이 일반적이고 국제시장에서 조달하는 자금도 자국 통화보다는 달러 등 외화 표시 채권이 대부분이다. 이러한 특징으로 인해 신흥국의 외환위기는 대부분 금융위기 또는 은행 위기로 연결된다. 만일 신흥국의 환율이 예기치 않게 급변할 경우, 외화 부채의 부담이 순식간에 크게 증가하는 위험에 처하는 것이다. 1997년 우리나라가 경험했듯이 외화 부채는 커지고 국내 통화로 대출되거나 투자된 은행 자산은 거꾸로 폭락하게 되는데 이 경우 은행의 BIS 자본비율이 급격하게 하락하므로 자본을 늘리거나 자산을 줄여 다시 BIS 자본비율을 높여야 하는 소위

---

* 머니마켓의 위기에 대해서는 이 책 9장 '고인플레이션 시대와 금융위기'를 참조.

적기 시정 조치의 대상으로 떨어진다.＊

　문제는 위기 시 은행이 신규 자금을 조달하여 자본을 확충하는 것이 거의 불가능하다는 점이다. 따라서 은행은 자산을 줄이는 방법을 택하게 되는데 이는 대출 회수를 의미한다. 은행이 대출 회수에 나서면 기업이 무너지면서 경제 전반으로 위기가 확산된다. 은행뿐 아니라 단기 외채를 조달해 투자한 기업들 역시 환율의 급변동 위험에 심각하게 노출된다. 이러한 특징으로 인해 신흥국의 금융위기에서는 중앙은행의 최종 대부자 기능 등 유동성 지원 대신 재정을 통해 정부가 직접 개입하는 지급보증, 국유화 등이 많이 활용된다. 만일 신흥국의 금융위기가 진행 중인 상황에서 중앙은행이 최종 대부자 기능을 수행하느라 무한정 돈을 찍어 위기에 빠진 은행을 구제한다면 오히려 자국의 통화 가치를 더욱 폭락시켜 위기를 한층 심각하게 만들 위험이 있기 때문이다.[34]

　멕시코 외환위기는 이후 연달아 터진 아시아 외환위기의 극복 전략에 많은 교훈을 주었다. 하지만 아시아 위기 당시 지원에 나선 미국과 IMF는 지원의 전제 조건으로 멕시코에 요구했던 것과 같은 재정 긴축과 이자율 인상을 아시아 국가에 요구했는데 이를 두고 상당한 반대 의견에 직면한다. 흥미롭게도 이 반대 의견을 제시한 곳은 워싱턴 D.C. 시내의 4차선 길을 사이에 두고 나란히 서 있는 자매기관 세계은행이었다.

＊ BIS 자기자본 비율은 1988년 7월 국제결제은행이 제정한 기준에 따른 위험 가중 자산 대비 자기자본 비율로, 최저 자기자본 비율을 8퍼센트 이상 유지하도록 권고하고 있다. 우리나라에는 1995년 말에 도입되었다. 은행의 자본 적정성을 평가하는 지표로, 감독 당국 및 외부 신용평가기관에 의한 평가 시 기준이 된다. BIS 자기자본은 위험 자산(분모) 대비 자본의 비율(분자)로, 간단하게 자본/자산으로 구한다. 따라서 은행이 BIS 비율을 올리기 위해서는 분자를 구성하는 신규 자본을 조달하거나 아니면 분모를 구성하는 자산을 줄여야 한다.

1997년 아시아 외환위기:
신흥국끼리도 서로 다른 위기 원인

1990년대 중반 들어 미국 경제는 순항했고 시장의 풍부한 자금은 마땅한 투자처를 찾지 못하고 신흥시장으로 흘러들기 시작했다. 이들의 행선지는 당시 괄목할 만한 성장세를 보인 동아시아 국가들이었다. 1996년 아시아의 이머징마켓으로 글로벌 자금이 거의 1,000억 달러나 흘러들어갔다. 이들 중 일부는 생산적인 부분으로 흘러갔지만 상당 부분이 이들 국가의 무리한 투자에 사용되었고 나머지는 부동산과 주식시장으로 유입되었다.

1997년 여름 태국의 바트화 폭락을 계기로 곧 말레이시아, 인도네시아, 홍콩, 한국 등 아시아의 주요 국가들이 외환위기에 휩싸였다. 신흥국으로 각광받던 소위 '아시아 호랑이'들의 갑작스런 추락은 많은 사람을 놀라게 했다. 사실 아시아 호랑이들은 글로벌 시장에서 일부 괄목할 만한 성공을 거두었지만 그 성공의 이면에는 경제위기를 가져올 만한 취약점도 함께 자라고 있었다.

우리나라도 다른 신흥국들과 같이 1960년대 개발을 시작한 이후 부족한 재원을 기업에 몰아주기 위해 신용 할당 시스템을 유지했고 아울러 금리를 인위적으로 낮추고 특혜성 자금을 수출기업들에 제공했다. 이러한 전략은 세계경제가 불황에 접어든 1990년대까지도 계속 유지되었다. 여전히 무리한 투자를 이어갔고 미국 등 해외에서 단기로 조달한 자금을 대규모 중화학 사업에 투자했다. 한편 정부는 해외 자금의 유입을 촉진하기 위해 금융 자율화 조치를 단행했고 종합 금융사들을 중심으로 무분별한 해외 단기 자금이 유입되면서 단기 외채 비중이 크게 높아졌다.

1996년 중견 기업인 한보와 기아가 무너지면서 모든 상황이 반전되었다. 외국인들이 앞을 다투어 이탈하기 시작했고 국제적인 신용평가사들이 신용 등급을 끌어내리자 더 많은 자금이 빠져나가면서 원화 환율을 방어하기 어려운 상황에 몰렸다. 하지만 정부로서는 금융기관들과 기업들이 조달한 단기 외화 부채가 상당했기 때문에 환율을 방어하지 않을 수 없는 상황이었고 결국 외환 보유고가 바닥나고 만다. 방어 능력이 없다는 것을 알게 된 투기세력들의 공격이 거세지자 더 이상의 방어를 포기하면서 IMF에 구제금융을 요청하게 되었다. 원달러 환율은 순식간에 886원에서 1,701원으로 치솟았다. 한때 글로벌 시장에서 한강의 기적으로 칭송받으며 승승장구하던 한국 경제는 한순간에 추락했다. 빠른 성장으로 세계를 놀라게 한 만큼 추락 또한 극적이었다.[35]

아시아 외환위기를 해결하기 위해 전면에 나선 IMF와 미국 재무부는 구제금융의 전제 조건으로 예산 삭감 등 긴축 정책과 환율 안정을 위한 고금리 정책을 들고 나왔고 이는 많은 비판을 받는다. 특히 IMF와 함께 브레튼우즈의 한 축을 구성하는 세계은행의 대표적인 경제학자 조셉 스티글리츠Joseph Stiglitz는 당시 스탠리 피셔Stanley Fisher 수석 부총재가 주도하던 IMF와 미국 재무부의 방침을 강하게 비판하면서 양기관은 심각한 갈등을 겪는다.

스티글리츠는 IMF가 멕시코에 적용했던 정책을 그대로 동아시아 국가에 적용하는 것은 잘못이라고 주장했다. 즉, 멕시코 데킬라 위기는 과도한 정부 지출로 인한 정부 적자와 이로부터 유발된 물가 불안이 원인이었지만 아시아 외환위기는 정부가 아닌 민간의 과도한 외자 도입과 이 자금이 유발한 부동산 등 자산시장의 버블이 원인이기 때문에

1997년 외환위기 당시 IMF 구제금융 요청을 보도한《조선일보》1면

위기의 본질이 다르며, 따라서 처방도 달라야 한다고 주장했다. 스티글리츠는 재정 적자가 문제가 아닌데 긴축을 강요하는 것은 인프라 건설 등 성장에 도움이 되는 투자를 위축시키는 실수이며 고금리 정책도 기업의 금융 비용을 높여 파산을 늘리게 될 것이라고 비판했다.[36] 아울러 IMF의 처방은 경제를 위기에서 구해내기는커녕 위축시킬 위험이 있다고 경계하면서 오히려 정부의 재정이 건전하므로 긴축보다는 적자 재정을 펴도록 하는 것이 바람직하다고 강조했다.

　하지만 당시 구제금융을 제공하던 IMF는 이 주장을 받아들이지 않았다. 결국 우리나라는 고금리 정책을 받아들여야 했고 이어지는 채무 재조정 협상에서도 부채 삭감은 이루어지지 않은 채 높은 가산 금리를 물게 되었다. 또한 위기의 주요 원인이 지나친 단기 외자의 유입에 있었음에도 불구하고 자본시장을 전면 개방해야 했다. 이는 위기 방지책이라기보다는 미국과 IMF가 추진해온 개발도상국 및 신흥국의 자본

시장 개방 정책에 가까웠다.

당시의 정책이 타당했는가에 대한 논쟁은 위기가 발발한 지 거의 20년이 되어가는 지금까지도 계속되고 있다. 현재 IMF는 당시 한국 등 아시아 국가에 긴축을 강요한 것에는 일부 잘못이 있었다고 시인하고 있으나 고금리 정책에 대해서는 입장을 바꾸지 않고 있다.[37] 즉, 환율의 하락세를 멈추기 위해 고금리 유지는 불가피했다는 것이다. 흥미롭게도 위기 이후 아시아 국가들은 IMF가 제시한 위기 방지 대책의 대부분을 무시하고 제 갈 길을 갔다.[38]

IMF는 아시아 국가들이 위기를 다시 경험하지 않으려면 고정환율제가 아닌 변동환율제로 이행하고 금융시장을 개방해야 한다고 제안했지만 아시아 국가들은 경제적 주권을 잃었던 수치를 다시 겪지 않기 위해 변동환율제가 아닌 경쟁력 있는 환율competitive exchange rates을 유지하면서 수출 위주로 산업구조를 강화하고 외환 보유고를 확충했다. 물론 기회비용을 생각하면 외환 보유고 확충은 적지 않은 부담이지만 경제적 주권 상실을 막기 위해서는 꼭 필요한 비용으로 인식되고 있는 것이 현실이다. 아시아 외환위기 이후 세계는 IMF의 개혁 등 새로운 국제금융 질서에 대해 많은 논의를 했으나 이 모든 것이 미국의 반대 등으로 큰 진전을 보지 못했다.

아시아 외환위기는 위기를 겪은 국가들에 큰 영향을 미쳤다. 무엇보다 위기 이전에 높은 성장률을 유지하다가 위기 이후 저성장으로 고착되었고 모두 중진국 함정에 빠져 있는 형국이다.[39] 우리도 1990년에서 1997년 사이 연평균 7.5퍼센트를 기록하던 성장률이 위기를 겪은 이후 1998년에서 2007년 사이 4.7퍼센트로 크게 낮아졌으며 2008년 글로벌 금융위기를 겪고 난 이후에는 3.0퍼센트까지 떨어졌다. 문제는 저성장의 늪을 탈출할 방안이 잘 보이지 않는다는 것이다.

아시아 외환위기는 많은 논란에도 불구하고 이렇다 할 교훈을 남기지 못한 채 점차 잊히고 있다. 흥미로운 점은 아시아 외환위기 당시 중국과 일본의 상반된 태도였다. 1998년 중국은 주변국들이 위기 극복을 위해 자국 통화의 평가절하에 나서면서 외부로부터 강한 평가절하 압력에 시달렸다. 하지만 중국은 이를 견뎌냈고 당시 미국의 재무장관이었던 로버트 루빈은 이러한 중국의 태도에 찬사를 보냈다. 하지만 일본은 각국으로부터 쇄도하는 지원 요청을 거절하거나 소극적인 대응으로 일관했다. 이러한 중국과 일본의 상반된 태도는 2008년 글로벌 금융위기 때도 재현되었다. 결국 두 차례의 위기는 아시아 지역에서 중국의 영향력 확대와 일본의 영향력 축소를 불러온 한 계기가 되었다.

5부

망각과 자만

: 아무도 경고에 귀 기울이지 않았다 :

경제학자 갤브레이스John Kenneth Galbraith는 "금융의 세계만큼 역사의 교훈으로부터 가르침을 받지 못한 분야도 없다"라고 말한 바 있다.[1] 한마디로 말해 금융위기는 갑작스럽게 나타나는 검은 백조black swan가 아니라 충분히 예측이 가능한 하얀 백조라는 것이다. 다만 위기 직전까지 스스로를 잘못된 환상, 과거에 대한 망각, 현실에 대한 자만으로 무장하면서 위기를 자초할 뿐이다. 이러한 현상은 금융위기의 역사에서 언제나 반복되었고 2008년 글로벌 금융위기 또한 예외가 아니었다.

신흥국들의 위기가 계속되고 있었지만 미국을 중심으로 한 금융규제 완화 기조는 레이건, 아버지 부시 그리고 클린턴으로 이어지면서 공화당과 민주당 등 정권을 가리지 않고 확산되었다. 경제가 안정적으로 성장하면서 모두가 대공황 때의 과도한 금융규제를 시대착오적인 행위였다고 간주하고, 시장은 스스로 자신의 오류를 시정하면서 안정되어 간다는 믿음하에 금융 자유화 및 세계화, 그리고 금융회사의 대형화가 가져올 혜택만을 생각했다.

물론 금융위기는 계속 있었지만 오히려 위기를 극복하면서 얻은 자신감은 자만심으로 바뀌고 있었다. 이러한 분위기는 마침내 글래스-스티걸법의 폐지를 이끌어냈고 소위 '대안정기The Great Moderation'라는 신조어를 만들어냈다. 지속적인 경제성장의 안정적 토대가 구축되었다는 뜻의 이 신조어야말로 이번 호황은, 경제위기를 가져왔던 과거의 과열과는 질적으로 다르다는 것을 강조한 자만심 또는 망각의 산물이었다. 재무장관을 지낸 가이트너는 "전문가들은 호황을 파멸로 이끌었던 과거의 패턴을 어떻게 피할 수 있는지 알고 있지만 한 번도 피한 적은 없다"면서 "우리가 어떻게 하든 위기는 또다시 온다"라고 주장했다.[2]

이렇듯 '이번에는 다르다this time is different'는 잘못된 믿음은 '금융 혁신' 이라는 미명으로 포장된 신금융 기법, 신금융상품 등에 힘입어 금융회사들과 개인들이 지속 가능하지 않은 위험 부담 행위를 계속하게 만들었다.

이렇게 대공황에 대한 망각, 그리고 잇단 위기 극복과 안정적 성장이 가져온 자만은 위기를 불러올 취약점이 이면에서 자라고 있음을 간과하고, 나아가 합리적인 경고마저도 무시하게 만들었다. 이미 대형 위기를 초래할 조건들이 차곡차곡 갖추어지고 있었다. 금융위기의 역사를 오랫동안 관찰한 갤브레이스는 "금융 천재는 몰락 직전에 나타난다Financial genius comes before the fall"라는 의미심장한 말을 남겼는데 바로 앨런 그린스펀이 그 주인공이 될 줄은 당시에는 아무도 짐작하지 못했다.

11장

잘못된 정책,
커지는 금융위기

모든 것이 잘 마무리되었다고 생각하지 마라.

잘못을 깨닫는 시작에 불과하다.

- 윈스턴 처칠

(1938년 뮌헨 회담에서 히틀러에게 체코슬로바키아를 내주는 유화 정책을 취한 체임벌린 총리를 비판하면서)

그린스펀 풋: 대대적인 부양의 시작

　1996년 2월, 그린스펀은 다시 연준 의장에 지명되면서 세 번째 연임에 성공한다. 1995년 말부터 상승하기 시작한 다우지수는 5,000포인트를 넘어 1996년 10월에는 6,000포인트 고지를 넘는 등 약 1년이라는 짧은 시간 동안 세 번이나 천 단위를 갱신한다. 1996년 12월 그린스펀은 미국기업연구소AEI 초청 강연에서 주식시장의 과열 양상에 대해 다소 경고성 발언을 내놓았다.

　비이성적 과열이 주식 등 자산 가격을 뛰게 만들고 이것이 미국을 일본의 잃어버린 10년과 같은 불황에 빠뜨릴지는 알 수 없다. 하지만 자산 가격의 폭등 상황을 통화 정책에 반영하기란 쉽지 않다. …… 중앙은행의 정책 담당자들은 금융시장의 버블이 실물경제, 생산, 일자리, 그리고 물가를 위협할 정도가 아니면 이를 걱정할 필요가 없다.[3]

'비이성적 과열'이란 말은 크게 주목을 받으면서 주가를 크게 하락시키는 등 시장을 흔들었다. 물론 하나의 해프닝으로 끝났지만 사람들은 그 발언 속에 숨어 있는 자산 버블에 대한 중앙은행의 고민을 놓치고 말았다. 그린스펀은 중앙은행이 개입하여 버블을 끄기보다는 버블이 터진 이후 개입하여 사태를 수습하는 편을 선호했는데 그는 자신의 입장을 다음과 같이 옹호했다.

먼저 중앙은행은 자산시장의 버블 방지보다는 물가 안정에 더 집중해야 하고, 둘째로 아무도 자산시장의 상태가 버블인지 아닌지 정확히 판단할 수 없기 때문에 섣불리 시장에 개입하는 것은 오히려 위험하다는 것이다. 그린스펀은 시장 가격은 항상 자산의 진정한 가치를 반영하고 있다는 효율적 시장 가설을 신봉했으며 자산 가치의 변동은 외부로부터 유입되는 새로운 정보에 반응한 결과이기 때문에 설사 가격이 높아지더라도 이는 정당한 가격이며 따라서 버블 가능성은 존재하지 않는다고 생각했다.

하지만 그린스펀이 사전 개입에 부정적이었던 이유는 버블을 제압할 만한 수단이 마땅치 않다는 현실적 고려도 작용했다. 유진 파마 Eugene Fama가 주장하는 효율적 시장 가설과 같은 논리였다. 그린스펀은 금리 정책은 문제가 되는 특정 부위만 도려내는 수술용 칼이 아니라 경제 전반에 무차별적으로 커다란 영향을 미치는 해머이기 때문에 중앙은행이 금리를 올리는 것은 경제에 부담만 주고 주식시장의 과열을 잡는 데도 효과적이지 않다고 주장했다. 즉, 닭 잡는 데 소 잡는 칼을 쓸 수 없다는 것이다. 또 소폭의 금리 인상으로는 버블을 잡을 수 없고, 그렇다고 금리를 대폭 인상하면 경제 전체를 불황에 빠뜨릴 위험이 있어 함부로 쓸 수 없다고도 했다. 역사적으로도 1920년대 독일의 중앙은행 총재였던 할마르 샤흐트의 개입 실패와, 주식시장의 과열을 잡으려다 대공황 발생에 일조했던 연준의 금리 인상 경험이 그린스펀의 주장을 뒷받침했다.[4]

따라서 그린스펀은 설사 버블로 의심되더라도 터지도록 놔두고 뒷수습하는 정책을 선호했는데 이를 시장에서는 '그린스펀 풋Greenspan put'이라고 불렀다. 버블이 터지면서 주가가 추락하고 금융시장에 위기 상황이 발생하면 연준이 어김없이 개입하여 정책 금리를 인하하고 유동성을 풀어 지원한 그린스펀의 정책이, 마치 투자자들이 주가 하락에 따른 손실을 방어하기 위해 구입한 풋옵션과 같다고 해서 붙여진 이름이다.

이러한 연준의 입장은 많은 비판을 불렀다. 중앙은행 통화신용 정책의 주요 목표가 물가 안정임은 부인할 수 없지만 금융시장의 안정도 결코 가볍지 않은 과제이기 때문에 금융 불안을 야기할 만한 주가나 주택 가격의 변동을 예의 주시해야 한다는 것이었다. 1920년대와 1990년대 미국의 주식시장 버블과 일본의 1980년대 주식시장 버블도 물가가 안정된 상황에서 발생했지만 한결같이 붕괴 이후 실물경제의 동반 추락을 가져왔기 때문에 버블이 생성되지 않도록 중앙은행의 감시를 강화할 필요가 있다는 주장이다. 버블 진행을 판단하기 어렵다는 주장 역시 급격한 신용 팽창 등 여러 징후를 종합하여 감지해낼 수 있다는 점에서 설득력이 약했다. 무엇보다 2008년 글로벌 금융위기는 그린스펀의 생각이 틀렸다는 것을 입증했다. 버블이 터졌지만 중앙은행이 수습하기에는 너무나도 컸다.

LTCM 위기와 헤지펀드 구제작전

1994년 말 멕시코의 데킬라 위기, 1997년 아시아를 휩쓴 외환위기 등으로 세계가 연속해서 위기를 겪는 동안 미국은 상대적으로 안정적인 성장세를 지속했다. 정책 당국자들은 경제 및 금융 상황에 대해 낙관했지만 이는 큰 착각이었다. 미국 금융의 중심인 뉴욕에서 예기치 못한 대형 사고가 터지게 되는데 바로 로저 로웬스타인Roger Lowenstein의 소설《천재들이 실패할 때When Genius Failed》의 소재로 널리 알려진 롱텀캐피탈매니지먼트LTCM, Long Term Capital Management 위기였다.

1994년 투자은행 살로먼브라더스Salomon Brothers의 전설적인 채권 트레이더 존 메리웨더John Meriwether가 설립한 헤지펀드인 LTCM의 실질적인 시작은 투자은행 살로먼브라더스 내의 채권 거래 팀이었다. 메리웨더는 당시 하버드 대학, MIT에서 금융을 가르치던 천재 박사들을 모아 드림 팀을 구성했다. 에릭 로젠펠드Eric Rosenfeld 하버드 경영대학원 교수,* 그레고리 호킨스Gregory Hawkins 버클리 대학 교수, 윌리엄 크래스커 William Krasker 하버드 대학 교수, 마이런 숄즈Myron Scholes 시카고 대학 교수, 로버트 머튼Robert Merton 하버드 대학 교수가 차례로 가세했다.

이 팀은 눈부신 성과를 올렸고 메리웨더는 1988년 살로먼브라더스의 부회장에 올랐다. 1990년에서 1993년 사이 메리웨더 팀이 올린 수익은 회사가 벌어들인 돈의 전부였으며 메리웨더 팀을 제외한 다른 팀은 모두 손실을 보았다. 이들은 특이하게도 돈만 번 것이 아니라 미국

---

* 로젠펠드는 MIT에 재학 중 동료 미치 케이퍼(Mitch Kapor)와 함께 세계 최초의 스프레드시트를 만들어 한 소프트웨어 회사에 120만 달러를 받고 팔았다. 박사 학위를 받은 이후 케이퍼는 그 회사에 들어갔는데 상업용 스프레드시트인 로터스(Lotus)를 만들어 억만장자가 되었다.

금융학회 등 학술 행사에 참석하여 저명한 학자들과 어울리면서 학문적 교류와 인재 발탁에도 힘을 쏟았다. 하지만 1991년 부하 직원의 부정 거래로 메리웨더는 3개월간의 정직을 당한 뒤 결국 사임했다.

1994년 메리웨더는 예전의 멤버들을 모아 LTCM을 설립했다. 로젠펠드, 숄즈, 머튼 등 대부분의 팀원들이 다시 모였고 아울러 연준 부의장이었던 데이비드 뮬린스David Mullins 등을 끌어들여 몸집을 더 키웠다. 과거 살로먼브라더스 채권 팀처럼 LTCM은 놀라운 성과를 거두었고 월가의 신시대 금융을 대표하는 회사로 떠올랐다.

이들은 설립 이후 3년 동안 엄청난 수익을 거두었는데 총 수익률은 무려 37.45퍼센트였다. 순수익률도 27.27퍼센트에 달해 당시 30년물 채권 수익률 10.08퍼센트, S&P 500 기업의 수익률 22.25퍼센트보다 월등했다. 이 회사가 돈을 번 비결은 남달랐다. 그들은 주식 및 채권 등 금융상품의 가격은 일정한 흐름, 즉 트렌드가 있다고 가정했다. 따라서 어떤 상품이 이 가격 흐름에서 벗어날 경우, 다시 일정한 트렌드로 돌아올 것으로 보고 여기에 투자한 것이다. 트렌드에 비해 비싸면 낮아질 것으로 보고 공매도short selling하고 싸면 사들여 투자 수익을 챙기는 식이었다. LTCM의 천재들은 주가 및 채권 가격은 무작위로 움직이기 때문에 확률적으로 정규분포(가우스 분포)를 따른다고 보았다. 따라서 개별 상품들의 움직임을 통계적으로 분석하여 평균과 표준편차를 파악한 다음 이를 근거로 미래의 주가를 예측했다. 그리고 이 예측치와 실제 가격에 차이가 있는 주식 및 채권에 집중 투자했다.

초기에 이 투자 전략은 큰 성공을 거두었고 LTCM으로 투자자금이 밀려들었다. LTCM은 투자금 외에도 수익률을 높이기 위해 투자한 채권을 담보로 자금을 차입하여 투자를 확대했다. 이로 인해 자본금 대비 부채 비율인 레버리지가 크게 높아졌는데 1997년 말 기준으로 순자산 50억 달러의 약 24배에 해당하는 1,200억 달러를 차입했다. LTCM은 이를 주식과 채권뿐 아니라 스왑, 옵션 등 파생상품에도 집중적으로 투자하여 약 1조 2,500억 달러에 달하는 계약고를 유지해 파생상품 시장의 큰손으로 군림했다.

하지만 아시아 외환위기에서 시작된 세계 금융시장의 이상 흐름이 LTCM을 곤경에 빠뜨렸다. 아시아 위기로 채권 가격이 하락하면서 LTCM은 투자 손실을 입었지만 곧 채권 가격이 회복될 것으로 보고 더 많은 채권을 사들이는 공격적인 행보를 이어갔다. 하지만 1998년 8월, 러시아가 모라토리엄을 선언하면서 채권 가격이 더 떨어졌다. 이는 LTCM의 모델이 예측하지 못한 상황이었고 손실이 눈덩이처럼 불어나기 시작했다. 1998년 상반기에만 전년 말 대비 약 16퍼센트의 투자 손실을 본 LTCM은 곧 손실 규모가 자본을 잠식하는 상황에 이르렀다.

LTCM은 대부분의 투자자금을 단기 금융시장에서 레포$_{repo}$(환매 조건부 채권 매매)를 통해 조달했다. 모든 레포 거래에서 한 회사는 자금을 차입하면서 담보를 제공하고 다른 회사는 돈을 빌려주면서 담보를 받는다. 이때 담보$_{collateral}$(또는 마진$_{margin}$이라고도 한다)는 대부분 보유한 채권을 제공하는 형식으로 이루어진다. 자본이 잠식되고 채권 가격이 하락하자 LTCM은 담보 부족을 채워야 하는 마진 콜$_{margin\ call}$*에 직면했고 보유 채권을 매각할 수밖에 없는 상황에 처했다. 하지만 LTCM의 파산과 보유 채권의 매각으로 채권 가격이 폭락할 경우 금융시장이 패

---

* 통상 금융회사들은 보유 채권을 담보로 자금을 조달하는데 만일 시장에서 채권 가격이 하락할 경우 담보 가치도 하락한다. 이때 부족한 담보를 다른 채권으로 채워 넣어야 하는데 이러한 요청을 마진 콜 이라고 한다.

닉에 빠져들 가능성이 높았다.

상황이 악화되자 뉴욕연방준비은행의 총재 빌 맥도너William McDonough는 혼란이 더 확대될 것을 우려해 LTCM을 구제하기로 결정했다. 문제는 LTCM이 예금 보호 대상이 되는 은행이 아니라 헤지펀드였기 때문에 연준이 직접 유동성을 투입할 수 없었다는 점이다. 따라서 뉴욕연방준비은행은 구제금융을 제공하는 전통적인 방식과 달리 금융권 공동으로 구제자금을 마련하기로 한다. 맥도너는 LTCM과 거래 관계에 있던 16개 대형 은행장들을 맨해튼의 뉴욕연방준비은행에 소집하여 LTCM 구제 방안과 필요자금을 마련하도록 요구한다. 말이 요구였지 사실상 압박이었고 이는 연준의 권한을 한참 넘어서는 행위였다. 훗날 자신의 행동이 비판받을 것을 의식한 맥도너는 금융회사 대표들을 소집해놓고는 슬쩍 방에서 빠져나가는 기교를 부렸다.[5]

연준의 압박 속에 은행들은 9월 23일 LTCM 지분의 90퍼센트를 담보로 잡고 36억 달러의 긴급자금을 모아 LTCM의 숨통을 터주었다. LTCM은 파산을 면했지만 대부분의 주주들이 90퍼센트가 넘는 투자 손실을 보아야 했다. 뉴욕연방준비은행은 위기 상황을 정리했으나 월권을 했다는 비판을 받았다. 정치권도 여야 구분 없이 헤지펀드를 지원한 연준의 개입을 월권이라고 몰아붙였다. 하지만 그린스펀은 뉴욕연방준비은행을 옹호하면서 연준이 돈을 찍어 구제한 것이 아니라 사적 구제를 조정한 것이기 때문에 구제금융이 아니라고 강변했다. 그는 "패닉은 확산되는 즉시 모든 것을 얼어붙게 하는 냉매와도 같다"[6]면서 패닉이 확산되는 것을 방지하기 위한, 어쩔 수 없는 선택이었다고 주장했다. 또 하나의 그린스펀 풋을 보여주는 사례였다.

LTCM의 위기는 수학적 경제 모델에 대한 맹신이 가져온 실패였다.

《타임》 표지에 등장한 루빈, 그린스펀, 서머스(왼쪽부터)

정규분포로 계산된 예측보다 특이한 사건이 훨씬 자주 발생하는 현상을 소위 팻 테일fat tail이라고 부른다. 전형적인 종형 모양의 정규분포보다 발생 가능성이 확률적으로 높다는 의미로 글로벌 위기 이후 유행한 나심 탈레브Nassim Nicholas Taleb의 '블랙 스완The Black Swan'과 같은 개념이라고 할 수 있다.

그러면 한때 엄청난 성공을 가져다준 LTCM의 투자 전략은 어쩌다 재앙을 불러왔을까? 엄청난 이익을 내는 세계 최대의 헤지펀드 회사였던 LTCM은 당시 모든 금융회사들에게 그야말로 동경의 대상이었다. 따라서 많은 회사들이 LTCM의 이자율 차익 거래 모형을 베끼기 시작했고 모두가 함께 동일한 위험을 지면서 기존의 위험 측정 모델은 더 이상 유효하지 않게 되었다.[*7] 투자 모델 자체도 문제였지만 모든 투자자들이 같은 전략을 택하면서 위험을 더욱 키웠던 것이다.

흥미로운 것은 이러한 실수가 2008년 서브프라임 채권의 투자 실패가 가져온 글로벌 금융위기, 그리고 유로화 채권에 대한 묻지 마 투자가 불러온 유로존 위기로 계속 반복되고 있다는 점이다.

1999년 2월《타임》은 그린스펀, 재무장관 루빈, 그리고 로렌스 서머스 재무차관 등 3인을 "세상을 구한 사람들The Three Marketeers"이라는 제

＊ 이를 '군집의 위험(the risk of crowding)'이라고 한다.

목과 함께 표지에 실었다. 《타임》은 이들이 1987년 10월 19일 검은 월요일 주식 대폭락 사태부터 아시아 외환위기, 러시아 모라토리엄 선언, 그리고 LTCM 파산 등 각종 위기에서 세계경제를 구해냈다고 높이 평가했다. 그러나 왜 세계경제가 반복해서 금융위기를 겪고 있는지에 대해서는 전혀 주목하지 않았다.

글래스-스티걸법 폐지와 금융 혁신

LTCM 위기를 극복한 후 미국은 위기 관리 능력에 더욱 자신감을 얻고 규제 완화에 한층 속도를 냈다. 특히 스스로를 경제적 자유주의자로 믿고 있던 그린스펀은 과거의 경제금융 위기 이후 도입된 규제들을 없애는 작업을 시작했다. 연준은 닷컴 버블 이후 제정된 사베인스-옥슬리법Sarbanes-Oxley Act을 재검토하기 시작했으며 5년에 한 번씩 규제의 유효성을 재검토하는 규제 일몰제를 도입하는 등 금융규제 완화에 박차를 가했다.

이러한 규제 완화 바람은 첨단 금융 기법들의 등장을 가능하게 했다. 1970년대 투자은행 드럭셀번햄램버트Drexel Burnham Lambert의 마이클 밀켄Michael Milken에 의해 도입된, 투기 등급 이하 채권인 소위 정크본드Junk bond* 시장이 크게 성장하면서 기업들은 은행이 아닌 자본시장에서 투자자금을 조달할 수 있게 되었다.

또한 주택구입자금인 모기지 대출을 유동화한 모기지 담보증권MBS,

---

* 나중에 이미지 개선을 위해 '고수익률 채권(high-yield bond)'으로 부르게 된다.

Mortgage Backed Securities이 유행하게 된다. 살로몬브라더스의 루이스 라니에리Lewis Ranieri가 개발한 모기지 담보증권은 모기지 대출을 담보로 만든 증권이다. 은행은 주택구입자금 대출을 만기까지 들고 있을 필요 없이 대출 채권을 패니메이나 프레디맥 등 공적 기관이나 투자은행 등에 팔아넘기고 이를 기반으로 모기지 담보증권을 만들어 투자자에게 매각했다. 은행은 이를 통해 신규 대출이 가능한 재원을 확보할 수 있어 큰 인기를 끌었다.

유동화란 패니메이와 프레디맥 등이 은행에서 넘겨받은 대출 채권을 기초 자산으로 선순위와 후순위로 구분(트랜치tranche라고 한다)한 다음 이를 기반으로 채권을 발행하는 것을 말한다. 특히 유동화 과정에서 신용 등급이 낮은 대출(서브프라임 모기지subprime mortgage라고 한다)을 모아 신용 보강을 하면 초우량 채권(트리플 A 채권)을 만들어낼 수 있었다. 이는 안전하고 수익률이 좋은 채권에 목말라하던 시장의 수요에 부응했다. 모기지 대출의 유동화는 은행들이 신용 등급이 낮은 사람들도 대출을 할 수 있도록 해주어 서민들의 내 집 마련을 도운 측면도 있지만 한편으로는 은행이 만기까지 대출 채권을 들고 있는 구조가 아니어서 대출 시 고객의 신용을 철저하게 따질 이유가 없었다. 그 결과, 2008년 글로벌 금융위기를 촉발한 서브프라임 모기지 채권과 알트 A 모기지 채권(서브프라임보다 한 단계 신용 등급이 높은 모기지 채권)이 양산되었다.

규제 완화는 또한 파생상품 거래를 폭발적으로 증가시켰다. 특히 1990년대 중반 투자은행 JP모건의 블라이스 마스터스Blythe Masters가 개발한 신용파생상품의 하나인 신용파산스왑CDS, Credit Default Swap은 획기적인 아이디어 상품으로 각광받았다. 케임브리지 대학에서 수학을 전공한 마스터스는 여성으로는 보기 드물게 투자은행에서 초고속 승진을 하여 28세에 임원급에 오른 입지전적인 인물이었다. 신용파산스왑은 은행의 대출이 부실화될 경우 이를 보장해주는 보험상품으로 자동차보험을 대출에 적용한 것과 같았다. 이 상품은 곧바로 세계 최대 보험사인 AIG의 주력 상품이 되었고 AIG는 서브프라임 모기지 채권이 부도날 경우 보험금을 지급하는 신용파산스왑 상품을 만들어 팔았다. 그리고 2008년 서브프라임 모기지 채권의 부실이 확대되자 AIG는 보험금을 지급하지 못해 파산 위기를 맞게 되었으며 결국 정부에 의해 구제되는 처지에 놓이게 된다.[8]

이처럼 규제 완화를 통해 촉진된 금융 혁신은 한편으로는 금융산업 발달에 크게 기여했지만 제대로 된 감독이 뒤따르지 않아 2008년 글로벌 금융위기를 초래한 양날의 칼이 되고 말았다. 금융규제 완화에 속도를 내던 클린턴 행정부는 1999년 대공황의 와중에 제정됐던 상업은행과 투자은행을 엄격하게 구분한 글래스-스티걸법까지 폐지하기에 이른다. 1998년 4월 6일 투자은행 트래블러스Travellers의 CEO였던 샌포드 웨일Sanford Weill은 상업은행이었던 시티은행Citicorp의 존 리드John Leed와 약 700억 달러 규모의 주식스왑 거래를 통해 시티그룹Citigroup과의 합병을 공식 선언한다. 글래스-스티걸법을 정면으로 위반한 합병이었지만 은행지주회사법Bank Holding Company Act상 적법 합병 요건을 충족시키는 데 2년의 유예기간을 둔다는 점을 악용했다.[9]

흥미로운 점은 정도에 어긋나는 이 행위를 언론들이 "세기의 거래"라고 치켜세웠다는 점이다. 심지어 그린스펀이 이끄는 연준은 잠정적으로 승인 결정을 내렸고 재무부도 합병이 성사될 수 있도록 법적 장애가 조만간 제거될 것이라고 논평하는 황당한 상황이 이어졌다. 따라서 글래스-스티걸법의 경우 사실상 형식적인 폐지 절차만 남았을 뿐, 이미 죽은 것이나 다름없는 상황이었다. 웨일은 곧바로 클린턴 대통령을 포함한 의회 인사들을 대상으로 전방위 로비로 나섰고 공화당 상원 의원 필 그램Phil Gramm을 설득하여 글래스-스티걸법을 대체하는 금융 선진화법인 그램-리치-블라일리법Gramm-Leach-Bliley Act*을 통과시키는 데 성공했다. 이로써 트래블러 그룹과 시티의 합병이 확정되었다.[10] 그램이 금융선진화법을 '웨일-그램-리치-블라일리법'으로 불러야 한다고 농담할 정도로 사실상 웨일의 로비가 모든 것을 좌우했다.

클린턴은 법안을 공포하면서 "오늘 우리는 낡은 법을 찢어버리고 은행의 제한을 풀어 금융산업의 발달을 앞당겼다"고 선언하면서 행사에 참석한 웨일에게 법안 서명에 사용한 만년필을 선물하기도 했다.[11]

하지만 당시 모든 사람이 글래스-스티걸법의 폐지를 환영한 것은 아니었다. 노스다코타 상원 의원인 바이런 도간Byron Dorgan은 "10년 뒤쯤이면 오늘을 돌아보면서 하지 말았어야 했는데 하고 후회할 것이다. 하지만 우리는 과거의 교훈을 다 잊어버리고 이를 폐지했다"라고 아쉬워했지만 이러한 경고는 모두 무시되었다.[12]

사실 글래스-스티걸법의 폐지는 당시 금융 중심지를 놓고 치열하게 겨루던 뉴욕과 런던 간 소위 '소프트 터치soft touch'라는 규제 완화 경쟁의 일환이기도 했으며 누가 더 적은 규제를 가지는가라는 '바닥을 향한 경쟁'의 희생양이기도 했다. 2008년 글로벌 위기 직후 합병의 한 주역이었던 리드는 글래스-스티걸법의 폐지가 2008년 위기를 불러

---

* 그램은 이후 투자은행 UBS 회장으로 옮겼으나 UBS는 2008년 글로벌 금융위기로 스위스 정부로부터 구제금융을 받게 된다. 제임스 리치(James Leach)는 2009년 오바마 대통령에 의해 국립자선기금(The National Endowment for the Humanities) 의장으로 취임했다.

온 단초였다는 비판을 받아들이면서 금융산업을 배에 비유해 "배가 쉽게 침몰하는 것을 막기 위해 구획화compartmentalize하는 것처럼 금융산업도 구획화를 해서 설사 한군데에 구멍이 생기더라도 그 구멍으로 인해 배가 통째로 가라앉지 않도록 했어야 했다"고 후회했다.[13]

하지만 글래스−스티걸법 폐지의 두 주역인 웨일과 그린스펀은 여전히 이 문제에 대한 입장을 밝히지 않고 있다. 특히 그린스펀은 위기 이후 펴낸《지도와 영역》에서 2008년 위기는 규제 완화 때문에 온 것이 아니라 규제의 실패, 즉 감독 당국의 실패였다고 강변하며 글래스−스티걸법의 폐지와 글로벌 위기를 연계하는 주장을 강하게 부정했다.

버냉키의 등장과 일본의 장기 불황

2002년 프린스턴 대학의 교수였던 벤 버냉키Ben Shalom Bernanke는 연준 이사로 연준에 발을 들여놓는다. 1953년 사우스캐롤라이나의 작은 마을에서 잡화상을 하는 오스트리아계 유대인 아버지와 교사인 어머니 사이에서 태어난 버냉키는 유명한 영어 단어 암기 경시대회인 스펠링 비Spelling Bee의 전국대회에 진출할 정도로 천재적인 자질을 보여주었다. 대학입학시험SAT에서 거의 만점에 가까운 점수를 받은 덕분에 장학금을 받고 하버드 대학에 진학해서 경제학 박사를 받았다. 이후 스탠포드 대학에서 교수를 시작했지만 불과 6년 만에 아이비리그에서도 권위 있는 프린스턴 대학에서 정교수 지위를 획득할 정도로 유명한 경제학자 반열에 올랐다. 그는 당시 인기를 끌던 통계학과 수학을 접목하여 각종 통계를 분석하면서 경제 이론을 연구하는 이코노매트릭스econometrics 분야에서 두각을 나타냈으며 이를 기반으로 화폐금융에 관한 연구 논문을 다수 발표했다. 벤 버냉키는 대공황의 원인을 분석한 연구로 높은 평가를 받았고 특히 대공황과 유사한 장기 불황을 겪고 있던 일본 경제에 큰 관심을 보였다.

오늘날까지 이어지고 있는 일본 경제의 장기 불황은 대공황만큼이나 미스터리에 싸여 있다. 현대 경제학 이론이 상상할 수 있는 거의 모든 정책이 일본 경제를 대상으로 시도되었지만 아직까지 성공하지 못했다. 미국을 추월해 세계경제 넘버원으로 올라설 듯하던 일본 경제는 1971년 닉슨이 금 태환 중지를 선언한 후 변동환율제로 전환되면서 환율이 지속적으로 절상되었다. 1973년 욤 키푸르 전쟁Yom Kippur war(제4차 중동전쟁) 이후 오일쇼크로 다소 기세가 주춤하다가 원가 절감 등을 통해 성공적으로 극복하는 듯했지만 1985년 플라자 합의 이후 100달러당 250엔에서 1988년에는 125엔대로 떨어지는 등 엔고가 급속히 진행되면서 침체의 늪으로 빠져들었다.

일본 정부는 환율 충격에 따른 경기 침체에서 벗어나기 위해 공격적인 저금리 정책을 구사하기 시작했다. 정책 금리를 5퍼센트대에서 2.5퍼센트대로 낮추자 기업 투자가 늘었고 그 결과 플라자 합의 전보다도 성장률이 높아졌다. 또한 엔화 가치가 크게 높아졌음에도 불구하고 달러 표시 무역 흑자는 대폭 확대되어 국제수지의 흑자 기조가 정착되었다. 하지만 저금리 정책은 부동산 가격 및 주가를 큰 폭으로 상승시켜 자산 버블을 가져왔다. 금융 자유화 바람을 타고 채권시장이 활발해지면서 대기업들이 은행에 대한 자금 의존도를 줄이자 일본 은행들은 부동산을 담보로 잡고 중소기업 및 부동산 관련 대출을 크게 확대했다. 때마침 저금

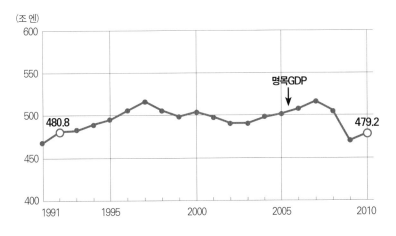

(조 엔)

명목GDP

480.8

479.2

1990년대 초 약 480조 엔에 달했던 일본의 명목GDP가 20년이 지난 2010년에 480조 엔에도 못 미치고 있다.

자료: OECD

리로 기업들의 설비 투자가 늘어나면서 대출은 더욱 확대되었다.

1989년 5월 일본은행Bank of Japan은 부동산 가격이 지나치게 오른 것을 의식해 저금리 정책을 급격하게 수정했다. 5차례에 걸쳐 불과 1년 3개월 만에 정책 금리를 2.5퍼센트에서 6퍼센트대까지 올렸다. 금리가 오르자 1990년부터 주가와 부동산 가격이 떨어지기 시작했다. 1991년 부동산 가격 하락이 계속되자 부동산 대출에 집중하던 주센住專(주택 금융 전문회사)과 신용협동조합부터 부실을 견디지 못하고 무너졌다. 일본은행은 6퍼센트대의 금리를 1991년 7월부터 1993년 4월까지 지속적으로 인하하여 이전 수준인 2.5퍼센트로 되돌려놓았다. 하지만 금리 인하에도 불구하고 부동산 가격의 하락은 멈출 줄을 몰랐다. 1993년 부터 2003년까지 연평균 8퍼센트 이상 하락했으며 한 해도 거르지 않고 지속적으로 폭락했다.[14] 부동산 거품이 꺼지자 소비가 위축되었고 저금리 당시 진행된 기업들의 과잉 투자는 빠르게 부실화되었다. 부동산 대출을 중심으로 부실채권이 늘어나면서 금융기관들의 부실이 심화되었지만 일본 정부는 부실 처리에 적극적으로 나서지 않았다. 역사적으로 대부분의 나라가 금융 부실을 즉각적으로 처리한 것에 비해 이례적인 행보였다.

1991년에 문제가 불거진 주센의 경우도 무려 4년을 끈 뒤 부실채권을 더 이상 견딜 수 없게 된 1995년에야 파산 처리했다. 일본 정부는 일단 공적 자금을 투입해서 살리고 보는 조치를 취했다. 심지어는 몇 년간 기간을 주면서 부실 문제를 해결하라는 '규제 유예' 조치까지 취했다. 또 시가 평가 등 각종 회계 기준까지 완화시켜 가면서 은행의 손실이 드러나는 것을 늦추었고 자본 잠식이 심한 금융회사들의 경우 공적 자금을 투입하여 영업을 계속하도록 지원했다. 회생이 불가능한 회사들이 신용보증기금을 통해 계속 지원을 받았고 이로 인해 은행의 부실채권은 드러나지 않았다. 그 결과 사라져 마땅한 소위 좀비 은행과 좀비 기업들이 늘어나 경제의 효율성은 크게 떨어졌다.

이렇게 구조조정을 미루면서 한편으로는 경기를 살려 이를 일시에 만회하려는 전략을 세운 일본 정부는 적자 재정을 통해 경기 부양을 시도했다. 1994년 금리를 1퍼센트대로 낮추었지만 기대했던 것만큼 경기가 회복되지 않자 일본 정부는 대대적인 재정 확대 정책을 추진한다. 1999년까지 거의 매년 막대한 재정자금을 풀었고 이를 주로 공공 지출에 활용했다. 하지만 공공 지출은 소비 진작 효과가 낮아 부양책은 성공을 거두지 못하고 정부 부채만 크게 늘어났다. 1996년 12월 앨런 그린스펀은 일본은행연합회 강연에서 "은행 감독자로서 연준의 역할은 모든 은행을 실패로부터 구제하는 것이 아니라 충분한 건전성 기준을 유지해서 은행 문제가 경제 전반으로 번지는 것을 막는 데 있다"라고 은연중 일본 당국자에게 충고성 발언을 했다.[15] 흥미롭게도 이로부터 3일 뒤 일본 정부는 한와은행을 파산 처리했다. 하지만 정책의 방향을 완전히 바꾼 것은 아니었다. 여전히 정부가 부실 은행에 개입했고 1997년 아시아 외환위기가 터지면서 금융위기에 빠져들었다.

1997년 10월에는 산요증권, 그리고 11월에는 북해도척식은행, 야마이치증권, 도쿠시마시티은행 등이 파산했다. 은행들이 지급불능 상태에 빠지자 당시 대장상이었던 미야자와 기이치宮澤喜一는 전 금융기관의 예금에 대해 정부 보증 조치를 단행한다. 하지만 1999년부터 개인, 은행, 기업들이 그동안 사들인 자산을 일제히 처분하는 디레버리징 deleveraging에 나서면서 물가가 지속적으로 하락하는 디플레이션 상황이 닥쳤다. 자산의 헐값 처분이 이어지고 가격이 하락하자 일본 경제는 소위 부채 디플레이션의 악순환에 빠졌다.

경기 침체가 계속되자 1999년 4월 일본은 드디어 과감하게 칼을 빼들었다. 일본은행은 정책 금리를 제로 금리까지 내리고 이를 "디플레이션 우려가 사라질 때까지" 유지할 뜻을 밝혔는데 이것이 2008년 글로벌 금융위기 이후 각국의 중앙은행들이 채택하고 있는 제로 금리 정책과 소위 사전 고지forward guidance의 효시이다. 이 정책으로 일본 경제는 다소 호전되었다. 때마침 IT 업종이 크게 발전하면서 경제 전반에 활기를 불어넣었다.

하지만 일본은행은 물가 불안을 우려해서 2000년 8월 제로 금리와 사전 고지를 성급하게 거두어들이는 또 한 번의 실수를 한다. 당시 일본은행 총재 하야미 마사루速水優는 "일본 경제를 덮고 있던 디플레이션 우려가 서서히 걷히고 있다"라고 선언하면서 정책 금리를 0.5퍼센트 올렸다. 하지만 이는 오판이었고 경제는 다시 깊은 불황 속으로 빠져 들었다. 마치 2008년 여름 디플레이션이 엄습하는 상황에서 리먼브라 더스가 무너지기 직전까지 인플레이션을 걱정한, 연준의 안이한 상황 판단을 연상시키는 실수였다.

상황이 더 악화되자 2001년 3월 일본은행은 다시 양적 완화를 실시 하고 금리를 제로로 돌렸지만 더 확고하게 자리 잡은 디플레이션으로 인해 별 효과를 보지 못했다. 결국 일본은 '잃어버린 10년'이 아니라 '잃어버린 20년'을 향해 나아가기 시작했고, 아직까지도 경제를 덮고 있는 깊은 디플레이션 압력을 걷어내지 못하고 있다.

버냉키는 일본이 장기 불황에 빠진 이유로 먼저 1987년에서 1989년 사이에 자산 가격의 과도한 상승을 막는 금융 긴축을 시행하지 않은 점, 둘째로 1989년에서 1991년 사이에 주식시장의 버블이 커졌는데 도 이에 과감하게 대처하지 않고 미온적으로 대응한 점, 마지막으로 1991년에서 1994년 사이 주식 등 자산 가격이 급락하면서 은행들의 부실이 증가할 때 적극적인 금융 완화 정책을 통해 돈을 풀지 않은 점 등을 들었다.[16] 이러한 정책적인 실수에 더해 일본 지도자들의 우유부 단함도 지적했다. 버냉키는 1930년대 미국의 루스벨트나 일본의 다카 하시 고레키요高橋是清 같은 과단성 있는 지도자만이 불황을 극복할 수 있다고 강조하면서 1999년 버몬트의 우드스탁 컨퍼런스에서는 지나 치게 보수적인 일본은행을 다음과 같이 비판하기도 했다.

극심한 정책 실패가 대공황을 초래했다. 오늘날 일본의 정책 당국자들의 발언을 보면 소름 끼치게도 1930년대가 연상된다. ……공격적인 통화 팽창 정책이 일본의 물가수준을 올리고 성장을 촉진할 수 있을 거라고 믿는 데는 충분한 이유가 있다. 중앙은행이 어떠한 이유인지 몰라도 필요한 조치를 취하지 않는 한 단기적으로는 더 이상 해볼 여지가 없다. 이것은 중앙은행의 독립성이 가져온 폐해다.

버냉키는 심지어 디플레이션을 막는 정책 수단이 있어도 막지 못하는 이유로 "우유부단하고 무능력한 지도자를 없애는 입법을 하지 못했기 때문"[17]이라고 일본의 정책 당국자들에게 직격탄을 날렸다. 그는 제로 금리와 사전 고지라는 전례 없는 금융 완화 정책을 추진하고도 경제를 불황에서 끌어내지 못한 정책 결정자들에게 스스로 위안하지 말고 검증되지 않은 정책까지도 시도하라고 촉구했다.[18] 당시 버냉키는 일본은행이 사전 고지로 제시한 "디플레이션의 우려가 사라질 때까지"라는 막연한 목표에서 한 발 더 나아가 구체적인 목표 물가를 제시하고 일본은행과 재무부가 동시에 개입해야만 엔화 가치를 끌어내릴 수 있다고 주장했다.* 즉, 금리가 '제로 바운드'라고 해서 중앙은행이 실탄을 다 소진한 것이 아니라 단기 금리를 제로로 상당 기간 유지하겠다고 명확히 밝히거나 또는 목표하는 장기 이자율을 명시적으로 밝히고, 이를 달성하기 위해 목표에 도달할 때까지 돈을 찍어내 장기 채권을 매입해야만 경제를 불황에서 끌어낼 수 있다고 주장했다.** 한마디로 디플레이션에 빠져 있을 경우 인플레이션이 일어날 때까지 헬리콥터를 띄워 돈을 뿌리라는 것으로, 중앙은행이 구체적인 목표를 제시

---

* 흥미롭게도 2013년 아베 정권이 들어서면서 아베노믹스의 핵심 정책으로 자리 잡았다.
** 2008년 위기 이후 연준은 장기 채권을 사들여 시장에 유동성을 공급하고 있지만 명시적인 목표 이자율은 밝히지 않았다.

하고 무한정 돈을 찍어낼 자세가 되어 있을 때에야 시장이 움직일 것이라며 다음과 같은 예를 들었다.

> 현재 금 1온스는 300달러 안팎에 팔리고 있다. 그런데 드디어 연금술사들이 금을 만들어내는 방법을 찾아냈다고 가정해보자. 그러면 금값이 어떻게 될까? 아마도 실제로 금이 만들어지기도 전에 폭락할 것이다. 연금술사가 금을 단 1온스도 만들기 전에 그런 일이 벌어질 것이다.

하지만 버냉키의 잇단 권고에도 불구하고 일본은행은 물가 불안을 우려해 행동에 나서지 않았다.

일본 정부를 향해 장기 불황 탈출을 위한 정책을 잇달아 제시하던 버냉키는 2002년 11월 21일 내셔널 이코노미스트 클럽에서 "디플레이션: 미국에서는 다시 일어나지 않도록 하자"라는 제목의 흥미로운 연설을 했다. "미국 경제가 일본과 같이 부채 디플레이션에 빠진다면"이라는 가정하에 연준이 취할 수 있는 정책들은 설명하는 데 대부분의 시간을 할애한 그의 연설은 불황의 기미조차 느낄 수 없을 정도로 순항 중이던 당시의 미국 경제를 생각해볼 때 다소 생뚱맞았다. 하지만 이 연설은 그가 연준 의장으로 2008년 금융위기를 맞으면서 현실이 되었다. 그리고 일본 정부를 향해 촉구했던 다양한 정책 수단에 대한 아이디어는 아이러니하게도 2008년 금융위기에 대처하면서 미국 경제에 적용되었다.

12장

'대안정기'라는
환상 속에
무시되는 징후들

대부분의 시장은 모든 사람들에게 잠시 신뢰를 줄 수 있고,
또 일부 사람들에게 항상 신뢰를 줄 수 있다.
하지만 모든 사람들에게 항상 신뢰를 줄 수 있는 시장은 없다.

- 라구람 라잔

. . .

지금까지 중앙은행들은 금융 시스템이 과거보다 더 튼튼하다고 말해왔다.
그러나 골드만삭스에 수익을 안겨준 수익 모델은 언젠가 실험에 들 것이다.
최악의 경우에는 골드만삭스가, 아니면 2류 투자은행 또는 헤지펀드 등이
과거 1990년대 LTCM을 몰락시켰던 소용돌이에 끌려 들어갈지도 모른다.
왜냐하면 금융시장은 항상 위기를 겪어왔기 때문이다.

- On top of the World(2006. 4. 27). 《이코노미스트》

. . .

천재가 나타났다는 것을 알 수 있는 피할 수 없는 신호가 있다.
바로 모든 사람이 힘을 합쳐 그에게 반대하는 것이다.

- 조너선 스위프트, 《걸리버 여행기》

2005년 잭슨홀 미팅: 두 천재의 경고

전 세계가 금융위기로 홍역을 치렀으나 정작 미국의 경우 1998년 LTCM 위기와 2001년 폭발적인 성장세를 보인 닷컴회사들의 붕괴로 다소 흔들렸을 뿐, 이후 별다른 사건 없이 안정을 되찾았다. 특히 과거에 비해 거시경제 상태를 알려주는 지표들이 안정되자 사람들은 이를 '대안정기'라고 불렀고 이 시대를 이끈 그린스펀은 일약 미국 경제의 수호자로 떠올랐다.

2004년 5월 그린스펀은 연준 역사상 처음으로 다섯 번째 연임에 성공한다. 하지만 금융시장은 이미 많은 이상 징후를 쏟아내고 있었다. 2004년 연준은 정책 금리를 인상하여 물가 불안을 잡으려 했지만 시장의 장기 금리는 꿈쩍도 하지 않고 낮게 유지되는 기현상이 발생했다. 2005년 2월 17일, 상원에 출석한 그린스펀은 10년물 재무성 채권의 이자율이 연준의 금리 인상에 불구하고 제자리에 머물자 다음과 같이 당혹감을 토로했다.

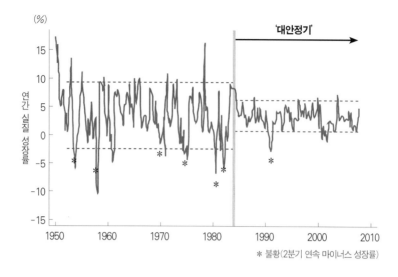

(%)

연간 실질 성장률

'대안정기'

1950 1960 1970 1980 1990 2000 2010

* 불황(2분기 연속 마이너스 성장률)

1980년대 중반 이후 미국 경제는 실질 성장률의 진폭이 낮아지면서 경제가 눈에 띄게 안정적인
성장기에 들어서게 된다.
자료: http://freakonomics.com

> 연준이 단기 금리를 150bp까지 올렸음에도 장기 이자율은 오히려 최근 몇
> 개월간 계속 낮아지고 있다. 장기 이자율과 단기 이자율의 관계는 수익률
> 곡선과 관련된 간단한 수학이다. 즉, 10년물 재무성 채권의 이자율은 연속
> 된 1년물 채권 선물 이자율 10개의 평균과 같아야 하기 때문에 단기 금리
> 의 인상은 당연히 10년물 재무성 채권의 이자율을 끌어올려야 했다. ……
> 글로벌 채권시장의 이 예기치 못한 현상은 한마디로 수수께끼Conundrum와
> 같다.[19]

그린스펀의 수수께끼 발언 이후 전문가들은 연준의 금리 정책을 무

력화시킨 원인이 무엇인지를 분석하기 시작했고 많은 사람들이 과잉 저축이 야기한 현상이라고 결론 내렸다. 특히 2005년 3월, 연준 이사였던 벤 버냉키는 미국이 경상수지 적자에도 불구하고 유동성이 넘쳐나고 주식 및 주택시장이 과열 양상까지 보이는 것은 일본, 독일, 중동 국가 등 기존의 투자국에 더해 중국 등 신흥국의 과잉 저축이 미국으로 환류되고 있기 때문이라고 주장했다.[20] 특히 아시아 각국이 외환 보유고를 확충하면서 미국 국채와 패니메이 및 프레디맥이 발행한 모기지 증권을 대량으로 사들여 금리를 낮추고 있기 때문에 이와 같이 이해할 수 없는 현상이 발생했다는 것이다.

　이 수수께끼 현상에 대한 논의는 그해 열린 잭슨홀 미팅에서도 계속되었다. 해마다 학계와 언론의 조명을 받으며 미국 연준을 비롯한 주요국의 중앙은행 총재, IMF 총재, 세계은행 총재 등과 저명한 경제학자들이 모여 통화 정책의 현안을 논의하는 잭슨홀 미팅은 매년 와이오밍 주의 시골 마을인 잭슨홀에서 열리는 '캔자스시티 연준 경제정책 심포지엄The Federal Reserve Bank of Kansas City Economic Policy Symposium'을 가리킨다.

　1982년 캔자스시티연방준비은행*의 총재 로저 구피Roger Guffey는 1978년부터 시작했지만 주목을 받지 못하던 이 회의를 띄우기 위해 당시 연준 의장이었던 볼커를 끌어들이는 작전을 펼친다.[21] 구피는 볼커가 송어 플라잉 낚시광이라는 사실을 알아내고는 그동안 회의를 개최했던 콜로라도 주에서, 송어 낚시를 할 수 있는 잭슨홀로 장소를 옮

＊ 미주리 주에는 특이하게도 12개의 연방준비은행 중 2개가 있다. 다른 하나는 세인트루이스연방준비은행이다.

겨 볼커를 끌어들이는 데 성공했다. 볼커는 매년 휴가 삼아 낚시도 즐길 겸 이 회의에 계속 참석했고 이후 연준의 하계 세미나로 확대되면서 권위 있는 국제회의로 탈바꿈하게 되었다.

2005년 잭슨홀 미팅은 그 어느 때보다도 성황을 이루었는데 그린스펀이 퇴임을 앞두고 마지막으로 참석하는 회의였기 때문이었다. 회의 주제도 "그린스펀의 시대: 미래를 위한 교훈"으로 정하고 각국의 내로라하는 경제 전문가들이 초청되었다. 따라서 회의 내내 대안정기를 연 그린스펀에 대한 찬사가 이어졌으며 특히 영란은행의 머빈 킹 총재는 "그린스펀의 퇴장으로 우리는 지혜, 번뜩이는 혜안, 그리고 리더를 잃게 되었다"[22]라고 아쉬워했다.

하지만 모두가 그린스펀에게 찬사를 보내고 있을 때 당시 IMF 수석 이코노미스트였던 라구람 라잔Raghuram G. Rajan은 그린스펀의 시대가 금융 혁신과 정보통신의 발달에 힘입어 금융산업을 성장시킨 것은 사실이지만 그에 못지않게 시장의 위험을 크게 증대시켰다고 주장하면서 잘못된 인센티브에 기초한 성과급 보수 체계를 원인으로 지목했다. 라잔은 1950~60년대는 금융이 은행 위주의 구조였고 은행가들의 보수도 성과와 크게 관계없이 결정되었기 때문에 고위험 고수익 투자에 대한 인센티브가 낮았지만 성과급이 중요한 오늘날의 보수 체계에서는 고위험 투자에 대한 인센티브가 높기 때문에 이를 관리해야 한다고 주장했다. 같은 업종의 평균 수익률을 기준으로 성과 평가가 이루어지는 탓에 불이익을 받지 않으려고 다른 사람을 따라 투자하는 경향이 높은 군집 행위를 조장하고 있다는 것이다.

라잔은 유동화 역시 개별 은행의 대출 위험을 줄이기보다는 오히려 시장 전체의 위험을 키웠다고 주장했다. 유동화 채권의 바탕이 되는 모기지 채권의 일부 또는 전부가 부도를 맞아 손실이 나면 제일 먼저 유동화 구조를 만든 은행이 손실을 책임지는 구조이기 때문에 위험이 줄어들었다는 것은 착각이라는 것이다. 아울러 만일 유동화를 주도하지 않고 모기지 대출 채권을 팔아넘길 경우 은행으로서는 신규 대출에 나설 수밖에 없는데 이는 점차 신용이 낮은 사람에게 대출이 몰려 거시적으로는 시장 전체의 위험을 키운다고 강조했다. 위험은 만들어지면 이전移轉될 수는 있지만 절대량은 줄어들지 않는다는 주장이었다.

라잔은 거시경제적으로는 비록 안정이 유지되고 있지만 주식시장 등 금융시장의 높은 변동성이 과거에 비해 달라지지 않았으며 새롭게 등장한 투자은행들의 과도한 차입에 의한 위험 투자가 문제될 경우 전 금융권의 유동성 위기로 번질 것이라고 경고했다. 따라서 새로운 위험 요인을 막으려면 오디세우스가 스스로 배에 몸을 묶어 스킬라와 카리브디스로부터의 위험을 피했듯이 정부도 과도한 개입과 전적으로 시장에 맡겨두는 행태 모두를 경계하면서 잘못된 인센티브 구조로 인해 커진 시장 위험을 통제할 수 있는 규제가 필요하다고 주장했다.

이러한 그의 주장은 1987년 주가 폭락과 1998년 LTCM 사태 등 국내외의 많은 위기를 성공적으로 극복하면서 자신감이 커질 대로 커진 연준이 볼 때 너무 과도한 우려였다. 무엇보다 그린스펀의 추종자들에게 시장의 잘못된 인센티브를 감독 당국이 개선해야 한다는 것은 시장의 자율성을 부인하는, 동의하기 어려운 주장이었다. 토론자로 나선 연준의 도널드 콘Donald Kohn 부의장은 라잔의 분석이 잘못되었다고 반박하면서 1987년 10월 위기, 1998년 LTCM 사태 및 2000년 초의 닷컴 버블을 보더라도 금융시장이 잘못된 점을 바로잡고 다시 정상화되는 과정이 작동하고 있다고 주장했다. 콘은 금융시장의 위험이 커지고 있다 하더라도 명확한 증거가 없는 한 사전에 개입하는 것은 바람직하지 않다고 반박했다.

하지만 콘과 함께 토론자로 나선 프린스턴 대학의 신현송 교수는 라잔의 주장에 동의하면서 당시 금융시장이 지닌 위기의 본질을 꿰뚫는 해석을 내놓았다. 신 교수는 당시 금융시장에 내포된 위험을, 2000년 영국이 새천년을 기념해서 템스 강 위에 설치한 밀레니엄 브리지 개통식에서의 소동에 비유해 명쾌하게 설명했다.[23]

빅토리아 여왕도 참석한 당시 개통식에는 수많은 사람들이 몰려들었다. 밀레니엄 브리지는 큰 기둥에 연결된 강철선들이 다리를 들어 올리면서 지탱하는 보통의 현수교와 달리 기둥이 없는 혁신적인 수평적 현수교였다. 그런데 개통식 직후 수많은 시민들이 다리를 건너려는 순간 다리가 크게 흔들렸고 곧바로 통행이 차단되었다.* 다리를 설계한 공학자들은 충격을 받고 원인 분석에 들어갔다.

밀레니엄 브리지는 바로 옆에 있는 전형적인 현수교인 로열앨버트 브리지와는 차원이 달랐다. 일반적인 현수교는 기본적으로 심하지는 않지만 흔들림이 있기 때문에 만일 군대가 행진할 때처럼 사람들의 보폭이 다리의 흔들림과 일치할 경우 흔들림이 점차 커지면서 심지어는 다리가 무너지는 소위 '공진 현상'이 발생할 우려가 있었다. 이러한 이유로 로열앨버트 브리지에는 행진하지 말라는 경고문이 붙어 있었다. 하지만 밀레니엄 브리지는 설계 단계부터 수많은 모의실험을 거쳐 공진 현상을 최소화했다. 즉, 밀레니엄 브리지의 고유 진동수는 사람의 두 걸음에 해당하는 1헤르츠로 설계되어 있었는데 이는 다리가 흔들

---

* 이날 다리가 흔들리는 모습을 담은 동영상을 지금도 유튜브에서 볼 수 있다.

릴 때 사람들의 무게중심이 두 발의 한쪽에 위치한다는 것을 의미했다. 만일 사람들이 아무 생각 없이 다리를 지나가면 제각각 무게중심이 달라 한 방향으로 같이 움직일 확률이 거의 없었다.

하지만 이날 바람이 가져온 약간의 흔들림이 우연히도 사람들의 무게중심이 이동하는 1헤르츠와 일치했고, 시간이 지날수록 더욱 커지는 소위 포지티브 피드백positive feedback 현상이 발생했다. 즉, 작은 외부 충격이 만든 흔들림이 다리를 건너는 사람들의 우연한 행동의 일치로 인해 증폭된 것이다. 다리가 흔들리기 시작하자 다리를 건너려고 들어선 사람은 미리부터 다리의 흔들림에 몸을 맡기면서 앞으로 나아갔고 이렇게 이어진 행동들이 다리의 흔들림을 확대 재생산했다.

> 흔들림은 심해진 것은 돌풍이나 지진 등 외부 충격이 아닌 다리 위에 있는 사람들의 동조에 의해 심해졌고 확대 재생산되었다. 외부 충격만을 고려한 컴퓨터 모의실험은 다리의 미세한 흔들림과 사람들의 움직임이 동조화될 가능성에 대해 전혀 고려하지 못했다. 소위 퍼펙트 스톰*이었다. 컴퓨터 모의실험에서는 상상하지 못했지만 실생활에서는 매일 발생할 수 있는 일이다.[24]

사실 금융시장에서도 이와 비슷한 일이 매일 벌어진다. 가격이 변하면 시장 참여자들의 행태가 변하고 때로는 이 변화가 가격 변동에 영향을 미치는 피드백 현상이 발생한다. 중요한 것은 이 연쇄 반응이 가격을 안정시키는 방향으로 수렴하는가, 아니면 가격 변동을 증폭시키

---

* 온갖 악재가 겹쳐 만들어진 최악의 상황을 의미한다.

는 힘으로 작용하는가이다. 경우에 따라서는 일정한 문턱을 지나면 안정적인 피드백 작용이 오히려 시장 불안을 심화시키기도 한다. 문제는 어디가 문턱인지 아무도 모른다는 점이다.

신 교수는 이 포지티브 피드백 현상으로 금융시장의 다이내믹 헤지dynamic hedge를 설명했다. 헤지란 현물 주식을 사면서 선물을 파는 방식으로 수익 구조를 일정 수준에 고정시키는 것을 말하며, 다이내믹 헤지란 이러한 과정이 가격 변화를 따라가면서 연쇄적으로 일어나게 하는 것을 말한다.

가격이 떨어질 때 다이내믹 헤지는 오히려 가격을 더 떨어지게 만든다. 누구도 떨어지는 칼을 잡으려고 하지 않는다. 모두가 비켜서서 칼이 땅에 박힐 때까지 기다린다.

퇴임을 앞둔 그린스펀은 잭슨홀 미팅에서 짧은 연설을 했는데 흥미롭게도 그는 여기서 주식 및 주택시장의 버블 논쟁에 대한 자신의 생각을 가감 없이 밝혔다.

주가 및 집값 안정의 유지를 정책의 목표로 삼아야 할지에 대해서는 앞으로도 논의가 계속될 것이다. 자산 가격의 상승은 이미 금융시장의 안정과 경제성장과 관련된 다양한 변수에 영향을 미치고 있다. 다만 현재의 이해 수준으로는 중앙은행이 자산시장에 개입하기 어렵다. 향후 더 많은 연구가 진행되어 우리가 자산 가격의 상승이 미치는 영향을 깊이 이해하게 되면 통화신용 정책의 발전에 도움이 될 것이라고 믿는다.[25]

그린스펀은 이 연설에서 주택 가격의 이상 급등이 있는 것은 사실이지만 그 성격이 버블이 아니기 때문에 맥주 거품처럼 저절로 조용히 꺼질 것이라고 말했다. 이는 그의 지론인 시장의 자율 조정 기능을 다시금 강조한 말로서, 중앙은행의 개입이 필요하지 않다는 의미였다. 그는 주택 가격은 무한정 올라갈 수 없으며, 어느 시점에 이르러 주택 구입에 따른 수익률이 떨어지면 시장이 저절로 균형을 찾아갈 것이고 이 과정을 거쳐 집값 상승에 따른 부의 효과가 가져온 소비 증가, 경상 수지 적자의 확대 등 부작용도 사라질 것으로 예상했다. 여전히 주가 및 집값 상승을 억제하기 위한 중앙은행의 개입을 꺼렸지만 버블 가능성에 주목하기 시작한 것이다.

그린스펀과 연준은 부인했지만 시장은 라잔의 걱정대로 흘러가고 있었다. 단기 금융시장에서 아무 문제 없이 언제든 자금을 조달할 수 있게 된 투자은행들은 과도하게 차입을 늘렸고 이를 고위험 상품에 투자하여 엄청난 수익을 냈다. 레버리지를 활용한 투자로 인해 월가의 투자은행인 골드만삭스의 경우 2005년 주당수익률ROE이 무려 40퍼센트까지 치솟았고 비서직을 포함한 약 2만 4,000명 가까운 전 직원의 평균 연봉이 52만 달러라는 믿기지 않는 수준에 이르렀다. 이는 존 로가 만들어낸 수많은 백만장자의 재현이라고 할 만했다. 물론 골드만삭스만은 못했지만 월가의 다른 투자은행들도 엄청난 수익을 냈다. 이러한 과도한 수익은 많은 사람들의 우려를 자아냈고 심지어《이코노미스트》도 연준의 낙관에 우려 섞인 시선을 보냈다.《이코노미스트》는 "골드만삭스에 큰 수익을 안겨준 수익 모델은 언젠가 시험에 들 것"이라고 경고했지만 이 경고 역시 누구의 주의도 끌지 못했다.

무너지는 신용 질서: 민스키 모멘트

2005년 11월 연준 이사였던 버냉키가 그린스펀의 뒤를 이어 의장에 취임한다. 당시 경제적 현안이 거의 없었고 대안정기가 가져온 안정으로 인해 버냉키에 대한 상원의 청문회장에서는 연준에 대한 찬사가 이어지고 있었다. 하지만 공화당의 리처드 셸비Richard Shelby 상원 의원은 예외였다. 그가 "당신이 향후 금융위기를 다루지 않기를 바라지만 위기를 맞게 될 것"이라고 충고하자, 버냉키는 "내 앞에 다가올 위기가 어떤 것이든 이를 대비하는 데 최선의 노력을 다하겠다"는 의례적인 답변을 했다.[26] 물론 버냉키가 말한 위기는 2008년 위기 같은 또 하나의 대공황을 의미하지는 않았을 것이다.

사실 의원들은 물론 버냉키도 초대형 위기가 다가오고 있다는 것은 상상조차 하지 못했다. 모두들 당시 일부에서 제기하던 자산 가격의 버블이 가져올 위기 가능성보다는 인플레이션에 더 신경을 쓰고 있었다.[27] 버냉키 역시 그린스펀과 마찬가지로 중앙은행이 자산 가격의 버블을 막아야 한다는 일부 주장에 대해 부정적이었다. 1999년 발표한 논문에서 버냉키는 중앙은행은 주가의 급상승이 심각하게 경제의 안정을 해칠 때에만 개입을 해야지 기본적으로는 물가 안정에 충실해야 한다고 밝힌 바 있다. 버냉키는 자산시장의 버블 우려가 높아짐에도 이것이 경제 전반을 위협하고 있다고 보지 않았으며 따라서 이를 적극적으로 막으려고 노력하지 않았다.[28]

초대형 금융위기를 예고하는 각종 징후가 여기저기서 드러나고 있었지만 250명에 달하는 연준의 경제 전문가들을 포함한 어떤 정책 당국자도 이것이 대형 위기의 징조라는 것은 전혀 감지하지 못했다. 주가는 물론 집값이 천정부지로 치솟고 이로 인해 주택담보대출(모기지 대출)의 시장 질서가 무너지면서 심각한 부실 대출이 늘어나고 있었지만 감독 당국은 이것이 경제 전체를 위협하는 위험이 될 것이라고는 꿈에도 생각하지 않았다.

돌이켜보면 2008년 대형 글로벌 금융위기를 가져온 주범인 모기지 시장의 부실은 경제학자 하이먼 민스키가 주장했던 금융의 부실화가 금융위기로 이어지는 과정을 그대로 재현했다. 민스키는 대출의 질이 악화되는 과정을 통상 헤지 차입hedge borrowing, 투기적 차입speculative borrowing, 그리고 폰지 차입Ponzi borrowing의 3단계로 구분했다.

헤지 차입 단계에서는 금융회사가 고객의 신용 상태를 살펴서 이자는 물론 원금 상환 능력을 모두 확인하고 대출을 하기 때문에 특별히 문제 될 것이 없다. 하지만 투기적 차입 단계에서는 고객이 이자만 상환할 수 있으면 대출이 일어난다. 즉, 원금을 위협하지 않을 정도로 자산 가격이 오르기 때문에 원금을 떼일 것을 걱정하지 않는다. 따라서 '이자 위주의 대출'이 가능해진다. 이 단계가 아무 문제 없이 지나가면 이제 극단적인 위험 대출이 일어나는데 이것이 바로 폰지 차입 단계이다. 이제는 이자도 걱정하지 않는 대출이 일어난다. 일정 기간이 지나 주택 가격이 오른 뒤 팔면 원금과 이자를 다 갚을 수 있는 수익이 생길 것이라는 지극히 낙관적인 가정하에 대출이 이루어지는 것이다. 2008년 위기 이전 기승을 부린 폰지 차입의 실례를 상징적으로 보여주는 것이 한 모기지 브로커 사무실에 붙어 있는 다음 광고다.[29]

광고에서 "1퍼센트 낮은 시작 이자율1% Low Start Rate"은 초기 이자율이 낮은 상품을 취급한다는 의미이다. 물론 앞으로 어떻게 올라갈지에 대해서는 어떤 설명도 없지만 차입자들은 집값이 떨어질 리 없다고 생각

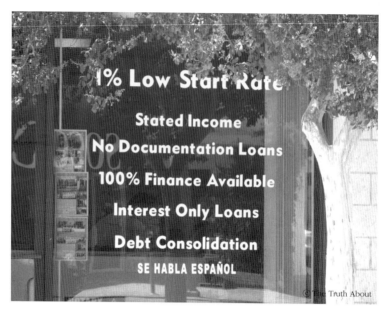

폰지 차입을 상징적으로 보여주는 모기지 대출 광고

하여 이자가 오르는 걸 크게 걱정하지 않는다. "고객이 제시한 소득수준Stated Income"은 고객의 상환 능력을 알아보기 위해 소득수준을 확인해야 하지만 이 회사는 신용정보회사를 통해 신용조회를 하지 않고 고객이 제시하는 것을 그대로 인정해주겠다는 제안이다.

"무서류 대출No Documentation Loans"은 글자 그대로 통상적인 대출 계약서에서 요구하는 각종 서류들을 면제해주겠다는 말이다. 미국의 경우, 대출을 받기 위해서는 기본적으로 소득 확인을 위해 세금 납부 내역 또는 재직증명서 등을 요구하는데 자영업자나 직장이 없는 사람들은 이러한 서류를 구비하는 것이 불가능하기 때문에 이를 면제해주겠다는 것이다. "이자 위주의 대출Interest Only Loans"은 상환 부담을 덜어주기 위해 원금의 상환 없이 높은 이자율만 부담하면 가능한 대출을 의미한다. 마지막으로 "부채 통합Debt Consolidation"은 신용 질서가 극단적으로 무너져 있음을 보여주는 문구로 신용카드 빚 등 다른 빚을 이번 주택 매입을 위한 대출을 받을 때 다 같이 포함해서 필요한 만큼 대출을 해주겠다는 말이다.

이 광고는 대출시장이 거의 카지노화되었다는 것을 상징적으로 보여주고 있다. 잃은 돈보다 더 많은 금액을 대출해주면서 한 번만 이기면 빚도 갚고 돈도 벌 수 있다는 꼬임이 성행하는 카지노와 같이 사람들에게 주택 투기로 한탕 하라고 공개적으로 유인하는 것이나 다름없었다. 이렇게 만들어진 부실 덩어리 서브프라임 모기지 대출은 패니메이와 프레디맥에 넘어가 모기지 담보증권MBS, Mortgage Backed Securities으로 탄생했다. 부실 대출로 만들어진 모기지 담보증권이지만 신용평가회사들은 여기에 최우량 등급인 트리플 A를 부여하여 부실 발행을 더욱 조장했다.

2008년 위기 중에 파산한 미국 최대의 저축은행 워싱턴뮤추얼Wamu, Washington Mutual의 사례는 이 회사가 어떻게 부실 덩어리인 서브프라임 모기지 대출과 이를 기반으로 한 유동화 증권을 만들었는지를 잘 보여주고 있다.[30]

1889년 시애틀 대화재 이후 주택마련대출을 통해 성장한 워싱턴뮤추얼은 모기지 대출 전문 은행이었으나, 1990년대 이후 잇단 합병을 통해 모든 은행업을 취급하는 모기지 전문 대형 은행이 되었으며 연방저축기관감독청OTS, Office of Thrift Supervision의 감독을 받고 있었다. 워싱턴뮤추얼은 모기지 대출을 직접 취급할 뿐만 아니라 브로커를 통해 대출을 알선받고 수수료를 지불하는 방식으로 모기지 대출을 늘렸다. 더 많은 모기지 대출을 위해 고객의 신용 기준을 낮추었을 뿐만 아니라 브로커의 소개로 대출을 하는 경우에는 신용 체크가 더욱 부실했다.

아울러 워싱턴뮤추얼은 자회사인 롱비치모기지회사Long Beach Mortgage Corporation를 통해 모기지 대출을 본격적으로 확대하기 시작했다. 이 회사는 대출을 심사하는 사람도 없이, 그저 집값이 뛰는 것을 보고 집을 구매하기로 마음먹은 사람들에게 모기지 대출을 해주는, 다시 말해 서브프라임 모기지를 만들어내는 회사였다.

워싱턴뮤추얼은 다른 모기지 전문회사로부터도 많은 모기지를 사들이는 소위 모기지 시장의 소매와 도매시장에서 모두 큰손으로 활동했다. 워싱턴뮤추얼과 롱비치는 2000년부터 2007년까지 약 770억 달러에 달하는 서브프라임 모기지 대출을 했으며 이렇게 끌어 모은 모기지를 패니메이나 프레디맥에 팔아넘겼다. 또한 직접 모기지 담보증권을 만들어 팔았고 일부는 투자 목적으로 보유했다.

이렇듯 무분별한 대출이 진행되었지만 내부의 통제 기능은 물론 OTS 등 연방정부의 감독도 거의 작동하지 않았다. 워싱턴뮤추얼 내부에서조차, 롱비치가 넘긴 모기지 대출 채권의 질을 우려하는 목소리가 높았지만 무시되었다. 결국 집값이 폭락했을 때 롱비치가 내준 대출의 부도율이 제일 높은 것은 당연한 일이었다. 모두가 모기지 대출에 열을 올리면서 수단과 방법을 가리지 않았고 모기지 대출 회사들이 우후죽순처럼 생겨났다. 대출 경쟁이 과열되면서 모기지 대출시장은 사실상 감독이 없는 무분별한 경쟁 시장이 되고 말았다.

민스키는 폰지 차입의 단계에 들어서면 사람들이 다소 과민해지면서 스스로 너무 위험한 것이 아닌가라는 깨달음에 도달하는 소위 민스키 모멘트Minsky Moment가 나타나고, 이어서 순식간에 금융시장에 패닉이 들이닥친다고 주장했다. 마치 만화영화 〈톰과 제리〉에서 제리를 쫓던 톰이 전속력으로 달리다가 멈추지 못하고 절벽 위 공중에 자신이 떠 있는 것을 깨닫는 순간 추락하는 장면에 비유되기도 하는 이 시점은 그동안 위기를 조장해왔던 행동으로부터 모두가 탈출을 시작하는 시기를 의미한다.[31]

롱비치모기지회사가 취급한 서브프라임 모기지는 집값 폭락과 함께 그대로 부도로 연결되었다. 이를 기반으로 한 모기지 증권의 가격도 폭락을 피하기 어려웠고 여기에 투자한 은행 등 금융회사들과 단기 자금시장인 머니마켓펀드Money Market Fund 등은 큰 손실을 입었다. 서브프라임 모기지 담보증권을 보증한 보험인 신용파산스왑을 판 AIG 등 보험회사들의 동반 추락 역시 피하기 어려웠다. 금융권 전체가 무너졌고 금융위기가 시작되었다.

서브프라임 모기지 증권을 둘러싼 모기지 대출 전문회사, 월가의 투자은행, 신용평가회사들의 도덕적 해이를, 당시《뉴욕타임스》기자였던 에드먼드 앤드류스Edmund Andrews는 자신의 경험을 바탕으로 다음과 같이 묘사했다.[32]

나에게 모기지 대출을 해준 회사는 나에게 아무런 관심이 없었다. 왜냐하면 나의 모기지 대출을 월가의 투자은행에 팔 것이기 때문이었다. 월가의 투자은행도 대출에 대해 관심이 없었다. 왜냐하면 대출을 묶어 모기지 담보증권을 만든 다음 전 세계의 투자자들에게 팔아넘길 것이기 때문이었다. 투자자들 또한 관심이 없었다. 왜냐하면 신용평가사들이 자신들이 사들인 채권에 최우량 등급(트리플 A)을 주었기 때문이었다. 그리고 신용평가사들도 관심이 없었다. 그들의 평가 모델에 따르면 과거에 이 모기지 대출의 신용도는 썩 괜찮았기 때문이었다.

Table 3 | 모기지 담보증권이 만들어지는 과정

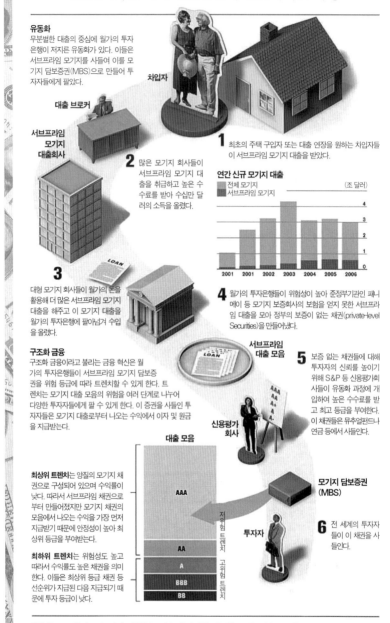

유동화
무분별한 대출의 중심에 월가의 투자은행이 저지른 유동화가 있다. 이들은 서브프라임 모기지를 사들여 이를 모기지 담보증권(MBS)으로 만들어 투자자들에게 팔았다.

차입자

대출 브로커

서브프라임 모기지 대출회사

2 많은 모기지 회사들이 서브프라임 모기지 대출을 취급하고 높은 수수료를 받아 수십만 달러의 소득을 올렸다.

1 최초의 주택 구입자 또는 대출 연장을 원하는 차입자들이 이 서브프라임 모기지 대출을 받았다.

연간 신규 모기지 대출
☐ 전체 모기지
■ 서브프라임 모기지 (조 달러)

2001 2001 2002 2003 2004 2005 2006
0 1 2 3 4

3 대형 모기지 회사들이 월가의 돈을 활용해더 많은 서브프라임 모기지 대출을 해주고 이 모기지 대출을 월가의 투자은행에 팔아넘겨 수입을 올렸다.

4 월가의 투자은행들이 위험성이 높아 준정부기관인 패니메이 등 모기지 보증회사의 보험을 얻지 못한 서브프라임 대출을 모아 정부의 보증이 없는 채권(private-level Securities)을 만들어냈다.

구조화 금융
구조화 금융이라고 불리는 금융 혁신은 월가의 투자은행들이 서브프라임 모기지 담보증권을 위험 등급에 따라 트렌치할 수 있게 한다. 트렌치는 모기지 대출 모음의 위험을 여러 단계로 나누어 다양한 투자자들에게 팔 수 있게 한다. 이 증권을 사들인 투자자들은 모기지 대출로부터 나오는 수익에서 이자 및 원금을 지급받는다.

서브프라임 대출 모음

5 보증 없는 채권들에 대해 투자자의 신뢰를 높이기 위해 S&P 등 신용평가회사들이 유동화 과정에 개입하여 높은 수수료를 받고 최고 등급을 부여한다. 이 채권들은 뮤추얼펀드나 연금 등에서 사들인다.

신용평가 회사

대출 모음

최상위 트렌치는 양질의 모기지 채권으로 구성되어 있으며 수익률이 낮다. 따라서 서브프라임 채권으로부터 만들어졌지만 모기지 채권의 모음에서 나오는 수익을 가장 먼저 지급받기 때문에 안정성이 높아 최상위 등급을 부여받는다.

최하위 트렌치는 위험성도 높고 따라서 수익률도 높은 채권을 의미한다. 이들은 최상위 등급 채권 등 선순위가 지급된 다음 지급되기 때문에 투자 등급이 낮다.

저위험 트렌치
고위험 트렌치

AAA
AA
A
BBB
BB

모기지 담보증권 (MBS)

투자자

6 전 세계의 투자자들이 이 채권을 사들인다.

자료: Mortgage Bankers Association, HSH Association, Federal Housing Finance Board, Loanperformance, a First American co.

그린스펀의 유산: 2008년 초대형 위기의 토대

모두가 퇴임을 앞둔 그린스펀을 칭송하고 있을 때《이코노미스트》는 그린스펀의 시대를 조명하면서 다소 비판적인 평가를 실어 사람들의 주목을 끌었다.[33]《이코노미스트》는 그린스펀의 18년 시대를 재조명하면서 물가가 안정되고 큰 위기 없이 10년 이상 장기 성장을 이룬 공도 있지만 그의 업적이 지나치게 부풀려져 있다고 지적하며, 이를 그린스펀의 표현을 빌려 '비이성적 과열'이라고 꼬집었다. 즉, 미국의 저물가 기조는 OECD 선진국의 평균과 큰 차이가 없는, 사실상 세계적인 추세였다는 것이다. 또 큰 위기 없이 성장을 지속했지만 이는 연준 덕분이라기보다는 다른 나라보다 높은 인구 증가율과 노동 및 상품 시장의 유연화라는 경제구조의 변화에 기인했다는 주장이었다. 경제성장률 역시 잠재성장률과의 차이를 나타내는 성장 갭output gap이 오히려 다른 나라보다 크다고 지적했다. 따라서 그린스펀이 이룬 단기적인 성과는 미래 위기의 토대 위에 이루어진 것이고 특히 지나치게 확대된 통화 공급은 향후 미국 경제에 큰 위협이 될 수도 있다는 점을 조심스럽게 지적했다.

이렇게《이코노미스트》가 그린스펀이 남긴 유산으로 미국 경제가 장기적으로 대가를 치를 가능성까지 경고했지만 대부분의 사람들은 그린스펀의 환상에 도취되어 이러한 경고에 귀를 기울이지 않았다. 돌이켜보면 그린스펀의 시대는 주가와 집값의 버블 시대였다. 명백한 정책 실패라 할 수 있는 이 두 개의 버블은 '그린스펀 풋'을 통해 만들어졌다.[34]

퇴임을 앞둔 그린스펀은 영국 왕실로부터 기사 작위와 프랑스 정부로부터 최고 훈장인 레종 도뇌르 훈장을 받았다. 2005년 11월 9일, 대통령 부시는 미국의 시민에게 주는 최고의 영예인 자유의 메달Medal of Freedom을 그린스펀에게 수여하면서 "그린스펀의 시대는 언제까지나 놀랄 만한 경제성장, 높은 생산성 그리고 선례를 찾기 어려운 혁신과 기회의 시대로 기억될 것이다. 그는 경제적 자유주의, 개방과 유연한 시장, 끊임없는 인간의 창의성을 신봉한 인물이었다. 재임 18년간 그는 이 원칙들을 일관성 있게, 조용히 그리고 지혜롭게 적용해왔다"라며 그린스펀을 격찬했다.[35] 12월에는 '런던 시티의 자유를 누리는 사람freeman of the City of London'으로 선정되면서 런던에서 음주와 방종을 하더라도 체포되지 않는다는 다소 해학적인 영예까지 수여받았다.

하지만 시간이 지나면 모래성은 무너져 내리고 신기루는 걷히는 법이듯 그린스펀의 명성은 2008년 위기 이후 추락했다. 2008년 10월 글로벌 위기가 한창 진행 중일 당시, 하원 위원회에 출석하여 대중 앞에 모습을 드러낸 그린스펀은 더 이상 거장의 모습이 아니었다.

이 위원회의 의장을 맡았던 헨리 왁스먼Henry Waxman은 그린스펀이 수많은 규제 완화를 추진했다는 사실을 지적한 후 "내 질문은 간단하다. 그때 당신이 틀렸었냐?"라고 단도직입적으로 물었다. 그린스펀은 "일부는 그렇다partially"고 시인한 후 "금융기관이 자기 이익을 지키는 것이야말로 주주의 이익을 지키는 가장 유력한 수단이라고 생각한 것은 잘못이었다"라고 시장의 자율적 교정 기능을 믿었던 자신의 생각이 틀렸다는 것을 인정했다.

다만 그는 "나는 아직까지도 왜 이런 금융위기가 일어났는지 충분히 이해하지 못하고 있다. 무슨 일이 일어났고 그것이 왜 발생했는지를 파악하게 되면 내 생각을 바꿀 것이다"[36]라고 케인스의 발언에 빗대어 자괴감을 드러냈다. 그는 이러한 자괴감을 2013년 말에 내놓은 저서

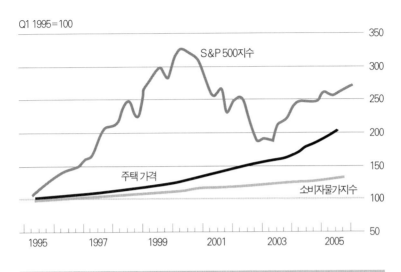

그린스펀 의장 재임기간은 주가와 집값 버블의 시대였다. 특히 주택 가격은 지속적으로 상승하며 2008년 위기의 토대를 형성했다.

자료: Thomson Data; OFHED(연방주택기업 감독청)

《지도와 영역》에서도 토로했다. 자신의 객관주의 철학이 잘못되었으며 위기 이후 부각된 행동경제학에서 주목하는 인간의 본성에 대한 고찰을 새로운 경제 예측 모델에 반영했어야 한다고 시인하기도 했다.[37] 하지만 뒤늦은 후회였고 그의 부주의가 가져온 대가는 너무 컸다.

6부

다시 찾아온 붕괴

: 2008년 글로벌 금융위기와 그 여파 :

2008년 글로벌 금융위기는 금융의 실패를 넘어 거시경제학의 실패로까지 거론된다. 사실 그동안 금융위기는 개발도상국의 전유물이라는 인식이 강했다. 그러나 2008년 글로벌 금융위기는 국제금융의 중심지라 할 수 있는 뉴욕과 런던에서 시작되어, 세계경제는 물론 그 기반이 되는 자본주의마저 위협하는 수준으로 확대되었다.

무엇이 2008년 위기를 초래했을까? 세계가 아직 위기의 충격에서 벗어나지 못하고 있음을 감안할 때 위기의 근본 원인을 규명하고자 하는 것은 아직 시기상조일지도 모른다. MIT 교수인 앤드류 로Andrew Lo는 일본의 대표적인 근대 소설이자 아키라 구로사와 감독의 영화로도 널리 알려진 〈라쇼몽羅生門〉처럼 살인 사건의 목격자들이 자기 관점에 따라 제각각 다른 얘기를 하여 사건의 실재實在 여부조차 의심되는 상황에 빗대어 금융위기의 원인 규명 작업이 쉽지 않음을 지적했다.[1] 현재까지 2008년 위기를 초래한 근본 원인으로는 시장에 만연한 탐욕, 효율적 시장 가설에 대한 맹신, 그리고 감독 정책의 실패 등이 거론된다. 2008년 금융위기의 와중에 투자은행들이 보인 탐욕스런 행위는 많은 비판을 받았으며 '월가 점령하기'라는 시위까지 야기했다.

사실 탐욕은 가치중립적인 개념이다. 건전한 법과 규제가 기반이 될 때는 경제성장을 촉진하지만, 제도적 기반이 없을 경우에는 지대 추구rent-seeking와 부패는 물론 심지어 범죄까지 부르면서 통제되지 않는 시장을 양산한다. 효율적 시장 가설도 위기를 초래한 이론적인 토대였다는 이유로 극심한 비판을 받았다. 효율적 시장 가설은, 시장은 보이지 않는 손에 의해 스스로의 잘못을 고쳐 나가는 자정 능력이 있기 때문에 개입할 필요가 없다는 논리로 비화되었고, 그 결과 버블이 붕괴되고 금융과 경제의 몰락을 야기했다는 것이다. 아울러 운전대에서 졸았던 감독 당국Regulators asleep at the wheel도 위기 발생에 한몫했다는 비판을 받았다. 무분별한 규제 완화와 파생상품 등 일부 금융산업에 대한 규제의 부재는 시장을 도박장으로 만드는 데 일조했다.

흥미롭게도 2008년 글로벌 금융위기는 1930년대 대공황과 유사한 점이 너무도 많다. 신구 정부의 정권 교체기와 맞물려 발생한 두 위기는 실패한 두 명의 공화당 출신 대통령 후버와 부시에서 각각 위기를 극복한 민주당 출신의 대통령 루스벨트와 오바마를 배출했다. 대공황에 월가의 주가 대폭락이라는 상징적인 사건이 있었다면 글로벌 금융위기에는 대공황 때도 살아남았던 리먼브라더스의 몰락이 있었다. 1929년 9월의 대폭락 이후 일련의 금리 인하로 1930년 초 금융시장이 일시적으로 안정을 보였던 것처럼 2008년 위기 때도 베어스턴스의 파산 이후 여름 동안 잠시 소강상태가 있었다. 정책 결정자들이 잠시 긴장의 끈을 놓은 순간 들어선 태풍의 눈 같은 고요함이었다. 두 위기 이후 대대적인 금융 개혁이 단행된 것도 닮은 점이었다.

가장 큰 차이점이라면 앞의 위기는 대공황을 '초래'했지만 뒤의 위기는 대공황을 피했다는 점이고 이는 전자의 교훈이 있었기에 가능했다. 후자에는 전자에 없던, 양적 완화 등 "거리를 돈으로 가득 메울 정도로" 과감한 통화 정책과 제로 금리 정책이 있었다. 또한 각국이 보호주의로 회귀했던 전자와 달리 후자의 경우에는 국제 공조가 한층 강화되었다. 대공황의 교훈을 잘 새길 수 있었던 것은 대공황을 깊이 연구한

밀턴 프리드먼, 벤 버냉키 연준 의장 등을 비롯한 많은 학자들의 노력 덕분이라고 할 수 있다. 2002년 11월, 연준 이사였던 버냉키는 대공황 당시 연준의 실책을 파헤친 바 있는 프리드먼의 90회 생일파티에 참석해서 다음과 같은 말로 연설을 마무리했다.

> 대공황과 관련해서는 당신(프리드먼)이 맞았다. 우리(연준)가 잘못했다. 아주 유감스럽게 생각한다. 하지만 당신 덕분에 우리는 그런 짓을 반복하지 않게 되었다.

버냉키의 장담대로 아무도 상상하지 못한 전례 없는 조치가 이어졌다.

13장

대불황의 시작: 뉴욕발 금융위기

월스트리트에서 예언자prophet들은 앞으로 일어날 일을 알려주고,
수익profit은 과거에 일어난 일을 말해준다.

– 로버트 오벤(미국의 코미디 작가, 포드 대통령 스피치라이터)

• • •

사실 금융 위험을 낮게 평가하는 것은 보편적인 현상이다.
늘 그래왔으며 이는 예외적인 현상이 아니다.

– 마크 로(하버드 법대 교수)

• • •

우리는 2008년 위기를 금융위기라고 부르지만 실제 일어난 일은
미국을 차입 매수LBO*한 것이나 마찬가지이다.

– 밥 아이브리, *The Seven Sins of Wall Street*

• • •

죽음은 필연이지만 누가 죽을 것인지는 상황에 따라 다르다.

– 조지프 헬러,《캐치-22》

시작된 금융위기: 2007년 여름

2007년 여름, 미국의 주택시장 버블이 터지면서 드디어 민스키 모멘트가 닥쳤다. 주택 가격이 폭락했고, 무리한 대출을 받은 사람들은 집값보다 더 큰 빚을 진 채, 파산 말고는 방법이 없는 상황에 처했다. 서브프라임 모기지 채권에 많은 투자를 한 은행들도 채권 폭락과 함께 큰 손실을 입었다. 은행들의 대출 위험을 줄여준 것으로 각광받던 유동화 과정들이 알고 보니 전 금융권을 날려버린 폭탄이었음이 드러났다.

2007년 2월, 세계적인 은행 HSBC가 미국의 서브프라임 모기지 증권 투자로 대규모 손실을 입었다고 밝혔지만 이때만 해도 개별 회사의 문제로 치부됐을 뿐, 누구도 '퍼펙트 스톰'이 뒤따를 것이라고는 상상하지 못했다. 4월에 모기지 채권 판매회사인 뉴센추리파이낸셜New

---

* Leveraged Buy-Out. 차입금을 사용하여 기업을 인수하는 것을 말한다. 인수자는 차입자금을 조달하기 위해 채권을 발행하고 통상 인수하는 기업의 자산을 담보로 제공하게 된다.

Century Financial이 파산했다. 그러나 버냉키는 6월, IMF가 주최한 남아프리카공화국 케이프타운 회의에 참석해 "현시점에서 서브프라임 분야의 문제가 경제 전체나 금융 시스템에 심각한 영향을 줄 가능성은 거의 없어 보인다"며 상황을 낙관했다.[2] 하지만 6월에는 투자은행 베어스턴스 소유의, 서브프라임 채권에 투자하는 헤지펀드가 파산하고 7월에는 신용평가회사가 수백 종의 서브프라임 모기지 채권의 신용 등급을 내리면서 서브프라임 채권 거래가 자취를 감춘다.

8월 초에는 세계적인 투자은행 비엔피파리바BNP Paribas가 운영하던 펀드가 서브프라임 채권 투자 손실로 지급불능 상태에 빠졌다. 이는 서브프라임 채권에 대한 시장의 불확실성이 이미 심각한 수준을 넘어섰음을 극명하게 보여준 사건이었다. 비엔피파리바가 운영하던 헤지펀드는 결국 유럽중앙은행ECB, European Central Bank에 의해 구제되었는데 이 회사는 자신이 보유한 서브프라임 채권의 가격을 산정조차 하지 못했다. 이는 서브프라임 채권을 사고파는 시장이 완전히 사라진 것을 의미하는 전례 없는 사건이었다. 가이트너를 비롯한 정책 당국자들은 이런 상황을 접하고 모골이 송연해짐을 느꼈다.[3]

이미 금융시장이 위기 국면에 진입할 가능성이 돌이킬 수 없을 정도로 커졌지만 버냉키와 연준의 간부들은 시장에 불필요한 오해를 주지 않기 위해 아무 일 없는 듯이 8월 말 잭슨 홀 미팅에 참석했다. 위기 상황 발생에 대비하여 비밀리에 위기 대응 시스템을 가동할 수 있는 통신장치를 구축해놓은 채였다. 흥미롭게도 그해 잭슨홀 미팅의 주제는 주택금융housing finance이었고 미국 주택시장이 버블 상태라고 경고해온 예일 대학의 교수 로버트 실러는 이 자리에서도 "임대료나 건축비 등을 감안할 때 현재의 주택 가격은 지나치게 높으며, 경제적인 요인이 아닌 투기가 가격을 올리고 다시 투기를 부르는 악순환과, 주택 투기는 실패하지 않는다는 잘못된 사회적 믿음 등 심리적인 이유만이 비정상적인 과열을 설명해준다"고 경고했다.[4]

이렇게 금융시장의 불안감이 커져가던 2007년 9월 13일 저녁, BBC 방송은 영국의 노던락Northern Rock이 위기에 처했으며 영란은행에 구제를 요청했다는 충격적인 뉴스를 전했다. 1997년 이전 인터넷을 기반으로 소규모 예금 중심의 영업을 하던 노던락은 이후 황금알을 낳는 사업에 눈을 뜨면서 급속한 성장을 이어왔다. 주택 구입 붐을 타고 주택 대출을 늘린 뒤 대출을 유동화한 채권을 시장에 매각하여 7년 연속으로 20퍼센트가 넘는 많은 수익을 올린 것이다. 하지만 2007년 들어 서브프라임 채권 투자로 인한 손실이 알려지면서 더 이상 채권도 팔 수 없고 자금도 차입할 수 없는 진퇴양난의 상황에 빠졌다. 자금난을 겪던 노던락은 몰래 영란은행에 도움을 요청했지만 영란은행 총재 머빈 킹은 도덕적 해이가 확산될 것을 우려하여 구제에 선뜻 나서지 않고 있었는데 BBC가 이 사실을 터뜨린 것이었다.

9월 14일, 노던락 은행 앞에서는 지극히 당연한 상황이 연출되었다. 수많은 예금자들이 예금을 인출하기 위해 장사진을 쳤고 이 장면은 BBC 등을 통해 전 세계에 전해졌다. 1866년 오버런드거니의 위기 이후 처음으로 영국에서 뱅크런이 발생한 것이다. 노던락 사태가 전 금융권으로 확산될 조짐을 보이자 9월 17일 영국 정부는 노던락의 예금에 대한 보증 조치를 취했으며 결국 2008년 2월 국유화를 단행했다.

노던락 사태가 남긴 상처는 컸다. 금융기관들이 모기지 유동화 증권 투자 손실로 재무건전성이 취약해졌다는 사실을 공개적으로 전 세계에 알린 것이나 마찬가지였기 때문이다. 시장이 급속도로 얼어붙기 시작했다. 단기 금융시장에서 자금이 썰물처럼 철수하면서 많은 금융기관들이 유동성 위기에 빠졌다. 하지만 노던락 사태는 시작에 불과했다. 세계적인 금융회사 UBS, 시티은행, 메릴린치 등이 서브프라임 모기지 채권 투자 손실을 잇달아 발표하면서 거대한 위기가 서서히 모습을 드러냈다. 글로벌 금융회사들이 자금난에 시달리자 2007년 12월 12일에 캐나다중앙은행, 영란은행, 유럽중앙은행, 스위스중앙은행 그리고 미국 연준은 단기 금융시장에서 자금이 말라가는 문제에 적극 대처하겠다는 공동 성명을 발표했다.

훗날 알려졌듯이 이날의 성명은 당시 극심한 달러 부족에 시달리던 유럽계 대형 은행들을 구하기 위한 조치였다. 위기 직전까지 유럽계 은행들은 규제 완화의 바람을 타고 미국 지점을 통해 달러를 조달한 다음 달러 표시 서브프라임 모기지 채권 등 유동화 채권을 사들이고 있었다. 이로 인해 2007년 위기 직전 유럽계 은행들이 보유하고 있던 유로화 자산 이외에 달러 표시 자산은 약 10조 달러에 달했다. 하지만 서브프라임 모기지 채권 가격이 급락하면서 달러 부채와 심각한 미스매치가 발생했다.* 부족분을 채우기 위해 달러 조달에 나섰지만 이미 달러는 글로벌 금융시장에서 자취를 감춘 상태였고 그들은 유동성 위기에 직면했다.

결국 유럽 은행에 달러를 공급해줄 곳은 유럽 각국의 중앙은행이 아니라 미국의 연준뿐이었다. 연준은 미국의 은행들이 아닌, 유럽계 은행들의 최종 대부자 역할을 해야 하는 묘한 상황에 처했다. 날로 위기

---

* 자산의 가치를 구입 가격이 아닌 시장 가격대로 평가하여 장부에 계상하는 소위 mark-to-market 시스템의 도입으로 인해 수지 불균형이 생기게 된 것이고 이로 인해 위기 이후 이 제도에 대한 개선이 논의된다.

감을 더해가는 미국 금융시장을 지키고 유럽계 은행의 몰락이 가져올 부정적 파급효과를 막기 위해 연준은 이들을 구해야 했다. 위기의 근저에 글로벌 과잉 저축global savings glut뿐만 아니라 유럽 은행들이 미국 내 투자를 확대global banking glut한 영향도 있었다는 점이 밝혀진 것이었다.[5] 사태를 해결하기 위해 연준은 유럽 각국의 중앙은행들과 2001년 9.11 사태 당시 금융시장 공황을 막기 위해 체결했던, 통화스왑 협정을 다시 맺었다. 이 협정은 유럽 중앙은행들이 자국 상업은행들의 달러 부족을 해결하기 위해 연준으로부터 달러를 받고 자신들의 통화(예를 들면 유로화)를 연준에 주는, 통화를 서로 주고받는 조치이다. 이 과정에서 유럽의 중앙은행들은 자국의 은행들로부터 받은 달러 대출 이자를 연준에 대가로 지불했다. 결과적으로 미국의 중앙은행이 유럽 은행들에 이자를 받고 긴급 유동성을 제공한 셈이었다. 이것이 법으로 부여받은 연준의 명시적인 권한 범위 내의 행동이었는지에 대해서는 훗날 많은 논란이 일었다.

한편 며칠 뒤인 12월 17일, 연준은 통화스왑보다 한 발 더 나아가는 조치를 취하는데 바로 타프TAF, Term Auction Facility(기간입찰대출)라는 프로그램을 통해 약 200억 달러 규모의 자금을 시장에 경매로 내보낸 것이다. 훗날 한차례 더해 총 400억 달러의 자금이 시장에 풀렸는데 이는 연준이 유럽 은행들의 자금 지원 요청을 앉아서 기다리는 것이 아니라 보다 적극적으로 자금을 투입하겠다는 의지를 표현한 조치였다. 유럽 은행들은 연준에서 돈을 빌리면 고객에게 나쁜 인상을 줄 것을 우려해 주저하는 경우가 많았는데, 타프는 직접 빌리는 대신 경매를 통해 시장에서 단기 자금을 조달하는 방식이어서 이러한 우려를 줄일 수 있었다.

연준이 첫 경매를 실시하자 미국계 은행인 시티가 1,000만 달러, 와

코비아 은행wachovia Bank이 2,500만 달러를 받아간 데 비해, 드레스너 Dresdner, 웨스트엘비WestLB 같은 독일계 은행과, 프랑스와 벨기에에 본사를 둔 덱시아Dexia 등 뉴욕에 지점을 둔 5개 유럽계 은행들은 각각 20억 달러씩 받아갔다. 지원된 자금의 규모를 보아도 알 수 있듯이 타프는 철저하게 유럽계 은행을 구하는 구제 프로그램이었지만 연준은 이 사실을 철저히 비밀에 부쳤다. 심지어 연준 내부에서 "타프가 실은 유럽계 은행들의 위기를 세탁해준 것이나 마찬가지다. 우리는 미국 은행들의 문제를 해결하는 척했지만 실은 유럽계 은행들의 달러 부족을 해소하는 것이 목적이었다"라는 솔직한 고백이 나오기도 했다.[6]

이렇듯 2007년 12월 연준은 절체절명의 위기에 선 유럽계 은행들에 달러를 공급하면서 돕고 있었지만, 이는 더 큰 위기에 처할 자국 내 투자은행들을 포함한 전 금융산업의 구제를 앞둔 전초전에 불과했다. 타프 또한 이후 등장하게 될, 수많은 돈을 푸는 프로그램의 시작일 뿐이었다.

사라진 베어스턴스

2008년에 들어서면서 이제 위기는 월가의 심장부에서도 느낄 정도로 심각해졌다. 미국은 이미 2007년 말부터 경제가 불황에 빠져들었지만 이보다는 금융시장에 몰려드는 불안감이 높아지고 있었다. *

---

* 2008년 12월 전미경제연구소(NBER, National Bureau of Economic Research)가 공식적으로 미국 경제가 2007년 말 이후 불황에 들어섰다고 보고하자 FOMC를 주재하던 버냉키는 "나는 NBER이 마침내 2007년 12월에 경기 침체가 시작되었음을 알아차린 기록에 주목할 것이다. 또 크리스마스 점등식에서 그들은 크리스마스가 작년 12월 25일이었음을 알았다고 했다"라고 말하면서 너무나도 당연한 결론을 늦게 내린 것을 약간 비꼬았다.

1월 11일, 모기지 전문회사인 컨트리와이드파이낸셜Countrywide Financial이 무너져 뱅크오브아메리카에 매각되자 연준은 1월 21일 긴급회의를 통해 기준 금리를 무려 75bp나 깎아 3.5퍼센트로 내리면서 시장 안정 조치를 적극적으로 취했고 30일에는 다시 50bp 내렸다. 하지만 무너져 내리는 시장 신뢰를 뒷받침하기에는 역부족이었다.

오히려 신용평가회사들이 2007년 7월에 이어 2008년 1월 말 약 8,000여 종의 서브프라임 모기지 채권의 신용 등급을 대대적으로 내리면서 은행 등 금융회사들의 손실은 더욱 커졌다. 자본이 잠식된 일부 은행 및 투자은행들은 손실을 보전하기 위해 서둘러 자금 조달을 추진해야 했다. 하지만 3월에 들어서자 서브프라임 채권으로 인한 불확실성은 금융시장 전체로 퍼졌다. 시장에서 자금이 완전히 말라버렸고 유동성 부족으로 많은 금융회사들이 파산 위기에 처했다. 시장에서 '누가 먼저 희생양이 되나'라는 목표물 찾기가 진행되면서 그동안 단기 금융시장에서 과도하게 자금을 조달하여 서브프라임 모기지 채권 투자에 나섰던 금융회사들에 대한 공격이 시작되었다. 이 와중에 시장의 집중적인 주목 대상이 된 회사가 베어스턴스Bear Stearns다.

당시 베어스턴스의 차입 규모는 상당했다. 대부분의 금융회사들과 마찬가지로 베어스턴스도 단기 금융시장에서 레포를 통해 대부분의 필요자금을 조달했다. 투기세력은 지나치게 큰 베어스턴스의 차입 규모에 주목했다. 당시 베어스턴스의 레버리지 비율은 투자은행 중 가장 높았다. 2007년 말 기준으로 베어스턴스의 레버리지는 무려 34에 달했고 그 뒤를 이어 모건스탠리가 33, 메릴린치가 32, 리먼브라더스가 31, 골드만삭스가 26이었고, 상업은행 비중이 큰 시티은행과 JP모건의 레버리지는 각각 19와 12였다.[7] 흥미롭게도 위기가 진행되면서 거의 이 순서대로 희생양이 되었다.

2004년 이후 베어스턴스의 자산은 54퍼센트나 늘었을 정도로 급속히 투자가 확대되었는데 대부분 서브프라임 모기지 채권에 대한 투자였다. 레포를 통해 베어스턴스에 자금을 대던 금융회사들은 담보로 받은 서브프라임 모기지 채권의 가치가 하락하자 추가 담보(마진 콜이라고 한다)를 요구했지만 베어스턴스는 더 이상 이 요구에 응할 채권을 보유하고 있지 않았다. 베어스턴스가 유동성 부족에 직면하자 돈을 빌려준 은행 등 거래 상대방들이 거래를 끊고 대출 회수에 나섰고 베어스턴스의 자금 사정은 급격히 악화됐다.

설상가상으로 지분을 팔거나 주식을 공모하여 시장에서 자금을 추가로 조달할 길마저 막히면서 이제 베어스턴스가 무너지는 것은 시간 문제였다. 주가가 폭락하자 현재가보다 낮은 가격에 미리 팔아놓고 더 떨어진 주식을 사서 제공하는 숏셀러short seller들이 베어스턴스를 공격하기 시작했다. 주가가 폭락을 거듭하면서 베어스턴스의 적정 주가 수준은 오리무중이 되었고 아무도 베어스턴스의 주식을 인수하려 하지 않았다. 배젓은 "은행이 신용을 입증해야 하는 순간에 몰리면 제아무리 설명을 잘하고 실제로 좋은 신용을 유지하고 있다 하더라도 그 은행은 이미 신용을 상실한 것이나 마찬가지다"라고 말한 바 있는데 베어스턴스의 처지가 바로 그랬다.

2008년 3월 13일, 운명의 시간이 다가왔다. 매일 돌아오는 대출 만기에 대처하기 위해 백방으로 노력했지만 베어스턴스는 더 이상 담보로 제공할 채권도, 추가적으로 자금을 조달할 방법도 마련하지 못했다. 결국 감독 당국은 베어스턴스를 JP모건체이스JP Morgan Chase*에 팔아넘기기 위해 개입한다. 하지만 JP모건체이스가 베어스턴스의 부실자산 300억 달러를 누가 인수하지 않는 이상 인수할 수 없다는 입장을 고수하면서 결국 연준이 부실자산을 떠안을 것인가로 모든 쟁점이 요약되었다. 연준은 베어스턴스가 무너질 경우 시장이 혼란에 빠질 것을 걱정하지 않을 수 없었다. 과거 LTCM 사태처럼 베어스턴스가 보유한 채권 등 자산이 헐값에 매각될 경우 다른 금융회사들이 보유한 채권의 가치를 떨어뜨려 위기가 시장 전체로 확대될지도 모른다고 우려했다.

3월 16일 일요일, 연준의 전격적인 개입이 시작되었다. 연준은 JP모건체이스에 베어스턴스를 주당 2달러에 인수하게 하고 아울러 부실자산 290억 달러를 직접 인수했다. 이에 덧붙여서 만일 JP모건체이스가 이 거래로 손실을 볼 경우 10억 달러를 추가 부담하기로 약속했다. 연방준비제도법의 위기 대응 특별 조항인 '비정상적이고 긴급한 상황'을 발동한 조치였다.

베어스턴스를 인수하기로 발표한 뒤 JP모건체이스의 주가는 크게 뛰어 시가총액이 무려 150억 달러나 증가했는데 이는 베어스턴스의 총 기업 가치**와 맞먹는 액수였다. 즉, 부실이 많았다는 베어스턴스의 가치가 하나도 빠짐없이 JP모건체이스의 주가에 더해진 것이었다. 합병이 발표된 뒤 JP모건체이스의 CEO 제이미 다이먼은 베어스턴스

---

* JP모건체이스가 걸어온 길은 미국 은행업과 투자은행업의 역사를 그대로 보여준다. 해밀턴과의 결투로 유명한 애론 버(Aaron Burr)는 1799년 맨해튼컴퍼니(Manhattan Company)를 설립했고 이 회사는 1808년에 뱅크오브맨해튼(Bank of Manhattan)으로 이름을 바꾸고 은행업에 전념한다. 한편 링컨의 재무장관 이름을 딴 체이스내셔널뱅크(Chase National Bank)가 1800년대 말에 생기고 이 두 은행이 1955년 합병하면서 체이스맨해튼(Chase Manhattan)이 탄생한다. 한편 JP모건은 1838년 영국 런던에서 피바디(George Peabody)가 설립한 상업은행에 주니어스 모건(Junius S. Morgan)이 조인하면서 시작되었다. 이후 뉴욕에 주니어스의 아들 JP 모건이 사무실을 열었고 아버지가 사망하자 자신의 회사와 합병하여 JP모건을 설립했다. 1933년 글래스-스티걸법에 의해 투자은행 부문이 모건스탠리(Morgan Stanley)라는 상업은행으로 독립하지만 이후 규제 완화 덕에 다시 투자은행업을 영위하는 JP모건으로 탈바꿈한다. 2000년 체이스맨해튼과 합병하여 JP모건체이스가 탄생했다.
** Total Enterprise Value: (시가총액+부채+우선주)-현금.

본사에서 직원들에게 합병 결과를 설명했다. 그는 이 자리에서 베어스턴스가 자발적인 매도자가 아니듯이 JP모건체이스 역시 적극적인 매수자가 아님을 강조하면서 이 합병을, 불장난으로 임신한 곰(베어스턴스 지칭)의 과거를 덮어주기 위해 어쩔 수 없이 해야 하는 결혼에 비유했다.

하지만 연준이 베어스턴스를 JP모건체이스에 넘긴 이 거래는 훗날 비판의 표적이 된다. 전 연준 의장 볼커는 "모기지 관련 채권이라는 의문스러운 채권을 연준의 장부로 옮기는 행위가 과연 오랫동안 중앙은행이 금융위기 과정에서 지켜왔던 원칙에 부합했는지 의문"이라면서 연준이 베어스턴스와 모건 간 거래의 중간에 섰다는 사실을 비판하고 나섰다.[8] 사실 정확히 말하면 연준은 베어스턴스의 부실채권을 직접 사들인 것이 아니라 메이든레인maiden lane이라는 페이퍼 컴퍼니off-balance sheet entity를 차려놓고 이곳에 베어스턴스에서 인수한 부실자산을 편입한 것이었다.[9] 약간의 편법을 동원한 조치였다.

아울러 당시 연준이 베어스턴스의 재무 상태를 제대로 파악했는지에 대해서도 비판이 제기되었다. 왜냐하면 연준이 인수한 부실자산이 예상과 달리 큰 손해를 보지 않았다는 사실이 밝혀졌기 때문이다. 베어스턴스의 전 CEO였던 앨런 슈왈츠Alan Schwartz는 몰락 이후, 당시를 회상하면서 베어스턴스의 재무 상태는 다른 투자은행과 큰 차이가 없었으며 특히 주택 모기지 채권도 전부가 서브프라임 모기지 채권이 아니라 알트 A 모기지 채권도 상당수 있었다고 주장했다. 슈왈츠는 잃어버린 신뢰가 베어스턴스의 몰락을 가져왔다며 다음과 같이 아쉬움을 토로했다.

돌이켜볼 때 끌려 들어간 상황에서도 우리는 무언가를 달리 했어야 했다는 후회가 든다. 지나고 보면 모든 상황이 파악되기 때문이다. 하지만 시장이 멈추어 선 상황에서 우리가 할 수 있는 일은 거의 없었다. 말라버린 유동성은 우리를 절벽으로 내몰았다. 지금도 나는 어느 누구도 이런 상황에서는 더 많은 것을 할 수 있었으리라고 생각하지 않는다.[10]

그는 2012년 2월 한 텔레비전 방송에 출연해서 베어스턴스 등 투자은행이 서브프라임 모기지 채권을 사들인 이유를 이렇게 설명했다.

금융의 역사에서 전례 없는 엄청난 글로벌라이제이션의 여파로 갈 곳 없는 자금이 투자처를 찾아 나섰다. 하지만 최우량 트리플 A 채권은 수요에 비해 부족했고 무엇으로든 이를 메워야 했다. 이를 해결해준 것이 서브프라임 모기지 채권과, 트리플 A 신용 등급을 가진 그리스 등의 국채였다. 시장은 수요를 맞추기 위해 가짜 트리플 A 채권을 만들어냈다. 자연은 빈 공간을 싫어한다. 시장도 그렇다.[11]

슈왈츠의 말대로 "정부도, 신용평가회사도, 월가의 투자은행도, 상업은행들도, 규제도, 투자자들도 모든 것이 엉망"인 상태에서 결국 베어스턴스는 운명을 다하고 말았다.[12]

태풍의 눈: 2008년 여름

연준은 베어스턴스의 후폭풍을 잠재우기 위해 3월 18일, 6개월 사이 여섯 번째 금리 인하를 단행했다. 연방기금금리federal fund rate를 2.25퍼센트까지 끌어내렸고 4월 30일에 또다시 25bp를 내렸다. 연준은 금리를 지속적으로 내리면서 시장의 위기 상황을 잠재우고자 했지만 한편으로 지나친 금리 인하가 물가 불안으로 연결되지 않을까 우려하는 모습을 보였다. 특히 중국 등 신흥국들이 앞다투어 석유 및 기타 광물 자원 사재기에 나서는 바람에 원자재 가격이 급등하여 물가 불안을 가중시키고 있기도 했다. 이러한 연준의 생각은 2014년 공개된 당시 연방공개시장위원회FOMC 회의록을 통해서도 확인된다. 즉, 인플레이션이라는 단어는 25회나 언급된 반면 경기 침체라는 단어는 단 5회만 언급되어 금융시장을 강타할 퍼펙트 스톰을 눈앞에 두고도, 있지도 않은 인플레이션의 위협에 상당한 주의를 빼앗기고 있었던 것이다.

이러한 분위기가 비단 연준에만 퍼져 있었던 것은 아니다. 재무장관 헨리 폴슨Henry Paulson은 5월 8일, 한 인터뷰에서 "지난 3월(베어스턴스 몰락 시점)보다 최근 모든 것이 아주 나아진 것은 분명하다. ……최악의 시기는 지나간 것 같다"라는, 돌이켜보면 다소 황당한 상황 인식을 보여주었다. 연준과 정책 당국의 잘못된 상황 인식은 6월 25일 FOMC가 금리를 동결하는 것으로 연결되었다.

여기에 더해 감독 당국의 실책까지 더해지면서 위기는 더욱 심화되었다. 당시 유동성 위기에 처했던 인디뱅크는 연준의 지원을 받고 있었는데 이러한 사실을 모르고 있던 연방저축은행감독청OTS이 인디뱅크의 신용 등급을 내리는 바람에 외부 자금줄이 완전히 끊겨 연준의 도움에도 불구하고 파산하는 사건이 발생한 것이다.

7월 14일, 모기지 대출을 지원하고 유동화를 통해 모기지 유동화 증권을 공급하던 공적 금융회사인 패니메이와 프레디맥이 유동성 부족으로 위기 상황에 빠지고 나서야 연준과 재무부는 상황이 심상치 않음을 깨닫게 된다. 법적으로는 민간 기관이지만 사실상 정부의 암묵적인 보증을 향유하고 있던 이들 기관이 발행한 모기지 유동화 증권은 최우량 등급인 트리플 A 채권으로 인정받고 있었다. 미국 내의 연기금과 은행은 물론 전 세계의 국부 펀드 및 외환 보유고를 운용하는 중앙은행들이 사재기에 나설 정도였다. 따라서 만일 패니메이와 프레디맥이 파산하면 전 세계에 미치는 파장이 엄청날 게 분명했다.

사태의 심각성을 인식한 부시 대통령은 7월 30일 패니메이와 프레디맥이 발행한 증권을 재무부가 사들이도록 긴급 조치에 나섰다. 동시에 9월 7일 이들 기관을 법정 관리에 집어넣어 약 2,000억 달러의 긴급자금을 투입했고 이후 국유화를 단행했다. 흥미로운 점은 패니메이와 프레디맥의 위기가 깊어지던 8월 5일에 열린 정례 FOMC에서도 연준은 여전히 물가에 대한 우려를 털어내지 못하고 다시 금리를 동결하는 결정적인 실수를 했다는 것이다.

베어스턴스, 패니메이와 프레디맥에 대한 구제가 계속되자 정치권과 국민들이 반발했다. 구제금융을 주도한 재무장관 폴슨, 연준 의장 버냉키, 그리고 뉴욕연방준비은행의 총재였던 가이트너에 대한 사임 압력이 높아졌다. 공화당의 짐 버닝Jim Bunning 상원 의원은 "이것은 간단히 말해 사회주의다. 그들은 중국의 재무장관처럼 행동했다"라며 비난했다. 뉴욕 대학의 누리엘 루비니Nouriel Roubini 교수도 "미국에서조차 사회주의가 살아 움직이고 있다. 그리고 이 사회주의는 부자들, 연줄이 좋은 사람들, 그리고 월가를 위한 사회주의다"라고 강하게 비판했다.[13]

하지만 구제금융 조치와 파산이 이어지고 있음에도 연준은 여전히 초대형 위기가 다가오고 있다는 것을 몰랐다. 8월 말에 "금융 시스템의 안정성 유지"라는 주제로 열린 잭슨홀 미팅에서 버냉키는 기조연설의 대부분을 물가 불안에 할애했다. 금융시장 안정을 위한 조치로는 금융 감독을 강화하는 것으로 충분하다고 생각하고 추가 금리 인하 같은 거시적인 접근은 염두에 두지 않았다. 대형 참사를 피할 수 있는 마지막 기회마저 놓친 것이다.

최악의 일주일

몰락하는 리먼브라더스

찰스 디킨스는 소설 《작은 도릿Little Dorrit》에서 "신용이란 자신도 지불 능력이 없으면서 역시 지불 능력이 없는 다른 사람을 위해 그의 지불 능력을 보증하는 시스템이다"라고 신랄하게 풍자한 바 있다. 2008년 리먼브라더스의 파산에서 시작된 금융 시스템의 와해는 찰스 디킨스가 말한 신용 시스템의 붕괴와 별반 다르지 않았다.

미국 정부가 패니메이와 프레디맥을 처리한 직후인 9월 11일, 뉴욕연방준비은행의 총재 가이트너는 베어스턴스와는 비교도 되지 않는 규모의 대형 투자은행 리먼브라더스가 서브프라임 채권 투자 손실로 무너지기 일보직전이라는 사실을 알게 되었다. 전 세계에 약 2만 5,000명의 직원을 거느리고 있던 리먼은 투자은행 중 서열은 4위지만 월가에서 가장 오래된 투자은행이었다. 1850년 미국 남부 앨라배마로 이주한 독일계 이민자인 리먼 형제가 세운 잡화상에서 시작됐으며 남북전쟁 당시 면화 거래로 큰돈을 벌어 월가에 자리 잡았다. 그 후 미국 주요 기업들의 기업공개를 잇달아 성공시키면서 1900년대 미국의 고도성장기를 이끈 대표적인 금융회사다. 특히 리먼은 1930년대의 주가 대폭락과 이어지는 대공황을 성공적으로 극복했을 뿐만 아니라 투자금융업에서 각종 혁신적인 상품 개발을 주도하면서 미국 금융의 아이콘으로 자리 잡았다. 이로 인해 "영국의 금융가인 시티The City of London는 돈 버는 것을 예술art로 보고 뉴욕의 월가는 사업business으로 간주하지만 리먼은 고도의 기술virtuosity로 여긴다"[14]라는 명성을 얻었을 정도로 투자은행업계에서 평판이 높았다.

하지만 리먼브라더스의 화려한 명성도 베어스턴스 이후 새로운 먹잇감을 찾던 투기자들의 눈을 가리지는 못했다. 리먼의 문제 역시 베어스턴스와 다르지 않았다. 즉, 250억 달러에 불과한 자본금으로 약 7,000억 달러의 자산을 보유할 정도로 과도한 레버리지를 유지하면서 대부분의 투자자금을 머니마켓에서 단기로 조달했던 것이다. 약 35 대 1에 달하는 과도한 레버리지가 문제였다. 문제가 된 서브프라임 모기지 채권은 물론 상업용 건물에 대한 모기지 채권에 집중적으로 투자해온 리먼은 이들 채권 가격의 폭락세가 지속되자 엄청난 투자 손실을 입게 되었다.

이 사실이 시장에 알려지면서 리먼의 주식에 투기세력의 숏셀링이 집중되었고 주가가 폭락하기 시작했다. 자금을 차입하면서 맡긴 담보 가치가 하락하자 추가 담보를 요구하는 마진 콜이 계속되었지만 감당할 여력이 없었다. 상황이 악화되자 리먼의 회장인 리처드 펄드Richard S. Fuld Jr.는 7월 초 오랜 친분을 유지하고 있던 재무장관 폴슨과 뉴욕연방준비은행의 가이트너에게 지원을 요청했다. 펄드는 '고릴라'라는 별명이 말해주듯 1969년 리먼에 입사한 이후 최고직에 오를 때까지 과감하고 공격적인 투자를 성공시키면서 리먼을 대표하는 인물로 자리 잡았다. 펄드는 유동성 위기에서 벗어나기 위해 백방으로 뛰기 시작했다. 뉴욕연방준비은행과 국채 및 채권 거래를 할 수 있는 프라이머리 딜러primary dealer였던 리먼은 먼저 뉴욕연방준비은행으로부터 할인받을 수 있는 채권이 부족하자 자신들이 보유하고 있던 MBS, CDO(부채담보부증권) 등 부실채권을 모아 소위 프리덤 채권freedom note이라는 구조화 채권을 만들어 자금을 확보하고자 했다.

이는 부실을 정리하는 것이 아니라 오히려 위험을 감추고 더 키우는 꼴이었지만 리먼으로서는 이것저것 가릴 여유가 없었다. 흥미롭게도 채권 이름 '프리덤'은 한때 유행하던 노래 구절 "자유란 잃을 것이 없다는 또 다른 단어"라는 말을 연상시키기에 충분했다.[15] 하지만 프리덤 채권을 통해서도 충분한 유동성을 확보하지 못하자 리먼은 투자은행에서 연준의 지원을 쉽게 받을 수 있는 은행지주회사로의 전환을 추진한다. 하지만 리먼의 경우 상업은행과 워낙 성격이 달라 이마저도 실패한다.

리먼이 위험에 처하면서 연준도 바빠졌다. 리먼이 무너질 경우 베어스턴스와는 비교할 수 없을 정도로 큰 후폭풍이 닥칠 것을 우려한 연준은 리먼 사태를 해결하기 위해 다양한 수단을 동원하기 시작했다. 이 과정에서 고안된 방안이 리먼에서 약 600억 달러에 달하는 부실자산을 떼어내 배드뱅크bad bank를 만들고 신규 자금 약 550억 달러를 투입해 독자 생존이 가능하도록 하는 방안이었다.* 연준으로서는 리먼의 주식을 배드뱅크에 투자한 자금의 담보로 잡을 수 있기 때문에 손실이 나더라도 일부 보전이 가능했다. 하지만 연준이 채권과 같은 안전자산이 아닌, 가치가 확정되지 않은 주식을 담보로 돈을 빌려줄 수

---

* 북유럽 은행위기 시 효과를 본 이 방식은 1997년 우리나라의 외환위기 때도 활용되었다.

는 없다는 법적 제약으로 인해 이 방안은 시도조차 되지 못했다.

베어스턴스식의 처리 방안도 가능하지 않았다. 베어스턴스의 경우 연준이 부실자산을 JP모건체이스의 보증을 받는 조건으로 떠안았지만 리먼의 경우에는 JP모건체이스 같은 회사가 없었다.[16]

리먼 스스로 할 수 있는 방안이 거의 없자 재무장관 폴슨은 한국의 산업은행은 물론 중국 및 아랍 국가들까지 리먼에 투자할 가능성이 있는 회사들을 물색한다. 하지만 리먼의 주가가 계속 추락하면서 투자를 하는 측과 받는 측 모두 적정 주가를 산정하지 못해 투자 결정은 쉽게 이루어지지 않았다. 아무 성과도 얻지 못한 리먼은 결국 긴급자금을 지원받기 위해 뉴욕연방준비은행과 접촉했다. 아무도 상상해본 적 없는 미국 금융 역사상 최악의 8일이 시작된 순간이었다.[17]

2008년 9월 12일 금요일 아침, 전날 이미 리먼의 상황을 파악한 가이트너로부터 외부 자금이 수혈되지 않을 경우 리먼이 돌아오는 월요일 문을 열 수 없을 것이라는 이야기를 전해 들은 폴슨과 버냉키는 정례 조찬 모임에서 리먼의 처리 방안을 논의했다. 폴슨은 이미 베어스턴스와 패니메이 및 프레디맥의 구제로 인해 비난 여론이 높은 상황에서 리먼까지 구제하기는 어렵다는 것을 알고 있었지만 리먼 파산이 가져올 후폭풍을 생각해 어떻게든 막아야 한다고 생각하고 있었다. 폴슨은 리먼 인수에 약간 관심을 보이던 뱅크오브아메리카와 영국계 은행 버클레이스Barclays에 인수를 설득하는 한편, 만일의 경우 혼란 없이 리먼을 해체하기 위해 월가의 주요 금융회사들의 자금을 모아 청산 컨소시엄Liquidation Consortium을 만들기로 결정했다. 이는 과거 니커보커 등 신탁회사의 파산으로 야기된 1907년 금융위기나 1998년 LTCM 위기처럼 연준이 법적으로 직접 개입이 어려운 상황에서 단골로 사용한 방

2008년 글로벌 금융위기는 대형 투자회사들의 운명을 갈랐다. 베어스턴스, 리먼브라더스, 메릴린치가 시티, 버클레이스, 크레디트스위스, JP모건, 노무라, 시티, 뱅크오브아메리카, 모건스탠리 등으로 각각 쪼개져서 인수되거나 사라졌다.

자료: Linked analytics

법이었다. 즉, 가이트너의 표현대로 "리먼의 추락에 대비한 쿠션을 준비하는 것"[18]으로 파산을 피할 수 없다면 파산 절차라도 안정적으로 관리해 금융시장의 혼란을 줄여보자는 속셈이었다.

금요일 저녁 연준은 청산 컨소시엄 구성을 위해 월가의 주요 은행가들을 뉴욕연방준비은행 회의실로 비밀리에 소집했다. 그러나 이들이 도착했을 때에는 이미 소식이 언론에 노출되어 수많은 기자들이 대기하고 있었다. 당시 소집된 사람들은 JP모건체이스의 제이미 다이먼, 시티그룹의 비크람 팬디트Vikram Pandit, 크레디트스위스그룹의 브래디 더간Brady Dougan, 메릴린치의 존 테인John Thain, 모건스탠리의 존 맥John Mack, 골드만삭스의 로이드 블랭크페인Lloyd Blankfein 등이었다. 정부 측에서는 폴슨, 가이트너 이외에 투자은행들의 감독기관인 증권감독위원회SEC, the Securities and Exchange Commission의 크리스토퍼 콕스Christopher Cox가 참석했다. 가이트너는 이들을 3개 그룹으로 나누어 각각 리먼의 자산부채 실사, 재원 조달 방안 마련 및 파산 준비 등을 맡기고 이후 일요일 저녁까지 리먼의 처리 방안을 마련하기로 했다. 리먼과 거래가 있던 일부 유럽계 은행들의 대리인도 참석했는데 당연히 함께해야 할 뱅크오브아메리카와 버클레이스의 부재는 참석자들에게 이들이 잠재적인 리먼의 인수자라는 인식을 심어주기에 충분했다.

하지만 리먼 위기를 막기 위한 대안들은 하나씩 사라져갔다. 먼저 리먼에 관심을 보였던 뱅크오브아메리카는 최종적으로 메릴린치를 사들이는 것으로 방향을 틀었고 버클레이스는 영국 감독 당국의 반대로 인수 의향을 접어야 했다.

안정적인 해체를 위해 필요했던 청산자금 마련에도 실패했다. 다들 모기지 관련 채권 투자로 손실이 불어난 상태라 남의 사정을 거들 여유는커녕 자신의 앞날도 장담할 수 없는 처지였기에 이들로부터 의미 있는 조치를 이끌어내기란 애초부터 불가능했다. LTCM 사태 당시에는 LTCM만 안정적으로 관리하면 위기의 연쇄반응을 차단할 수 있었지만 리먼 위기 때는 상황이 180도 달랐다. 즉, 도미노가 무너지듯이 전개되는 것이 아니라 뜨거운 철판 위에서 튀겨지는 옥수수 알처럼 모든 금융회사들이 위기 상황에 놓여 있어 누가 먼저라고도 할 수 없는 상황이었다.[19] 따라서 리먼을 막는다고 위기에서 벗어날 것이라는 가정은 현실성이 없었고 이로 인해 청산 컨소시엄 방안은 불발로 끝나고 만다.

오랫동안 리먼을 이끌었던 로버트 리먼Robert Lehman은 "시장에서 가장 큰 위험을 진 것은 사실상 어떤 위험도 지고 있지 않은 것과 같다"[20]라는 말을 남겼다. 자신의 실패가 곧 시장의 붕괴를 의미할 경우 사실상 실패할 가능성이 없다는 것을 의미하는 이 발언은 바로 대마불사를 상징한다. 하지만 2008년 9월 14일 저녁의 리먼은 시장에서 가장 큰 위험을 지고 있는 것으로 평가받지 못했고 결국 몰락을 피할 수 없었다.

9월 15일 새벽 뉴욕증시가 개장하기 직전, 리먼은 파산을 신청했다. 이는 "월가에서 오늘의 성공은 내일의 실패를 예약한 것이나 마찬가지"라는 속설을 또 한 번 입증한 상징적인 사건으로 기록되었다. 리먼의 파산이 불러온 후폭풍은 지금까지 미국은 물론 세계경제를 뒤흔들고 있다. 아직도 리먼의 파산을 둘러싼 논쟁이 지속되고 있으며 특히 상황을 오판해 안이하게 대응한 버냉키와 폴슨 등 미국의 정책 당국자들을 비난하는 목소리가 높다. 특히 베어스턴스는 구하고, 리먼은 파산시키고, 이후에는 모든 금융회사를 구제했던 일관성 없는 정책을 볼 때 리먼의 파산은 어떠한 논리로도 설득력 있게 설명되지 않는다.

리먼의 임원이었던 래리 맥도널드Larry MacDonald는 리먼의 몰락을 다룬 그의 책에서 여러 개의 "만일 이랬다면if only"을 통해 이중 어느 하나만 실현되었더라도 리먼의 몰락은 피할 수 있었다고 주장했다.[21]

먼저 맥도널드는 리먼 내에서 부동산 시장의 버블이 터지는 것은 시간문제이며 리먼은 서브프라임이라는 빙산을 향해 돌진하는 타이타닉과 같다는 주장이 무려 세 차례나 제기되었지만 이를 펄드가 귀담아 듣지 않은 것을 아쉬워했다. 또 만일 펄드가 측근들의 말뿐만 아니라 보다 많은 사람들의 의견을 청취했더라면, 아니면 펄드의 독단적인 경영을 견제했더라면, 아니면 펄드가 2008년 봄 골드만삭스 출신 재무장관 폴슨과의 저녁 자리에서 골드만삭스에 대해 나쁘게 얘기하지만 않았더라면, 아니면 파산 신청 직전 리먼 측이 부시 대통령에게 마지막으로 구제를 간청하는 전화를 했을 때 부시가 받았더라면 적어도 재앙에 가까운 몰락은 피할 수 있었을 것이라고 믿었다. 하지만 맥도널드는 리먼의 몰락을 가져온 보다 근본적인 원인으로 1999년 11월, 대공황 당시 만들어진 투자은행과 상업은행의 분리를 규정한 글래스-스티걸법의 폐지를 지목했다.

흥미롭게도 리먼의 회장 펄드는 1998년 9월 당시 미국 금융시장을 강타한 LTCM 위기를 해결하기 위해 뉴욕연방준비은행 총재인 빌 맥도너가 긴급 소집한 주요 금융회사 대표 모임에 참석한 적이 있었다. 당시 연준의 강압 행사로 펄드를 비롯해 소집된 CEO들은 공동 구제 자금을 마련해야 했다. 그로부터 거의 정확하게 10년 뒤에 가이트너와 폴슨은 리먼의 구제를 위해 금융회사 대표들을 소집했지만 이 자리에서는 리먼의 구제를 위한 연준의 강압 행사가 없었다. 왜 폴슨이 리먼을 구제하지 않았을까를 놓고 음모론이 수차례 제기되었다. 즉, 골드만삭스 출신의 폴슨은 자신들에게 도전적인 펄드에 대해 악감정을 가지고 있었고 이로 인해 구제에 적극적이지 않았다는 것이다. 사실 이러한 예는 역사에서 얼마든지 찾아볼 수 있다. 1857년 영국의 금융 위기 당시 영란은행은 오버런드거니와의 사이가 좋지 않아 구제하지 않았고, 이어지는 베어링 사태에서는 좋은 관계를 유지하고 있어 무리하게 구제한 측면이 있었다.

지금까지도 많은 전문가들은 2008년 위기 대응 과정에서 가장 큰 실수로 리먼을 구제하지 않은 것을 지적하고 있다. LTCM의 주역 중 한 명이었고 노벨상을 받은 바 있는 마이런 숄즈는 2011년 7월 리먼의 몰락에 대해 다음과 같이 아쉬움을 표했다.

리먼은 구제되었어야 했다. 구제하지 않아 결국 세계에서 가장 큰 실험 비용을 치르게 되었다. 리먼으로부터 배운 교훈은 무엇인가? 리먼의 파산

과정에서 우리가 고쳐야 할 점은 무엇인가? 현재 진행되고 있는 개혁은 우리가 추구하고자 한 것이 아니다. 도드-프랭크법은 역사적인 경험을 집어던지고 완전히 새롭게 시작하고 있다. 사실 우리는 현행 파산 제도부터 고쳐야 한다. 리먼이 보여주었듯이 한나절 만에 2,000만 건이 넘는 금융 거래를 일시에 정리할 수는 없다. 이것은 바로 최대 부하 가격 설정 문제peak load pricing problem*이다.

심지어 샌드위치 가게도 하루에 1,000명의 손님을 감당하지는 못한다. 즉, 모든 사람이 예기치 못한 증가에 대한 계획을 가지고 있지만 최대 폭의 증가에 대해서까지 준비하는 것은 아니다. 따라서 질서 있는 청산을 진행할 수 있는 시스템이 필요하고 관여하는 사람들이 새로운 균형점에 이를 수 있도록 충분한 시간을 주어야 한다. 하지만 현재 개혁안은 상황을 더욱 악화시키는 쪽으로 진행되고 있다.[22]

지금도 상당히 많은 전문가들이 구제금융을 남발했다는 이유로 폴슨을 비난하지만 리먼에 대한 구제금융 지원 불가 방침은 일관성 문제를 떠나 정책적인 실패라고 비판한다. 폴슨이 리먼을 구제하지 않은 것을 두고 역부족이었다거나 또는 도덕적 해이를 방지하기 위한 어쩔 수 없는 선택이었다고 주장하는 것은 리먼 몰락 직후 AIG를 포함해 연준이 행한 무차별적인 구제를 보더라도 변명에 불과하다. 리먼의 높은 레버리지 역시 살아남은 다른 투자은행들과 큰 차이가 없었음을 감안할 때 리먼은 운이 나빴다고밖에 볼 수 없다. 즉, 10명이 러시안룰렛

---

* 최대 부하기의 가격을 비부하기의 가격보다 높게 책정해 최대 부하기의 수요를 감소시키고 비부하기의 수요를 증가시켜서 설비의 효율적인 이용과 소비자들의 후생 증대를 꾀하는 요금 부가 방식이다. 전기, 가스, 수도 등 공공요금 산정에 널리 활용된다.

을 하다가 한 명의 머리가 날아갔다고 해서 죽은 사람이 살아남은 9명보다 어리석었다고 말하기는 어려운 것이다.

당시 투자은행들은 물론 거의 전 금융업에서 러시안룰렛이 진행되고 있었고 이중 일부가 불운하게 사라졌다. 운이 없었다는 것은 바로 정부의 구제를 받지 못했다는 의미이다. 한 가지 분명한 점은 그로 인해 미국은 물론 전 세계가 치른 희생이 너무나도 컸다는 것이고, 리먼을 파산하도록 놔둔 연준과 재무부의 정책은 실패작이라는 사실이다.

리먼의 파산에 가장 책임이 크다고 볼 수 있는 펄드는 의회에서 진행된 청문회에서 "악의적인 소문, 투기, 오해, 그리고 진실에 대한 오류"에 몰락의 원인을 돌렸다.

> 이 점만은 분명히 하고 싶다. 당시 얻을 수 있었던 모든 정보를 바탕으로 내가 내린 결정과 행동은 전적으로 내게 책임이 있다. 하지만 내가 달리 행동할 수 있는 방법은 어디에도 없었다.[23]

펄드는 리먼의 몰락을 자신의 입장에서 불가항력이었다고 주장했지만 모두가 리먼의 몰락이 가져올 후폭풍을 충분히 감지하지 못했고 이는 대실책이 되고 말았음을 누구도 부인할 수 없을 것이다.

대마불사의 전형 AIG

리먼의 파산 신청이 있던 9월 15일 새벽, 시장은 큰 충격에 휩싸였지만 연준은 주말의 필사적인 노력이 실패한 것을 숨긴 채 마치 별일 아니라는 듯이 행동했다. 다음 날 열린 FOMC 정례 회의에서도 리먼의 파산은 깊이 있게 논의되지 않았다. 시장의 엄청난 동요에도 불구하고 연준은 리먼의 몰락이 대공황에 버금가는 충격을 가져올 것이라고는 생각하지 못했다. 다만 보스턴연방준비은행 총재인 에릭 로젠그렌Eric Rosengren이 "리먼의 처리 방식이 맞았는지 틀렸는지는 바로 알게 될 것 같다. 우리는 모험을 했다"라고 우려했고 샌프란시스코연방준비은행의 총재 자넷 옐런Janet Yellen이 "동네의 성형외과와 치과가 알려준 바에 따르면 환자들이 선택 진료를 미루고 있으며, 고급 레스토랑은 손님이 뜸해 예약이 필요하지 않고, 회원권이 25만 달러에 달했음에도 7~8년은 기다려야 받을 수 있었던 실리콘밸리 컨트리클럽의 경우 지금은 대기 인원이 겨우 13명으로 줄어들었다"며 나빠진 체감경기를 들어 리먼의 파산이 실물경제에 가져올 추가적인 충격을 우려한 것이 전부였다.[24]

사실 훗날 아티프 미안Atif Mian과 아미르 수피Amir Sufi의 연구로 밝혀졌지만 이미 리먼 몰락 이전부터 미국은 심각한 불황으로 빠져들고 있었으며 옐런의 지적대로 곳곳에서 위기의 경보음이 켜졌지만 엄청난 먹구름이 다가오고 있음을 알아챈 사람은 아무도 없었다.

리먼의 후폭풍이 현실화되기까지 걸린 시간은 고작 하루였다. 9월 16일 FOMC 회의가 끝나자마자 버냉키는 보험회사 AIG가 파산 위기에 처한 것을 알게 된다. AIG는 자산이 1조 달러에, 종업원이 무려 11만 6,000여 명에 이르는 초대형 금융회사였다. 만일 AIG가 파산한다면 버냉키의 표현대로 "그야말로 모든 게 끝장"이나 다름없었다.

AIG가 위기를 맞은 것은 전통적인 보험 부문이 아닌 신규 금융사업부 때문이었다. 이 부서에서 보증 업무를 담당한 서브프라임 모기지 채권의 잇따른 부도로 보험금 지급률이 치솟자 이를 감당하지 못한 것이다. 소위 신용파산스왑CDS으로 불리는 이 보증상품은 MBS 또는 CDO 같은 구조화 채권의 발행과 연결되어 있었다. 즉, 패니메이와 프레디맥이 유동화 증권을 발행하면서 보험을 들었는데 이것이 바로 CDS이다. 따라서 AIG는 시장 상황이 좋을 때는 이를 팔아 엄청난 돈을 벌 수 있었다. 그러나 보험료를 결정하는 보험 사고율에 있어서 전통적인 보험 사고와 금융 사고는 근본적으로 성격이 다르다는 점을 인식하지 못한 게 결정적인 실수였다. 즉, 차 사고와 달리 집값 하락 같은 사고는 상호 연결성이 높아 대규모로 집중 발생할 위험이 크다는 점을 인지하지 못한 것이다.

게다가 AIG가 이렇게 위험한 장사를 하고 있음에도 이를 감독할 감독 당국조차 제대로 없었다. AIG가 위기에 처했다는 얘기를 듣고 조사를 시작한 연준의 관계자가 연방저축금융기관감독청OTS에 자료를 요구하자 OTS도 그제야 자신들이 AIG의 감독기관이라는 것을 알았을 정도였다.* 따라서 연준은 물론 OTS도 AIG의 금융사업부가 무슨 일을 하는지 전혀 모르고 있었다.[25]

문제는 AIG가 미국 금융산업에서 차지하는 비중이 리먼에 비할 바가 아니었다는 점이다. CDS 거래로 이미 수많은 금융회사들과 거미줄처럼 계약관계를 맺고 있었을 뿐만 아니라 만일 파산이라도 한다면 상당수 미국인들이 의존하고 있던 보험 계약의 부도가 발생하면서 심각한 사회문제로 비화할 것이 불을 보듯 명확했다. 각종 연기금들도 AIG의 주식에 많이 투자하고 있어 AIG가 파산하면 미국 중산층의 연금이 상당 부분 공중으로 날아갈 수도 있는 상황이었다. AIG야말로 누구도 부인할 수 없는 대마불사였고 이유를 불문하고 살려놓고 따져야 할 판이었다.

---

* AIG가 명목상 OTS의 감독을 받았던 것은 이 기관이 보험 감독을 담당하고 있어서가 아니라 AIG가 OTS 감독 범위에 있는 작은 저축대부조합을 자회사로 소유하고 있었기 때문이다.

따라서 AIG를 구제하는 데는 어떠한 법적, 물리적인 제약도 고려 대상이 되지 않았다. 연준이 AIG에 자금을 지원할 때도 AIG의 법적 성격이 은행이 아닌 보험회사라는 것은 아무런 장애가 되지 않았다. 연준은 AIG 주식을 담보로 미국 역사상 단일 규모로는 최대인 약 850억 달러의 구제금융을 투입하기로 결정했다. 9월 16일, 버냉키와 폴슨이 백악관에서 부시 대통령에게 AIG를 구제할 수밖에 없는 상황임을 설명하자 부시는 자신의 무기력함을 다음과 같이 토로했다.

어떻게 경제에 끼치는 영향 때문에 금융회사 하나의 파산을 허용하지 못하는 상황에 처하게 되었는가? (구제를 승인하지만) 언젠가는 여러분이 왜 우리가 이러한 시스템을 갖게 되었는지를 나에게 설명해주어야 할 것이다. 지금은 이 금융회사의 파산이 어떤 영향을 미칠지를 실험할 상황이 아니라는 점을 이해한다. 하지만 우리가 이렇게 비참한 선택을 할 수밖에 없는 상황이라면 당신들은 제대로 일을 한 것이 아니다.[26]

대통령의 승인을 바탕으로 구제금융을 얻기 위해 의회를 방문한 버냉키와 폴슨은 의원들로부터 심한 질책을 받았다. 상원 다수당의 원내총무인 해리 리드Harry Reid는 연준이 은행도 아닌 보험회사에 돈을 투입하는 것이 연준법상 가능한지 물었고 버냉키는 베어스턴스 위기 당시 동원했던 '비정상적이고 위급한 상황'을 발동할 수밖에 없는 이유를 설명했다. 하원 의원 바니 프랭크Barney Frank가 "당신들이 850억 달러를 가지고 있기나 하냐?"라고 힐난하듯이 묻자 버냉키는 "8,000억 달러를 가지고 있다"고 답변했다. 물론 버냉키가 말한 8,000억 달러는 연준이 장부상 가지고 있는 자산이었지만 사실 그의 답변은 돈은 찍어내면 된다는 의미였다.[27] 의회도 승인 외에 별다른 수단이 없기는 마찬가지였다.

펀드런

베어스턴스와 리먼에 이어 AIG라는 대형 위기를 맞이했지만 상황은 끝나지 않았다. 이번에는 미국의 금융산업을 지탱하는 토대에 금이 가기 시작했다. 대형 머니마켓펀드MMMF, Money Market Mutual Fund(단기 금융자산 투자신탁이라고도 한다)인 리저브 프라이머리 펀드Reserve Primary Fund가 송두리째 흔들린 것이다.

MMMF는 개인이나 기업이 돈을 맡기는 저축 수단으로 사실상 은행과 성격이 같다. MMMF는 이 돈으로 투자은행들의 단기 기업 어음CP, Commercial Paper이나 CD 등 안전한 단기 채권에 투자하는 간접 투자 기구로 일반인은 물론 연기금들도 여기에 돈을 맡기면 마치 은행에 맡겨놓은 듯 안정적인 상품으로 인식했다. 왜냐하면 돈을 맡긴 고객들은 언제든 이를 찾을 수 있었고 펀드의 자산이 항상 부채(즉 고객의 투자금)보다 높게 유지되고 있어 무너질 일이 없다고 생각했기 때문이다.

MMMF가 은행보다 선호된 이유는 은행보다 다소 높은 이자를 지급했기 때문이고 이로 인해 연준의 예금보험 대상이 아님에도 불구하고 고객들이 몰렸다. 매일매일 자산을 부채보다 높게 유지했으며 단기성 자산이기 때문에 부채와의 기간 미스매치 우려가 없어 은행처럼 자본금을 보유할 필요도 없었다.

하지만 베어스턴스와 리먼이 무너지면서 상황은 달라졌다. MMMF가 이 회사들이 발행한 기업 어음에 투자를 하고 있었기 때문이다. 베어스턴스로 인해 약간의 손실을 보았지만 큰 문제가 없었던 리저브 펀드는 리먼이 파산하자 자산보다 부채가 높은 상황에 처하게 된다. 즉, 펀

MMMF의 작동 구조

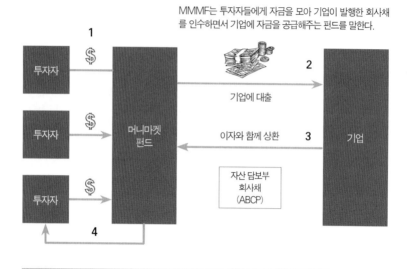

MMMF는 투자자들에게 자금을 모아 기업이 발행한 회사채를 인수하면서 기업에 자금을 공급해주는 펀드를 말한다.

1

투자자 💲

💲

투자자 💲

머니마켓 펀드

기업에 대출 2

이자와 함께 상환 3

기업

자산 담보부
회사채
(ABCP)

투자자 💲

4

자료: svtuition.blogspot.com

드의 가치가 1달러당 97센트밖에 안 되는 황당한 상황을 맞은 것이다. 소위 '브레이크 더 벽break the buck'*이었다. 투자자금 전액을 회수할 수 없을지도 모른다고 우려한 투자자들이 앞다투어 돈을 빼내기 시작했고 결국 펀드런이 발생했다.

자산 규모가 620억 달러였던 리저브 펀드는 리먼 관련 채권이 전체의 약 1퍼센트에 불과했지만 자본금이 없는 MMMF의 특성상 곧바로 지급불능 상황에 빠졌다. 리먼이 무너진 9월 15일 당일, 리저브 펀드의 투자자들은 투자자금 회수에 나섰고 리저브 펀드는 약 50억 달러에

---

* MMMF는 자본금이 없기 때문에 부채로 나눈 자산 가치가 항상 1(즉 1달러)보다 크게 유지되어야 한다. 이로 인해 항상 안전자산 위주로 투자를 하는데 2008년 리먼 파산 직후 일부 MMMF는 투자 손실로 부채보다 적은 자산을 보유하게 되었다. 이를 소위 '브레이크 더 벽' 또는 '브레이크 더 달러'라고 한다.

해당하는 환매 요구를 받았다. 환매 요구는 시간이 지날수록 거세졌다. 이에 따라 16일 저녁, 리저브 펀드는 고객들에게 자신들이 '브레이크 더 벅' 상황에 빠졌음을 고지했다.

> (리먼 채권의 손실로) 펀드의 순자산 가치가 오후 4시 현재 97센트임.[28]

문제는 리저브 펀드가 환매 요구에 응해 보유 채권을 시장에 급매할 경우 연준이 우려하는 것처럼 다른 금융기관들의 손실을 더욱 키울 것이라는 점이었다. 게다가 MMMF는 GE 등 자동차 3사를 포함한 대기업들의 단기 자금 조달 창구이기도 했다. 가뜩이나 불황으로 매출 부진을 겪던 이들 회사는 MMMF마저 문을 닫을 경우 더 이상 운영자금을 조달할 수 없었다. MMMF까지 위기 상황에 처한 것은 한마디로 모든 금융 시스템이 작동을 멈춘 것을 의미했다. 연준의 한 직원은 이 상황을 〈창세기〉의 구절에 빗대어 다음과 같이 표현했다.

> 리먼의 위기는 리저브 펀드의 위기를 낳고, 리저브 펀드의 위기는 머니마켓 공황을 낳고, 머니마켓 공황은 기업어음시장(CP)의 파멸을 낳았다. 이 시점에 모든 금융 시스템이 작동을 멈추었다. 약 4조 달러에 달하는 자금이 금융시장에서 철수하기 시작했다. ……시스템 리스크였다. 순식간에 글로벌 은행 휴업 사태가 벌어졌다.[29]

대공황보다도 심각한 이 위기 상황에서 버냉키의 선택은 하나로 모아졌다. 즉, "전례를 찾을 수 없는 위기를 맞이하여 전례를 찾을 수 없는 대응"을 하기로 한 것이다.

14장

비전통적인
통화 정책이 낳은
이정표 없는
새로운 환경

알다시피 미국 경제는 물론 연준도 역사적인 갈림길에 서 있다.

− 벤 버냉키(2009. 12. 9)

. . .

오늘날의 중앙은행 사람들은
자신들이 가장 선호하는 골프채 하나를 잃어버린 듯한 느낌일 것이다.

−《이코노미스트》(2013. 11. 9)[30]

. . .

양적 완화는 미래의 높은 인플레이션과
더 큰 위기들을 불러오는 전주곡이 될 것이다.

− 토마스 험프리[31]

배젓 법칙의 진화: 버냉키 룰의 도래

위기를 막기 위해서라면 무엇이든 한다. 이후 연준과 재무부가 시장의 붕괴를 막기 위해 취한 각종 조치들은 1933년 대공황을 극복하기 위해 온 힘을 기울였던 루스벨트 행정부를 연상시킬 만큼 전방위적이었다. 오히려 더 과단성 있는 조치가 잇달았다. 취임 직후 노변정담을 통해 은행 거래를 설득했던 루스벨트처럼 이번에는 부시 대통령이 나섰다.

9월 18일 아침, 부시는 "정부가 투자자의 신뢰 회복과 금융시장의 안정을 위해 지속적으로 노력하고 있으니 정부를 믿어달라"고 호소했다. 다음 날에는 위기 대처를 위한 정부의 개입은 선택이 아니라 필수라고 선언하면서 부실자산 매입 조치를 포함한, 보다 포괄적인 조치를 취하겠다고 공개적으로 선언했다. 그러나 루스벨트의 노변정담이 사람들을 다시 은행으로 불러 모았던 것과 달리, 부시의 호소는 별 효과를 거두지 못했다. 무엇보다 루스벨트는 막 취임한 대통령이었지만 부시는 레임덕에 빠져 있는 임기 말의 대통령이었으며, 그 차이는 컸다.

재무부는 시장 불안을 야기하는 부실채권(서브프라임 모기지 채권, MBS, CDO 등)을 제거하기 위해 부실채권 매입 프로그램인 타프TARP를 추진했다. 연준도 마치 헬기에서 돈을 뿌리듯 다양한 지원 프로그램을 만들어 자금이 완전히 자취를 감춘 시장에 자금을 퍼부었다.

연준은 먼저 리저브 펀드 사태와 MMMF의 문제로 야기된 대형 회사들의 단기 자금 문제에 숨통을 터주기 위해 급히 움직였다. 즉, MMMF가 보유 채권을 급매하지 않고 고객들의 환매 요구에 응할 수 있도록 긴급자금 AMLFAsset backed commercial paper Money market mutual fund Liquidity Facility를 지원했으며 아울러 기업 어음을 발행하지 못해 단기 유동성 위기를 겪고 있는 자동차 3사 등 대기업들의 회사채를 사들이기 위해 기업 어음 매입 프로그램 CPFF Commercial Paper Funding Facility를 실시했다. 이외에도 연준은 영어 약자로 명명된 수많은 특별 지원 프로그램을 내놓았는데 이는 루스벨트 대통령이 대공황 극복 과정에서 도입했던 농업 구조조정법AAA 등 소위 알파벳 수프Alphabet Soup*를 연상시켰다.

연준은 위기를 막기 위해서라면 은행이냐 아니냐를 따지지 않고 어디든 자금을 퍼붓기 시작했다. 이러한 전방위적인 개입은 과거의 기준으로 보면 상상하기 어려운 일이었고 중앙은행의 구제금융 원칙이라는 기존의 '배젓 법칙'이 오히려 무색할 만큼 과감한 조치였다.

하지만 대대적인 개입에도 불구하고 이미 수직 낙하를 시작한 금융시장의 추락은 멈출 기미를 보이지 않았다. 리먼이 무너지고 수일 후

---

* 대공황의 와중에 취임한 루스벨트는 공황 극복을 위해 뉴딜 정책을 추진했는데 이때 도입한 수많은 불황 극복 프로그램의 명칭이 영어 약자로 되어 있었던 점을 풍자한 말이다.

인 9월 24일 골드만삭스와 모건스탠리조차도 은행지주회사로 변신하여 연준의 보호 아래 들어가면서 월가의 대명사였던 투자은행들이 모두 사라졌다. 9월 25일에는 서브프라임 투자 손실로 회생이 어려웠던 워싱턴뮤추얼이 무너지면서 JP모건체이스에 넘어갔다.

하지만 9월 29일, 재무부가 추진한 부실채권 매입 프로그램 타프가 하원에서 228 대 225로 부결되는 예기치 못한 상황이 발생했다. 시장은 패닉에 빠졌고 다우존스 지수는 사상 최대치인 777포인트나 폭락했다. 구제금융을 부결시킨 상원과 하원은 크게 당황하여 10월 2일과 3일에 각각 약 7,000억 달러 규모의 타프를 확정한다. 10월 7일, 연준이 긴급 FOMC 회의를 통해 금리를 1.5퍼센트까지 내리고 아울러 유동성 지원 프로그램을 계속 확대했지만 금융시장의 폭락은 멈추지 않았다.

10월 13일, 재무부는 시장 안정을 위해 극단의 조치를 들고 나왔다. 타프 자금을 부실채권 매입이 아닌 주요 은행에 투입해서 자본을 확충하기로 하고 주요 은행장들을 소집한 것이다. 이는 시장 불안의 근저에 있는 은행들의 취약성을 단숨에 해결하여 시장의 신뢰를 높이고, 동시에 은행들의 대출 중단으로 인한 실물경제의 위축을 막겠다는 두 가지 목적을 가진 조치였다.

은행에 자금이 투입되자 다우존스 지수가 무려 936포인트나 뛰어올랐고 각국의 주식시장도 상승세로 전환되었다. 10월 29일 연준은 긴급 FOMC 회의를 통해 금리를 또다시 50bp 내려 이제 1퍼센트가 되었다. 그리고 점차 확대되고 있는 국제적인 위기 상황을 억제하기 위해 한국을 비롯한 뉴질랜드, 브라질, 멕시코, 싱가포르의 중앙은행과 통화스왑 협정을 체결하여 국제적으로 달러를 더 많이 공급하기 시작했다.

한편 특별자금 지원 프로그램에도 불구하고 미국 자동차 3사의 자금난이 해소되지 않자 연준은 타프 자금을 자동차 3사에 투입하기로 결정했다. 하지만 이 결정은 이들 3사의 과도한 후생수당 등 방만 경영과 회장들의 전용기 등 호화생활, 높은 연봉 문제에 불만이 높던 많은 미국 국민의 감정을 건드린다. 11월 18일, 이들 3사에 대한 여론이 날로 악화되는 와중에 의회 청문회가 열렸는데, 3사 회장들이 모두 여론을 의식한 듯 초라한 차림으로 참석하는 해프닝이 벌어지기도 했다.

한편 11월 23일, 그동안 모든 자금 지원 특혜를 받으면서도 결국 위기를 벗어나지 못한 시티은행에 재무부, 연준, 연방예금보험공사가 공동으로 구제금융을 투입했다.

대규모 구제금융의 투입으로도 금융시장의 자유 낙하를 막지 못했지만 더욱 문제가 된 것은 이제 위기가 금융시장을 벗어나 실물경제에 심각한 타격을 가하기 시작했다는 것이다. 불황의 위협이 현실화되자 연준은 12월 16일, 1930년 대공황 이래 처음으로 기준 금리를 제로 수준으로 끌어내리면서 불황을 막기 위해 가능한 모든 수단을 동원하기 시작했다. 버냉키는 "사냥꾼의 헤드라이트에 놀라 얼어붙은 듯 멈추어 선 사슴이 되지 않고"[32] 대공황의 차단을 위해 연준법의 "이례적이고 긴박한 상황"을 동원해 전례 없는 조치를 잇달아 취했는데 바로 제로 금리, 양적 완화, 그리고 사전 고지의 등장이었다.

제로 금리와 비전통적인 통화신용 정책의 등장

연준은 최종 대부자 기능을 십분 활용해서 위기 확산을 막을 수 있었지만 이 조치만으로는 경제가 불황에 끌려 들어가는 것을 막지 못했다.

2004년부터 지속적으로 정책 금리인 연방기금금리를 올린 연준은 2007년 서브프라임 모기지 채권의 부실이 심화되면서 글로벌 위기의 징후가 커지자 서둘러 금리를 인하했다. 하지만 2008년 리먼브라더스의 파산으로 금융산업이 몰락하고 실물경제가 본격적으로 타격을 받았다. 실업률이 10퍼센트대로 치솟고 성장률이 곤두박질치자 연준은 금리를 수직 인하하기 시작했다. 2008년 12월에는 정책 금리를 1퍼센트의 4분의 1 이하 수준인 0과 25bp 사이까지 내려 사실상 제로 수준으로 만들었다.

하지만 제로 금리에도 실물경제의 추락은 멈추지 않았다. 연준으로서는 모든 정책 수단을 다 써버린 상황이었지만 경제는 불황을 넘어 대공황으로 치달았다. 이렇게 전통적인 정책 수단이 소진된 상황에서 버냉키는 팔짱만 끼고 있지 않았다. 학계에서 대공황 및 일본 경제의 장기 불황 연구의 권위자로 명성을 쌓았던 버냉키는 아무도 상상하지 못했던 전인미답의 길을 걷기 시작했다.

버냉키는 "연준과 미국 경제는 갈림길에 서 있다. 많은 노력에도 불구하고 경제는 심각한 위기 상황이다. 따라서 통화 정책도 전통적인 금리 목표에서 새로운 방향으로 이동해야 한다"[33]라며 비전통적인 정책 수단을 구사할 것임을 공개적으로 선언했다. 소위 양적 완화와 사전 고지를 들고 나온 것이다.

양적 완화 정책: 팽창하는 연준의 대차대조표

2009년 버냉키가 이끄는 연준은 소위 양적 완화Quantitative Easing(이어지는 양적 완화와 구별하기 위해 QE 1으로 부른다)로 알려진 대규모 자산 매입LSAP, Large-scale asset purchases 정책을 들고 나왔다.

연준이 양적 완화를 들고 나온 이유는 단기 정책 금리가 제로 수준으로 떨어져 있어 더 이상 내리는 것이 불가능했기 때문이다. 연준은 중장기 채권인 재무성 채권과 패니메이와 프레디맥이 발행한 모기지 유동화 증권MBS을 집중적으로 사들여 채권 가격을 끌어올렸다. 채권 가격과 역의 상관관계에 있는 수익률(이자율)을 낮추어 경기 부양 효과가 있는 장기 금리를 낮추려는 시도였다.

겉으로 보면 채권을 매입한 것이지만 양적 완화의 경제적 원리는 연준의 금리 정책과 크게 다를 바 없었다. 경제 상황이 안정적일 때는 단기 금리를 낮추면 중장기 금리에도 영향을 주지만 위기 상황에서는 이러한 연결고리가 끊어진다. 아울러 제로 금리 상황에서 더 이상 단기 정책 금리를 낮추지 못하자 장기 금리를 의도한 수준으로 내리기 위해 직접 시장에 개입한 것이다.

2009년 3월, 연준은 소위 QE 1을 통해 모기지 유동화 증권과 재무성 국채 등 약 6,000억 달러에 달하는 증권을 사들였다. 2010년 11월에는 약 6,000억 달러 규모의 채권을 사들이는 두 번째 양적 완화QE 2를 실행했고 2011년 9월에는 보유한 단기 채권을 팔고 장기 채권을 사들이는 다소 변형된 양적 완화(오퍼레이션 트위스트Operation Twist) 정책을 실행했다. 장기 금리를 보다 적극적으로 낮추려는 시도였다. 또한 2012년 9월 13일에는 매달 약 400억 달러에 달하는 채권을 시장에서 계속 매입하겠다는 방침을 밝히면서 양적 완화는 일회성이 아닌 연준의 상시적인 정책 시스템으로 제도화되었다. 그럼에도 불구하고 경제가 여전히 디플레이션 위협에서 벗어나지 못하자 2012년 12월에는 채권 매입 규모를 400억 달러에서 850억 달러까지 크게 확대하는 세 번째 양적 완화QE 3를 실시했다.

그 결과 연준의 대차대조표에는 큰 변화가 일어났다. 채권 매입으로 자산이 크게 늘어났고 동시에 부채도 크게 확대되었다. 자산의 경우 위기 직전만 해도 통상 보유 수준인 약 7,000억 달러 규모에 불과했으나 QE 3가 실시된 이후인 2013년에는 무려 4조 달러에 달할 정도로 폭발적으로 증가했다.

그러면 연준은 무슨 돈으로 이 천문학적인 자산을 매입했을까? 일

양적 완화로 급속히 팽창하는 연준의 자산과 제로 금리 상황(2007~2013년)

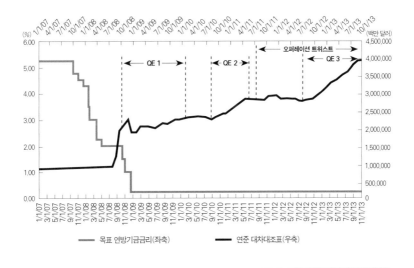

자료: http://www.realforecasts.com

부에서는 연준이 돈을 마구 찍어 자산을 매입한 것으로 여겨 양적 완화가 인플레이션을 촉발할 것이라 예상했다. 인플레이션 압력이 커진 것은 부인하기 어렵지만 적어도 연준이 돈을 찍어 자산 매입에 충당한 것은 아니었다. 이를 보여주는 것이 연준 대차대조표의 부채 구조 변화이다.

다음 그림을 보면 알 수 있듯이 일반적인 오해와 달리 현금과 은행 예금 등을 포함하는 광의통화(M2)는 크게 변하지 않았다. 하지만 2009년 양적 완화가 시작되면서 M2 중 현금과 은행의 지불준비금을 합한 본원통화가 폭발적으로 증가한 것으로 볼 때 은행의 지불준비금이 폭증했음을 알 수 있다. 일반적으로 시중은행들은 중앙은행에 일정량의 예금을 지불준비금으로 예치하고 있다. 연준은 은행으로부터 채권을 사들이면서 대금을 이 지불준비금 계좌에 넣어주었다. 결국 실제 돈이 시장에 풀린 것이 아니라 시중은행이 중앙은행에 예치한 지불준비금이 늘어난 것이었다.

2008년 8월부터 2009년 1월까지 연준은 위기에 처한 은행에 긴급 유동성을 투입했고 이로 인해 지불준비금이 900억 달러에서 9,000억 달러로 폭발적으로 증가했지만 위기가 어느 정도 진정되면서 긴급 유동성 지원 대출은 점차 줄어들었다. 반면 양적 완화가 시작되면서 연준의 대금 지급이 크게 늘어나 은행들이 보유한 준비금은 위기자금의 상환에도 불구하고 2013년 말 2조 달러를 넘어설 정도로 폭증하게 된다. 하지만 은행들이 연준 계좌에 보유한 지불준비금이 시중에 풀리지 않았기 때문에 인플레이션 위협은 현재화되지 않았다. 즉, 연준이 양적 완화를 통해 대규모로 자산을 사들였지만 중앙은행이 직접적으로 통화를 공급한 것과 같은 효과는 없었다.

폭발적으로 증가하는 연준의 부채와 은행들의 초과 지급준비금 ━━━━━

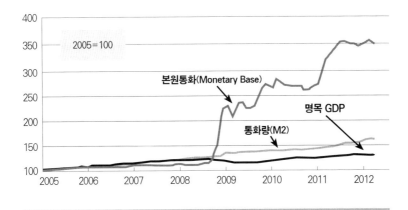

자료: FRED

　물론 은행들이 법정 지불준비금 이상의 초과분을 언제든 대출할 수 있었기 때문에 이 돈이 모두 풀린다면 인플레이션 위협이 없다고는 할 수 없다. 하지만 위기가 계속되면서 대출을 받거나 주는 것을 고객과 은행이 모두 꺼리는 상황이었기 때문에 이 엄청난 지불준비금은 여전히 연준의 예금으로 묶여 있는 것이다. 즉, 대출이 부도가 날 것을 우려하여 돈을 쥐고 있는 은행과, 빚더미에 올라 더 이상 대출받을 여력이 없는 차입자 모두 대출에 대한 인센티브가 거의 없었고 그 결과 엄청난 규모의 지불준비금이 만들어진 것이다.

　과감한 양적 완화에도 불구하고 디플레이션 위협이 충분히 제거되지 않자 연준은 또 다른 비전통적인 정책을 구사한다. 바로 사전 고지 정책이다.

사전 고지 정책

오랫동안 연준 의장을 지냈던 그린스펀은 모호한 태도를 거의 예술의 경지로 끌어올린 인물이었다. 금리를 올릴지 말지에 대한 모호성은 그의 발언에만 국한되지 않았다. 심지어 FOMC가 열리는 날이면 그의 출근길도 언론의 주목을 받았다. 왜냐하면 가방이 서류 뭉치로 두툼하면 금리 변동이 있다는 신호이고 그렇지 않으면 없다는 신호로 읽혔기 때문이다.

하지만 이는 경제가 위기 국면이 아닐 때나 누릴 수 있는 사치였다. 이미 정책 금리가 제로 수준으로 떨어진 데다 전례 없는 양적 완화까지 구사하면서 걱정 말고 대출을 늘리라고 권해도 은행들은 여전히 언제 어떻게 제로 금리와 양적 완화 정책이 되돌려질지 몰라 행동에 나서기를 꺼렸다. 불확실성이 제로 금리와 양적 완화 정책의 효과를 제약하자 버냉키는 언제까지 기존의 정책 기조를 그대로 유지할지를 보다 명확히 공개적으로 밝혔는데 이것이 바로 사전 고지forward guidance 정책이다.

사전 고지란 간단히 말해 중앙은행의 정책을 미리 고지함으로써 현재 시장에 영향을 미치려는 중앙은행의 소통 방식을 말한다. 일반적으로 중앙은행은 단기 정책 금리인 연방기금금리를 활용하여 장기 금리를 조정한다. 평상시에는 이러한 채널이 가동되지만 경제가 위기 상황에 이르면 금리를 인하하더라도 그 영향이 장기 금리로 연결되지 않는데 그 이유는 중앙은행이 언제 단기 금리를 다시 올릴지 모르기 때문이다. 따라서 중앙은행이 금리 인상 시기를 시장에 명확히 밝히면 중앙은행의 정책 의도가 제대로 시장에 영향을 미칠 수 있다고 생각하여 나온 것이 사전 고지 정책이다.

연준이 2012년 12월 사전 고지를 채택하자 영란은행, 유럽중앙은행, 일본은행 등이 연준을 따라가면서 이제 전 세계 중앙은행들의 주요 정책 수단으로 자리 잡게 되었다. 각국의 중앙은행들은 사전 고지에도 불구하고 경제 개선이 가시화되지 않자 사전 고지의 강도를 더 높였다. 시행 초기에는 막연하게 '상당 기간for some time, for an extended period time', '예측 가능한 때foreseeable time'와 같이 소위 개방형·질적 유형open-ended qualitative based의 사전 고지를 활용했지만 이후에는 '2014년' 또는 '2015년' 등 달력형calendar based으로 보다 구체적으로 시한을 명시했고 급기야는 '실업률 6.5퍼센트 이하', '인플레이션율 2퍼센트 이상' 등 구체적인 거시경제 목표를 제시하는 문턱형treshold based을 통해 정책의 불확실성을 제거하는 방식으로 강도를 높여 나갔다. 2013년 9월, 《파이낸셜 타임스》는 주요 중앙은행들이 구사하는 사전 고지의 차이를, 중앙은행장이 부인에게 귀가 시간을 알리는 상황에 비유해 흥미롭게 설명했다.[34]

발신: 벤 버냉키, 연준 의장

수신: 집사람(안나 버냉키)에게 주는 사전 고지

'당분간foreseeable future' 나는 예상보다 빨리 귀가할 것이오. 내 말을 믿어요. 물론 일찍 온다고 하고 일찍 집에 온 것은 제시간에 온 것으로, 예상보다 일찍 귀가한 것은 아니오. 이 '당분간'이 언제까지 계속될지는 모르지만 아마 금방 끝나지는 않을 거요. 가끔 일찍 가지 않을 때도 있겠지만 그런 경우는 우리가 워싱턴내셔널스의 야구 경기에 지각하는 것과 같이 아주 중요한 일이 있을 때뿐이오. 내 말이 무슨 뜻인지 이해하리라 믿소.

하지만 지난주 당신은 내 말을 잘못 알아들었소. 나는 예상보다 조금 늦게 출발했다고 전화해놓고 평소처럼 일찍 도착했소. 하지만 저녁이 준비되어 있지 않더군. 물론 확실히 늦을 것 같은 인상을 주었을 수도 있겠지만 나는 평소 연준의 정책을 브리핑할 때와 같은 정도로 말했다고 생각하오.

솔직히 자넷 옐런이 사무실에 들러 가구에 대해 물어보지만 않았어도 비록 출발은 늦었어도 평소보다는 일찍 도착했을 것이오. 늦을지도 모른다고 한 내 말이 이런 혼동을 불러올 줄은 몰랐소. 누구도 당신이 애들을 데리러 나가야 했다거나, 주문했다 취소하면 살벌한 벌금을 내야 하는 케이터링 서비스를 불렀는지 알려주지 않았소. 나는 그저 평소처럼 닭고기나 구워 먹고 드라마나 볼 줄 알았소. 언제든 나의 귀가 규칙이 달라질 수 있다고는 했지만 다음번에는 더욱 앞날을 잘 내다볼 수 있는 귀가 규칙을 만들 생각이오.

오늘과 같은 해프닝이 있었다고 해서 귀가 규칙이 필요하지 않다고 할 수는 없소. 나는 오늘도 일찍 들어갈 테지만 당신이 찬 음식을 준비한다고 해도 이해하오.

발신: 마크 카니, 영란은행 총재

수신: 아내(다이애나)에게 주는 사전 고지

여보, 나는 조지 오스번 재무장관의 지지율이 7퍼센트에 달할 때까지는 분명히 계속 집에 일찍 갈 것이오. 그렇다고 7퍼센트에 도달하는 순간 일찍 귀가하던 것을 그만두겠다는 의미는 아니오. 물론 다음과 같은 일이 있을 때는 예외요.

첫째, 위기가 터지거나 둘째, 앞을 내다보니 몇 분기 안에 위기가 닥칠 징후가 보이거나 셋째, 내가 위기를 야기할 만한 것들을 발표하고 시간이 흐르면서 경제에 충격을 줄 우려가 있는 경우에는 집에 늦게 갈 것 같소. 마지막으로 친구들과 맥주를 마시거나 옷 가게에서 심야 셔츠 세일을 할 때도 늦을 것이오. 이 경우에는 가볍게 먹기로 합시다.

《파이낸셜 타임스》의 칼럼은 영란은행의 마크 카니 총재처럼 분명하게 거시경제지표를 시장에 알리는 것이 버냉키의 막연한 '언젠가는'보다 시장의 불확실성을 줄일 수 있다는 점을 강조하고 있다. 사실 그동안 중앙은행은 다른 기관보다 경제 상황에 대한 정보를 많이 갖고 있다고 간주되었고 따라서 이러한 정보를 바탕으로 미래의 경제 상황을 예측하고 이 예측을 바탕으로 중앙은행의 정책을 알려주는 소위 현자적 사전 고지the Delphic forward guidance를 종종 해왔다. 이 경우 중앙은행이 반드시 이 사전 고지를 따르겠다는 약속의 의미는 크지 않았다.

하지만 제로 금리라는 특수한 상황으로 인해 중앙은행의 정책 수단이 소진된 2008년 위기 이후에는 정책 선택과 관련된 명확한 기준을 제시하고 이를 통해 정책과 관련된 불확실성을 걷어내려는 소위 오디세우스 사전 고지the Odyssean forward guidance로 그 형태가 바뀌었다.[35] 즉, 오디세우스가 세이렌의 유혹에 대비해서 자신을 배 기둥에 스스로 묶었듯이 향후 중앙은행들이 사전에 고지한 대로 행동할 것임을 공개적으로 약속한 것이다. 따라서 사전 고지도 양적 완화 및 제로 금리와 함께 비전통적인 통화 정책의 한 축을 구성하게 되었다.

논란 속의 공적과 과실

2009년 《타임》이 올해의 인물로 선정한
버냉키

2009년 12월 《타임》은 올해의 인물로 버냉키 연준 의장을 선정했다. 많은 전문가들은 그의 천재적이고 과감한 위기 대응 전략이 미국 경제는 물론 세계경제가 대공황의 위협으로부터 탈출하는 데 기여했다고 평가한다. 하지만 대다수 전문가들의 긍정적인 평가에도 불구하고 일반인들은 버냉키, 폴슨, 가이트너 등 3인방을 신랄하게 비판한다. 특히 버냉키에 대해서는 엄청난 돈을 뿌렸다는 의미의 '헬리콥터 벤'에서부터 금융회사를 마구잡이로 구제했다고 해서 '월가의 구세주', '구제금융 벤', 위기 대응 과정에서 통제되지 않은 권력을 휘두른 것을 비난하는 의미로 '정부의 제4부를 이끄는 선출되지 않은 황제' 또는 '제왕 벤' 등 부정적인 평가 일색이다.

물론 일반인들의 비판에 대해 이들은 적극적으로 항변한다. 가이트너는 화재 진압 후 불을 끄는 과정에서 생긴 피해에 대해 집주인이 소방관을 비난하는 것에 비유하기도 했다.[36] 심지어 "우리는 소방관보다 국방부에 비유되는 것이 적절하다. 연준은 현존하는 위험으로부터 미국의 자유와 안전을 지켜냈다. 이것은 할까 말까를 '선택할 수 있는 전쟁'이 아니라 할 수밖에 없는 '필연의 전쟁a war of necessity'이었다"며 자신들의 결정이 옳았음을 강변했다.[37]

버냉키도 "코끼리가 쓰러질 때 뭉개지는 풀을 상기하라"면서 자신의 정책은 월가의 투자은행이 아니라 보통 사람들을 구제하기 위한 정책이었다고 항변했다.

나는 왜 사람들의 실망이 큰지를 알고 있다. 나도 실망하고 있다. 나는 이 위기 상황을 그저 전자오락 게임 정도로 여기는 사람들과 같은 부류가 아니다. 나도 위기로 어려움을 겪는 미국 작은 마을의 평범한 집안 출신이기 때문에 위기로 인한 어려움을 피부로 절실히 느끼고 있다.[38]

하지만 이들의 변명에도 불구하고 서민 경제는 여전히 어려움을 겪고 있다. 이러한 현실이 지속되는 한 이들에 대한 평가는 인색할 수밖에 없다. 세 사람이 모두 물러난 지금 이들에 대한 평가는 버냉키의 뒤를 이은 연준 의장 자넷 옐런의 성과에 좌우될 것이다.

15장

금융 안정성 강화를
위한 노력들

돈은 스스로를 관리하지 못한다. 롬바드 스트리트는 관리할 돈을 많이 가지고 있다.[39]

– 월터 배젓, 《롬바드 스트리트》

. . .

비가 와서 장마가 지고 장마가 피해를 끼치면
우리는 (비와 장마 중) 무엇을 탓해야 하나?

– 로버트 젠킨스(2014. 4. 16), 《파이낸셜 타임스》

. . .

리먼의 파산은 패러다임의 파산이다. 우리에게는 새로운 패러다임이 필요하다.

– 조지 소로스

. . .

만일 어떤 은행이 너무 커서 무너지는 것을 그대로 보고 있을 수 없다면
그 은행은 이미 너무 크다고 할 수 있다.

– 머빈 킹

. . .

우리가 최악의 폭풍우를 헤쳐 나가면서 무사히 항해할 수 있게 해준 데 대해
감사드립니다. 알렉산더 해밀턴도 당신을 자랑스럽게 여길 것입니다.

– 오바마 대통령이 티모시 가이트너 재무장관 퇴임 시 보낸 메모

도드-프랭크법의 탄생

2009년 1월 오바마 대통령이 취임한 후 미국은 위기를 초래한 금융 시스템에 대해 대대적인 수술을 단행했다. 거의 모든 금융 분야에 대한 개혁 조치들이 진행되었고, 그 규모는 중앙은행의 탄생을 가져온 1907년의 금융위기를 넘어, 글래스-스티걸법과 연방예금보험공사의 탄생을 가져온 대공황 직후의 금융 개혁을 능가했다.

하지만 2008년 금융 개혁은 과거와 달리 '월가 점령하기Occupy Wall Street'라는 시민운동의 뒷받침을 받았다. 천문학적인 구제금융에 대한 공분이 불러온 이 시민운동은 미국 독립운동의 상징인 보스턴 차 사건의 자유나무Liberty Tree를 연상시키면서 뉴욕의 자유공원Liberty Park에서 출범했다. 이들은 미국 헌법의 첫 세 단어인 "위, 더, 피플we, the, people"을 슬로건으로 내걸고 월가로 표상되는, 1퍼센트의 권력과 금력을 쥔 세력에 대항하여 99퍼센트 보통 사람의 권리를 주장했다. '월가 점령하기'는 시작과 동시에 미국 전역을 달구었고 영국 및 유럽 대

도드-프랭크법에 서명하는 오바마 대통령과 상원 의원 크리스 도드(오른쪽에서 두 번째)와 하원 의원 바니 프랭크(오른쪽에서 첫 번째)

륙으로 번져 나가면서 각국의 금융 개혁에 강력한 동력을 제공했다.

월가에 대해 비판적인 입장을 견지하던 전 연방예금보험공사 총재 실라 베어Sheila Bair도 자신의 경험을 바탕으로 포괄적인 제도 개혁안을 제시했다.[40] 실라 베어는 금융회사의 건전성을 강화하기 위해 자본 건전성 강화, 감독 시스템 개편, 회전문 인사의 규제를 추진해야 한다고 주장했다. 또한 국제 공조를 강화하기 위한 IMF와 세계은행 등 국제 기구의 개편, 투자 소득에 대한 세율 인상, 국가 부채 규모 축소, 소득 불평등 완화를 위한 교육 기회의 확대, 포괄적인 의료보험 도입, 그리고 직업 안정 정책을 제안하는 등 거의 전 경제 분야에서 완전히 시스템을 재구축하는 것만이 2008년과 같은 위기 재발을 막는 방안이라고 강조했다.

많은 논의를 거쳐 드디어 2010년 도드-프랭크법Dodd-Frank Act*으로 불리는 '월가 개혁과 소비자 보호에 관한 법The Wall Street Reform and Consumer Protection Act'이 탄생했다. 도드-프랭크법에 의해 먼저 재무장관과 8명의 금융 당국 수장으로 구성된 금융안정감시위원회FSOC, Financial Stability Oversight Council가 설치되었다.

아울러 대형 금융회사들이 위험에 대비하여 충분한 자본을 확보하고 있는지를 평가하는 스트레스 테스트Stress test 실시를 의무화하고 위기에 빠진 대형 금융회사를 안정적으로 해체하기 위한 '질서 정연한 청산 권한'을 통해 연방예금보험공사의 금융기관 처리 권한을 강화했다. 또한 금융위기를 심화시킨 주범이었던 각종 파생상품에 대한 규제를 대폭 강화**했으며 법안의 명칭이 의미하듯 금융 소비자 보호를 강화하기 위해 금융소비자보호원The Consumer Financial Protection Bureau을 신설했다.

대마불사의 해소

2008년 금융위기 이후 모든 금융 개혁 과제에서 뜨거운 논쟁을 일으킨 것이 바로 '대마불사TBTF, Too Big To Fail' 문제였다. 대마불사에서 '대마'는 단지 규모만을 의미하는 것이 아니다. 레버리지가 매우 크거나

---

* 미국은 법안의 공식 명칭이 있어도 비공식적으로 해당 법안이 성립될 당시의 상하원 위원회의 위원장 이름으로 부르는 경우가 많다. 도드-프랭크법도 그러한 예 중 하나다. 크리스 도드(Chris Dodd)는 당시 상원 은행위원회 위원장이었으며 바니 프랭크(Barney Frank)는 당시 하원 금융서비스위원회 위원장이었다. 이들은 현재 은퇴한 상태이다.

** 2014년 12월 시티그룹은 예금보험 적용 금융기관이 취급하지 못하는 파생상품을 규정한 도드-프랭크법 Section 716을 폐지하는 로비에 성공했다. 이는 글래스-스티걸 조항을 폐지시킨 샌포드 웨일의 시도에 비교될 만한 사례로 기록될 것이다.

(LTCM 사례), 상호 연결성이 크거나(리먼브라더스 사례), 또는 한 국가의 금융 시스템 안에서 차지하는 중요성이 너무 커서 파산을 방치할 수 없는 경우(패니메이와 프레디맥 또는 AIG 사례)를 모두 포괄한다.

일반적으로 큰 금융회사는, 규모의 경제가 가져다주는 혜택을 누릴 수 있고 전문적인 금융 서비스를 한 곳에서 제공한다는 점에서 긍정적인 면이 인정된다. 하지만 대마에 해당하는 회사가 이 점을 악용하면 위험 행위를 서슴지 않는 도덕적 해이에 빠질 수 있다. 위기가 닥치면 정부 등이 지원할 것을 알기 때문이다.

위기 이후 미국에서는 이 문제를 놓고 많은 논의가 이루어졌다. 그 결과, GDP 등 국가의 경제 규모를 감안하여 개별 은행이 보유할 수 있는 자산의 크기를 제한하는 직접적인 통제는 물론, 글래스-스티걸법의 재도입 또는 볼커 룰을 통해 은행의 위험 투자 행위를 철저하게 통제하고 은행의 예금 수취와 대출 기능을 분리하여 예금 수취 부문의 보호를 강화하는 방안, 은행으로부터 보험과 모기지 대출업을 분리하는 방안, 은행이 과도하게 부채를 늘리고 레버리지를 키우는 것을 방지하기 위한 세제 개편, 은행들로부터 위기 시 구제에 필요한 자금을 미리 부담금 형식으로 받아 적립하는 방안 그리고 대형 금융회사의 안정적인 해체를 위해, 마치 유언서 작성하듯 해체 절차를 미리 마련하는 방안까지 셀 수 없이 다양한 논의가 진행되었다.

사실 미국은 오래전부터 금융을 포함한 대기업을 견제해왔는데 이러한 전통이 2008년 위기를 계기로 재분출되었다고 볼 수도 있다. 1901년 12월 3일 록펠러, JP모건 등 미국의 거대 기업을 이끌고 있는 자본가들과 독점 구조의 해체를 위해 싸우던 시어도어 루스벨트 대통령은 연두교서를 통해 "거대 기업은 우리 제도 내에서 만들어졌기 때문에 존재한다. 따라서 이들이 우리 제도와 조화를 이루면서 기능하는지를 관찰하는 것은 우리의 권리이자 의무이다"라고 선언했다. 이는 제도와 조화를 이루지 못하는 거대 기업의 해체를 의미했고, 이후 독과점을 형성하고 있던 많은 기업들이 분리되었다.

흥미롭게도 그동안 금융에서는 거대 기업에 대한 부정적인 인식이 다소 누그러져 있었다. 초대형 금융회사의 등장은 글래스-스티걸법의 폐지로 촉진되었으며 오늘날 세계 금융시장을 쥐락펴락하는 회사들로 자리 잡았다. 하지만 2008년 금융위기로 이러한 금융 예외에 다소 변화가 생겼다. 먼저 도드-프랭크법을 통해 대마불사의 가능성이 있는 대형 금융회사들을 '시스템적으로 중요한 금융기관SIFI, Systemically Important Financial Institutions'으로 지정해 자기자본 비율을 다른 은행들에 비해 높이는 등 규제를 대폭 강화한 것이다.

아울러 볼커 룰Volcker Rule이 도입되었다. 전 연준 의장 볼커는 2008년 9월 금융위기의 와중에 골드만삭스가 은행지주회사로 변신하자 "금융기관들 간의 명확한 구분이 점차 희미해지고 있지만, 만일 골드만삭스가 일반 상업은행의 안전망(예금보험제도를 의미한다) 아래 들어가기 원한다면 예금을 받고 대출을 하는 은행과 같은 모습을 가져야지 헤지펀드 같은 모습을 가져서는 안 된다"라고 지적했다. 이는 예금보험의 적용을 받는 은행들이 더 이상 자기자본으로 고위험 거래를 하는, 이른바 자기자본 거래proprietary trading를 금지해야 한다는 주장이었다. 볼커는 이 제안을 "은행의 원리는 추상적이지만 은행 경영은 엄격한 규율 아래 있어야 한다. 투기적인 이익을 위해 규율에서 벗어날수록 은행은 아주 위험하고 때때로 치명적인 상황에 처하게 될 것이다"라는 애덤 스미스의 경고에서 힌트를 얻었다고 밝혔다.[41]

볼커 룰이 추진되자 월가는 조직적으로 저항했다. 특히 JP모건체이스의 최고위험관리책임자CRO였던 배리 주브로우Barry Zubrow는 위기 이후 투자은행들이 내부 통제를 정비했기 때문에 볼커 룰은 필요 없다고 주장했다. 하지만 JP모건체이스는 소위 런던 고래London Whale 사건*으로 60억 달러에 달하는 투자 손실을 입으면서 더 이상 볼커 룰을 반대할 명분을 잃게 되었다. 게다가 볼커 룰에 미온적이었던 가이트너 재무장관이 물러나고 제이콥 류Jacob Lew가 재무장관에 임명되면서 탄력을 받아 입법에 성공했다. 이로써 볼커 룰은 미국 금융 역사상 월가의 의도와 달리 행정부의 의도가 관철된 거의 유일한 법안이 되었다. 2013년 12월, 볼커 룰이 확정되자 《뉴욕타임스》는 "대공황 이래 가장 전면적인 개혁"이라고 크게 의미를 부여했다.

하지만 볼커 룰만으로는 대마불사 문제가 해소되지 않았다. 심지어 위기 이후 살아남은 금융회사들이 부실은행을 연달아 인수 합병하면서 오히려 대마불사 위험이 더 커졌고 이에 따라 추가 방안들이 제시되었다. 먼저 은행의 자산 또는 부채에 따라 은행세를 부과하여 은행이 지나치게 많은 자산과 부채를 보유하는 것을 막자는 제안이 나왔다. 이 방안은 미국 의회가 자산 5,000억 달러 이상 금융회사에 대해 0.035퍼센트의 부담금을 부과하는 안을 구체적으로 논의하면서 수면 위로 떠올랐다. 은행세는 명백하게 대형 금융회사들인 뱅크오브아메리카, JP모건체이스, 골드만삭스 등의 파산에 대비하여 미리 구제자금을 마련해놓겠다는 의도였다.

---

* 2012년 4월 JP모건체이스 런던 지점에서 런던 고래라는 별명을 가진 직원이 CDS 거래에서 거액의 손실을 낸 사건을 말한다. 경제위기도 아닌 상황에 유수의 대형 은행에서 발생한 이 사건은 내부 통제와 위험 관리의 중요성을 각인시켰다.

또 하나의 흥미로운 제안이 댈러스연방준비은행의 리처드 피셔Richard Fisher 총재가 주장하는 '경고문'이다.[42] 피셔는 현재 은행지주회사로 전환한 골드만삭스, JP모건체이스, 뱅크오브아메리카 등 대형 금융회사들의 모든 예금을 보호하는 것은 예금보험기금의 규모를 감안할 때 현실적이지 않다고 지적한 뒤, 은행지주회사의 다양한 사업 중에서 상업은행 부문에만 예금보험을 명시적으로 부여하는 방안을 제시했다. 그리고 이를 고객들에게 명확하게 알리기 위해 담배의 유해 경고문처럼 은행지주회사가 취급하는 상품 중 예금보험기금으로 보장되지 않는 것에 대해서는 "귀하가 산 금융상품은 예금보험에 의해 보호되지 않습니다"라는 문구를 붙이자고 제안했다. 하지만 시스템적으로 중요한 금융기관을 지정하고 볼커 룰이 도입된 것 외에 다른 개선안들은 아직도 논의 단계를 벗어나지 못하고 있다.

자본 건전성 강화

2008년 금융위기를 계기로 은행, 투자은행 등 금융회사들의 과도한 레버리지가 비판대에 올랐다. 특히 은행 및 투자은행들이 고객의 예금과 단기 차입금을 활용하여 과도하게 고위험 장기 투자를 한 뒤, 위기로 무너질 위험에 처하자 국민의 세금에 의존해 연명한 사실은 많은 지탄을 받았다. 이들의 투자 행태를, 고대부터 내려온 투자 및 위험 행위의 불문율인 '스킨 인 더 게임skin in the game'의 위반이라고 지적한 사람도 많았다.

기원전 3800년 전에 만들어진 함무라비 법전에서도 발견되는 '스킨

인 더 게임' 논리는 집이 무너질 경우 집을 지은 사람이 책임을 지도록 한 규정과 "자신이 하지 않을 일을 다른 사람에게 하게 하지 말라"라는 규정 등에서 발견되고 있다.[43] 한마디로 위험 행위에 대한 자기 책임을 강화하라는 것으로 은행 및 투자은행의 투자 행태에 이를 적용하면 투자금 중 고객의 예금 및 단기 차입금 못지않게 자본금, 즉 자기자본 비율을 높이라는 의미이다.

은행의 자본금 보유 비중에 관한 국제 기준을 정하는 바젤위원회는 위기 이후 기존의 은행 자본금 비율을 정한 바젤 II를 개편하여 자본금 보유 비율을 대폭 상향시킨 바젤 III를 출범시켰다. 바젤 III는 은행의 보통주 비중을 2퍼센트에서 4.5퍼센트로 올리고, 최소 자기자본Tier I capital을 기존의 4퍼센트에서 6퍼센트로 올렸으며, 2.5퍼센트의 보전자본conservation buffer을 신설함으로써 최소 자기자본 비중을 기존의 8퍼센트에서 10.5퍼센트까지 대폭 상향했다. 여기에 각종 명목으로 추가 자본을 쌓도록 하고 있다. 즉, 경기 완충 자본countercyclical buffer으로 0~2.5퍼센트를, 또 시스템적으로 중요한 금융기관SIFI의 경우에는 1~3.5퍼센트를 추가적으로 쌓도록 하여 대형 은행들의 경우 16.5퍼센트 정도의 자본금을 보유하도록 개정했다.

또한 위기 당시 단기 차입금에 대한 지나친 의존이 문제 되었던 것을 시정하기 위해 각종 유동성 규제도 도입되었다. 즉, 긴급한 유동성 위기로 자금 인출이 일어나더라도 30일간은 자체적으로 견딜 수 있는 고유동성 자산을 보유하도록 하는 단기 유동성 비율 규제(고유동성 자산/순현금 유출〉100퍼센트)와, 일반적 위기 상황에서도 1년 이상 현금화되지 않는 자산 이상으로 최소한의 안정적 자금을 보유하도록 하는 순안정자금 조달 비율NSFR, Net Stable Funding Ratio 규제(이용가능한 자금 규모/필요

자금 규모(자산)〉100퍼센트)가 도입되었다.

이러한 자본 및 유동성 규제의 강화는 은행들에 추가적인 규제 준수 비용을 요구했으며 이에 대한 반발도 컸다. 하지만 애드마티A. Admati와 헬위그M. Hellwig는 공저《은행가의 새 옷The Banker's New Clothes》에서 일반 기업들이 약 59퍼센트에 육박하는 자본금을 보유하고 있는 현실을 감안할 때 오히려 은행 자본금은 최소 20~30퍼센트 수준까지 상향되어야 한다고 주장했다.[44] 이에 대해 은행가들은 은행이 자본을 늘릴 경우 은행 내에 돈이 묶이게 되어 대출이 줄어든다는 논리로 맞섰다. 2010년 자본 확충에 대한 요구가 거세지자 영국 은행연합회는 "새 규제가 영국의 은행들에 추가적인 자본 6,000억 파운드를 쌓도록 요구하고 있는데 이 규제는 기업과 가계가 필요로 하는 자금을 은행 내에 묶는 것"이라고 비판한 바 있다.

하지만 이는 사실을 호도하는 주장이다. 자본금을 더 많이 보유하라는 것은 돈을 대출하지 말고 은행 금고에 넣어두라는 의미가 아니라, 대출을 할 때 고객의 예금과 함께 은행의 자본금 비중을 더 늘리라는 요구이다. 사실 은행이 자본금을 많이 보유할수록 튼튼한 재무 구조를 갖추게 되어 대출이 활성화되는 효과도 있다고 애드마티와 헬위그는 주장했다.[45] 아울러 추가적인 자본금을 보유하려면 기회비용 측면에서 은행들의 비용 부담이 크겠지만 이는 오히려 시장에서 안정성을 인정받아 차입 금리를 낮출 수 있기 때문에 실제로 비용 상승 효과는 크지 않다고 주장했다.

사실 은행들이 자본금을 늘리라는 주장에 반대하는 것은 성과급 등 인센티브 체계 때문이다. 은행 경영인들은 주당수익률ROE에 따라 보수를 받고 있는데 자본금이 클 경우 아무래도 주당수익률이 떨어질 수밖에 없는 것이다. 세금 문제 또한 외부 차입금을 선호하게 만드는 요인이다. 즉, 은행이 시장에서 자금을 차입하면 이자가 손비 처리되어 세금 혜택을 받을 수 있지만 자본의 경우에는 배당금을 받으면서 배당세를 납부해야 하기 때문에 은행 주주의 입장에서는 차입이 유리한 것이다.[46] 이러한 보수 인센티브 구조와 세금 체계는 은행들의 레버리지를 높여 글로벌 위기의 씨앗을 잉태시켰다. 이로 인해 은행 차입에 대한 잘못된 세제를 개혁해야 한다는 주장이 제기되었으며 한 예로 법인세를 당기순이익에 부과하지 말고 부채 규모에 따라 세금을 부과하여 은행이 세제 혜택을 노리고 외부 차입금을 선호하는 행태를 개선하자는 제안도 나왔다.[47] 하지만 아직까지 구체적으로 현실화되지 않고 있으며 논의 수준에 그치고 있다.

금융 소비자 보호

2008년 금융위기는 그동안 상대적으로 소홀히 취급되던 금융 소비자 보호 기능에 대한 개혁 필요성도 환기시켰다.

금융 소비자 보호 문제는 2007년 여름 하버드 대학의 엘리자베스 워런Elizabeth Warren*교수가 한 저널에 〈어떤 가격에서도 안전하지 않다Unsafe at any rate〉라는 논문을 기고하면서 부각되었다.[48] 미국의 소비자 보호운

---

* 당초 오바마 대통령에 의해 금융소비자보호원의 초대 원장으로 취임할 가능성이 높았던 워런은 규제 강화를 두려워한 금융회사들과 공화당 의원들의 반대로 임명되지 못하고, 의회의 인준이 필요 없는 금융소비자보호원의 특별보좌관이 된다. 하지만 그녀는 이를 사직하고 2011년 9월 매사추세츠 주에서 자신의 임명에 반대했던 공화당 상원 의원 스캇 브라운(Scot Brown)을 상대로 상원 의원 선거에 출마하여 당선된다.

동가인 랠프 네이더Ralph Nader의 "어떤 속도에서도 안전하지 않다Unsafe at any speed"라는 글을 연상시키는 이 논문에서 워런은 "금융상품도 토스터, 세탁기, 어린이용 카시트 등과 같이 안전 검사를 받아야 한다"고 주장했다. 평소 같으면 일개 학자의 주장으로 치부되었을 그녀의 논문은 금융위기를 거치면서 전 국민의 주목을 끌었고 발표된 지 불과 2년 만에 금융소비자보호원CFPB, Customer Financial Protection Bureau을 탄생시키는 이례적인 결과를 낳았다.

물론 그 전에도 소비자 보호 기능이 없었던 것은 아니었지만 연준도 통화 정책과 감독 정책에 비해 소비자 보호를 상대적으로 소홀하게 취급한 것이 사실이었다. 하지만 위기 직후 도드-프랭크법에 의해 각 기관에 흩어져 있는 소비자 보호 기능을 하나로 묶어 금융소비자보호원이 설립되었다. 이 과정에서 자신들의 권한을 빼앗기지 않으려는 감독기관들의 반발이 이어지자 오바마 대통령을 자문하는 서머스는 "항공안전위원회가 항공사의 수익성까지 챙겨서야 되겠는가"라며 이들의 반발을 강도 높게 비판했다. 결국 오바마 대통령은 많은 반대를 물리치고 금융소비자보호원 설립을 끝내 관철시켰다.[49]

사실 2008년 금융위기의 주범으로 지목되고 있는 서브프라임 모기지 증권 불완전 판매도 금융회사들이 고객에게 위험 정보를 제대로 알리지 않은 채 판매한 데 기인한다. 금융상품에 대한 정보가 어두운 고객을 대상으로 사기성 금융상품을 판매한 금융회사들에 대한 불만은 '월가 점령하기'라는 대중의 저항을 야기하게 된다.

실제로 2012년 3월 골드만삭스의 임원이었던 그렉 스미스Greg Smith가 회사를 떠나며 《뉴욕타임스》에 회사 수익을 위해 사실상 고객의 이익을 가로챈 골드만삭스의 행태를 폭로한 기고문[50]과 부실 덩어리 모기지를 모아 서브프라임 모기지 채권을 만든 후 양질인 양 속여 고객들에게 팔아넘긴 JP모건을 고발한 앨라인 플라이시맨Alayne Fleischmann의 사례[51]는 그동안의 의심이 일부 사실임을 증명하는 계기가 되기도 했다.

연준의 새로운 역할: 금융시장 안정

위기 이후 그 역할과 위기 대응을 둘러싸고 상당한 비판을 받은 연준은 정치권에 의해 해체까지 언급되었지만 정작 도드-프랭크법은 연준에 위기 이전보다 더 큰 금융 감독 권한을 부여했다. 그동안 연준의 감독 범위 밖에 있던 미국의 대형 금융기관들이 연준의 감독 아래 들어갔고, 그 결과 연준은 금융시장의 위험을 상시 살피는 기능을 대폭 확대했으며 아울러 금융시장 전반을 살펴보는 금융안정감시위원회를 실질적으로 이끄는 기관으로 격상되었다. 이는 물가 안정과 함께 금융시장의 안정 유지도 연준의 중요한 책무의 하나로 명시한 조치였다.

연준으로서도 2008년 위기를 겪으면서 금융시장의 버블은 일단 터지고 나면 수습이 불가능할 뿐만 아니라 경제적 재앙을 초래한다는 사실을 절실히 깨달았다. 심지어는 시장자유주의를 신봉하는 보수 진영에서조차 금융 안정을 위해 연준이 시장에 개입해야 한다는 생각에 동의했다. 연준도 공개적으로 이제 통화신용 정책 안에서 금융 안정은 무시할 수 없는 중요한 고려 사항이 되어야 한다고 강조했다.[52]

하지만 아직까지는 시장의 상태를 정확히 읽을 수 있는 지표들이 부족하여 중앙은행의 금융시장 안정 책무는 실제 운용에 있어 상당한 제약을 받고 있다. 물론 채권시장에서 위험 자산과 무위험 자산 간의 금리 차이가 지나치게 축소되거나 비은행 자산이 급격히 증가하는 것 등을 통해 어느 정도 판단할 수 있지만 향후 금융시장의 버블 정도를 측정할 수 있는 다양한 지표들이 더 개발되면 금융시장 안정과 관련된 연준의 역할은 더욱 확대될 것이다.

16장

유로존
위기

긴축이 성장에 위협이 된다고 보는 것은 잘못된 생각이다.

– 장 클로드 트리셰(2010)

. . .

어떻게 하면 유럽 국가들의 정부 부채를 줄일 수 있을까?
세 가지 방법을 생각할 수 있는데 물론 이들을 조합해서 쓸 수도 있다.
자본에 대한 과세, 인플레이션 그리고 긴축이다. 자본에 대한 높은 수준의
과세야말로 가장 정당하고 효율적인 방법이다. 만일 이것이 가능하지 않다면
인플레이션이 유용한 수단이다. 사실 역사적으로도 인플레이션은
대규모 정부 부채를 해결해왔다. 정당성과 효율성을 감안할 때
최악의 방안은 오늘날 유럽이 질질 끌면서 추진하고 있는 긴축이다.

– 토마스 피케티. 《21세기 자본》

유로존 위기를 부른 그리스 위기

흔히 통화 동맹은 이혼 조건을 명시하지 않은 결혼에 비유된다. 어찌 보면 그리스에서 시작된 유로존 위기는 이혼을 하지 못해 발생한 것인지도 모른다. 1999년 1월 1일, 유럽의 대표적인 나라 11개국이 모인 통화 동맹 유로존이 공식 출범했다. 이후 그리스부터 2014년 라트비아까지 연달아 가입하면서 회원국이 18개국으로 확장된 유로존은 유럽의 완전한 통합을 앞당긴 상징으로 크게 각광받았다.

무엇보다 유로존에 포함된 그리스, 포르투갈 등 유럽의 주변부 국가들은 큰 경제적 혜택을 누리게 되었다. 가입 이전 만성 적자로 인해 자금 조달이 어려웠던 이 국가들은 독일, 네덜란드, 오스트리아 등 핵심 국가들로부터 밀려드는 자금에 힘입어 경제 안정을 이룰 수 있었다. 이러한 상황 호전은 그리스를 '거인의 등장A Giant in the Making'[53]으로, 아일랜드를 '셸틱 호랑이Celtic Tiger'로 그리고 스페인을 '기적Spanish Miracle'으로 만들었다. 하지만 2008년 위기로 이들의 성과는 한낱 신기루였음이 만천하에 드러났다.

2009년 10월 총선으로 그리스에는 사회주의 정당 파속Pasok이 정권을 잡았다. 하지만 전임 정부로부터 물려받은 것은 파산 상태나 다름없는 재정이었다. 새 정부의 총리로 등장한 게오르기오스 파판드레우Georgios Papandreou는 지난 정부가 감춘 부채로 인해 재정 적자가, 밝혀진 수치의 거의 2배가 넘으며 GDP의 12퍼센트에 이른다는 충격적인 발표를 했다. 리먼브라더스의 파산 이후 유럽에 불어닥친 불황으로 실업급여 등 복지수당 지급이 대폭 증가하면서 재정 지출은 크게 늘어났지만 전근대적이고 비효율적인 세제 시스템으로 인해 늘어난 재정 집행을 감당해주는 세수의 증대가 없었던 것이 가장 큰 원인이었다.[54]

결국 커져가는 재정 적자를 보전하려면 국채에 의존할 수밖에 없었는데 문제는 글로벌 금융위기로 인해 국채 이자율이 날로 올라 재정 부담을 가중시켰다는 점이다. 새 정부가 들어섰을 때 4.44퍼센트였던 국채 이자율이 연말에는 5.77퍼센트까지 치솟았다. 1퍼센트 남짓한 상승이었지만 2009년 말 기준 GDP의 129퍼센트에 달하는 막대한 부채 규모를 감안할 때 부담이 적지 않았다. 이렇게 늘어난 이자 부담을 더 많은 국채를 발행해 감당하고 추가로 발행된 국채는 이자율을 더 밀어 올리면서 부채의 악순환이 이어졌다.

새 정부는 국채의 상환 부담이 커지자 유럽중앙은행에 도움을 요청했지만 거절당한다. 유로존에 속했지만 경제 규모가 유로존의 2퍼센트에 불과해 유럽중앙은행은 그리스 문제를 심각하게 생각하지 않았다. 그러나 이는 잘못된 판단이었다. 그리스가 적자 보전을 위해 발행한 유로화 표시 국채를 매입한 곳이 바로 프랑스와 독일의 은행들이었던 것이다. 그리스가 채무를 불이행할 경우 이 은행들은 심각한 손실을 입을 것이고 이는 리먼 파산 이후 약해질 대로 약해져 있던 이들 은 행에 치명타가 될 가능성이 높았다.

그리스는 정치, 경제 등 여러 면에서 유럽의 다른 국가들에 비해 후 진성을 면치 못하고 있었다. 정치적으로는 1970년대 중반까지 유럽에 서 보기 드물게 군부독재하에 있었으며 국제기구들이 발표하는 각종 부패지수에서도 도둑 정치kleptocracy를 하는 아프리카의 국가들과 비슷 한 평가를 받았다. 그리스가 유로존에 가입할 당시인 2001년에는 1인 당 국민소득이 약 1만 3,000달러로 독일과 프랑스의 절반 정도였고 세계은행 등이 발표하는 기업 환경 지수에서도 하위권을 맴돌았다. 무 엇보다 그리스는 1832년 독립 이후 지금까지 거의 절반에 이르는 기 간 동안 국가 부도를 반복했을 만큼 악명 높은 부도 기록을 가지고 있 었다.[55]

2008년 위기 이전 그리스는 대규모 적자를, 일부는 분식회계로 감 추고 일부는 국채 발행을 통한 차입으로 해결했다. 유로존에 가입하기 이전에는 이자율이 높아 국채 발행 부담이 컸다. 독일이 발행하는 10년 짜리 국채 이자율이 8퍼센트에 불과한 반면, 그리스는 무려 24퍼센트 에 달하는 살인적인 금리를 물어야 했다. 하지만 유로존의 출범은 모 든 상황을 바꾸었다. 여유자금을 굴릴 곳을 찾지 못하던 유로존의 핵 심 국가 독일과 프랑스의 은행들이 금리는 높지만 국제 기준상 무위험 자산으로 간주되고 있던 유로화 표시 그리스 국채에 대한 투자를 대폭 확대한 것이다.

그리스 국채에 대한 수요가 늘어나자 국채 금리는 눈에 띄게 하락했 다. 금리가 4.29퍼센트까지 하락하면서 이제 국채 금리만 보면 초우량 국가인 독일의 국채 이자율 4.02퍼센트와 차이가 거의 없는 상황이 되었다. 역사적으로 디폴트를 끊임없이 반복한 그리스의 국채가 무위험 자산으로 탈바꿈하게 된 이유는 은행의 자본 건전성을 규율한 바젤 II 때문이었다. 그리스 국채가 무위험 자산으로 분류되면서 은행들은 높은 금리를 취하면서도 부도에 대비해 자기자본을 추가적으로 보유할 필요가 없었기 때문에 그야말로 일거양득이었다.

시장은 그리스의 재정 상황이 날이 갈수록 악화되고 있음에도 국채 발행 금리상으로는 그리스와 독일의 전반적인 건전성에 별 차이가 없는 왜곡된 현실을 외면했다. 그리스도 낮아진 금리를 활용해 재정 건전성을 높일 수 있는 호기를 맞이하고도 개혁을 추진하기는커녕 재정 적자를 더욱 키우고 국채 발행을 늘리는 행태만을 반복했다. 심지어 유럽연합 국가들은 연간 GDP의 3퍼센트 이내로 재정 적자 규모를 유지해야 한다는 마스트리히트 조약의 규율마저 통계 조작으로 빠져나갔다.[56] 처음에는 국방비 지출의 일부를, 나중에는 사회보장 지출의 일부를 일부러 누락하는 방식으로 눈속임했고 이는 번번이 적발되었다.

이러한 그리스의 눈속임에 날개를 달아준 것은 다름 아닌 미국계 투자은행 골드만삭스였다. 골드만삭스는 그리스 정부의 국채를 엔화나 달러로 발행하게 하고는 이를 유로화로 바꾸는 과정에서 인위적으로 유로화에 유리한 환율을 적용했다. 그리고 사실상 기채起債한 금액보다 많은 유로화를 지급하는 국경 간 통화스왑 상품*을 팔아 그리스 정부

---

* 당시 골드만삭스는 유로화 대 달러 환율을 1:1로 제시했고 만일 유로화가 이보다 비싸지면 골드만삭스가 그리스에 배상하고 유로화가 이보다 싸지면 반대로 그리스가 골드만삭스에 배상하는 파생계약을 맺었다. 그리고 이를 매년 정산하기로 약정했다. 당시 환율이 1:0.9였기 때문에 90억 유로를 차입한 그리스는 10%에 해당하는 배상을 받아 거의 100억 유로를 받았다. 하지만 이후 유로화가 추락하면서 그리스는 이 파생계약으로 막대한 금액을 골드만삭스에 물어야 했다. 골드만삭스는 이 상품을 재정 적자의 확대로 유럽연합의 회계 기준을 맞추기 힘들어하는 이탈리아 등 유로존의 다른 나라들에도 제시했다.

가 빌린 것보다 더 많은 유로화를 받도록 도왔다.[57] 이는 유럽연합의 회계 기준이 기채한 금액만을 대상으로 하고 이후 스왑한 금액에 대해서는 공개하지 않는 허점을 노린 것으로, 사실상 골드만삭스는 명목상의 차입금액보다 많은 돈을 그리스에 대출해준 것이나 다름없었다.

흥미롭게도 그리스 정부가 발표하는 통계에 대한 의구심이 높아지고 2008년 글로벌 금융위기로 그리스의 재정 적자가 감당할 수 없을 만큼 확대되었음에도 국채 이자율은 계속 독일 수준으로 유지되는 등 시장의 반응은 놀랄 만큼 느렸으며 투자자들은 여전히 그리스 국채를 사들였다.[58]

2010년 4월 28일, 그리스의 새 정부가 IMF와 유럽 국가들에 약 450억 유로의 구제금융을 청구하자 세계는 오랜 환각에서 깨어난 듯 놀라움을 감추지 못했다. 그동안 감추어져 있던 그리스의 부채가 속속 드러났다. 아울러 그리스가 이를 해결할 능력이 없다는 사실이 만천하에 알려지자 부도 가능성을 알려주는 신용파산스왑CDS 금리가 뛰어올랐다. 일순간에 차입이 불가능해진 그리스는 사실상 지급불능 상황에 빠지게 된다. 그리스 문제는 곧 다른 나라들로 확산되었다. 유로존 내 정부 부채 규모가 큰 국가들도 그리스(G)와 같이 차입 금리가 뛰어오르면서 소위 PIIGS 또는 GIPSI* 등으로 불리는 포르투갈(P), 아일랜드(I), 이탈리아(I), 스페인(S) 등이 차례로 위기선상에 오르게 된다.

---

* 재정위기에 처한 유로존 5개국의 머리글자를 딴 PIIGS에서 위기가 가장 먼저 표면화된 그리스(G)를 가장 앞에 배열한 용어. PIIGS가 주는 비하 어감을 피하기 위해 사용되었다.

유로화 동맹: 축복인가, 족쇄인가?

유로존이 위기에 휩싸이기 시작했지만 유럽중앙은행의 위기 대응 방식은 미국 연준과 사뭇 달랐다. 양적 완화 같은 과감한 정책은 볼 수 없었고 소극적인 대응으로 일관했는데 이는 유로존이라는 통화 동맹의 굴레 때문이었다.

유로존이 출범하면서 각국은 재정 정책은 자기 권한으로 그대로 둔 채 통화신용 정책을 유럽중앙은행에 넘겼다. 만일 그리스가 자국 통화(드라크마drachma)를 유지하면서 유로존에 가입하지 않았더라면, 위기로 자금이 이탈하면서 그리스의 화폐는 폭락했을 것이다. 수출 증가와 수입 감소가 이어졌겠지만 몰려든 관광객 덕분에 외화가 유입되면서, 비록 고통은 따랐을지언정 위기의 해결 방안은 마련되었을 것이다. 하지만 자국 독자 통화가 아닌 유로화를 쓰는 유로존에 가입된 그리스는 이러한 선택을 할 수 없었다. 결국 경쟁력을 회복하기 위해서는 통화가치와 같은 명목 변수가 아닌 실질임금과 물가를 낮추는 수밖에 없었다. 유로존으로의 편입이 평상시에는 많은 혜택을 가져다주었지만 위기를 맞아서는 정책 선택을 제약하는 갑옷이 되어버린 것이다.

사실 유로존에 편입된 국가들은 과거와 달리 국채가 지급불능 상태에 빠질 수 있다는 점을 간과하고 있었다.[59] 통상 독자적인 통화를 가지고 있으면 국채의 지급불능 가능성을 상상하기 어렵다. 즉, 초인플레이션이 우려되더라도 돈을 찍어 갚으면 되기 때문이다. 하지만 독자적인 통화 발행권한이 없는 유로존 국가에서는 국채의 상환 불가능이 언제든 일어날 수 있는 일이었다. 이를 모른 채 유로존에 편입된 국가들은 국채 이자율 하락이라는 혜택을 누리게 되자 더욱 많은 국채를 발행했고 유로존의 은행들은 이들 국채에 더 많은 투자를 하게 되었다. 그 결과, 은행 위기가 재정 위기가 되고 재정 위기가 다시 은행 위기가 되는 토대가 마련되었다.

설상가상으로 유럽의 은행들은 달러 표시 서브프라임 모기지 채권에 대한 투자도 확대했다. 따라서 2007년부터 서브프라임 모기지 채권 가격이 폭락하자 대규모 투자 손실을 입고 자본 잠식 상태에 빠졌다. 더욱 심각한 문제는 달러 자산에 대한 투자 손실을 메우기 위해 달러가 필요했으나 미국의 단기 금융시장이 거의 작동을 멈추면서 달러 부족에도 시달리게 되었다는 점이다.

금융불안이 확산되자 연준은 유럽계 은행들의 달러 부족을 해소하기 위해 특별 대출에 나섰지만 2008년 리먼브라더스가 파산하자 이마저도 불가능해졌다. 결국 리먼브라더스의 파산은 미국은 물론 유럽의 동반 추락을 가져왔다. 불황이 심화되고 실업이 증가하면서 실업수당 등 각종 사회복지 지출이 눈덩이처럼 불어나 그렇지 않아도 어려운 유럽 국가들의 재정 상황을 더욱 압박했다. 더욱이 유럽 각국이 위기에 빠진 은행들의 구제에 나서면서 천문학적인 재정이 동원되었고 상황은 재정 위기로 악화되었다.

아일랜드의 경우 은행발 공황을 막기 위해 전 예금에 대한 지급보증 조치를 취할 수밖에 없었고 이 과정에서 GDP의 40퍼센트에 달하는 재정이 투입되었다. 이제 유럽에서 정부 파산과 은행 파산 위험은 서로 물고 물리는 원치 않는 샴쌍둥이가 되었다. 정부가 파산하면 국채에 투자한 은행들이 파산하든지, 은행이 파산하면 더 이상 국채를 사줄 곳이 없어 정부가 파산할 수밖에 없는 상황에 처한 것이다.

2010년 4월 말, 그리스는 소위 '트로이카'라고 불리는, IMF, 유럽중앙은행, ECEuropean Commission(유럽공동체)에 구제금융을 요청했다. 하지만 EC와 IMF는 지원에 앞서 그리스의 재정 상태를 조사하다가 그리스의 실제 적자 규모가 GDP의 12.7퍼센트가 아니라 13.6퍼센트에 달한다는 충격적인 사실을 알게 되었다. 지원 조건을 놓고 수많은 협상이 진행된 끝에 2010년 5월, EC와 IMF가 그리스에 과감한 긴축과 구조조정을 조건으로 1,100억 유로를 지원하기로 결정했다. 구제금융이 없으면 바로 부도가 날 상황이었던 그리스로서는 긴축을 받아들일 수밖에 없었다.

그리스 정부는 공공 부문 일자리를 줄이고 연금과 임금을 삭감하는 재정 삭감 조치를 단행했고 이에 따라 대규모 실업이 발생했다. 연금이 줄어들자 연금 생활자의 삶은 더욱 어려워졌고 긴축에 반대하는 대규모 시위가 수도 아테네를 비롯한 그리스 전역으로 확산되었다. 긴축은 이미 추락하기 시작한 그리스 경제를 더욱 나락으로 떨어뜨렸고 그나마 들어오던 세수를 급감시키면서 정부 부채 규모를 키우는 악수로 작용했다. 지원에도 불구하고 그리스의 상황은 나아지지 않았으며 그리스는 실질적으로 파산 상태에 빠졌다.

하지만 EC는 여전히 그리스 문제를 유동성 문제로 인식했다. 따라서 채무 재조정을 추진하기보다는 그리스의 국채를 매입하면서 유동성 지원을 계속하는 실수를 범했다. 그리스 문제는 점차 유로존 전체로 확산되기 시작했다. 11월에 EC와 IMF는 아일랜드에 약 850억 유로를 지원하면서 구제에 나섰고 그리스와 마찬가지로 긴축을 요구했다. 지속적으로 위기가 확산되자 2011년 2월 유로존의 재무장관들은 약 5,000억 유로의 구제금융을 전담하는 유로안정화기구ESM, European Stability Mechanism를 출범시켜 위기 확산에 대비했다. 5월에는 그동안 소문이 무성했던 포르투갈이 780억 유로의 구제금융을 받게 되었다. 포르투갈 역시 강도 높은 대규모 재정 삭감을 요구받았다. 재정 삭감 조치는 포르투갈의 경제를 나락으로 떨어뜨렸다. 경기가 급속히 위축되었고 실업률이 치솟았다.

2011년 6월 유로존의 재무장관들이 그리스가 긴축 약속을 제대로 지키지 않는다는 이유로 구제금융 집행을 지연시켰고 이를 계기로 그리스의 유로존 탈퇴 가능성이 본격적으로 거론되기 시작했다. 이 상황은 그리스 의회가 즉시 긴축 조치 이행을 의결하면서 해소되었지만 그리스의 탈퇴 가능성이 논의되면서 이제 그리스 위기는 차원을 달리하는 수준으로 전개되었다. 유로화는 물론 유로존의 미래에 대한 불확실성을 높인 시스템 위기로 커지면서 위기가 유로존 전체로 확산된 것이다.

7월, 그리스에 대한 약 1,090억 유로로 달하는 제2차 구제금융이 의결되었으며 역시 새로운 긴축 조치가 요구되었다. 하지만 새로운 긴축은 총리 파판드레우에게 큰 부담을 안겼다. 긴축에 반대하는 시위는 유혈사태로 치달았고 매번 강도 높은 긴축을 요구하는 독일과 메르켈 총리에 대한 그리스 국민의 감정은 악화될 대로 악화되었다. 정치적인 부담을 이기지 못한 파판드레우는 10월 제2차 구제금융안을 국민투표에 붙이겠다는 선언으로 세계를 놀라게 했다.

독일의 메르켈과 프랑스의 사르코지 대통령은 이제 공식적으로 그리스의 유로존 탈퇴(소위 그렉시트Grexit*라고 한다)를 논하기 시작했고 유로존은 더욱 심각한 혼란에 빠져들었다. 11월 프랑스 칸에서 열린 G20 정상회담의 막후에서 미국, 프랑스, 독일과 그리스는 제2차 구제금융안을 국민투표에 붙이는 문제를 놓고 치열한 논쟁을 벌였으며 결

＊ 시티그룹의 이코노미스트인 윌렘 뷰이터(Willem Buiter)가 만든 조어이다.

국 파판드레우는 국민투표 발상을 철회했다.[60] 이는 곧 그의 사임을 의미했다. 총선까지 임시 총리로 유럽중앙은행의 부총재를 지낸 루카스 파파데모스Lucas Papademos가 선출되었다.

긴축이냐? 부양책이냐?

경제학자 케인스는 한때 "긴축이 필요한 것은 불황기가 아닌 호황기다"라는 유명한 말을 남겼다.[61] 하지만 그리스 위기로부터 촉발된 유로존의 위기 과정에서 EC, 유럽중앙은행, IMF 등이 요구한 것은 긴축이었다. 독일 정부는 남부 유럽이 위기에 빠진 것은 그들이 흥청망청 돈을 쓰면서 나태한 생활을 하기 때문이라고 보았으며, 따라서 자신들이 과거 '어젠다 2010'을 통해 뼈아픈 개혁을 추진했던 것처럼 절약과 긴축 그리고 구조 개혁이 선행되어야 한다고 생각했다.

이러한 독일의 생각을 극명하게 보여준 것이 바로 메르켈 총리의 스와비아 주부Swabian housewife 비유였다.[62] 독일 남부에 위치한 스와비아 지역의 주부들은 근검절약과 빚을 혐오하는 생활로 유명하다. 메르켈은 "스와비아 주부에게 물어봐라. 수입을 초과하는 생활은 계속될 수 없다"라고 말하면서 2008년 리먼브라더스 몰락을 설명했다.[63] 이러한 생각을 가진 메르켈이 그리스 위기 이후 긴축을 해법으로 선택한 것은 충분히 짐작할 만한 일이었다.

위기 극복의 최선봉에 섰던 유럽중앙은행의 트리셰 총재도 "긴축이 성장에 부정적이라는 생각은 잘못된 것이다"라며 긴축을 옹호했다. 유로존의 성장이 지체되는 것은 유럽의 높은 정부 부채에 대한 불안감 때문에 소비와 투자가 살아나지 않는 데 원인이 있으므로 성장 모멘텀을 만들어내기 위해서는 정부 부채를 대폭 축소해야 한다고 주장했다.

물론 이들 정책 결정자들의 생각은 그레고리 맨큐Gregory Mankiw, 알베르토 알레시나Alberto Alesina, 카르멘 라인하르트와 케네스 로고프 등 일단의 학자들에 의해 이론적으로 뒷받침되었다. 이들 학자들은 차입을 줄일 경우 투자자 신뢰가 상승하고 차입 금리를 낮출 수 있는 등 경제성장에 도움이 된다는 이론적 설명과 함께 실증적인 연구결과를 제시했다. 아울러 이율배반적인 단어의 조합인 '확장적 긴축expansionary austerity'을 통해 긴축이 성장을 유도한다고 주장했다. 라인하르트와 로고프는 그들의 공저 《이번엔 다르다》에서 국가 부채가 90퍼센트 선을 넘으면 성장이 둔화된다는 실증적인 연구결과*를 내놓아 주목받았고 알레시나는 재정 적자를 대폭 축소할 경우 사람들이 소비와 투자를 늘리고 성장을 이끌게 된다는 긴축과 성장의 관계를 이론적으로 제시했다.

이러한 주류 학자들의 주장에 따라 IMF, 유럽중앙은행, EC는 위기에 휩싸인 유로존 국가들에 긴축만이 살길이라고 강조했다. 특히 인구 200만 명에 불과한 북유럽의 작은 나라 라트비아가 자국 통화의 평가절하라는 손쉬운 방안보다 강도 높은 긴축을 통해 성공적으로 위기를 벗어나자 긴축 옹호론자들은 더욱 힘을 얻었다.

라트비아의 경제는 유럽으로부터 투기자금이 몰려들면서 2000년에서 2007년까지 9퍼센트에 가까운 성장을 했지만 2008년 글로벌 위기가 닥치자 속절없이 추락했다. 외국인 투기자금이 썰물처럼 빠져나가

---

* 이들의 주장은 매사추세츠 대학원생인 헌던(Herndon)에 의해 일부 통계 오류가 발견되어 논란에 휩싸이기도 했다.

면서 파산에 직면한 라트비아는 IMF와 EC에 도움을 요청했다. 흥미로운 점은 독자적인 통화(Lat)를 가진 라트비아가 IMF의 환율 평가절하 권고에도 불구하고 스스로 초긴축 정책을 택함으로써 실질임금과 물가를 낮추어 경쟁력의 회복을 시도한 내적 평가절하internal devaluation를 단행했다는 점이다. 강력한 긴축으로 GDP가 20퍼센트 감소했고 실업률이 6퍼센트대에서 18퍼센트대로 뛰어올랐지만 결국 성장률이 브이 자를 그리며 반등하여 2012년에 거의 위기를 수습하는 데 성공했다.* 사실 라트비아가 환율의 평가절하라는 손쉬운 방법 대신 긴축이라는 어려운 길을 선택한 것은 유로존 가입을 눈앞에 두고 있었기 때문이었다. 그러나 라트비아의 사례는 긴축을 밀어붙이는 정책 당국자들에게 큰 힘을 실어주었다.

하지만 이렇게 긴축 정책이 만병통치약으로 광범위하게 적용되는 분위기에서 폴 크루그먼Paul Krugman, 브래드포드 드롱J. Bradford DeLong, 로렌스 서머스 등은 경제가 후퇴하는 상황에서의 긴축 정책은 오히려 상황을 더욱 악화시키는 바보 같은 짓이라고 맹비난했다. 이들은 경제가 지극히 위축된 상황에서는 긴축이 오히려 해가 된다는 이론적인 연구를 바탕으로, 주류 측이 증거로 제시한 라트비아는 소규모 개방국이기 때문에 이를 유로존과 같은 거대 경제권에 비유하는 것은 잘못이라고 지적했다. 즉, 라트비아가 긴축을 할 당시에는 운좋게도 때마침 교역 상대국이 호황이어서 줄어든 국내 수요를 수출이 뒷받침해주었지만 유로존의 경우 교역 상대국인 중국 및 미국도 2008년 위기 이후 불

---

* IMF의 수석 이코노미스트 올리비에 블랑샤르는 최근 논문을 통해 라트비아의 성공은 긴축 재정과 확고한 환율 정책을 통해 시장의 불확실성(자본의 재유입과 국가부도위험 지표인 CDS 금리의 하락으로 측정)을 낮춤으로써 가능했다고 주장하고 있다.

황에 빠져 있기 때문에 긴축을 보완할 수요를 어디에서도 찾을 수 없다는 주장이었다.

크루그먼은 오히려 자국 통화의 폭락과 구제가 필요한 은행들을 방치하면서 사실상 국가 부도를 낸 아이슬란드를 통해 배울 게 있다고 주장했다. 아이슬란드는 자국 통화의 폭락은 방치하면서도 사회보장은 그대로 유지하며 긴축을 거부했지만 2011년 8월에 위기에서 성공적으로 벗어난다. 크루그먼은 "모두가 이쪽으로 가야 한다고 했을 때 아이슬란드는 반대쪽으로 갔다"고 말하면서 긴축과 은행 구제를 거부한 아이슬란드의 정책 선택을 칭찬했다. 서머스도 장기 불황의 위험성을 경고하며 보다 적극적인 재정금융 정책을 통해 디플레이션 위협을 피해야 한다고 주장했다. 여기에 더해 세계적인 베스트셀러에 오른 《21세기 자본론》의 저자 토머스 피케티도 현 유럽 위기를 해소하는 방안 중 긴축을 최악의 선택으로 비판하면서 긴축을 옹호하던 많은 정책 결정자들을 당황시켰다.

한계를 보인 유럽중앙은행

많은 논란에도 불구하고 긴축을 선호하는 독일 정부의 인식은 유럽중앙은행의 정책에 그대로 반영되었다. 이로 인해 소극적인 대응으로 일관한 유럽중앙은행은 '유럽의 중앙은행European Central Bank'이 아니라 '시대와 동떨어진 예외적인 중앙은행'Exceptional' Central Bank'이라는 비판을 받아야 했다. 사실 이 배경에는 유럽중앙은행의 정책 방향을 실질적으로 이끄는 독일 정부의 역사적인 경험이 자리하고 있었다.

연준의 경우 1930년 대공황 당시, 보다 적극적인 대응을 하지 못해 평범한 불황으로 끝날 수도 있었던 상황을 대공황으로 심화시켰다는 자책감이 남아 있었기 때문에 상상을 초월하는 비전통적인 정책 수단까지 동원하면서 위기의 확산을 막았던 반면, 유럽중앙은행의 정책을 좌지우지하는 독일인의 머릿속에는 1920년대 바이마르공화국의 몰락을 가져온 초인플레이션의 아픈 기억이 각인되어 있었다.[64] 이로 인해 위기가 터졌을 때 연준은 신속하게 개입할 준비가 되어 있었던 반면 유럽중앙은행은 신중한 태도가 몸에 배어 있었던 것이다.[65] 게다가 양적 완화 같은 정책은 각국의 합의를 이끌어내기가 쉽지 않다는 정치적인 한계와 더불어 채권시장이 발달한 미국과 달리 은행 신용 중심인 유럽 경제의 특성상 미국과 같은 정책을 선택하기 어렵다는 기술적인 한계도 감안되었다.

이러한 역사적인 배경을 바탕에 둔 독일의 생각은 유럽중앙은행의 움직임을 크게 제약했다. 독일 정부는 위기가 발생하자 '국채 매입 등 정부 구제 방안 불가', '구제에 따른 비용 분담 반대', '불가피한 경우 그리스의 탈퇴 수용'이라는 매우 강경한 입장을 고수했고 이를 통해 사실상 유럽중앙은행의 손발을 꽁꽁 묶어놓았다. 독일은 심지어 정책 노선을 같이하는 트리셰 총재와도 잦은 충돌을 빚었다.

그리스가 위기로 국채 발행이 불가능해지자 유럽중앙은행이 이를 해결하기 위해 증권시장 프로그램SMP, Securities Markets Programme을 만들어 그리스 지원에 나섰을 때에도 독일 중앙은행인 분데스방크Deutsche Bundesbank는 이 조치에 제동을 걸면서 자국의 헌법재판소에 위헌성을 판단해달라고 제소했다. 이후 헌법재판소가 합헌이라고 판단했음에도 불구하고 분데스방크의 악셀 베버Axel Weber 총재는 항의의 표시로 사임했다. 독일의 저항은 이후에도 계속되었다. 유럽중앙은행이 2011년 11월, 어려움에 빠진 이탈리아와 스페인에 SMP를 확대해서 지원하자 이번에는 유럽중앙은행에 독일 대표로 파견된 위르겐 스타크Jürgen Stark 집행위원이 사임하는 강수를 두기도 했다.[66]

이러한 독일의 태도로 인해 트리셰가 할 수 있는 일은 많지 않았다. 하지만 2011년 11월 1일, 마리오 드라기Mario Draghi 방카디탈리아Banca d'Italia 총재가 트리셰에 이어 새로운 총재로 등장하면서 분위기가 달라졌다. 여기에 유로존 위기가 그리스, 포르투갈 등 주변국을 넘어 유로존의 심장부 국가들을 위협할 정도로 본격화된 것도 독일이 완강한 태도를 다소 바꾸는 데 영향을 미쳤다. 특히 세계에서 네 번째로 부채 규모가 큰 이탈리아의 10년물 국채 금리가 7.5퍼센트로 뛰어오르면서 이탈리아마저 위험해지고 유로존 전체가 송두리째 흔들린 것이 결정적이었다.

이탈리아의 위기는 사실상 어느 누구도 대응할 수 없는 엄청난 사건이었다. 위기가 심화되자 이탈리아 국민들은 실비오 베를루스코니Silvio Berlusconi 총리를 권좌에서 밀어냈고 경제 전문가인 마리오 몬티Mario Monti가 위기 수습을 위해 임시 총리로 등장했다. 몬티는 자국 문제를 포함한 유로존 위기의 해결을 위해 유럽중앙은행의 국채 매입이 필요하다고 주장했지만 독일의 반대로 시행되지 못했다. 스페인 역시 국채 금리가 치솟자 심각한 위기 국면에 접어들었다. 위기는 스페인 현 정부를 몰아내고 긴축을 주장하는 보수주의 정당을 세웠지만 시장을 안정시키는 데는 실패했다. 이탈리아와 스페인에 이어 프랑스도 위기의 파고에 휩싸이면서 이제 유로존에서 독일을 제외한 모든 나라가 언제 무너질지 모르는 불확실성에 빠졌다.

상황이 악화되자 유럽중앙은행은 3년 만기에 1퍼센트의 저금리 장기 대출 프로그램LTRO, Long-Term Refinancing Operation을 도입하여 이탈리아와 스페인을 지원하기 시작했다. LTRO는 은행에 유동성을 투입한다는 명목하에 시행되었지만 사실상 은행들이 이탈리아와 스페인의 국채를 긴급 처분하여 이들 국가의 국채 금리가 더 높아지는 것을 막는 조치였다. 따라서 LTRO로 인해 이탈리아와 스페인의 10년물 장기 국채 이자율이 다소 안정되긴 했지만, 이 조치는 이미 은행 기능을 상실한 좀비 은행들의 목숨을 연장시켜 주는 부작용을 낳았다.

그러나 LTRO의 효과도 오래가지는 못했다. 2012년 5월, 임시정부를 대체하기 위해 치러진 그리스 총선이 정부 구성에 실패하고 6월에 재선거를 개최하는 것으로 결정되자 유로존 국가들의 국채 금리는 또다시 크게 상승했다. 그리스 총선에서 긴축에 반대하는 뉴데모크라시New Democracy와 시리자Syriza가 약진하자 그리스의 유로존 탈퇴 가능성을 점치는 사람들이 더 많아졌고 이 때문에 유로존 전체의 불확실성은 한결 높아졌다. 시장의 불안은 계속 가중되었고 결국 유럽중앙은행과 드라기도 특단의 대책이 없으면 위기의 확산을 막을 수 없는 상황으로 내몰렸다.

드라기의 도전: "무엇이든 하겠다"와 마이너스 금리 정책

2012년 6월 26일 마리오 드라기 총재는 깜짝 발표로 세계를 놀라게 했다.

유럽중앙은행에 주어진 권한 내에서 유로를 구하기 위해서라면 무엇이든 할 준비가 되어 있다. 나를 믿어라. 그것으로 충분할 것이다.

이 발표는 시장에 큰 반향을 일으켰다. 연일 최고치를 경신하던 이탈리아와 스페인의 국채 금리가 이날 이후 급격히 하락세로 돌아섰고 시장의 불안도 단숨에 잠재워졌다. 9월, 드라기는 자신의 발언에 대한 후속 조치로 무제한 국채 매입 정책인 전면적 통화 정책OMT, Outright Monetary Transaction *67을 내놓았다.

1~3년 만기 국채의 무제한 매입을 골자로 하는 OMT는 독일의 반대를 의식해 OMT로 풀릴 돈을 전액 유럽중앙은행이 흡수하는 불태환 정책을 약속했다. 또 초인플레이션의 원인이었던 국채의 화폐화라는 비난을 불식시키기 위해 발행시장이 아닌 유통시장을 통한 매입을 추진하며, 무엇보다 OMT를 이용하려면 유럽연합의 구제기금(ESM 등)에 신청해야 하는 절차적인 통제 규정을 두었다. 그럼에도 불구하고 독일의 반대가 있었다면 시행이 불가능했을 OMT가 성사된 배경에는 드라기의 과감한 도전 못지않게 메르켈 총리의 막후 조정이 결정적으로 작용했다.[68]

메르켈은 유로존 위기가 심각해지자 트리셰의 국채 매입 방안에 반발해 사퇴한 스타크의 후임으로 뛰어난 정치 감각을 가진 재무부 출신의 외르크 아스무센Jörg Asmussen을 임명했고 드라기는 아스무센과 프랑스 대표로 새로 취임한 베누아 쾨레Benoît Coeuré의 도움을 받아 OMT를

---

* 독일연방법원은 궁극적으로 독일 국민의 세금이 투입되는 OMT가 연방의회의 의결이 없어도 헌법에 위배되지 않는지 검토에 들어간 상황이다.

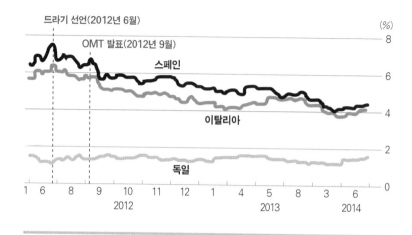

드라기의 선언으로 하락세로 전환된 국채 이자율

드라기 선언(2012년 6월)

OMT 발표(2012년 9월)

스페인

이탈리아

독일

(%)
8
6
4
2
0

1 6 8 9 10 11 12 1 4 5 8 3 6
2012   2013   2014

자료: Thomson Reuters

출범시킬 수 있었다. 아스무센은 여느 독일인과 마찬가지로 보수적인 성향을 갖고 있었지만, 지극히 예외적이고 전시와도 같은 위기 상황에서 유로존을 지키려면 특단의 조치가 필요하다는 점을 잘 이해했다.

하지만 이탈리아와 스페인의 장기 국채 금리를 안정시키는 괄목할 만한 성과를 거두었음에도 불구하고 OMT는 한 번도 집행된 적이 없다. 유럽중앙은행으로서는 다행스러운 결과였다. 만일 OMT가 실제로 집행되었다면 독일연방헌법재판소가 OMT의 위헌성에 대한 판단을 할 수밖에 없는 처지에 몰릴 것이고 이는 유럽중앙은행의 정책 수행을 크게 제한했을 것이다.[69]

유럽중앙은행의 과감한 개입 선언으로 유로존 붕괴는 피했지만 유로존을 짓누르는 경제 불황까지 걷어낸 것은 아니었다. 위기를 부른 남부 유럽의 부채 문제는 여전히 진행 중이며 실업률 또한 좀처럼 개선되지 않고 있다. 특히 유로존 경제의 인플레이션율과 성장률 전망이 모두

1퍼센트에 못 미치면서 디플레이션 압력이 높아졌다. 하지만 정책 금리가 0.25퍼센트에 불과한 제로 금리 상태이고 양적 완화에 대해서는 독일의 반대가 여전했기에 유럽중앙은행이 선택할 수 있는 수단은 많지 않았다. 하지만 드라기는 "무엇이든지 하겠다"고 선언한 지 2년 만인 2014년 6월, 또 한 번 세계를 놀라게 했다. 즉, 세계의 주요 중앙은행으로서는 처음으로 유럽중앙은행의 예금 금리를 −0.10퍼센트로 인하하여 마이너스 금리 시대를 연 것이다. 유럽중앙은행은 중소기업 지원자금으로 약 4,000억 유로를 푸는 방침과 더불어 여전히 디플레이션 압력을 벗어나지 못한 유로존 경제를 되살리기 위해 유럽중앙은행에 예치된 은행들의 초과 지급준비금excess reserve에 대해 0.10퍼센트의 부담금을 부과했다. 이제 유럽중앙은행에 자금을 예치한 일반 은행들은 이를 인출하지 않는 한 이자를 받는 대신 오히려 이자를 지급해야 하는 상황에 몰렸고 이 조치는 자금을 대출하라는 압박으로 작용했다.

아직까지 유럽은 국채 위기, 부채 위기, 은행 위기, 금융위기, 유로존의 시스템 위기, 유럽중앙은행의 한계가 명확한 정책 대응 수단의 위기, 경제위기 중 어느 하나도 제대로 해결하지 못한 채 임시방편으로 상황을 모면하고 있다. 그중에서도 디플레이션 압력이야말로 가장 심각한 위기이고 이를 어떻게 해결할 것인가에 유로존과 유럽연합의 운명이 달려 있다.

유럽은 무엇보다도 위기 리더십을 갖추어야 한다. 적어도 "유럽과 관련된 문제는 도대체 누구와 상의해야 하나?"라고 불평했던 헨리 키신저의 발언이 재현되는 상황에서는 위기를 잠재울 정책이 나오기까지 많은 시간이 필요할 것이다.[70]

7부

위기 이후

: 준비하는 자만이 살아남는다 :

2008년 글로벌 금융위기는 문제에 직접적인 책임이 있는 금융인뿐 아니라 경제학자, 정치인 등 모든 지도자들을 불신의 늪으로 밀어 넣었다.[1] 그들은 금융시장이 스스로 잘못된 점을 시정하면서 안정을 찾아갈 것이라는 잘못된 믿음에 사로잡혀 있었고, 그 결과 한탕을 노리는 투기를 부추기고 말았다. 정책 당국자들은 잘못된 성과급 구조의 위험을 알아채지 못했고 이것이 금융시장 전체를 위협하는 시스템 위기임을 간과했다.

그 대가는 컸다. 경제성장률은 추락했고 실업률은 치솟았으며 각국 정부는 빚더미에 올라앉았다. 위기를 막지 못한 정책 당국자들은 국민의 신뢰를 잃었고, 손실을 고객에게 떠넘긴 금융회사 CEO들은 질타를 받았다. 구제금융을 내준 정치인들은 선거로 쫓겨났고, 위기를 예측하지 못한 경제학자들은 문제를 해결하는 과정에서도 무기력한 모습을 보여 혹독한 비판을 받았다. 게다가 위기 이후 유럽중앙은행, IMF 그리고 EC가 전권을 휘두르면서 경제위기는 민주주의의 위기로까지 비화되었고 포퓰리즘과 이민자 배척 등 정치·사회적인 병리현상을 확산시켰다.

2008년 위기의 충격에서 서서히 벗어나고는 있지만 세계는 아직도 다시 나락으로 떨어질 것인가, 아니면 이전의 성장 궤도로 진입할 것인가 하는 중대한 갈림길에 서 있다.

천문학적인 재정 및 금융을 퍼부은 미국은 아직 양적 완화와 제로 금리 등 비상조치들을 거두어들이지 못하고 있다. 유럽에서는 여전히 경제위기가 진행되고 있으며 무엇보다 근본적인 대책 없이 순간을 모면하는 정책들로 인해 언제든 다시 심각한 국면에 빠져들 가능성이 높다. 2013년 아베 정권을 탄생시킨 일본은 20년 가까이 계속되는 장기 불황에서 탈출하기 위해 일본은행을 통한 양적 완화, 대규모 경기 부양책 그리고 구조 개혁 등 극단적인 정책 실험에 나서고 있다.*

무엇보다 향후 세계경제의 명운을 쥐고 있는 중국의 불확실성도 높은 상황이다. 중국은 수출 주도 전략을 통해 빠르게 성장했지만 이를 계속 추진하기 어려워진 상황에서 결국 성장동력을 국내 소비에서 찾아야 하는 현실에 직면했다. 많은 사람들이 중국의 그림자 금융에서 위기 가능성을 거론하고 있기 때문에 가까운 시일 내에 중국 경제가 위기 없이 경제구조를 바꾸는 데 성공할 것인가는 향후 중국 경제는 물론 세계경제에도 큰 영향을 미칠 것으로 예측된다.

이렇게 세계 각국이 모든 수단을 다해 경제를 되살리려는 노력을 계속하는 와중에 한편에서는 위기 당시 도입되었던 각종 규제의 완화를 요구하는 목소리가 높아지고 있다. 은행들은 자신들은 자선단체가 아니며 규제로 인해 대출을 제대로 할 수 없다고 주장한다. 버냉키조차 GM, 애플 등과 같은 세계적인 기업의 금융 서비스를 한군데서 제공할 수 있는 대형 은행의 이점을 옹호하며 해체보다는 관리가 중요하다고 주장했다. JP모건체이스의 다이먼은 대형 금융회사들의 자본금 보유

---

* 아베는 이 정책 조합을 '세 개의 화살'이라고 명명했다. 세 개의 화살은 아베의 고향인 야마구치의 한 영주 이야기에서 유래한다. 어느 날 영주는 자신의 세 아들을 불러놓고 화살을 하나씩 나누어주며 꺾으라고 했다. 모두가 쉽게 화살을 꺾었다. 그러자 영주는 세 개의 화살을 묶고 이를 꺾으라고 했다. 이번에는 아무도 꺾지 못했다.

를 대폭 강화한 바젤 III를 미국의 대형 금융기관들을 옥죄려는 음모라고까지 과장했다.

2014년 5월, '금융 규제의 위험'에 대해 논한 미국 하원 금융서비스위원회 청문회는 도드-프랭크법에 의해 규제가 강화된 자산운용사와 보험사에 대해 추가 규제를 가하는 것은 바람직하지 않다고 결론 내렸다. 청문회에서는 금융안정감시위원회가 '시스템적으로 중요한 금융회사'에 보험사 AIG, 단기 금융회사인 GE캐피털, 그리고 푸르덴셜그룹을 지정한 것을 두고 문제가 있는 결정이라고 비판했고 금융안정감시위원회는 더 이상 추가 지정을 하지 않겠다고 답변해야 했다. "강물이 돌을 피해 흐르듯 시장은 규제를 피할 방법을 찾을 것이다"라고 예언한 가이트너의 말이 적중하는 순간이기도 했다.

아직 2008년 금융위기의 여파가 완전히 걷히지 않았지만 사람들의 기억에서 금융위기로 인한 아픔은 어느새 사라지고 있다. 그리고 새로운 대형 위기의 토대가 쌓이기 시작했다.

17장

고민으로 남은
정책 과제

우리는 역사에 기록될 만한 경제위기에 직면했다.
제대로 대응하지 못하면 디플레이션의 소용돌이에 빠져들 위험이 있다.

- 오바마 대통령

· · ·

우리가 금융시장을 통해 일하는 것은 사실이지만 우리의 목표는
월가Wall Street를 도와주는 것이 아니라 서민Main Street을 도와주는 것이다.

- 자넷 옐런

· · ·

우리는 낭떠러지를 피해왔다고 할 수 있다. 하지만 여전히 높은 산을 넘어야 한다.

- 올리비아 블랑샤르(IMF 수석 이코노미스트)

자넷 옐런의 등장과 위기에 빠진 서민

2013년 10월 9일, 오바마 대통령은 자넷 옐런을 버냉키의 후임으로 연준 의장에 지명했다.

그녀는 훌륭한 판단력을 지녔다. 비록 미래를 예측하는 능력은 없을지 몰라도 시장과 경제의 움직임을 예리하게 읽어내면서 이론과 실물경제를 조화시킬 줄 아는 인물이다.

오바마의 칭찬과 같이 옐런은 오랫동안 연준에 재직하면서 수차례 탁월한 통찰력을 보여준 바 있다. 미국 연준 100년 역사상 첫 여성 의장인 옐런은 샌프란시스코연방준비은행의 총재를 지낸 인물로 노벨경제학상을 받은 조지 애커로프George Akerlof 교수의 아내이기도 하다. 또한 3년 동안 연준 부의장과 6년에 걸쳐 샌프란시스코연방준비은행 총재를 지내고, 대통령경제자문위원회 위원, 연준 이사 등을 역임했을 정도로 풍부한 경험을 갖고 있는, 사실상 준비된 의장이었다.[2] 물가 안정에 관해서는 매파에 가깝지만 연준의 또 다른 정책 목표인 고용 안정도 중시하는 태도를 보여 균형감각 또한 갖춘 것으로 평가받고 있다.

2014년 초에 발표된 2007~2008년 연준 의사록을 보면 옐런이 얼마나 탁월하게 경기를 예측했는지 알 수 있다. 사람들이 그녀에게 남다른 기대를 갖는 데는 그만한 이유가 있다. 하지만 연준 의장 옐런은 금융시장에 과도하게 풀린 자금을 충격 없이 거두어들여야 하는 과제와 함께 아직도 어려움에서 헤어나지 못하는 서민 경제를 되살리고 실업률을 낮추어야 하는 쉽지 않은 도전에 직면해 있다.

미국 정책 당국이 신속하고 과감한 대응으로 금융시장을 안정시켰음에도 불구하고 위기의 직격탄을 맞은 서민들은 제대로 된 지원을 받지 못한 것이 현실이다. 흥미롭게도 위기 상황에서 미국의 여론은 대형 금융기관들에 대한 구제 못지않게 집값 하락으로 큰 손해를 본 서민 구제에 대해서도 부정적이었다.

이를 상징적으로 보여주는 사건이 바로 2009년 2월 CNBC 기자 릭 산텔리Rick Santelli가 시카고 선물거래소에서 행한 방송이다. 그는 당시 모기지 대출을 갚지 못해 어려움에 빠진 사람들을 지원하겠다는 정부의 방침을 비판하면서 "여기 정부가 큰 집에 사는 이웃을 도와주는 걸 찬성하는 사람이 있느냐?"라는 질문을 던져 "아니오"라는 호응을 유도해냈다. 그는 또한 이날 자신의 의견에 찬성하는 사람들이 미시간호에 나타나면 티파티Tea Party를 결성하겠다고 공언했다. 영국의 세금 부과에 반대하여 미국 독립전쟁을 촉발시킨 보스턴 티파티의 후예를 자처하겠다는 의미였다. 이어서 새 정부가 경제위기 이후 각종 지원을 쏟아내는 걸 알면 건국의 아버지인 벤저민 프랭클린과 토머스 제퍼슨이 무덤에서 돌아누울 거라고 오바마 정부를 비판했다. 릭 산텔리의 방송은 전국적으로 큰 반향을 일으켰고 곧바로 티파티 운동이 조직되었으며 이들은 미국의 중간 선거에서 보수 성향이 강한 수많은 티파티 옹호자들을 당선시켜 공화당을 보다 보수적인 방향으로 이끌었다.

하지만 현실은 릭 산텔리의 주장과 거리가 멀었다. 2008년 금융위기 이후 미국 정부는 천문학적인 재원을 들여 대형 은행들을 구제한 반면 집값 하락으로 고생하는 서민들은 제대로 지원하지 않았다. 따라서 위기 극복의 주역인 전 연준 의장 벤 버냉키, 헨리 폴슨, 티모시 가이트너 등에 대한 일반인의 시선은 곱지 않다. 많은 사람들이 이들을 월가의 앞잡이라고 생각한다.

금융위기 초기, 미국 정부의 목표는 은행 등 금융기관의 파산을 막고 신뢰를 회복시키는 동시에 이른바 깡통주택으로 인해 차압과 경매 위험 앞에 놓인 많은 서민을 구해내는 것이었다. 이는 2008년 10월 미국 의회가 많은 반대에도 불구하고 약 7,000억 달러 규모의 위기 대응 긴급자금인 타프TARP를 통과시킨 것만 보아도 알 수 있다. 타프는 집값 하락으로 파산 위기에 처한 수많은 주택 소유자를 구제하기 위해 '차압 완화 노력'과 '주택 소유자 지원'이라는 두 개의 조항을 명시하고 있었다.

하지만 당시 재무장관 폴슨은 은행의 자본을 확충하는 데는 타프 자금을 썼지만 집값 하락으로 고생하는 서민을 위해서는 어떠한 정책도 마련하지 않았다. 이러한 무관심은 오바마 당선과 함께 재무장관이 된 티모시 가이트너도 마찬가지였다. 2009년 2월, 가이트너는 새 정부의 위기 대응책으로 은행들의 자본이 충분한지를 판단하는 스트레스 테스트 실시, 부실채권을 매입하는 방안과 함께 집값 하락으로 위기에 처한 사람들을 구제하는 방안을 발표했다. 그러나 구제 방안에 대해서는 상세한 내용도 발표하지 않을 정도로 소홀히 취급했다.

당시 가이트너와 서머스가 서민 구제에 적극성을 띠지 않은 것은 타프 자금의 부족을 우려했기 때문이다. 이들은 금융기관을 구제하는 것이 더 중요하다고 판단했으며 차압을 줄이고 서민들의 어려움을 덜어주어도 그것을 통해 유도할 수 있는 거시경제 효과는 크지 않다고 보았다. 따라서 서민 구제 자금으로는 턱없이 부족한 500억 달러만을 배정했을 뿐, 대부분의 타프 자금을 은행들의 자본 확충에 사용했다. 그 결과, 위기 이후 금융시장은 정상화되었지만, 금융시장의 정상화가 가져올 것이라던 서민 생활의 안정은 아직까지 달성되지 않고 있다. 더구나 2014년 금융시장이 또다시 과열 양상을 보이고 있는 상황에서도 위기의 직격탄을 맞은 서민들의 삶은 크게 개선되지 않았고 오히려 위기 이후 소득 불평등이 더욱 확대되었다는 연구가 나오고 있다.

아티프 미안과 아미르 수피는 그들의 공저 《빚으로 지은 집House of Debt》에서 집값 버블 붕괴로 빚더미에 올라선 가정으로 인해 소비가 급감하면서 기업의 수익성이 악화되었고 이런 상황이 전면적인 위기를 불러왔다고 주장했다. 미안과 수피는 만일 미국의 정책 당국자들이 은행을 구제하는 데 들인 비용과 주의만큼 모기지 대출 상환 불능으로 어려움에 처한 가계를 뒷받침하여 압류를 막고 채무 조정을 지원했더라면 부채 탕감액의 일정 몫이 소비로 풀려 지금보다 경제가 빨리 정상화되었을 것이라고 주장했다. 하지만 이러한 주장에 대해 로렌스 서머스는 부채가 탕감되었더라면 은행의 손실이 더 커지고 이로 인해 대출이 더욱 축소되어 사실상 소비 증가 효과는 미안과 수피의 주장만큼 크지 않았을 것이라고 반박했다.[3]

하지만 서민 구제를 소홀히 하면서 은행에 집을 차압당하고 거리로 나앉은 많은 사람들이 빈곤층으로 전락했고 바로 이 점이 가이트너, 버냉키 그리고 서머스의 아픈 점이다. 이들은 금융에 대한 신뢰가 무너지면서 야기될 경제적 재앙을 두려워했다. 금융이 작동을 멈출 경우 신용이 얼어붙고 저축이 증발하고 소비가 사라져 실업이 늘어나고 공황이 닥치리라는 생각에 사로잡혀 은행 시스템 붕괴를 막는 것만을 최상의 목표로 삼았다. 하지만 궁극적으로 구제하고자 했던 서민을 구제해내지 못했다. 아이러니한 일이 아닐 수 없다. 전문가들로부터 위기를 성공적으로 극복했다는 평가를 받았음에도 불구하고 여전히 정치적으로는 실패한 정책으로 비판 받는 이유가 여기에 있다.

비전통적인 정책으로부터의 탈출

서민들이 여전히 고통에서 벗어나지 못하고 있는 현실에서 금융시장의 안정을 가져온 전례 없는 비전통적인 정책들은 시중에 과도한 돈을 공급했다. 이는 또다시 주택 등 부동산 가격을 끌어올려 버블과 인플레이션 우려를 키웠다. 따라서 연준을 비롯한 각국 중앙은행들은 어떻게 하면 경제에 충격을 주지 않으면서 시중에 풀린 과도한 유동성을 거두어들일 것인가를 고민하기 시작했다.

연준이 비전통적인 정책으로부터의 탈출 전략을 고민하기 시작한 것은 꽤 오래전부터였다. 자넷 옐런 이전에 버냉키 의장이 2009년 6월, 의회에 출석하여 자신이 도입한 각종 비전통적인 정책들이 언젠가는 되돌려져야 한다는 점을 넌지시 비춘 적이 있었다.[4] 즉, 제로 금리를 정상적으로 되돌리고 양적 완화의 규모를 점차 줄여 나가는 '테이퍼링

tapering'을 통해 과도하게 부풀려진 연준의 대차대조표를 원래대로 복원시킬 필요성을 느끼고 있었다. 아울러 연준의 정책 자율성을 제약하고 있는 사전 고지에 대한 비판도 점차 높아지고 있는 상황이라 이에 대한 정리도 필요했다. 필라델피아연방준비은행 총재인 찰스 플로서 Charles Plosser는 사전 고지가 연준의 정책 재량을 심하게 제약하고 있다며 "연준의 정책은 경제 상황에 따라 조절되어야지 달력에 좌우되어서는 안 된다"라고 비판했다.[5]

하지만 2013년 5월, 퇴임을 앞둔 버냉키가 테이퍼링 방침을 구체적으로 밝히자 국제금융시장이 크게 흔들렸다. 버냉키의 발언 이후 경상수지 적자국인 인도, 인도네시아, 브라질, 터키, 남아프리카공화국 등 외환 사정이 취약한 소위 '취약 5개국fragile 5'이 거의 외환위기 직전까지 몰렸다. 시장의 충격이 예상보다 크자 연준은 이를 적극적으로 추진하지 못했다. 아울러 여전히 미진한 경기 회복과 유럽의 위기 심화 등이 맞물리면서 오히려 양적 완화를 확대해야 하는 것 아니냐는 주장이 힘을 얻었다. 이후 테이퍼링이란 말은 언급도 하기 어려울 정도로 금기시되면서 수면 아래로 숨었다. 하지만 이 상황에서도 전 연준 의장 폴 볼커는 테이퍼링의 필요성을 다음과 같이 두둔했다.

지금이야말로 좋은 판단력, 리더십 그리고 제도적인 근간이 간절히 요구되는 때이다. 정치적인 역풍에 맞서 해내겠다는 의지야말로 중앙은행 정책 담당자가 갖추어야 할 DNA다. 불행히도 이 자질은 교과서를 통해서 배울 수 있는 게 아니다. 막연한 경제 이론과 경제수학을 활용한 통계 분석도 도움이 되지 않는다. 이제 시작 단계에 불과한 행동경제학으로부터도 도움을 받기 어렵다. 따라서 역사를 통해 배우는 것이 바람직할 것이다. 경기 부양 정책을 되돌리고 절제된 모습으로 돌아가려는 시도를 방해하는 힘이 아무리 강해도 문제가 더 커지기 전에 이를 해결해야 한다.[6]

2014년 들어서도 비전통적인 통화신용 정책을 이전으로 되돌려야 한다는 주장은 계속되었다. 7월, 국제결제은행은 연차보고서를 통해 비전통적인 통화신용 정책에서 탈출하여 금리를 올려야 할 때라고 주장했다. 국제결제은행은 낮은 이자율로 신용 팽창이 지속되면서 금융시장의 버블 위험이 높아졌다고 경고하고 금리 인상을 통해 금융위기 가능성을 낮춰야 한다고 권고했다.

하지만 《파이낸셜 타임스》,[7] 《이코노미스트》 등은 물론 자넷 옐런 의장과 크루그먼 등이 국제결제은행의 주장에 반대를 표명했다. 현시점은 실물경제가 지극히 취약한 상황이기 때문에 금융시장의 과열은 주택담보대출비율LTV, Loan-To-Value ratio, 총부채상환비율DTI, Debt-To-Income ratio 등 거시 건전성 정책 수단을 통해 막아야 하며 경제 전체를 불황으로 몰아갈 수도 있는 금리 인상에는 신중해야 한다는 것이다. 국제결제은행도 현재 세계경제가 위기 국면을 벗어나지 못했다고 보지만, 그렇다 하더라도 비전통적인 정책으로는 이전의 성장 경로로 복귀하는 것이 불가능하므로 다른 차원의 구조 개혁과 혁신이 필요하다는 입장이었다. 하지만 유럽을 중심으로 디플레이션 압력이 더욱 커지면서 국제결제은행의 주장은 받아들여지지 않았다. 이 해프닝은 언젠가는 현재의 비전통적인 정책 환경이 바뀔 가능성을 보여주는 상징적인 사건이 되었다. 결국 어떤 식으로 비전통적인 정책 상황을 되돌릴 것인가는 버냉키를 이은 자넷 옐런 등 정책 당국자들의 커다란 숙제가 되고 말았다.

스필오버 효과의 확대와 중앙은행 공조

비전통적인 정책이 가져온 과도한 유동성은 선진국 경제의 불안 요인으로 작용하고 있지만 신흥국에는 전혀 다른 관점에서 불안 요인이 되고 있다. 선진국이 자국 경제의 안정을 위해 돈을 거두어들이면 이러한 자금이 흘러들어와 있던 신흥국들은 심각한 외환위기에 직면할 가능성이 높다. 따라서 언제 어떤 식으로 비전통적인 정책으로부터 벗어날 것인가라는 논의는 선진국의 통화신용 정책이 어떻게 하면 신흥국의 금융 불안을 야기하지 않으면서 추진될 수 있는가라는 논의로 확대되었다.

이는 국제사회가 추구해온 자본 이동의 자유화에 심각한 고민을 던져주었다. 그동안 자본 이동의 자유화에 앞장서왔던 브레튼우즈 체제의 핵심 세력인 IMF조차 자본 이동의 통제가 어느 정도 필요하다는 입장으로 선회할 정도로 글로벌 위기가 미친 영향은 컸다.

글로벌 유동자본은 1970년 이후 미국의 재정 적자와 경상수지 적자가 눈덩이처럼 불어나면서 유로달러 시장이 형성되고 이후 오일쇼크로 페트로달러petrodollar까지 등장하면서 크게 확대되었다. 이로 인해 달러의 국경 간 거래가 선진국이나 개발도상국에 중요한 자금원으로 자리 잡으면서 국제금융시장의 안정을 위해 이에 대한 관리나 통제가 필요한 상황이 된 것이다.

2013년 8월, 잭슨홀 미팅에 참석한 런던비즈니스스쿨의 헬렌 레이Hélène Rey 교수는 전 세계적인 금융 불안을 초래하는 금융 사이클의 배후에 미국 연준의 통화 정책이 있다고 지목하면서 각국에 미치는 부정적인 영향을 차단하기 위해 글로벌 자본 이동에 대해 직접적인 통제가 필요하다고 주장했다. 레이 교수는 2008년 글로벌 금융위기 전후에 연준이 돈을 풀고 다시 거둬들이는 과정에서 많은 신흥국들이 어쩔수 없이 외환위기에 끌려들어간 사실을 상기시키면서 선진국의 금융정책이 신흥국에 미치는 부정적인 영향인 소위 '스필오버 효과spillover effect'를 차단해야만 국제금융시장의 안정성이 담보된다고 강조했다.

사실 2013년 5월 연준이 테이퍼링 방침을 밝힌 이후 연말까지 '취약 5개국'에서 발생한 금융시장 혼란은 자본 이동 통제에 대한 논의를 한층 심화시켰다. 과거에는 환율을 시장에 맡긴 변동환율 시스템을 채택한 나라의 경우, 자본 유출입이 가져오는 부작용을 어느 정도 통제할수 있을 것으로 간주되었다. 그러나 대규모 자본 이동으로부터 영향을 받지 않는 나라가 거의 없는 작금의 현실에서는 직접적인 자금 통제가 필요하다는 주장이 설득력을 얻고 있다.

문제는 자본의 이동을 효과적으로 통제할 만한 수단이 많지 않다는 것이다. 이미 자본을 통제하고 있는 중국 같은 나라를 제외하고는 대부분의 신흥국이 해외 자본에 크게 의존하고 있어 자본 통제를 단행할 경우 외국 자본의 조달이 어려워질 것이기 때문이다. IMF도 모든 나라들이 자본 통제를 도입해야 한다고 권고하고 있지는 않으며, 토빈세Tobin tax*와 같은 직접적인 통제 수단을 사용하기보다는 거시 건전성 정책을 통한 자본 통제를 제시하고 있다. 레이 교수도 각국이 거시 건전성 정책을 통해 자본 유입을 통제하고 신용 팽창을 막아야 한다면서 금융기관의 차입을 통제하는 것이 가장 효과적이라고 주장했다. 결국 신흥국들로서는 외국 자본이 투기적인 요인을 부추기지 않도록 거시

---

* 투기성 단기 외환 거래에 부과하는 세금.

건전성 정책을 구사하고 아울러 유출에 대비해 달러 보유고를 늘리는 방식 이외에는 딱히 대안이 없는 상황이다.

하지만 최근 핫머니hot money라고 불리는 글로벌 유동자금의 엄청난 규모를 감안하면 아무리 많은 외환 보유고를 쌓아둔다 하더라도 이것이 충분한 방어막이 되지 않는다는 데 고민이 있다. 더구나 외환 보유고 확대는 전체적으로 보면 오히려 문제를 심각하게 만들 수도 있다.[8] 신흥국들이 달러 보유고를 늘리면 늘릴수록 미국의 경상수지 적자가 커지고 이는 글로벌 위기의 원인이 되는 글로벌 불균형을 더욱 심화시켜 경제위기의 가능성을 높이는 모순된 상황을 낳는 것이다.

사실 2008년 글로벌 금융위기 이전 각국이 외환 보유고를 확대하기 위해 미국 국채, 패니메이와 프레디맥 등이 발행한 정부기관 채권, 서브프라임 채권 등을 그렇게 많이 매입하지만 않았어도 미국의 경상수지 적자 규모는 현재와 같이 확대되지 않았을 것이고 글로벌 불균형도 완화되었을 것이다. 따라서 외환 보유고를 과도하게 쌓아가는 것은 스스로 위기를 키우는 아이러니한 상황을 만들 수도 있기 때문에 국제금융 체제에 대해 보다 근본적인 논의가 절실하다.

자본 통제와 외환 보유고 확충 이외에 고민해볼 수 있는 방안은 미국 연준이 통화 정책을 펼 때 자국 문제에 한정하지 말고 신흥국 등 다른 나라에 미치는 영향도 고려한 정책을 구사하는 것이다.[9] 하지만 "금융 정책의 공조는 네스호의 괴물과 같아서 자주 거론되기는 하지만 실제로는 한 번도 본 적 없는, 기대하기 어려운 일"인 것이 현실이다. 특히 연준에 물가 안정과 고용 안정이라는 임무 이외에 글로벌 금융시장의 안정까지 고려하라는 요구를 하는 것 자체가 사실상 불가능하다. 역사적으로 보아도 미국은 글로벌 공조는 거의 무시해왔다.

최근에는 글로벌 금융 안정을 위해 IMF의 개혁 방안이 논의되고 있지만 미국은 이에 대해서도 소극적인 태도로 일관하고 있다. 하지만 2008년 글로벌 금융위기 같은 대형 위기를 다시 겪지 않으려면 현재 신흥국들의 지분을 크게 늘린 IMF 개혁안을 조기에 완성하고 IMF를 중심으로 국제금융의 안정성을 강화하는 정책을 논의할 필요가 있다. 물론 미국 연준도 2008년 위기 당시 신흥국들의 위기를 완화하는 데 큰 기여를 한 중앙은행 간 통화스왑을 상시적인 장치로 활용하는 방안을 강구해야 할 것이다. 이렇게 IMF와 연준이 신흥국의 어려움을 이해하고 집단적인 보호장치를 마련해놓으면 각국이 자율적인 보호장치를 강구할 필요성도 작아질 것이다. 이를 통해 과도한 외환 보유고 축적이라는 악순환의 고리를 끊어낼 경우 신흥국은 물론 선진국도 혜택을 볼 것이다.

한편 스필오버와 반대 방향인, 신흥국의 경제 정책 변화가 선진국에 미치는 소위 '역逆스필오버 효과'에 대한 논의도 활발하게 전개되고 있다. 사실 오늘날 중국, 인도, 브라질 등 신흥국들이 세계경제에 미치는 영향은 과거 1990년대나 2000년대 초반과는 비교할 수 없을 만큼 크다. 특히 신흥국의 경기 침체가 무역 경로를 통해 선진국에 미치는 효과보다는 선진국의 금융 정책에 미치는 효과가 무시하지 못할 정도로 커졌기 때문에 역스필오버의 부정적인 영향을 막을 수 있는 방안도 같이 마련되어야 한다. 결국 향후 국제 금융체제 개편은 미국의 태도에 달려 있으며 이 또한 현 국제금융 체제의 약점이 되고 있다.

18장

뉴노멀 시대의
위기 대응 방안

만일 너의 의견이 대다수 사람들의 의견과 같다면
하던 일을 잠시 멈추고 곰곰이 생각해보라.

- 마크 트웨인

. . .

경제학은 아주 복잡한 사고를 요구하는 분야로 과거의 정책이 왜 잘못되었는지
정책 결정자들에게 설명하는 데 탁월하다. 하지만 미래와 관해서는 글쎄다.

- 벤 버냉키(2013년 프린스턴 대학 졸업식 연설 중)

. . .

만일 큰 문제 없이 10년이고 20년이고 잘 지냈으면 위험한 행위를
쉽게 받아들이는 것이 인간의 본성이다.
따라서 엄격한 감독이 부재하면 조만간 위기를 겪게 된다.

- 폴 볼커(1995년 하원 위원회에 출석해서)

. . .

과거는 바꿀 수 없다. 바꿀 수 있는 것은 미래뿐이다.

- 미상

금융위기는 지진과 같은 현상?

　리먼브라더스의 파산 이후 세계경제가 나락으로 곤두박질치던 2008년 11월, 영국 여왕 엘리자베스 2세는 하이에크 등 세계적인 경제학자들이 활동한 명문 런던정경대학을 방문했다. 주가 폭락으로 손실을 입은 여왕은, 어떻게 이렇게 수많은 전문가들 중 단 한 명도 위기가 다가오는 것을 제대로 보지 못했는지 이해가 안 된다고 말해 참석한 학자들을 당황시켰다.

　그로부터 4년 뒤인 2012년 여왕은 영란은행을 방문한 자리에서도 같은 질문을 했다. 하지만 런던정경대학과 달리 영란은행의 경제 전문가들은 2008년 위기는 지진과 같은 자연재해와 성격이 유사해서 예측이 불가능했다고 주장했다. 여기에 덧붙여서 지금은 새로운 위기에 대비해서 만반의 준비를 하고 있으니 안심하셔도 된다고 말했다. 이 말을 들은 여왕의 부군인 에든버러 공은 "무슨 얘기냐? 설마 또 다른 위기가 다가올 것이라는 말이냐? 다시는 2008년 위기와 같은 일이 되풀이되어서는 안 된다"라고 되받았다고 한다.

　유감스럽게도 영란은행 경제 전문가들의 답은 틀린 비유이자 틀린 대답이었다. 먼저 지진 등 자연재해는 언제 어디서 발생할지 모르는 특성이 있지만(사실 지진대를 감안하면 이 역시 맞다고 하기 어렵다) 금융위기는 자연재해가 아니기 때문에 예측이 가능하고 사후에 이를 최소화할 수 있을 뿐만 아니라 충분히 사전 관리도 가능하다. 더구나 금융위기의 경우에는 경제구조와 금융 시스템의 불안정성이 높은 일부 국가에 집중되고 있다는 점도 중요한 차이라고 할 수 있다. 따라서 금융위기와 지진은 비교 대상이 되지 않는다.

　아울러 영란은행의 전문가들이 말한 '만반의 준비' 역시 틀린 대답이다. 만반의 준비가 되어 있다는 영란은행의 전문가들은 소위 '타이타닉 오류Titanic fallacy'에 빠져 있다고 할 수 있다. 타이타닉이 처음 만들어졌을 때 이처럼 큰 배가 침몰한 전례가 없으니 침몰할 리 없다던 궤변과 다르지 않은 것이다. 타이타닉이 그 당시 세계에서 제일 큰 배였으니 침몰 기록이 없었을 뿐, 가라앉을 확률이 제로였던 것은 아니다. 아이러니하게도 타이타닉은 큰 배의 침몰 기록을 스스로 만들었다.

　물론 2008년 위기 이후 영란은행을 포함하여 정책 당국자들은 분명히 전례 없이 강화된 위기 예방 조치를 취해놓았을 것이다. 그리고 이제 막 도입된 위기 대응 장치가 실험에 들 만큼 위협받은 일도 없었기 때문에 매우 안정성이 높은 장치처럼 보일 수는 있다. 그러나 이 시스템이 언제 무기력하게 무너질지는 아무도 장담할 수 없다. 이는 금융위기의 역사가 명백하게 입증하고 있다.

불확실성의 시대: 장기 불황의 위협과 '뉴노멀'

양적 완화로 인해 대규모 자금이 풀리면서 초창기에는 인플레이션이 우려되었지만 이는 기우에 지나지 않았다. 아이러니하게도 현실은 정반대로 흘러갔다. 2010년 11월 연준이 QE 2를 실시할 때부터 사람들은 서서히 세계경제가 새로운 환경에 처했음을 깨닫기 시작했다. 자신들을 위협하고 있는 것은 고삐 풀린 인플레이션이 아니라 서서히 조여오고 있는 디플레이션 압력이라는 것을 알게 된 것이다. "경제학은 사람들이 할 수 있다고 생각하지만 그것에 대해 얼마나 무지한지를 증명하는 학문"이라고 꼬집은 하이에크의 말처럼 엉뚱한 고민을 하고 있었던 것이다.[10]

사실 역사적으로 보면 대공황이 잘 증명하듯이 인플레이션보다는 디플레이션이 경제에 훨씬 위협적이었다. 인플레이션이 정책의 중심을 차지하게 된 것은 제2차 세계대전 이후 각국이 관리통화제도로 이행하여 지폐를 남발하면서부터였으며 특히 당시 각국에 잇달아 설립된 중앙은행들은 이러한 배경으로 인해 인플레이션 방지를 제1의 사명으로 삼게 된다.

디플레이션 위협이 높아지던 2013년 11월, IMF가 개최한 한 컨퍼런스에서 미국의 전 재무장관 로렌스 서머스는 세계경제가 장기 불황 또는 장기 침체 위험에 처해 있다고 말하면서 위기 이후 세계경제는 과거와는 다른 소위 '뉴노멀new normal'에 접어들었으며, 따라서 정책 기조를 완전히 바꾸어야 한다고 주장했다.

'뉴노멀'이란, 경제 전체의 움직임이 과거와는 다른 새로운 국면으로 전환되었다는 의미이다. 과거의 기준으로는 더 이상 현 상황을 정확히 진단할 수 없다. 서머스는 위기 이전에 글로벌 과잉 저축, 인구 구조의 변화, 기술 발달 등으로 인해 주식시장과 주택시장의 버블이 심화되었음에도 가동률, 실업률, 물가 등 경제지표 어디에도 과열을 알리는 징후가 없었던 이유는 바로 경제가 '뉴노멀'에 들어섰기 때문이라고 강조했다. 그는 또한 과거에는 경제의 균형을 이끄는 자연 이자율이 양(+)의 상태였지만 현재는 마이너스(-) 상태에 머물러 있기 때문에 현재의 제로 금리는 여전히 높은 수준의 이자율이며, 이 때문에 투자로 연결되지 않고 있다고 주장했다. 따라서 경제를 성장 궤도로 되돌리기 위해서는 인플레이션 우려를 접고 보다 적극적인 재정 정책과 통화 정책이 필요하다고 말했다.

서머스의 주장은 각국의 정책 당국자들에게 심각한 고민을 안겨주었다. 디플레이션을 탈출하기 위해서는 보다 적극적인 정책 수단을 구사해야 하는데 이미 제로 금리 상황에 처해 있어 쓸 수 있는 정책 수단이 사실상 소진되었기 때문이다. 인플레이션을 야기하기 위해서는 금리를 마이너스로 끌어내려야 하는데 이는 중앙은행에 초과 지불준비금을 예치해둔 은행에는 어느 정도 효과가 있을지 몰라도 개인들은 돈을 인출해서 집에 보관하면 그만이기 때문에 효과를 기대하기 어렵다는 게 문제였다. 혹자는 화폐 시스템을 바꾸어 실물 화폐인 중앙은행권을 퇴장시키고 전자화폐를 도입하면 마이너스 금리가 가능하다고 제시했지만 이것 역시 실현 가능성이 없는 아이디어였다.[11]

따라서 남은 수단은 과감한 재정 지출을 포함한 재정 정책뿐이다. 서머스의 주장은 그간 미국의 노후화된 공항, 철도, 고속도로 등 각종 기간시설의 재건설에 재정을 투입하여 디플레이션에서도 벗어나고 인프라도 개선해야 한다고 목소리를 높였던 폴 크루그먼 등 케인스주의자들의 주장에 힘을 실어주었다.[12] 이러한 뉴노멀 논의에 대해 신고전주의 학자들은 근거 없는 주장이라고 일축했다. 그들은 오늘날 경기 회복세가 더딘 이유는 오히려 과도한 재정 정책과 통화 정책이 자금의 생산적인 흐름을 방해했기 때문이라며, 이제는 비전통적인 정책들을 되돌려야 한다고 반박했다.[13]

이렇게 과거와 다른 경제 환경에 어떻게 대응할지를 놓고 논쟁이 한창이던 2014년 4월, IMF는 〈뉴노멀 시대의 통화 정책Monetary Policy in the New Normal〉이라는 보고서를 통해 달라진 경제 환경과 이에 적합한 정책을 제시했다. IMF는 먼저 금융 안정성 및 대외 부문의 안정성을 확보하는 데 중앙은행의 역할이 집중되어야 한다고 강조했다. 아울러 물가와 실업률 간 역의 상관관계를 보여준 필립스 곡선이 과거와 같이 명확하지 않은 현실에서 정책 당국자들에게 고도의 판단력이 요구된다고 강조했다. 실업률을 낮추기 위해서는 인플레이션을 용인하면 된다는 식의 사고는 더 이상 적용되지 않는다는 주장이다.

또한 선진국의 정책 선택이 신흥국에 미치는 부정적인 영향(스필오버효과)을 줄이기 위해 중앙은행 간 또는 정책 당국 간 정책 공조의 필요성이 한층 높아졌으며, 정책 유지에 드는 비용이 점차 커지고 있는 점을 감안하여 양적 완화와 사전 고지 등 비전통적인 정책 수단을 언젠가는 되돌려야 한다는 점을 조심스럽게 지적했다. 마지막으로 디플레이션을 극복하기 위해서는 정책 당국과 중앙은행 간의 정책 공조가 긴밀하게 이루어져야 하기 때문에 중앙은행의 독립성에 대한 이해도 과거와 달라야 한다고 주장했다.

결국 위기 극복을 위해 모든 수단을 동원해야 하는 경제 환경인데 전문가들 사이에서도 어떤 정책이 효과적인가에 대한 합의가 이루어지지 않은 상황인 것이다. 이에 따라 정책 대응의 혼란이 가중되고 있으며 잘못된 정책 대응이 가져온 1930년대 대공황의 실수가 재현될 위험이 점점 커지고 있다고 하겠다. 위기 대응 정책이 경제를 위기에서 끌어낼지 아니면 새로운 위기로 몰아갈지는 아직 아무도 모른다.

다가올 위기에 대한 대비

경제 예측 모델의 실패라고도 할 수 있는 2008년 글로벌 금융위기는 위기 대응 시스템이 얼마나 무력한지 보여주었다. 하지만 위기를 예측하기 어렵다 하더라도 위기를 보는 인식의 전환만으로도 위기 가능성을 줄일 수 있다는 사실을 간과해서는 안될 것이다.

먼저 금융 과잉이 야기할 수 있는 위험을 인식해야 한다. 금융이 가져다주는 축복과 해악은 고대 이집트의 나일 강 범람과 유사하다. 이집트인들의 1년 농사는 나일 강의 범람 정도에 의해 결정되었다. 강이 과도하게 범람하면 홍수가 왔고 범람하지 않으면 흉년이 왔다. 오직 적당한 범람만이 풍요를 가져왔듯이 금융 또한 적정 수준을 유지할 때 금융이 주는 혜택을 누릴 수 있다.

둘째, 금융위기에 대비한 위기 방지 장치의 한계를 인정해야 한다. 내진 설계가 잘된 집이라고 해서 모두 지진에 안전한 것은 아니다. 평소 강릉 안목항에 가본 사람이라면 넘실거리는 파도에 비해 규모가 너무도 큰 방파제를 보고 방파제 건설에 지나치게 많은 돈을 쓴 것이 아닌가 의심했을 수도 있다. 하지만 2008년 2월, 엄청난 너울성 파도가 방파제를 넘어 반대쪽에서 낚시를 하던 사람들을 덮치며 인명 피해를 냈고 이후에도 방파제를 넘는 파고로 인해 크고 작은 인명 피해가 끊이지 않고 있다.

셋째, 위기는 통상 우리가 대비하고 있지 않은 분야에서 시작한다는 점을 인식해야 한다. 이럴 경우 우리의 대비 상태는 무용지물이 될 가능성이 높다. 역사적으로 보아도 금융위기는 대비가 잘되어 있는 곳보다는 그렇지 않은 곳에서 시작된 경우가 많았다.

넷째, 2008년 위기의 한 요인으로 지목되고 있고, 향후 중국의 위기 가능성을 논할 때 빠짐없이 거론되는 그림자 금융에 대한 관리도 필요하다. 역사적으로도 1857년 영국 금융위기의 배후에는 영란은행의 지원이 미치지 않았던 채권할인회사가 있었으며, 1907년 미국 금융위기에는 감독의 사각지대에 있던 신탁회사들이 있었다. 1997년 우리나라를 위기로 몰아넣은 종합금융사들은 물론 1998년 월가를 뒤흔든 헤지펀드 LTCM도 기존의 위기 대응 시스템에서 벗어나 있던, 소위 그림자 금융이었다고 할 수 있다. 사실 각국은 은행 등 전통적인 금융 부문의 위기에 대해서는 비교적 체계적인 대응 태세를 갖추고 있었다. 하지만 감독 당국의 관심에서 다소 벗어나 있는 투자은행, 보험회사, 헤지펀드, 머니마켓 펀드 등에서 위기가 시작되자 기존의 위기 대응 체제는 무기력하기만 했다.

마지막으로 미래의 위기에 대비하기 위해서는 이와 같은 현실적 한계를 인식하는 것만으로는 충분하지 않다. 한계를 인정하고 그 바탕 위에서 다가올 위기의 모습을 충분히 그려보면서 이에 대한 대비 태세를 갖추는 것이 중요하다. 하지만 아직 오지 않은 위기의 모습을 상상하는 것은 결코 쉬운 일이 아니다. 신현송 교수는 그 어려움을 다음과 같이 토로하고 있다.

다가올 위기가 어떤 모습일지 예측하는 것은 현재 직면한 위기 또는 지난 위기를 돌아보면서 무엇이 잘못되었는지를 파악하는 것보다 어렵다. 불행하게도 우리는 지금도 지난 위기를 초래한 원인을 고치는 데만 집중할 뿐, 앞으로 또 하나의 금융위기를 불러올 위험이 어디에 있는지에 대해서는 여전히 주의를 기울이지 않고 있다.[14]

그렇다면 미래의 위기는 어떻게 대비할 수 있을까? 무엇보다도 위기에 대한 상상력을 키워야 한다. 그 이유는 금융위기가, 알려진 위험에 의해 야기되는 경우보다는 '안 알려진 위험'에 의해 초래되는 경우가 더 많기 때문이다. 미국의 국방장관을 지낸 도널드 럼스펠드Donald Rumsfeld는 이를 '우리가 모르는 것을 모르는 위험unknown unknowns'이라고 정의했는데* 이는 나심 탈레브의 '검은 백조'와도 일맥상통한다. "모든 백조는 하얗다"라는 믿음이 단 한 마리의 검은 백조 출현으로 허망하게 무너지듯이 금융위기 또한 우리가 모르는 위험에 노출되어 있는 것이다. 사실 모든 위기가 '모르는 것을 모르는 위험'으로부터 유발되는 경향이 있기 때문에 상상력이 요구되는 것은 비단 금융위기뿐만이 아니다.

실제로 미국이 겪은 9.11 테러 사태 이후 수년간의 조사 끝에 나온 보고서도 결론적으로는 정보 당국의 상상력 부족을 지적하고 있다. 이 보고서는 9.11 사태를 초래한 두 가지 문제점을 지적하고 있는데 하나는

---

* 럼스펠드는 저서 《알려진 것과 안 알려진 것들(Known and Unknown)》에서 "뭔가 발생하지 않았다는 보도는 늘 나의 관심을 끈다. 왜냐하면 우리가 알고 있다는 것을 알고 있기 때문이다. 우리가 알고 있다는 것을 알고 있는 것(known knowns)도 있고 우리가 모르고 있다는 것을 알고 있는 것(known unknowns)도 있다. 그러나 우리가 모르고 있다는 것을 모르는 것(unknown unknowns)도 있다"라고 다소 비문법적인 말을 했는데 이후 이 말은 많은 사람들에 의해 널리 인용되었다.

9.11 발생 가능성을 알려주는 수많은 사건들이 사전에 있었지만 이를 통해 다가올 테러를 예측하지 못했다는 것이다. 소위 "각각의 점들(개별 사건들)을 선으로 연결하여 보다 큰 그림을 파악하려는 노력"을 기울이지 않았다는 것이다. 또 하나는 미래에 다가올 테러의 모습을 그려보는 상상력이 부족했다는 것이다.

2008년 위기 대응의 전면에 서 있던 가이트너도 "우리가 겪은 위기의 대부분은 상상력 부족에서 기인"했다고 고백했다.[15] 즉, 버블에 대해 많은 얘기가 있었지만 전국적으로 집값 하락이 동시에 진행되고 이것이 대공황 이후 초대형 경제금융위기를 불러올 것이라고는 상상하지 못했다는 반성이다. 세계적인 신용평가회사인 무디스와 S&P가 서브프라임 모기지 채권에 최우량 신용 등급인 트리플 A를 부여한 것도 미국의 집값이 전국적으로 동시 추락할 가능성을 상상하지 못했기 때문이다. 눈앞의 금융 시스템이 안정성을 갖춰갈수록 보이지 않는 곳에 있는 위험은 더 커져갔다.

물론 여기서 말하는 상상력은 문자 그대로의 상상력이 아니라, 경제적인 전문성을 바탕으로 보다 큰 시각을 가지고 금융위기 가능성을 그려봐야 한다는 의미이다. 금융위기를 금융시장의 실패와 금융회사와 투자자들의 탐욕만을 중심으로 살핀다면 우리는 잦은 금융위기의 굴레로부터 벗어날 수 없을 것이다. 금융위기를 단순히 취약한 금융 시스템의 문제로 보지 말고 경상수지 적자 및 재정 적자, 그리고 소득 불평등 악화 문제까지 확대해서 봐야 한다. 일본의 '잃어버린 20년'도 저출산과 고령화로 인한 영향을 함께 고려하는 큰 안목이 있을 때에만 다가올 위기의 모습을 제대로 가늠하여 보다 근본적인 대비 방안을 마련할 수 있을 것이다.

상상력을 키우기 위해 우리가 바꾸어야 할 것은 무엇일까? 가장 먼저 집단 사고의 위험을 벗어날 수 있는 조직 체계를 만들어야 한다. 이 문제가 특히 강조되는 것은 금융의 경우 전통적으로 혈통과 전문성을 중시하는 '그들만의 리그' 성격이 강해 집단 사고의 위험에 빠지기 쉽기 때문이다. 이로 인해 종종 사전에 위기를 대비할 수 있는 기회를 놓치는 경우가 있었다.

실제로 2008년 글로벌 금융위기 역시 집단 사고가 야기한 실패라고 할 수 있다. 영란은행 부총재였던 앤드류 라지Sir Andrew Large는 2004년부터 수많은 연설을 통해 대형 위기의 가능성을 경고했지만 그의 의견은 무시되었다. 심지어 고든 브라운 총리는 그의 발언을 못마땅하게 생각하기까지 했다. 라지는 좌절을 느낀 나머지 2006년 1월, 임기도 마치기 전에 스스로 물러났다. 2005년 잭슨홀 미팅에서 앨런 그린스펀을 앞에 두고 성과급 등 인센티브 구조가 위험 투자를 부추기고 이점이 대형 위기를 초래할 수 있다고 언급한 라구람 라잔과 신현송의 경고 역시 무시되었다. 라잔의 경고는 연준 부의장이었던 도널드 콘의 비판을 받았고 로렌스 서머스는 라잔의 연설을 "한참 잘못되었다"라고 혹평했다. 2006년 뉴욕 대학 누리엘 루비니 교수의 경고도 비관론자Dr. Doom의 반복되는 푸념으로 치부되었다.

위기 이후 집단 사고의 문제를 해소하기 위한 다양한 시도가 각국에서 나타나고 있는 것은 바람직한 일이다. 2012년 11월 26일, 영국이 자국 중앙은행인 영란은행 총재에 캐나다인인 마크 카니Mark Carney를 임명했고 2005년부터 이스라엘 중앙은행 총재를 역임했던 미국인 스탠리 피셔는 2014년 연준 부의장으로 취임했다. 2008년 금융위기 당시 크게 흔들렸던 아일랜드는 홍콩 금융 당국에서 일한 경험이 있는 스웨덴 및 프랑스 출신의 금융인을 중앙은행에 영입했다. 폐쇄적인 인도 중앙은행도 해외에서 오랫동안 활약한 라구람 라잔을 총재로 임명했다. 물론 전문성이 높이 평가된 결과이겠지만 무엇보다 이들의 존재는 각국 중앙은행이 집단 사고의 오류*를 줄이고 미래에 다가올 위기 대응 태세를 갖추는 데 도움이 될 것이다.

---

* 이스라엘 정보 당국에는 이러한 집단사고의 위험을 줄이려는 제도가 이집트–시리아 연합군의 기습 공격을 받은 욤 키푸르 전쟁 이후 도입되었다고 한다. 이와 관련된 흥미로운 내용이 좀비가 지구를 공격하는 상황을 가상한 브래드 피트 주연의 영화 〈월드워Z〉에 나온다. 영화 속에서 이스라엘이 어떻게 좀비의 공격을 예상하고 국경에 콘크리트 벽을 둘러 대비할 수 있었는지에 대한 대화가 나온다. 이스라엘이 좀비가 지구를 공격한다는 것이 허무맹랑한 이야기라고 판단했는데도 대비책으로 벽을 설치한 것은 '10번째 사람 법칙'에 따랐기 때문이라고 한다. 이 법칙은 만일 9번째 사람까지 동일한 결론에 도달했을 경우 10번째 사람은 자신의 생각과 관계없이 의무적으로 반대 결론을 주장해야 한다는 것이다. 영화 속에서 이스라엘은 이 법칙에 따라 10번째 사람의 의견을 들었고 그의 주장대로 최소한의 방어 장치를 하게 되었다는 내용이다.

역사로부터의 교훈 : 금융위기 대응 전략

각국이 자신의 금융 시스템을 선택했다기보다 각자 자기 수준에 맞는 금융 시스템을 가지게 되었을 뿐이다. 뛰어난 은행가는 어려운 시절을 대비해 좋은 시절에 돈을 많이 쌓아놓는다.

- 월터 배젓, 《롬바드 스트리트》[1]

그동안 잊고 있었던 것을 제외하면 새로운 것은 없다.

- 로즈 베르탱(프랑스 궁정 디자이너)

사람들이 금융위기로부터 무엇을 배울 것인가라는 질문을 받자 그는 이렇게 답했다. "금방은 아주 많이, 조금 있다가는 조금, 오래되면 잊는다. 우리는 그렇게 해왔다."

- 제러미 그랜탐(제임스 몬티어를 인용하며)

레슨받았다고 우쭐대지 마라. 나는 안 그런다.

- 잭 니클라우스

미래를 예측하는 인간의 능력은 지극히 제한적이다. 따라서 금융위기가 다시 올지, 온다면 어떤 모습으로 올지 아무도 예측할 수 없다. 그렇다고 점을 치는 사람을 붙잡고 물어볼 수도 없는 노릇이다. 다만 과거에서 배운 것들을 바탕으로 앞으로 닥칠지도 모를 위기의 모습을 그려보면서, 준비를 할 수 있을 뿐이다.

이하에서는 금융위기의 역사가 우리에게 주는 교훈들에 대해 고민해보기로 한다.

1. 위기에 강한 금융 시스템 구축

금융위기를 방지하기 위해서는 먼저 위기에 강한 금융 시스템을 구축하는 일부터 시작해야 한다. 1930년대의 대공황과 2008년 글로벌 금융위기가 보여주었듯이 금융 시스템의 붕괴를 동반한 위기의 경우 다른 위기에 비해 경제에 미치는 충격이 크고, 따라서 위기로부터 빠져나오기까지 오랜 시간이 걸리기 때문에 금융 시스템의 안정성 강화가 경제위기를 막는 데 있어 무엇보다 중요하다.

2008년 글로벌 금융위기 이후 선진국과 신흥국의 구분 없이 전 세계는 개별 금융기관의 건전성 강화와 더불어 금융 시스템 전반의 안전성을 강화하는 각종 조치들을 도입했다. 사실 개별 금융회사의 흥하고 망하는 이치도 제조업 등 다른 산업과 다르지 않다. 즉, 경제 전반의 효율성을 위해 경쟁력 있는 은행은 살아남아 성장하고 경쟁력 없고 투자에 실패한 은행은 도태되어야 한다. 자연적으로 발생한 산불이 잡목을 태워 대형 산불을 미리 방지하고 숲의 생태계를 건강하게 만드는 것처럼 이는 안정적인 금융 시스템을 유지하기 위해 반드시 필요한 과정이다.

그럼에도 불구하고 개별 금융회사의 안정성이 다른 산업에 비해 특히 강조되는 이유는 다음과 같다. 첫째, 금융은 다른 산업과 달리 특정한 회사의 위험이 다른 회사에 쉽게 파급되고 전이되는 소위 '뱅크런의 위험'을 안고 있다. 뱅크런이 발생할 경우 지불 가능성에 문제가 없음에도 일시적인 유동성 문제로 은행들이 잇달아 무너지는 '외부 비경제 효과externality'의 문제가 발생하여 전체 금융 시스템을 위협할 수 있다. 둘째는 개별 금융회사가 금융 시스템에서 차지하는 비중이 막중할 경우 이 회사의 위기가 시스템 위기로 직결될 수 있다. 경제 전반과 밀접하게 연결되어 있고 시스템적으로도 중요해서 파산하도록 놔두기 어려운 회사의 경우 소위 대마불사 문제를 낳기도 한다.

글로벌 금융위기 이후 위기의 진원지였던 미국은 감독 체계를 대대적으로 수술해 도드-프랭크법을 마련했고, 국제적으로도 주요 20개국G20 정상회의, 금융안정위원회FSB, 바젤은행감독위원회BCBS, IMF 등을 중심으로 한층 강화된 금융규제 기준이 마련되었다. 특히 '시스템적으로 중요한 금융회사'라는 개념을 통해 일부 대형 금융회사에 대해서는 한층 강화된 감독 체계뿐 아니라 과거 글래스-스티걸법의 부활이라고 할 수 있는 볼커 룰이 도입되는 등 은행의 과도한 위험 투자를 통제하는 장치가 마련되었다. 아울러 그동안 규제의 사각지대에 있던 각종 파생상품에 대한 감독도 강화되었다. 또한 각국은 개별 은행들의 위기 대응 능력을 상시적으로 모니터링하기 위해 소위 '스트레스 테스트'를 도입했다.

물론 이러한 규제 강화 흐름에 대해 일부에서는 마구잡이식 규제 도입 또는 과도한 규제라며 비판을 제기하고 있지만 2008년 위기의 충격은 금융 시스템의 안정에 대한 중요성을 새롭게 인식하는 계기가 되었다.

2. 글로벌 파급효과 차단

금융 시스템의 안정성 강화 못지않게 중요한 것이 외부로부터의 부정적 영향을 차단하는 것이다. 역사를 돌이켜보면 달러가 세계의 기축통화로 부상한 이후 상당히 많은 경제위기가 달러의 공급을 책임지는 미국 연준의 지극히 자국 중심적인 정책이 가져온 부정적 파급효과negative spillover effect와 관련이 높다.

1979년 볼커가 미국의 높은 물가를 잡기 위해 금리를 올리자 달러의 미국 환류가 시작되면서 1982년 멕시코를 시작으로 전 세계의 부채 위기가 야기되었다. 1997년 우리나라를 강타한 아시아 외환위기, 1998년 러시아의 모라토리엄 선언 등도 1994년 이후 연준이 금리를 인상하는 바람에 신흥국에서 달러가 빠져나가면서 발생했다. 이러한 위기 패턴은 2013년 말 연준이 갑작스러운 테이퍼링(양적 완화 축소) 방침을 밝힌 것만으로 또다시 재현되었고 인도, 브라질, 남아공, 터키, 인도네시아 등 소위 '취약 5개국'은 거의 경제위기의 문턱까지 갈 만큼 위기 상황을 맞았다.

이러한 스필오버 현상은 금융의 세계화와 금융시장 개방으로 각국 간 경제금융의 연관성이 높아지면서 더욱 악화되었다. 즉, 한 나라의 중앙은행이 자신의 영토 안에서 통화 및 금융 정책에 관해 독점적이고 배타적인 주권을 누리던 시대는 가고, 기축통화국의 중앙은행을 포함해 복수 국가가 한 영토에서 각축을 벌이는 시대가 온 것이다.[2] 예를 들면 우리나라에서 한국은행이 미국의 연준 및 일본은행, 중국인민은행과 정책을 놓고 경쟁하고 있다.

신흥국을 포함한 대다수 국가들이 미국 연준의 영향권 안에 있는 것은 소위 '달러 함정dollar trap'에 빠져 있기 때문이다. 자국 통화가 국제적으로 받아들여지지 않는 원죄original sin를 안고 있는 대다수 비기축통화국들은 자국 내에서 쓸 자금까지도 달러로 조달해야 한다. 따라서 달러의 안정적인 수급 조절은 이들 국가의 경제 안정과 직결되는 문제로 위기 예방책의 핵심이라 할 수 있다.

하지만 달러 함정을 벗어나려는 노력에도 불구하고 2008년 글로벌 금융위기 이후 세계경제는 더욱 깊이 함정 속으로 빨려 들어가고 있다. 위기 당시 달러를 구하지 못해 거의 절체절명의 위기에 처했었던 각국은 앞다투어 달러 보유고 확충에 나섰다.

하지만 2008년 글로벌 금융위기는 막대한 달러 보유만으로는 충분치 않다는 것을 가르쳐주었다. 많은 나라들이 상당한 외환 보유고를 에도 불구하고 경제가 크게 흔들렸다. 오히려 모든 나라가 외환 보유고를 지속적으로 늘리다 보니 미국의 경상수지 적자가 커지고 이로 인해 글로벌 불균형이 더욱 커져 방어막을 친 것이 위협을 키우는 부작용을 야기하는 측면도 있는 것이다.

따라서 각국은 외환 보유고 확충 외에 다른 대비책 마련에 분주한 것이 현실이다. 그중 하나가 통화스왑 협정이다.[3] 특히 미국과의 통화스왑 협정은 안정적인 달러의 공급을 가능하게 해준다는 측면에서 중요한 위기 극복 수단이 될 수 있다. 하지만 미국 연준은 일부 기축통화국을 제외하고는 통화스왑에 인색하다. 최근에 중국을 중심으로 하는 브릭스BRICS(브라질, 러시아, 인도, 남아프리카 공화국) 간 신개발은행New Development 설립과 더불어 금융위기의 공동 대응을 위한 위기 대응기금이 마련된 것도 따지고 보면 통화스왑에서 배제된 나라들의 자체적인 대비책이라고 하겠다.

사실 달러 함정을 보다 근본적으로 줄이기 위해서는 연준이 통화 정책을 구사할 때 단순히 미국의 중앙은행이 아닌 세계의 중앙은행이라는 입장에서 문제를 들여다볼 필요가 있다. 하지만 적어도 지금까지 이 문제와 관련한 미국의 태도는 많은 나라에 실망감만을 안겨주었다. 1944년 브레튼우즈 회의 당시 루스벨트는 "경제적 질병은 아주 전염성이 높다. 따라서 한 나라의 경제적 건강 상태는 가깝게 있든 멀리 떨어져 있든 이웃한 나라들의 관심사가 되는 것이 당연하다"며 세계 각국의 협력을 강조했지만 그때 이후 적어도 통화 정책과 관련해서는 아무런 진전이 이루어지지 않았다. 따라서 국제사회에서 이 문제가 가시적인 진전을 보일 때까지 위기에 강한 시스템을 구축한 토대 위에서 경제를 운영할 수밖에 없는 것이 각국이 직면한 현실이다.

3. 거시 건전성 감독 수단 강화

2008년 이후 세계는 거시 건전성 감독 수단을 대폭 강화하는 추세이다. 거시 건전성 감독은 금융기관 또는 금융산업 전반의 문제를 다루기 위한 비통화적이고 비전통적인 정책 수단을 통칭한다. 만일 저금리 상황이 집값 버블을 부추긴다고 여겨진다면 중앙은행이 금리를 올릴 수도 있지만 다른 정책 수단을 통해 모기지 대출이 쉽지 않게 만들수 있다. '주택담보대출비율LTV'과 '총부채상환비율DTI'은 대표적인 거시 건전성 감독 수단이라 할 수 있다. 주택대출시장만을 겨냥할 뿐 금융 시스템을 직접적으로 겨냥하지는 않기 때문이다.

2008년 이후 각국은 거시 건전성 감독 수단을 활용하여 부동산 대출 시장에 대한 감독을 대폭 강화했다. 역사적으로도 금융위기는 부동산 금융과 밀접한 관련을 맺어왔지만 최근 들어서는 은행의 총대출 중에서 부동산 관련 대출 비중이 지속적으로 높아지면서 각국은 부동산 가격의 급등락이 금융 시스템의 안정을 해칠 가능성을 차단하는 노력을 강화해왔다. 2014년 한 연구에 의하면 1870년부터 17개 주요국의 은행 대출 통계를 분석한 결과 전체 대출에서 부동산 대출이 차지하는 비중이 1928년 27퍼센트에 불과했던 것이, 1970년에는 35퍼센트, 그리고 글로벌 금융위기 직전인 2007년에는 무려 60퍼센트까지 확대되어 산업자금의 공급이라는 은행의 주된 기능이 이제 부동산 금융에 자리를 내준 지 오래임을 상징적으로 보여주었다.⁴ 특히 금융위기의 중심에 있던 미국과 영국은 각각 68퍼센트와 63퍼센트까지 치솟았다.

또한 과도한 외국 자본 유출입 변동성으로 인한 금융 불안을 통제하기 위해 은행의 단기 외화 차입을 억제하는 선물환 포지션 제도, 은행의 비예금성 외화부채에 건전성 부담금을 부과하는 제도 등 외환 건전성을 담보하는 거시 건전성 조치도 우리나라를 비롯한 각국에서 활용되고 있다. 사실 그동안 과도한 해외자본 유입은 신흥국 금융시장 및 실물경제의 버블을 야기했고 2008년 금융위기 때와 같이 급격한 유출sudden stop이 일어날 경우 종종 신흥국들을 외환위기로 내몰았던 경험을 감안할 때 이 분야에서의 거시 건전성 정책은 한층 강화될 전망이다.

4. 선제적인 금융 감독: 판을 깨는 용기가 필요하다

불을 끄는 것이 화려해 보이지만 불을 막는 것이 더 나은 전략임은 두말할 나위도 없다. 금융위기를 예방하는 전략으로 또 하나 중요한 것이 바로 선제적인 감독이다.

2008년 글로벌 금융위기로 거의 몰락 위기까지 갔던 시티그룹의 CEO 척 프린스Chuck Prince는 "음악이 계속되는 한 일어나서 춤을 출 수밖에 없었다. 우리는 여전히 춤을 추고 있다"라는 말을 남겼다. 좋은 시장 환경이 지속될 경우 모두가 이에 장단을 맞추어 투자를 확대하고 차입을 늘리는 것은 지극히 당연하게 여겨진다. 그러나 역사적으로 오랫동안 지속된 낙관이 금융위기를 초래한 경우가 많았다. 이 낙관은 포지티브 피드백 과정을 거쳐 더욱 큰 낙관을 낳고 결국 근거 없는 맹신으로 이어지면서 금융위기의 독버섯을 키웠다.

호황과 불황을 반복하는 것이 경제의 속성이고, 과도한 낙관과 맹신에 이끌린 투기는 불황이 도래했을 때 결국 운명을 다할 수밖에 없다. 국제결제은행 총재를 지낸 앤드류 크로킷Andrew Crockett도 "사람들은 흔히 경제위기의 위험은 호황기에 낮아지고 불황기에 높아진다고 생각하지만 실제로는 호황기에 축적된 위기 요인들이 불황기 때 실현될 뿐이다"라고 말했다. 즉, 금융시장의 호조가 지속될 때 보이지 않는 어느 곳에서는 시장을 몰락시킬 수도 있는 위험이 커지고 있다는 것이다.

따라서 금융위기의 출현을 막기 위해서는 모두가 낙관적인 분위기에 맞추어 춤을 출 때 판을 깨는 용기를 가진 사람이 필요하다. 미국의 연준 의장이었던 윌리엄 마틴은 "중앙은행은 파티가 무르익을 때 술통을 치워 흥을 깨야 한다"라는 말로 중앙은행 등 금융 감독 당국의 역할을 강조한 바 있다. 즉, 감독 당국은 낙관적인 경제 환경에 현혹되어 보이지 않는 곳에서 커지고 있는 위험을 간과해서는 안 되며 이러한 위험이 감지될 때 즉각적으로 끓는 물에 찬물을 끼얹듯 과도한 시장 분위기를 잠재워 이성을 찾도록 할 책무가 있다.

하지만 2008년 글로벌 금융위기 당시에는 이러한 감독 당국이 없었다. 감독 당국은 운전대에서 졸고 있었으며 심지어는 경제 호황이 영원히 계속되리라는 환상을 심어주었다. 위기 이후에도 이들은 자신들의 임무가 버블을 끄는 것prick the bubble이 아닌 버블이 터진 이후 난장판을 청소mop up하는 것이라고 강변하기도 했다. 운전대에 앉아 졸면서 잘못된 환상을 심어주는 감독자들로 인해 또다시 위기가 되풀이되지 않도록 제 역할을 할 줄 아는 감독 당국이 존재해야 한다.

5. 신중한 규제 완화: 규제 완화 사이클 끊기

금융은 기본적으로 규제 산업이다. 역사적으로 보더라도 금융은 금융규제와 더불어 탄생했고 따라서 금융의 역사는 금융규제의 역사이기도 하다. 때문에 시장은 무조건 옳고 정부와 규제는 무조건 나쁘다는 이분법적 시각은 적어도 금융의 관점에서는 잘못된 것이라고 할 수 있다. 미국의 재무장관을 지낸 로버트 루빈은 그 자신이 월가 출신임에도 불구하고 "적어도 시장경제에서는 정부와 시장을 충돌 관계로 구별하는 것은 잘못된 생각이다. 시장경제가 제대로 작동하기 위해서는 시장이 스스로 제공하지 못하여 정부가 역할을 해야 하는 법과 규제 체계, 교육, 사회 안전망, 법 집행력 등이 반드시 필요하다"고 강조했다.[5]

사실 모든 금융위기의 배후에는 규제 완화가 있었다. 금융위기를 은행들의 탐욕과 무분별한 위험 투자 탓으로 치부하는 경향이 있지만 이를 가능하게 한 배경에는 실패한 규제 완화가 있었다는 점을 잊지 말아야 한다. 1980년 말 북유럽의 대형 금융위기와 1997년 아시아 외환위기의 배후에는 금리 자유화와 금융시장 개방으로 상징되는 규제 완화가 있었다. 또 1999년 글래스-스티걸법의 폐지, 2000년 닷컴 버블 이후 지속된 장기간의 저금리 정책, 파생상품 거래에 대한 감독 부재, 2004년 투자은행들에 대한 레버리지 규제 완화 등 수많은 규제 완화는 2008년 글로벌 금융위기의 토대가 되었다. 1980년 이후 전 세계는 소위 '바닥을 향한 경쟁'이라는 이름하에 '누가 가장 규제 없는 금융환경을 만드는가'라는 바보 같은 경쟁을 벌였고 이는 초대형 금융위기를 부르는 데 일조했다.

미국의 뉴욕과 영국의 시티는 세계 제1의 금융 중심지를 놓고 경쟁을 벌였는데 이 경쟁을 이끈 사람들은 효율적 시장 가설을 맹목적으로 따르고 규제를 혐오하는 보수주의 철학을 가진 미국의 레이건 대통령과 영국의 마거릿 대처 수상이었다. 대처는 1986년 금융서비스법을 밀어붙여 영국 금융시장의 지형을 크게 바꾸는 소위 빅뱅big bang을 주도했고 금융 감독을 대폭 줄이면서 '연성 감독soft touch'이라는 말을 탄생시켰다. 규제 완화가 한편으로는 금융 혁신을 이루어내기도 했지만 감독 기능을 지나치게 위축시켜 금융을 사실상 카지노화했고 글로벌 금융위기를 이끌었던 것이다.[6]

흥미롭게도 이러한 규제 완화의 흐름은 경기 변동과 병행하면서 일정한 사이클로 진행된다. 즉, 경제가 호조를 보이면 위기에 대한 감독 당국의 경각심은 약화되고 이로써 규제 완화를 추진하면서 금융 혁신에 대한 욕심을 부리고 금융산업을 차세대 성장 동력인 것처럼 취급하기 시작한다. 하지만 금융위기를 겪는 동안 이러한 주장들은 돌연 자취를 감추고 전 분야에서 다시 규제가 강화된다. 그러다 금융위기가 기억에서 멀어지면 또다시 위기에 대한 경각심은 약화되고 규제를 완화하라는 목소리가 돌아오는 것이다. 감독 당국자들을 포함한 모든 사람들의 기억상실증과 자만심에 근거한 이 악순환은 거의 모든 위기 진행 과정에서 발견되고 있다. 다람쥐 쳇바퀴 돌듯 규제 강화와 완화를 반복하는 이 현상은 금융시장을 안정시키고 위기에 강한 시스템을 만들기 위해 반드시 끊어야 할 악순환이다.

6. 자만에 대한 경계: 낙관과 안심은 금물

모든 금융위기에서 반드시 발견되는 공통점이 바로 근거 없는 낙관 또는 자만이다. 역사적으로 보면 지나친 장밋빛 환상이 넘쳐날 때 항상 위기는 가까이 있었다. 2008년 글로벌 금융위기 직전 신경제 주장과 '대안정기'라는 신조어에 포함된 낙관과 자만은 경제를 전례 없는 위기 국면으로 몰아 넣었다. 아울러 금융위기 또는 경제위기를 겪은 직후 과거의 잘못된 점을 시정하여 새로운 시스템을 구축했으니 다시는 금융위기를 겪지 않을 것이라는 근거 없는 자만도 금융위기를 불러오는 데 한몫하고 있다. 예를 들면 도드–프랭크법을 공표하면서 오바마 대통령은 동법으로 다시는 금융위기가 없을 것이라고 확언했는데 바로 이러한 유형의 자만이라고 하겠다.

혹자는 이를 "항상 지난 전쟁만을 상대하는 장군의 문제"에 비유하기도 하는데 과거만을 염두에 둔 대응 태세를 구축하고 있는 군인들의 행태라는 의미이다. 전쟁은 물론 금융위기도 과거의 경험에만 전적으로 의존할 경우 새로운 유형의 위협에 속수무책으로 당할 수밖에 없다. 무엇보다 금융위기가 끊이지 않고 반복되는 것은 바로 두 번째 자만에 기인하는 경우가 많다. 금융위기는 반복되었지만 동일한 형태는 아니었던 지난 역사를 감안할 때 단지 과거의 경험에 입각한 제도 개선은 그 한계가 명백할 수밖에 없다. 결국 자만은 금융위기를 막기 위해 가장 피해야 할 단어라고 할 수 있다.

7. 창의적인 정책 개발과 지속적 점검

앞서 설명한것과 같이 위기 예방을 위한 다양한 조치들이 필요하지만 사전 예방 시스템을 강화하는 것만으로는 위기에 강한 경제가 만들어지지 않는다. 특히 "위기는 반복된다"는 불변의 진리를 감안하면 피해를 최소화하면서 위기에서 탈출할 수 있는 시스템을 구축하는 것이야말로 예방 시스템 못지않게 중요하다.

미국의 재무장관을 지낸 가이트너는 위기로부터 금융 시스템을 지키고 피해를 최소화하기 위해서는 중앙은행의 최종 대부자 기능, 문제가 되는 금융회사들의 신속한 구조조정 수단, 예금보험제도와 더불어 광범위한 전액 보증 조치를 취할 수 있는 능력 등 세 가지 핵심 정책이 필요하다고 주장했다.[7] 따라서 도드-프랭크법이 앞으로 연방예금공사가 예금에 대한 전면 보증 조치를 할 수 없도록 제한한 것은 위기 대응을 위한 정책 수단을 하나 줄인 실수라고 주장했다. 사실 위기에 강한 경제 시스템은 위기 시 동원할 정책 수단이 많다는 의미이기도 하다.

이와 관련하여 2008년 글로벌 금융위기 당시 버냉키가 이끈 연준의 정책 대응은 여러 가지로 시사하는 바가 크다. 그동안 제로 금리 상황에서는 재정 정책만이 남아 있는 유일한 수단이라고 널리 받아들여졌다. 하지만 2008년 연준은 이러한 통설을 뒤집고 비전통적인 통화 정책을 통해 미국 경제가 공황으로 빠져드는 것을 막아냈다. 먼저 중앙은행이 장기 채권을 대량으로 매입하여 시장에 유동성을 공급하고 장기 금리를 끌어내려 경기 부양을 시도했다. 아울러 금융공황으로 인해 회사채 시장이 얼어붙자 직접 회사채를 인수하는 프로그램을 가동해서 죽은 시장을 살려내는, 전통적인 중앙은행 기능인 최종 대부자 기능을 넘어선 '최종 시장 조성자market maker of last resort' 역할을 했다.[8]

사실 신흥국들의 경우 연준이 보인 것보다 더욱 높은 창의성이 요구된다. 신흥국들은 기축통화국인 미국 등과 달리 중앙은행의 교과서적인 정책 선택조차도 지극히 제한적이다. 예를 들어 신흥국이 연준과 같이 중앙은행의 최종 대부자 기능에 의존해서 대량의 통화를 찍어냈다가는 오히려 상황을 악화시킬 가능성이 더 높다. 따라서 평소에 다양한 정책 대응 수단을 개발하는 데 관심을 기울일 필요가 있다. 여기에 더해 규제와 감독에서 벗어나 있는 그림자 금융이 금융산업에서 차지하는 비중이 지속적으로 커지고 있는 현실은 창의적인 위기 대응 방안 마련을 선택이 아닌 필수로 만들고 있다.

새로운 정책 수단 고안보다 더 중요한 것은 가능한 정책 수단을 제때 동원할 수 있는 준비를 갖추는 것이다. 전쟁에 나선 장수가 손자병법을 다 외우고 있다 해도 이런저런 이유로 결국 뻔히 예상되는 전략밖에 선택할 수 없다면 필패를 면하기 어려울 것이다. 1997년 우리나라는 대외적으로는 상당한 외환을 보유하고 있는 것으로 발표되었지만 정작 필요할 때 동원할 수 있는 가용 외환 보유액은 별로 없어 속수무책으로 외환위기를 맞았다. 2008년 글로벌 금융위기 당시 아일랜드는 감당하기 어려운 예금 인출 사태를 막기 위해 정부가 나서서 과감한 지급보증 조치를 취했지만 오히려 국가 부채 위기로 번져 결국 IMF의 구제금융을 받는 신세로 전락했다. 따라서 군대에서 매일 총기를 손질하고 모의 훈련을 통해 대비 상태를 점검하듯이 금융위기를 막기 위해 각국의 정책 당국은 자신들이 동원할 수 있는 정책 수단에 대한 준비 상태를 지속적으로 점검해야 한다.

8. 위기 대응은 신속하고 과감하게: 기다린다고 확실해지지 않는다.

2008년 위기 이후 과감하고 신속하게 대응한 미국은 위기 국면을 벗어났으나 미온적인 대응을 해온 유럽중앙은행으로 인해 유럽의 위기는 장기화되고 있다.

신속한 위기 대응 전략과 대비되는 것이 바로 규제 유예 조치regulatory forebearance다. 미국은 지난 1984년 컨티넨탈일리노이즈Continental Illinois의 파산을 처리하면서 금융산업에 미치는 영향을 감안하여 연달아 '규제 유예 조치'를 취함으로써 상황을 더욱 악화시켰다. 이 방식은 1990년

대 후반 일본 정부가 은행 구조조정에 활용하면서 수많은 좀비 은행을 양산했던 실패한 정책이기도 하다. 이와 관련하여 오랫동안 글로벌 금융위기를 다룬 경험을 보유한 피셔 연준 부의장은 모든 상황이 완전히 파악될 때까지 기다려 얻은 유리함을 과대평가하지 말라고 주장했다. 피셔는 자신이 이스라엘 총재 시절 부하 직원으로부터 들었던 "기다린다고 모든 상황이 확실해지는 것은 아니다. 다음번에는 다른 이유로 여전히 불확실하다"라는 말을 소개하면서 다소 불확실하더라도 위기가 발생할 경우 신속한 대응이 더 중요하다는 점을 강조했다.[9]

같은 맥락에서 2008년 리먼브라더스의 몰락 이후 미국이 과감한 공적 자금을 투입해 금융회사들을 살려낸 조치는 금융회사의 도덕적 해이를 키웠다는 호된 비판을 받았음에도 불구하고 불가피한 선택이었다고 보인다. 미국의 과감한 대응은 가이트너의 표현을 빌리자면 소위 콜린 파월의 원칙Collin Powell's doctrine을 적용한 것이라고 볼 수 있다. 미국의 합참 의장을 지낸 콜린 파월은 전쟁 초기에 모든 사람들의 상상을 초월하는 압도적인 인적·물적 자원을 투입하여 조기에 상황을 장악해야 하며 과거 베트남 전쟁 때 사용했던, 점진적으로 전략을 보강하는 '베트남 접근법'은 실패를 불러올 정책이라고 주장한 바 있다.[10]

물론 이러한 과감한 전략은 금융위기를 빠른 시간 안에 잠재우는 데는 도움을 주었지만 이 과정에서 불필요한 세금이 낭비될 가능성을 키웠던 것도 사실이다. 하지만 이와 관련하여 피셔는 도덕적 해이를 줄이는 시스템을 구축하는 것은 평상시 해야 할 일이지 위기 시에 걱정할 일이 아니라고 단언했다.[11]

9. 금융위기 전문가의 중요성

2008년 글로벌 금융위기 당시 문제 해결을 위해 전면에서 고군분투하던 가이트너는 위기 대응에 능한 전문가의 필요성을 다음과 같이 설명했다.

위기 방어는 과학보다는 예술에 가깝다. 흑백이 명확히 나뉘는 곳보다 회색지대가 많다. 따라서 확고한 원칙보다는 유연성, 창의성, 그리고 겸손이 요구된다. 마치 권투선수이면서도 철학자 같은 마이크 타이슨의 말이 떠오른다. "누구나 얼굴에 주먹이 날아들기 전까지는 전략을 가지고 있다."[12]

화재를 예방하기 위해서는 방화 물질로 지어진 건물, 천장의 스프링쿨러, 매뉴얼도 필요하지만 경험을 갖춘 소방 전문가가 필요하듯이 금융위기의 예방과 해결을 위해서도 잘 준비된 위기 대응 전략 못지않게 능력 있는 전문가들이 필요하다.

특히, 글로벌 금융시장의 상호 연계성이 높고 연준, 유럽중앙은행, 일본은행, 중국인민은행 등 주요국의 통화신용 정책이 서로 영향을 미치는 소위 스필오버 효과가 커진 오늘의 금융환경은 글로벌 식견과 네트워크를 갖춘 전문가를 그 어느 때보다 절실히 요구하고 있다. 2008년 글로벌 금융위기 당시 연준의 버냉키, 영란은행의 머빈 킹, 그리고 유럽중앙은행의 트리셰는 우연히도 유학 등의 기회를 통해 상당히 오랫동안 친분을 쌓아왔고, 이들의 친분은 위기 국면에서 정책 공조를 이끌어내는 데 큰 도움이 되었다.

하지만 무엇보다 선진국 정책 당국자들의 긴밀한 정책 공조를 뒷받침하는 것은 상당히 긴 재임기간이라고 할 수 있다. 미국 연준은 100년의 역사에도 불구하고 겨우 15명의 의장을 배출했고 통화 정책을 담당하는 이사들의 경우 임기가 무려 14년에 달한다. 미국의 재무장관 또한 대부분 대통령과 임기를 같이한다. 퇴임 이후에도 헤리티지, 브루킹스, 패터슨 같은 연구소에 재직하면서 여전히 현직에 있을 때 맺어둔 관계를 발전시키고 자신의 경험을 현직에 있는 사람들에게 전수하는 역할을 한다.*

2008년 위기 이후 보수적인 문화가 자리 잡은 각국의 중앙은행에 이방인이라고 할 수 있는 외국인 또는 조직 외에서 성장한 사람들을 수혈하는 일이 유행처럼 번지는 것은 바로 국제감각을 갖춘 금융위기 전문가의 중요성을 인식한 각국의 행보가 표면화된 것으로 볼 수 있다.**

. . .

저명한 경제학자 그레고리 맨큐는 경제학의 어려움을 다음과 같이 고백한 바 있다.

> 고백하건대, 경제학자로 사반세기를 보내고도 나는 경제학에 대해 너무 모르는 게 많다. 사실 그동안 나의 모든 에너지와 관심을 집중시킨 경기 변동과 관련해서도 명확히 답을 할 수 없는 아주 중요한 의문들이 여전히 남아 있다.[13]

---

* 우리나라의 경우, 글로벌 경제 환경에 능통해야 할 기획재정부 장관, 금융위원장, 한국은행 총재, 기획재정부의 국제경제 관리관, 세계은행·IMF 등 주요 국제기구에서 한국을 대표하는 이사 등 주요 정책 당국자들의 임기가 너무 짧고 금융위기 방지를 위해 설립된 국제금융센터의 기능도 경제 규모에 비해 취약하다고 할 수 있다. 다만 2014년 IMF의 아시아 태평양국 국장에 임명된 이창용 교수와 BIS의 수석 이코노미스트로 취임한 신현송 교수의 사례는 한국의 글로벌 네트워크를 구축하는 데 상당히 의미 있는 진전으로 평가받을 만하다.
** 영란은행의 마크 카니 총재, 연준의 스탠리 피셔 부의장, 인도중앙은행의 라구람 라잔 등 많은 사례가 나오고 있다.

이 책을 쓰며 나는 금융위기를 중심으로 경제위기의 역사를 고찰하면서 금융위기의 모든 것을 파헤치고 싶었지만 금융위기는 반복된다는 것 외에는 그 무엇도 해결하지 못한 느낌을 지울 수 없다. 어쩌면 반복적으로 위기를 야기하는 요인이 바로 '이것이다'라고 지목하는 것이야말로 잠재적인 위기 요인을 하나 더하는 오류일지도 모른다. 하지만 금융위기의 원인을 규명하고 더 나은 위기 방지 시스템을 구축해 나가려는 노력은 앞으로도 포기해서는 안 될 과업이다.

나는 우리 경제가 금융위기의 위협으로부터 보다 자유롭기 위해서는 과거의 금융위기를 끊임없이 연구하고 이를 통해 교훈을 얻어야 한다고 생각한다. 따라서 이 책을 계기로 우리 경제에 바람직한 최적의 위기 방지 시스템은 무엇인가에 대해 좀 더 활발한 토의가 이루어지기를 희망해본다. 보다 다양하고 종합적인 금융위기 방지 대책들이 정책결정자, 언론인, 정치인, 그리고 많은 독자들 사이에서 토의된다면 우리 경제의 위기 대응 능력은 한 단계 업그레이드될 것이고 이는 책을 펴낸 보람으로 남을 것이다.

금융사
연표

연도	주요 사건	미국 금융사	세계 금융사
기원전			기원전 600 소아시아의 리디아, 금화 주조 기원전 629 에지비 가문 금융 활동
1601			
			1609 네덜란드, 암스테르담 은행 설립
	1618~1648 30년전쟁		1634 네덜란드, 튤립 버블 1656 스웨덴, 스톡홀름은행 설립 1672 영국, 국고 지급 금지
	1678 숙종, 상평통보 주조 1688 영국 명예혁명		1694 영란은행 설립 1696 뉴턴의 화폐 재주조
1700 1701	1701~1714 스페인 왕위계승전쟁 1708 숙종, 대동법 전국 확대 실시		
	1740~1748 오스트리아 왕위계승전쟁 1756~1763 7년전쟁 1763 파리조약		1719 프랑스, 미시시피버블 1720 영국, 남해 버블 1763 암스테르담, 베를린, 함부르크 금융위기
	1774 프랑스, 루이 16세 즉위 1775 미국, 독립전쟁 시작	1775 대륙의회, 불환지폐 컨티넨탈 발행 1782 최초의 상업은행인 북미은행 영업 개시	1774 프랑스, 튀르고 재무총감 개혁 1776 애덤 스미스, 《국부론》 발간
	1789 프랑스, 삼부회 소집 프랑스 혁명 시작 미국 독립	1789 알렉산더 해밀턴, 재무장관 취임 1791 제1차 미국은행 탄생 윌리엄 듀어의 투기	1789 프랑스 혁명정부, 아시냐 발행

연도	주요 사건	미국 금융사	세계 금융사
	1792 루이 16세 처형	1792 금융공황 뉴욕증권거래소 전신 설립 주조법 제정	
	1793 프랑스 혁명정부, 공포 정치 시작		1793 프랑스 혁명정부, 최 대가격법 시행
	1799 나폴레옹, 쿠데타로 정 권 장악		
1800			1800 프랑스은행 설립
1801	1801 토머스 제퍼슨, 미국 대통령 취임	1803 루이지애나 구입	
	1804 루이스와 클라크, 서 부 탐험 시작	1804.6 알렉산더 해밀턴 사망 1811.11 제1차 미국은행 소멸	
	1812 미국-영국 전쟁 1814 겐트조약		
	1817 제임스 먼로, 미국 대 통령 취임	1816 제2차 미국은행 설립 1819 금융위기 1822 니콜라스 비들, 제2차 미국은행 총재 취임	1821 영국, 금본위제도 이행 1825 영국, 세계 최초의 신 흥시장 금융위기
	1828 앤드류 잭슨, 미국 대 통령 당선	1829 최초의 예금보험기금 인 뉴욕 주 세이프티 펀드 설립	
	1832 앤드류 잭슨, 재선	1836 제2차 미국은행 소멸 1836~1863 자유은행업 시대	
	1837 마틴 밴 뷰런, 미국 대 통령 취임	1837 은행 공황	1844 영국, 필 조례와 조인 트스탁은행업법 제정 1857 영국, 세계 최초의 글 로벌 금융위기
	1861 에이브러햄 링컨, 미국 대통령 취임	1857 뉴욕 청산소 설립 1862 법정 통화법 제정: 그 린백 발행 1863 전국은행법 제정 1864 연방통화감독청 설치	
	1864 미국 남북전쟁		
	1869 율리시스 그랜트, 미 국 대통령 취임		1866 영국 오버런드거니사 파산
	1873~1914 국제적인 금본 위제 시행	1873 주조법 개정: 은화달러 를 법정통화에서 삭제 1875 태환법 제정: 그린백 퇴출 1878 블랜드-앨리슨법 제정 1880 그린백당 탄생	1873 월터 배젓, 《롬바르트 스트리트》 발간 1876 한국, 최초의 근대 은 행 다이이치 국립은행 부산지점 설립 1882 일본, 중앙은행 설립

연도	주요 사건	미국 금융사	세계 금융사
		1890 민중당 탄생 서먼 은구매법·서먼 반독점법 제정	1890 영국, 베어링사 위기
	1894 한국, 갑오개혁으로 은본위제 실시 1896 윌리엄 매킨리, 미국 대통령 당선	1896 브라이언-매킨리 간 본위제 싸움 1900 금본위제법 제정	1897 스웨덴, 릭스뱅크를 중앙은행으로 개편
1900 **1901**	1901 매킨리 대통령 암살, 시어도어 루스벨트 미국 대통령 취임 1901 한국, 이용익 금본위 제 발표 1904 러일전쟁 발발 1905 한국, 광무개혁의 일 환으로 일본인 메카타 에 의한 근대적인 재 정금융제도 구축		
		1907 니커보커 파산으로 금 융위기 알드리치-브릴랜드 법 제정	1909 영국 로이드 조지 재 무장관, '국민의 예산' 으로 사회보장제도 구축 시도
	1910 한일병합조약 1913 우드로 윌슨, 미국 대통 령 취임 1914~1918 제1차 세계대전 1919 파리강화회의, 베르사 유조약	1910 제킬 섬 회합 1912 푸조위원회 출범 1913 연방준비제도 탄생 1913. 3. JP 모건 사망	
	1921 워런 하딩, 미국 대통 령 취임 1923 프랑스, 독일 루르 지 방 점령, 뮌헨 폭동	1921 앤드류 멜런 재무장관 등장	1921 독일, 초인플레이션 시작 1924 영국, 처칠 재무장관 임명 1925 영국, 금본위제 복귀 선언
	1929. 3 허버트 후버, 미국 대통령 취임 1933 프랭클린 루스벨트, 미국 대통령 당선 1933 아돌프 히틀러, 독일 총리 임명	1928. 10 벤저민 스트롱 사망 1929 뉴욕 증시 대폭락 1930. 3 스무트-홀리 관세법 1933 어빙 피셔, 부채 인플 레이션 이론 발표 1933. 3 전국 은행 영업 정지 은행법 제정: 글래 스-스티걸 조항과 연 방예금보험기금 설립	1927. 5 독일, 블랙 프라이 데이 금융위기 1931 오스트리아, 크레디트 안슈탈트 파산 영국, 금본위제 이탈 선언 일본, 금본위제 복귀 선언 1936 케인스, 《일반 이론》 출간
	1939~1945 제2차 세계대전 1945. 12 해리 트루먼, 미국 대통령 취임	1944. 6. 30 브레튼우즈 회 의 개막 1945. 7 미국 의회, 브레튼우	1945. 12 영국 의회, 브레튼 우즈 협상안 비준

연도	주요 사건	미국 금융사	세계 금융사
		즈 협상안 비준	1946. 4 케인스, 심장마비로 사망
			1947. 8 영국, 1차 스털링 위기
		1948. 4 해리 화이트, 심장마비로 사망	
	1949 북대서양조약기구 설립	1951. 4 윌리엄 마틴, 연준 의장 취임	
	1953. 1 드와이트 아이젠하워, 미국 대통령 취임	연준-재무부 간 연준의 독립성 강화 합의	
	1956 수에즈 운하 위기		
	1961. 1 존 F. 케네디, 미국 대통령 취임		
	1963. 11 린든 존슨, 미국 대통령 취임	1963 프리드먼과 슈왈츠, 《미국 금융사》 발간	1967 영국, 2차 스털링 위기
	1969. 1 리처드 닉슨, 미국 대통령 취임	1970 아서 번스, 연준 의장 취임	
		1971. 8 닉슨, 달러화의 금 태환 중지 선언	
		1971. 12 스미소니언 협정	
	1973 욤 키푸르 전쟁		1976 영국, 3차 스털링 위기
	1차 오일쇼크		
		1977 지역 재투자법 제정	
		1978 윌리엄 밀러, 연준 의장 취임	
		험프리-호킨스법 통과: 연준에 완전고용 의무를 부여	
	1979 오일쇼크	1979. 8 폴 볼커, 연준 의장 취임	
	영국 마거릿 대처, 보수당 총선 승리	1979. 10 폴 볼커, 인플레이션 전쟁 시작	
	1980 로널드 레이건, 미국 대통령 당선		
			1982 멕시코 부채 위기
		1984~1991 미국 저축대부조합(S&L) 위기	1985. 9 플라자 합의로 달러 약세 유도
			1986. 10. 영국 빅뱅: 금융 규제 완화 착수
		1987. 8 앨런 그린스펀, 연준 의장 취임	1987~1994 북유럽 은행 위기
	1989. 1 조지 부시 시니어, 미국 대통령 취임	1987. 10 검은 월요일: 주가 대폭락	1990 일본, 부동산 거품 붕괴: 잃어버린 20년 시작
	1992 하이먼 민스키, 금융 불안정성 가설 발표		
	1993. 1 빌 클린턴, 미국 대통령 취임		1994 멕시코 데킬라 위기

연도	주요 사건	미국 금융사	세계 금융사
		1994 리글-닐 주(州) 간 은행 및 지점 효율화법 제정: 주간 은행업 제한 해제	1994~1996 브라질 금융위기
		1994 JP모건 블라이스 마스터스, 신용파산스왑 상품 개발	
		1996. 12 그린스펀, 비이성적 과열 언급	1997 아시아 외환위기
	1997. 2 토니 블레어, 영국 총리 취임	1998. 4 트래블러-시티 합병 선언	1998 러시아, 모라토리엄 선언
		1998. 9 LTCM 위기	1998~2002 아르헨티나 금융위기
		1999. 11 금융선진화법(그램-리치-블라일리법) 통과: 글래스-스티걸법 폐지	1999. 1 유로존 및 단일 통화 유로화 탄생
			1999. 4 일본은행 제로 금리 정책과 사전 고지를 통해 디플레이션 극복 시도
2000	2000. 5 블라디미르 푸틴, 러시아 대통령 취임	2000~2001 닷컴 버블 붕괴	
2001	2001. 1 조지 부시, 미국 대통령 취임		
		2002 벤 버냉키, 연준 이사로 연준 합류	2003 머빈 킹, 영란은행 총재 취임
		2004. 5 그린스펀, 다섯 번째 연임 성공, 그린스펀 수수께끼(conundrum) 발언	장 클로드 트리셰, 유럽중앙은행 총재 취임
	2005. 11 안젤라 메르켈, 독일 총리 취임	2006. 2 벤 버냉키, 연준 의장 취임	
	2007 엘리자베스 워런, 금융 소비자 보호기구 필요성 발표	2007. 8 비엔피파리바, 운영 펀드 서브프라임 모기지 채권 투자 손실로 파산 잭슨홀 미팅에서 로버트 실러 교수, 자산시장 버블 경고	2007. 9 영국 노던락 은행 뱅크런
		2007. 12 캐나다중앙은행, 영란은행, 유럽중앙은행, 스위스중앙은행, 미국 연준 단기 금융시장 자금 공급 공동 대응 선언	
		2008. 1 신용평가사들, 서브프라임 관련 채권 신용 등급 인하	

연도	주요 사건	미국 금융사	세계 금융사
		2008. 3 베어스턴스 파산 후 JP모건체이스에 흡수	
		2008. 9 패니메이와 프레디맥 법정 관리, 리먼브라더스 파산, AIG 구제, 리저브 펀드 '브레이크 더 벅' 사태 발생, 워싱턴추얼 파산	
		2008. 10 7,000억 달러 규모 구제금융 타프 확정	
		2008. 12 연준, 정책 금리 사실상 제로 수준으로 인하	
2009. 1 버락 오바마, 미국 대통령 취임		2009. 2 CNBC 기자 릭 산텔리, 구제금융 비난	2009. 10 그리스 새 정부, 충격적인 실제 재정 적자 규모 발표
		2009. 3 제1차 양적 완화 실시	2010. 4 그리스, 구제금융 신청
		2010. 6 도드-프랭크법 탄생	
		2010. 9 월가 점령하기 운동 촉발 오퍼레이션 트위스트 실시	
		2010. 11 제2차 양적 완화 실시	2011. 2 유로 안정화 기구 (ESM) 출범
		2011. 6 금융소비자보호원 탄생	2011. 5 포르투갈, 구제금융 실시
			2011. 11 마리오 드라기, 유럽중앙은행 총재 취임
2012. 5 프랑수아 올랑드, 프랑스 대통령 당선		2012. 12 제3차 양적 완화와 사전 고지 정책 실시	2012. 6 마리오 드라기, "무엇이든 하겠다" 선언
			2013. 5 연준의 테이퍼링 방침에 취약 5개국 금융위기 발생
		2013. 11 로렌스 서머스, 뉴노멀 주장	2013. 6 마크 카니, 영란은행 총재 취임
2014		2014. 2 자넷 옐런 제15대 연준 의장 취임	2014. 6 유럽중앙은행, 마이너스 금리 부과

감사의 글, 들어가는 글, 프롤로그

1. Kindleberger, C. P. & Aliber, R. (2005). *Maniac, Panics, and Crashes: A History of Financial Crises.* Hoboken, New Jersey: John Wiley & Sons, p.24.

2. Reinhart, C. M. & Rogoff, K. S. (2009). *This Time Is Different: Eight Centuries of Financial Folly.* Princeton and Oxford: Princeton University Press, p.141.

3. *The Economist* (2010. 11. 11). Buttonwood: South Sea QE: An early attempt to buy government bonds by creating money.

4. *The Economist* (2014. 4. 12). Essay: Financial Crisis.

5. Geithner, T. F. (2014). *Stress Test: Reflections on Financial Crises.* New York: Crown Publishers, p.22.

6. *The Economist* (2014. 4. 12). Essay: Financial Crisis.

7. John Lanchester (2013. 7. 18). "Let consider Kate: What is to be done about the banks". *London Review of Books*, Vol. 35 No. 14, pp.3–8.

8. Ferguson, N. (1999). *The Ascent of Money.* New York: Peguin Books, p.36.

9. Simon Johnson (2013. 10. 30). *Are China's Banks Next?* Project Syndicate.

1부

1. Ferguson, N. (1999). *The House of Rothschild*. New York: Peguin Books, p.17.

2. Bagehot, W. (2003. 8). *Lombard Street: A Description of the Money Market*, p.11.

3. Ferguson, N. (1999). *The Ascent of Money*. New York: Penguin Books, p.8

4. Calomiris, C. W. & Haber, S. H. (2014). *Fragile by Design: The Political Origins of Banking Crises and Scarce Credit*. Princeton and Oxford: Princeton University Press, p.62.

5. Bignon, V., Flandreau, M. & Ugolini, S. (2009). Bagehot for beginners: The making of lending of last resort operations in the mid-19th centrury. *Norges Bank's bicentenary project, 38*.

6. Roberds, W. & Velde, F. (2014). Early Public Banks. *Federal Reserve Bank of Atlanta Working Paper Series*, pp.33-37.

7. Bernstein, P. L. (1996). *Against The Gods: The Remakable Story of Risk*. New York: John Wiley & Sons, INC., p.307.

8. Garber, P. M. (1989). Tulipmania. *Journal of Political Economy*, Vol. 97, No. 3, pp.535-560.

9. *The Economist* (2013. 10. 4). Was tulipmania irrational?

10. Narron, J. & Skeie, D. (2014. 2. 7). Crisis Chronicles: The Commercial Credit Crisis of 1763 and Today's Tri-Party Repo Market.

11. Quinn, S. & Roberds, W. (2012). Responding to a Shadow Banking Crisis: The Lesson of 1763. *Federal Reserve Bank of Atlanta Working Paper Series*.

12. 앞의 자료.

13. Schnabel, I. & Hyun Song, S. (2003). Lessons from the Seven Years War. *CenterPiece*, pp.21-29.

14. Roberds, W. & Velde, F. (2014). Early Public Banks. *Federal Reserve*

Bank of Atlanta Working Paper Series.

15. 앞의 자료.

16. Grossman, R. S. (2010). *Unsettled Account: The Evolution of Banking in the Industrialized World since 1800.* Princeton: Princeton University Press, p.198.

17. Irwin, N. (2013). *The Alchemists: Three Central Bankers and a World on Fire.* New York: The Penguin Press, p.22.

18. Roberds, W. & Velde, F. (2014). Early Public Banks. *Federal Reserve Bank of Atlanta Working Paper Series,* p.52.

19. Ingrid Van Damme (2008). The cradle of the European banknote stood in Sweden. 〈http://www.nbbmuseum.be/2008/04/cradle−european−banknote.htm〉.

2부

1. *The Economist* (2014. 4. 12). Essay: Financial Crisis.

2. Taylor, A. (2001). *American Colonies.* Penguin Books, p.288.

3. Anne L. Murphy (2005. 10). Lotteries in the 1690s: Investment or Gamble? *Financial History Review.*

4. Taylor, A. (2001). *American Colonies.* Penguin Books, p.289.

5. Bagehot, W. (2003. 8). *Lombard Street: A Description of the Money Market,* pp.45−47.

6. Grossman, R. S. (2010). *Unsettled Account: The Evolution of Banking in the Industrialized World since 1800.* Princeton: Princeton University Press, p.175.

7. 앞의 책, p.175.

8. Calomiris, C. W. & Haber, S. H. (2014). *Fragile by Design: The Political Origins of Banking Crises and Scarce Credit.* Princeton and Oxford: Princeton University Press, p.102.

9. Calomiris, C. W. & Haber, S. H. (2014). *Fragile by Design: The Political Origins of Banking Crises and Scarce Credit.* Princeton and Oxford: Princeton University Press, p.115.

10. 앞의 책, p.118.

11. *The Economist* (2014. 4. 12). Essay: Financial Crisis.

12. Bagehot, W. (2003. 8). *Lombard Street: A Description of the Money Market,* p.58.

13. Flandreau, M. & Ugolini, S. (2011). Where It All Began: Lending of Last Resort and the Bank of England During the Overend, Gurney Panic of 1866. *EHES Working Paper,* No. 7.

14. Bagehot, W. (2003. 8). *Lombard Street: A Description of the Money Market,* p.10.

15. Irwin, N. (2013). *The Alchemists: Three Central Bankers and a World on Fire.* New York: The Penguin Press, p.33.

16. Grossman, R. S. (2010). *Unsettled Account: The Evolution of Banking in the Industrialized World since 1800.* Princeton: Princeton University Press, p.98.

17. Irwin, N. (2013). *The Alchemists: Three Central Bankers and a World on Fire.* New York: The Penguin Press, p.34.

18. Zieglaer, P. (1988). *The Sixth Great Power.* New York: Alfred A. Knopf, p.270.

19. Calomiris, C. W. & Haber, S. H. (2014). *Fragile by Design: The Political Origins of Banking Crises and Scarce Credit.* Princeton and Oxford: Princeton University Press, p.123.

20. Bordo, M. D. & White, E. N. (1990). British and French Finance During The Napoleonic Wars. *NBER Working Papers Series.* Working Paper. No. 3517.

21. Chadha, J. S. & Newby, E. (2013). Midas, transmuting all, into

paper: the Bank of England and the Banque de France during the Revolutionary and Napoleonic Wars. *Bank of Finland Research Discussion Papers 20.*

22. Gleeson, J. (1999). *Millionaire: The Philander, Gambler, and Duelist Who Invented Modern Finance.* New York: Touchstone.

23. 앞의 책, p.123.

24. Bordo, M. D. & White, E. N. (1990). British and French Finance During The Napoleonic Wars. *NBER Working Papers Series. Working Paper.* No. 3517.

25. Calomiris, C. W. & Haber, S. H. (2013. 11~12). Why Banking Systems Succeed—And Fail. *Foreign Affairs.*

26. Grossman, R. S. (2010). *Unsettled Account: The Evolution of Banking in the Industrialized World since 1800.* Princeton: Princeton University Press, p.222.

27. Calomiris, C. W. & Haber, S. H. (2014). *Fragile by Design: The Political Origins of Banking Crises and Scarce Credit.* Princeton and Oxford: Princeton University Press, pp.157−158.

28. 앞의 책, p.166.

29. 앞의 책, p.299.

30. chernow, R. (2004). *Alexander Hamilton.* New York: The Penguin Group, p.347.

31. Grossman, R. S. (2013). *Wrong: Nine Economic Policy Disaters and What We Can Learn from Them.* Oxford University Press, p.44.

32. Wright, R. E. & Cowen, D. J. (n.d.). *Financial Founding Fathers: The Men Who Made America Rich.* University of Chicago Press, pp.79−86.

33. 앞의 책, p.83.

34. Sylla, R. (2007). Alexander Hamilton: Central Banker and Financial Crisis Manager. *Financial History.*

35. Grossman, R. S. (2010). *Unsettled Account: The Evolution of Banking in the Industrialized World since 1800*. Princeton: Princeton University Press, p.226.

36. Reynolds, D. S. (2008). *Waking Giant: America in the Age of Jackson*. New York: Harper Perennial, p.29.

37. Grossman, R. S. (2013). *Wrong: Nine Economic Policy Disaters and What We Can Learn from Them*. Oxford University Press, p.51.

38. McCraw, T. K. (2012). *The Founders and Finance: How Hamilton, Gallatin, and other Immigrants Forges a New Economy*. Cambridge, Massachusetts: The Belknap Press of Harvard University Press, p.320.

39. Barth, J. R., Gerard Caprio, J. & Levine, R. (2006). *Rethinking Bank Regulation: till Angles Govern*. New York: Cambridge University Press, p.33.

40. Macey, J. R. & Miller, G. P. (1992). Double Liability of Bank Shareholders: History and Implications. *Faculty Scholarship Series*. Yale Law School.

41. Laurence, L. J. (1898). *The History of Bimetallism in the United States*. New York: D. Appleton and Co.

42. Brands, H. (2011). *Greenback Planet: How the Dollar Conquered the World and Threatened Civilization as We Know it*. Austin, TX: University of Texas Press, p.24.

43. Brown, E. H. (2007). *Web of Debt*. Baton Rouge, Louisiana: Third Millennium Press, p.11.

3부

1. Bernanke, B. S. (2000). *Essays on The Great Depression*. Princeton, New Jersey: Princeton University Press, p.5.

2. Grossman, R. S. (2010). *Unsettled Account: The Evolution of Banking*

in the Industrialized World since 1800. Princeton: Princeton University Press, p.245.

3. Calomiris, C. W. & Haber, S. H. (2014). *Fragile by Design: The Political Origins of Banking Crises and Scarce Credit.* Princeton and Oxford: Princeton University Press, p.189.

4. Moen, J. R. & Tallman, E. W. (1999). Why Didn't the United States Establish a Central Bank until after the Panic of 1907? *Working Paper 99-16.* The Federal Reserve Bank of Atlanta.

5. 앞의 자료.

6. Johnson, S. & Kwak, J. (2010). *13 Bankers: The Wall Street Takeover and the Next Financial Meltdown.* New York: Pantheon Books, p.51.

7. Prins, N. (2014). *All The Presidents' Bankers: The Hidden Alliances That Drive America Power.* New York: Nation Books, p.34.

8. Wessel, D. (2009). *In Fed We Trust: Ben Bernanke's War on the Great Panic.* New York: Crown Business, p.49.

9. Prins, N. (2014). *All The Presidents' Bankers: The Hidden Alliances That Drive America Power.* New York: Nation Books, p.37.

10. Grossman, R. S. (2010). *Unsettled Account: The Evolution of Banking in the Industrialized World since 1800.* Princeton: Princeton University Press, p.244.

11. 앞의 책, p.244.

12. Calomiris, C. W. & Haber, S. H. (2014). *Fragile by Design: The Political Origins of Banking Crises and Scarce Credit.* Princeton and Oxford: Princeton University Press, pp.185−187.

13. Ahamed, L. (2009). *Lords of Finance: The Bankers Who Broke The World.* New York: The Penguin Press, p.173.

14. Wessel, D. (2009). *In Fed We Trust: Ben Bernanke's War on the Great Panic.* New York: Crown Business, p.39.

15. Grossman, R. S. (2013). *Wrong: Nine Economic Policy Disaters and What We Can Learn from Them*. Oxford: Oxford University Press, pp.69-70.

16. Kindleberger, C. P. (2013). *The World in Depression: 1929-1939 (40th Anniversary Edition)*. University of California Press, p.2013.

17. Grossman, R. S. (2013). *Wrong: Nine Economic Policy Disaters and What We Can Learn from Them*. Oxford: Oxford University Press, p.75.

18. Lewis, N. (2006. 9. 11). In Hyperinflation's Aftermath, How Germany Went Back to Gold. *Forbes*.

19. Ahamed, L. (2009). *Lords of Finance: The Bankers Who Broke The World*. New York: The Penguin Press, p.189.

20. White, L. H. (2012). *The Clash of Economic Ideas: the Great Policy Debates and Experiments of the Last Hundred Years*. New York: Cambrige University Press, p.297.

21. Bernanke, B. S. (2000). *Essays on The Great Depression*. Princeton, New Jersey: Princeton University Press, p.72.

22. Grossman, R. S. (2013). *Wrong: Nine Economic Policy Disaters and What We Can Learn from Them*. Oxford: Oxford University Press, pp.93-94.

23. Steil, B. (2013). *The Battle of Bretton Woods: John Maynard Keynes, Harry Dexter White, and the Making of a New World Order*. Princeton and Oxford: Princeton Univeristy Press, p.75.

24. Eichengreen, B. & Temin, P. (1997). *The Gold Standard and the Great Depression*. Cambridge, MA: National Bureau of Economic Research.

25. Wolcott, S. (1993. 9). Keynes Versus Churchill: Revaluation and British Unemployment in the 1920s. *The Journal of Economic History*, p.601.

26. *The Economist* (2009. 2. 12). Irving Fisher: Out of Keynes's shadow.

27. *The Economist* (2010. 1. 7). Free exchange: The Fed discovers Hyman

Minsky.

28. Ferguson, N. (2008). *The Ascent of Money*. New York: The Penguin Press, pp.94–95.

29. Reinhart, C. M. & Rogoff, K. S. (2009). *This Time Is Different: Eight Centuries of Financial Folly*. Pricenton and Oxford: Princeton University Press.

30. Brands, H. (2011). *Greenback Planet: How the Dollar Conquered the World and Threatened Civilization as We Know it*. Austin, TX: University of Texas Press, p.41.

31. Crabbe, L. (1989). The International Gold Standard and U.S. Monetary Policy from World War I to the New Deal. In B. o. System, *A History of the Federal Reserve: Volume I: 1913–1951*, pp.423–439.

32. Brands, H. (2011). *Greenback Planet: How the Dollar Conquered the World and Threatened Civilization as We Know it*. Austin, TX: University of Texas Press, p.42.

33. Wheelock, D. C. (1992). Monetary Policy in the Great Depression: What the Fed Did, and Why. *Federal Reserve Bank of St. Louis Review*, March/April Vol. 74, No.2, pp.3–28.

34. White, L. H. (2012). *The Clash of Economic Ideas: the Great Policy Debates and Experiments of the Last Hundred Years*. New York: Cambrige University Press, p.296.

35. Eichengreen, B. & Temin, P. (1997). *The Gold Standard and the Great Depression*. Cambridge, MA: National Bureau of Economic Research.

36. Bernanke, B. S. (2013). *The Federal Reserve and the Financial Crisis(Lectures by Ben S. Bernanke)*. Princeton and Oxford: Princeton University Press, p.21.

37. Badger, A. J. (1989). *The New Deal: The Depression Years, 1933-40*. Chicago: IVAN R. DEE, p.71.

38. Claessens, S., Kose, M. A., Laeven, L., & Valencia, F. (2014). *Financial Crises: Causes, Consequences, and Policy Responses*. Washington D.C.: International Monetary Fund, pp.571−572.

39. Grossman, R. S. (2010). *Unsettled Account: The Evolution of Banking in the Industrialized World since 1800*. Princeton: Princeton University Press, p.247.

40. 앞의 책, p.248.

41. 앞의 책, p.248.

42. Grossman, R. S. (2013. 3. 14). The Monetary Cosmopolitan, Project Syndicate.

43. Calomiris, C. W. & Haber, S. H. (2014). *Fragile by Design: The Political Origins of Banking Crises and Scarce Credit*. Princeton and Oxford: Princeton University Press, p.190.

44. 앞의 책, p.191.

4부

1. Bordo, M. D. & Eichengreen, B. (1993). *A Retrospective on the Bretton Woods System: Lesson for International Monetary Reform*. Chicago: University of Chicago Press, p.461.

2. Steil, B. (2013). *The Battle of Bretton Woods: John Maynard Keynes, Harry Dexter White, and the Making of a New World Order*. Princeton and Oxford: Princeton Univeristy Press, pp.126−127.

3. 앞의 책, p.128.

4. 앞의 책, p.143.

5. 앞의 책, p.167.

6. White, L. H. (2012). *The Clash of Economic Ideas: the Great Policy Debates and Experiments of the Last Hundred Years*. New York: Cambridge University Press, p.278.

7. Boughton, J. M. (2014). The IMF and The Force of History: Events and Ideas That Has Shaped The Global Institution. *IMF Working Paper*, p.1.

8. White, L. H. (2012). *The Clash of Economic Ideas: the Great Policy Debates and Experiments of the Last Hundred Years*. New York: Cambridge University Press, p.301.

9. Brands, H. (2011). *Greenback Planet: How the Dollar Conquered the World and Threatened Civilization as We Know it*. Austin, TX: University of Texas Press, p.70.

10. Siber, W. L. (2013). *Volcker: The Triumph of Persistence*. New York: Bloomsbury Press, p.32.

11. 앞의 책, p.50.

12. 앞의 책, p.299.

13. Eichengreen, B. (2011). *Exorbitant Privilege: The Rise and Fall of the Dollar and the Future of the International Monetary System*. New York: Oxford University Press, p.4.

14. Brands, H. (2011). *Greenback Planet: How the Dollar Conquered the World and Threatened Civilization as We Know it*. Austin, TX: University of Texas Press, p.72.

15. 앞의 책, p.72.

16. 앞의 책, p.74.

17. 앞의 책, p.76.

18. White, L. H. (2012). *The Clash of Economic Ideas: the Great Policy Debates and Experiments of the Last Hundred Years*. New York: Cambridge University Press, p.303.

19. Bernanke, B. S. (2013). *The Federal Reserve and the Financial Crisis(Lectures by Ben S. Bernanke)*. Princeton and Oxford: Princeton University Press, p.31.

20. Siber, W. L. (2013). *Volcker: The Triumph of Persistence*. New York:

Bloomsbury Press, p.193.

21. Rickards, J. (2011). *Currency Wars: The Making of the Next Global Crisis*. New York: Portfolio/Penguin, p.106.

22. Grossman, R. S. (2010). *Unsettled Account: The Evolution of Banking in the Industrialized World since 1800*. Princeton: Princeton University Press, p.270.

23. Calomiris, C. W. & Haber, S. H. (2014). *Fragile by Design: The Political Origins of Banking Crises and Scarce Credit*. Princeton and Oxford: Princeton University Press, p.208.

24. Bagehot, W. (2003). *Lombard Street: A Description of the Money Market*. Retrieved from Project Gutenberg, p.17.

25. Irwin, N. (2013). *The Alchemists: Three Central Bankers and a World on Fire*. New York: The Penguin Press, p.101.

26. Bagehot, W. (2003). *Lombard Street: A Description of the Money Market*. Retrieved from Project Gutenberg, p.25.

27. Boughton, J. M. (2014). The IMF and The Force of History: Events and Ideas That Has Shaped The Global Institution. *IMF Working Paper*, p.18.

28. Prins, N. (2014). *All The Presidents' Bankers: The Hidden Alliances That Drive America Power*. New York: Nation Books, p.333.

29. Greenspan, A. (2007). *The Age of Turbulence*. New York: The Penguin Press, p.108.

30. Robert J. Shiller (1988. 4. 10). Crash Course; Black Monday's Biggest Lesson—Don't Run Scared. *The Washington Post*.

31. Jonung, L., Kiander, J. & Vartia, P. (2008). *The great financial crisis in Finland and Sweden: the dynamic of boom, bust and recovery, 1985-2000*. Economic and Financial Affairs, European Commission.

32. *Financial Times* (2009. 2. 3). Financial crisis: lessons from the Nordic experience.

33. William P. Osterberg & James B. Thomson (1999). The Exchange Stabilization Fund: How It Works. The Federal Reserve Bank of Cleveland.

34. Mishkin, F. S. (1999). Lessons from the Tequila Crisis. *Journal of Banking & Finance, 1521-1533.*

35. Ramo, J. C. (1999. 2. 15). The Three Marketeers. *Time.*

36. Stiglitz Joseph (2000). The Insider: What I learned at the World Economic Crisis. *New Republic.*

37. Loungani, P. (2013. 9). People in Economics: A Classic Act. *Finance and Development.* IMF.

38. Martin Wolf (2007. 5. 23). The lessons Asians learnt from their financial crisis. *Financial Times.*

39. Keith Bradsher (2007. 6. 28). Asia's Long Road to Recovery. *The New York Times.*

5부

1. CFA Society United Kingdom (2011). Financial Amnesia.

2. Geithner, T. F. (2014). *Stress Test: Reflections on Financial Crises.* New York: Crown Publishers, p.510.

3. Greenspan, A. (2007). *The Age of Turbulence.* New York: The Penguin Press, p.177.

4. 유재수 (2013). 《세계를 뒤흔든 경제 대통령들》. 서울: 삼성경제연구소.

5. Rubin, R. E. & Weisberg, J. (2003). *In An Uncertain World.* New York: Random House, p.287.

6. Greenspan, A. (2007). *The Age of Turbulence.* New York: The Penguin Press, p.195.

7. Chincarini, L. B. (2012). *The Crisis of Crowding: Quant Copycats, Ugly Models and the New Crash Normal.* New Jersey: John Wiley & Sons.

8. Sheelah Kolhatkar (2013. 4. 3). The Legacy of JP Morgan's Blythe

Masters. *Bloomberg Businessweek*.

9. Prins, N. (2014). *All The Presidents' Bankers: The Hidden Alliances That Drive America Power*. New York: Nation Books, p.381.

10. Greenspan, A. (2007). *The Age of Turbulence*. New York: The Penguin Press, pp.375–376.

11. *The Nation* (2012. 4. 19). For He's a Jolly Good Scoundrel: On Sanford Weill.

12. Prins, N. (2014). *All The Presidents' Bankers: The Hidden Alliances That Drive America Power*. New York: Nation Books, p.390.

13. *The Nation* (2012. 4. 19). For He's a Jolly Good Scoundrel: On Sanford Weill.

14. 박종규 (2007). "일본의 장기 침체와 회생과정: 한국경제에 대한 시사점." 서울: 한국금융연구원.

15. Grossman, R. S. (2013). *Wrong: Nine Economic Policy Disasters and What We Can Learn from Them*. Oxford: Oxford University Press, p.134.

16. Bernanke, B. S. (1999). Japanese Monetary Policy: a Case of Self-induced Paralysis? *Monetary Policy in a Low Inflation Environment, Federal Reserve Bank of Boston*. Woodstock, Vermont.

17. Irwin, N. (2013). *The Alchemists: Three Central Bankers and a World on Fire*. New York: The Penguin Press, pp.84–85.

18. 앞의 책, p.90.

19. Testimony of Chairman Alan Greenspan (2005. 2. 16). Federal Reserve Board's Semiannual Monetary Policy Report to the Congress, Before the Committee on Banking, Housing, and Urban Affairs. U. S. Senate.

20. Remarks by Governor Ben S. Bernanke (2005). 〈http://www.federalreserve.gov/boarddocs/speeches/2005/200503102/〉.

21. Irwin, N. (2013). *The Alchemists: Three Central Bankers and a World on Fire*. New York: The Penguin Press, p.97.

22. 앞의 책, p.94.

23. 앞의 책, p.107.

24. 앞의 책, p.108.

25. Chairman Alan Greenspan (2005. 8. 27). Closing Remarks, at a symposium sponsored by the Federal Reserve Bank of Kansas City, Jackson Hole, Wyoming.

26. *Financial Times* (2013. 12. 16). The Bernanke years.

27. *The Economist* (2006. 1. 12). Alan Greenspan: Monetary myopia.

28. 앞의 책.

29. Bernanke, B. S. (2013). *The Federal Reserve and the Financial Crisis(Lectures by Ben S. Bernanke)*. Princeton and Oxford: Princeton University Press, p.68.

30. United States Senate Permanent Subcommittee on Investigations (2011), p.48.

31. *BBC News Magazine* (2014. 3. 24). Did Hyman Minsky find the secret behind financial crashes?

32. Grossman, R. S. (2013). *Wrong: Nine Economic Policy Disasters and What We Can Learn from Them*. Oxford: Oxford University Press, p.147.

33. *The Economist* (2006. 1. 12). Alan Greenspan: Monetary myopia.

34. 앞의 책.

35. *Washington Post* (2005. 11. 9). Bush Honors Greenspan With Presidential Medal of Freedom.

36. ProPublica (2008. 10. 23). Greenspan Says 'I Still Don't Fully Understand' What Happened. 〈http://www.propublica.org/article/greenspan-says-i-still-dont-fully-understand-what-happened-1023〉.

37. John Cassidy (2013. 10. 29). ALAN GREENSPAN REDISCOVERS

KEYNES—SORT OF. *The New Yorker.*

6부

1. Lo, Andrew W. (2012). Reading about the Financial Crisis: A Twenty-One-Book Review. *Journal of Economic Literature, 50(1):* 151-78.
2. Ben S. Bernanke (2007. 6. 5). The Housing Market and Subprime Lending. *to the 2007 International Monetary Conference.* Cape Town. South Africa.
3. Geithner, T. F. (2014). *Stress Test: Reflections on Financial Crises.* New York: Crown Publishers, p.101.
4. Irwin, N. (2013). *The Alchemists: Three Central Bankers and a World on Fire.* New York: The Penguin Press, p.112.
5. Shin, H. S. (2011). Global Banking Glut and Loan Risk Premium. *2011 Mundell-Fleming Lecture Conference.*
6. Irwin, N. (2013). *The Alchemists: Three Central Bankers and a World on Fire.* New York: The Penguin Press, p.130.
7. Chincarini, L. B. (2012). *The Crisis of Crowding: Quant Copycats, Ugly Models and the New Crash Normal.* New Jersey: John Wiley & Sons.
8. Irwin, N. (2013). *The Alchemists: Three Central Bankers and a World on Fire.* New York: The Penguin Press, p.134.
9. Econtalk (2011. 3. 28). Vincent Reinhart on Bear Stones, Lehman Brothers, and Financial Crisis. 〈www.econtalk.org〉.
10. We Wouldn't have done anything differently: Ex Bear CEO (2012. 2. 29). 〈www. Cnbc. Com/id/ 46569897〉.
11. 앞의 자료.
12. Roberts, R. (2010). *GAMBLING WITH OTHER PEOPLE'S MONEY: How Perverted Incentives Caused the Financial Crisis.* Washington DC: Mercatus Center. George Mason University.

13. Stewart, J. B. (2009. 9. 21). Eight Days: The battle to save the American financial system. *New Yorker*.

14. Wechsberg, J. (1966). *The Merchant Bankers*. Boston and Toronto: Little, Brown and Company, p.191.

15. Econtalk (2011. 3. 28). Vincent Reinhart on Bear Stones, Lehman Brothers, and Financial Crisis. ⟨www.econtalk.org⟩.

16. Stewart, J. B. (2009. 9. 21). Eight Days: The battle to save the American financial system. *New Yorker*.

17. 앞의 책. 이후 8일간의 숨막히는 일정이 상세히 소개되어 있다.

18. Irwin, N. (2013). *The Alchemists: Three Central Bankers and a World on Fire*. New York: The Penguin Press, p.142.

19. 앞의 책, p.147.

20. Wechsberg, J. (1966). *The Merchant Bankers*. Boston and Toronto: Little, Brown and Company, p.187.

21. McDonald, L. (2009). *A Colossal Failure of Common Sense: The Incredible inside story of the collapse of Lehman Brothers*. New York: EBURY Press, pp.2−3.

22. Chincarini, L. B. (2012). *The Crisis of Crowding: Quant Copycats, Ugly Models and the New Crash Normal*. New Jersey: John Wiley & Sons.

23. *THE INDEPENDENT* (2009. 9. 7). Crash of a titan: the inside story of the fall of Lehman Brothers.

24. Federal Reserve 2008 Transcripts. (2014. 2. 14). *Economy*. Retrieved from The New York Times. ⟨http://www.nytimes.com/interactive/2014/02/21/business/economy/fed−transcripts−docviewer.html⟩.

25. Stewart, J. B. (2009. 9. 21). Eight Days: The battle to save the American financial system. *New Yorker*.

26. 앞의 책.

27. Irwin, N. (2013). *The Alchemists: Three Central Bankers and a World*

on Fire. New York: The Penguin Press, p.146.

28. Stewart, J. B. (2009. 9. 21). Eight Days: The battle to save the American financial system. *New Yorker*.

29. 앞의 책.

30. *The Economist*. (2013. 11. 9). Free exchange: Renouncing stable prices.

31. Humphrey, T. M. (2010). Lender of Last Resort: What it is, Whence It Came, and Why the Fed Isn't It. *Cato Journal, Vol. 30, No 2*.

32. Grunwald, M. (2009. 12. 16). Ben Bernankee. *Time*.

33. Federal Reserve 2008 Transcripts. (2014. 2. 14). *Economy*. Retrieved from The New York Times. 〈http://www.nytimes.com/interactive/2014/02/21/business/economy/fed-transcripts-docviewer.html〉.

34. Robert Shrimsley (2013. 9. 25). Forward guidance and Home economics. *Financial Times*.

35. Campbell, J. R., Evans, C. L., Fisher, J. D. & Justiniano, A. (2012). Macroeconomic effects of Federal Reserve forward guidance. *Working Paper, Federal Reserve Bank of Chicago, No. 2012-03*.

36. Econtalk (2011. 3. 28). Vincent Reinhart on Bear Stones, Lehman Brothers, and Financial Crisis. 〈www.econtalk.org〉.

37. Grunwald, M. (2009. 12. 16). Ben Bernanke. *Time*.

38. 앞의 책.

39. Bagehot, W. (2003). *Lombard Street: A Description of the Money Market*. Retrieved from Project Gutenberg, p.11.

40. Bair, S. (2012). *Bull By The Horns: Fighting to Save Main Street From Wall Street and Wall Street From Itself*. New York: Free Press, pp.323–353.

41. Siber, W. L. (2013). *Volcker: The Triumph of Persistence*. New York: Bloomsbury Press, p.277.

42. Fisher, R. (2013. 12. 20). Too Big to Fail and the Fed (R. Roberts,

Interviewer).

43. Taleb, N. (2013. 9. 9). Skin in the Game (R. Roberts, Interviewer).

44. Admati, A. & Hellwig, M. (2013). *The Bankers' New Clothes: Whats Wrong with Banking and What to do about it*, Princeton. New Jersey: Princeton University Press, p.22.

45. Bair, S. (2012). *Bull By The Horns: Fighting to Save Main Street From Wall Street and Wall Street From Itself*, New York: Free Press, p.325.

46. 앞의 책, p.349.

47. Mark Roe and Michael Tröge (2014. 3. 25). How to use a bank tax to make the financial system safe. *Financial Times*.

48. Warren, E. (2007). Unsafe at Any Rate. *Democracy: A Journal of Ideas*.

49. Geithner, T. F. (2014). *Stress Test: Reflection on Financial Crises*. New York: Crown Publishers, p.330.

50. Greg Smith (2012. 3. 14). Why I Am Leaving Goldman Sachs. *NYT*.

51. Matt Taibbi (2014. 11. 16). The $9 Billion Witness: Meet JPMorgan Chase's Worst Nightmare. *Rolling stone*.

52. Jeremy C. Stein (2014. 3. 21). Incorporating Financial Stability Consideration into a Monetary Policy Framework. *At the International Research Forum on Monetary Policy*. Washington D. C.

53. Akis Kalaitzidis (2010). *Europe's Greece: A Giant in the Making*. Palgrave Macmillan.

54. Michael Lewis (2010. 10. 1). Beware of Greeks Bearing Bonds. *Vanity Fair*.

55. Blinder, A. S. (2013). *After the Music Stopped: The Financial Crisis, the Response, and the Work Ahead*. New York: The Penguin Press, p.375.

56. *Spiegel* (2010. 2. 8). Greek Debt Crisis: How Goldman Sachs Helped Greece to Mask its True Debt.

57. *Spiegel* (2010. 2. 10). Greek Debt Crisis: How Goldman Sachs Helped Greece to Mask its True Debt.

58. Michael Lewis (2010. 10. 1). Beware of Greeks Bearing Bonds. *Vanity Fair*.

59. Soros, G. (2013). Fallibility, reflexity, and the human uncertainty principle. *Journal of Economic Methodology*, Vol 20, No. 4, p.325.

60. Spiegel, P. (2014. 5. 12, 14, 15). How the euro was saved. *Financial Times*.

61. Legrain, P. (2014). *European Spring: Why our Economies and Politics are in a Mess and How to Put them Right*. CB Creative Books, p.100.

62. *The Economist* (2014. 2. 1). The German mentality: Hail, the Swabian housewife.

63. Robert Skidelsky (2013. 11. 20). Four Fallacies of the Second Great Depression. Project Syndicate.

64. Barry Eichengreen (2013). The Use and Abuse of Monetary History. Project Syndicate.

65. Cooper, G. (2008). *The Origin of Financial Crises: Central Banks, Credit Bubble and the Efficient Market Fallacy*. New York: Vintage Books, p.24.

66. Spiegel, P. (2014. 5. 12, 14, 15). How the euro was saved. *Financial Times*.

67. Guntram B. Wolff (2013. 8). The ECB's OMT Programme and German Constitutional Concerns. ⟨http://www.brookings.edu⟩.

68. Spiegel, P. (2014. 5. 12, 14, 15). How the euro was saved. *Financial Times*.

69. Legrain, P. (2014). *European Spring: Why our Economies and Politics are in a Mess and How to Put them Right*. CB Creative Books, p.172.

70. Blinder, A. S. (2013). *After the Music Stopped: The Financial Crisis, the Response, and the Work Ahead*. New York: The Penguin Press, p.372.

7부

1. Martin Wolfe (2014. 1. 14). Failing elites threaten our future. *Financial Times*.

2. Dylan Mattews (2013. 10. 9). Nine amazing facts about Janet Yellen, our next Fed chair. *Washington Post*.

3. Lawrence Summers (2014. 6. 6). Lawrence Summers on 'House of Debt.' *Financial Times*.

4. Blinder, A. S. (2013). *After the Music Stopped: The Financial Crisis, the Response, and the Work Ahead*. New York: The Penguin Press, p.340.

5. 앞의 책, p.335.

6. Paul Volcker (2013. 8. 15). The Fed & Big Banking at the Crossroads. *The New York Review of Books*.

7. Martin Wolfe (2014. 7. 1). Bad advice from Basel's Jeremiah. *Financial Times*.

8. Gene Frieda (2014. 3. 28). Self-Insurance or Self-Destruction? Project Syndicate.

9. José Antonio Ocampo (2014. 3. 3). Emerging Economies on Their Own. Project Syndicate.

10. F. A. Hayek (1988). *The Fatal Conceit: The Errors of Socialism*. Chicago: University of Chicago Press, p.76.

11. Kenneth Rogoff (2014. 6. 5). The 4% Non-Solution. Project Syndicate.

12. Paul Krugman (2013. 11. 16). Secular Stagnation, Coalmines, Bubbles, and Larry Summers. *The New York Times*.

13. Steil, B. (2013). *The Battle of Bretton Woods: John Maynard Keynes, Harry Dexter White, and the Making of a New World Order*. Princeton and Oxford: Princeton Univeristy Press, p.91.

14. 신현송 (2013. 11. 3~5). 샌프란시스코연방준비은행의 아시아 경제정책 컨퍼런스 기조연설.

15. Geithner, T. F. (2014). *Stress Test: Reflections on Financial Crises*. New York: Crown Publishers, p.513.

에필로그

1. Bagehot, W. (2003). *Lombard Street: A Description of the Money Market*. Retrieved from Project Gutenberg, p.24.
2. Kaushik Basu (2013. 4. 23). Two Policy Prescriptions for the Global Crisis.〈project syndicate〉.
3. Prasad, E. S. (2014). *The Dollar Trap: How The U.S. Dollar Tightend Its Grip On Global Finance*. Princeton and Oxford: Princeton University Press, p.203.
4. Jordà Òscar, Schularick Moritz, Taylor Alan (2014). *The Great Mortgaging: Housing Finance, Crises, and Business Cycles*: Federal Reserve Bank of San Francisco Working Paper Series.
5. Rubin, R. E. & Weisberg, J. (2003). *In An Uncertain World*. New York: Random House, p.215.
6. Howard Davies (2013. 4. 15). Thatcher and the Big Bang.〈project syndicate〉.
7. Geithner, T. F. (2014). *Stress Test: Reflections on Financial Crises*. New York: Crown Publishers, p.515.
8. Stanley Fischer (2014. 3. 14). Lesson from Crises, 1985−2014. remarked at Stanford Institute for Economic Policy Research Prize ceremony.
9. Stanley Fischer (2014. 3. 14). Lesson from Crises, 1985−2014. remarked at Stanford Institute for Economic Policy Research Prize ceremony.
10. Rubin, R. E. & Weisberg, J. (2003). *In An Uncertain World*. New York: Random House, p.237.
11. Stanley Fischer (2014. 3. 14). Lesson from Crises, 1985−2014. remarked at Stanford Institute for Economic Policy Research Prize ceremony.

12. Geithner, T. F. (2014). *Stress Test: Reflections on Financial Crises*. New York: Crown Publishers, p.63.

13. Gregory Mankiw (2011. 5. 17). If You Have the Answers, Tell Me. *NYT*.

Acemoglu, D. (2009). *The Crisis of 2008: Structural Lessons for and from Economics.*

Admati, A. & Hellwig, M. (2013). *The Bankers' New Clothes: Whats Wrong with Banking and What to do about it.* Princeton, New Jersey: Princeton University Press.

Ahamed, L. (2009). *Lords of Finance: The Bankers Who Broke The World.* New York: The Penguin Press.

Andreades, A. (n.d.). *History of the Bank of England: 1640-1903.*

Badger, A. J. (1989). *The New Deal: The Depression Years, 1933-40.* Chicago: IVAN R. DEE.

Bagehot, W. (2003. 8). *Lombard Street: A Description of the Money Market.* Retrieved from Project Gutenberg: www.gutenberg.org.

Bair, S. (2012). *Bull By The Horns: Fighting to Save Main Street From Wall Street and Wall Street From Itself.* New York: Free Press.

Barth, J. R., Gerard Caprio, J. & Levine, R. (2006). *Rethinking Bank Regulation: till Angles Govern.* New York: Cambridge University Press.

Bernanke, B. S. (2002. 10. 15). Asset-price "Bubbles" and monetary policy. *the New York Chapter of the National Association for Business Economics.* New York.

Bernanke, B. S. (1999). Japanese Monetary Policy: a Case of Self–induced Paralysis? *Monetary Policy in a Low Inflation Environment, Federal Reserve Bank of Boston.* Woodstock, Vermont.

Bernanke, B. S. (2000). *Essays on The Great Depression.* Princeton, New Jersey: Princeton University Press.

Bernanke, B. S. (2004. 3. 2). *Money, Gold and the Great Depression.* at the H. Parker Wills Lecture in Economic Policy, Washington and Lee University, Lexington, Virginia.

Bernanke, B. S. (2013). *The Federal Reserve and the Financial Crisis (Lectures by Ben S. Bernanke).* Princeton and Oxford: Princeton University Press.

Bernstein, P. L. (1996). *Against The Gods: The Remarkable Story of Risk.* New York: John Wiley & Sons, INC.

Bignon, V., Flandreau, M. & Ugolini, S. (2009). Bagehot for beginners: The making of lending of last resort operations in the mid–19th century. *Norges Bank's bicentenary project, 38.*

Blanchard, O., Dell'Ariccia, G. & Mauro, P. (2013). *Rethinking Macro Policy II: Getting Granular.* Washington D.C.: IMF.

Blinder, A. S. (2013). *After the Music Stopped: The Financial Crisis, the Response, and the Work Ahead.* New York: The Penguin Press.

Blustein, P. (2001). *The Chastening: Inside the Crisis That Rocked the Global Financial System and Humbled the IMF.* New York: Public Affairs.

Bordo, M. D. & Eichengreen, B. (1993). *A Retrospective on the Bretton Woods System: Lesson for International Monetary Reform.* Chicago: University of Chicago Press.

Bordo, M. D. & White, E. N. (1990). British and French Finance During The Napoleonic Wars. *NBER Working Papers Series, Working Paper No. 3517.*

Boughton, J. M. (2002). Why White, Not Keynes? Inventing the Postwar International Monetary System. *IMF Working Paper.*

Boughton, J. M. (2006). American in the Shadows: Harry Dexter White and the Design of the International Monetary Fund. *IMF Working Paper.*

Boughton, J. M. (2014). The IMF and The Force of History: Events and Ideas That Has Shaped The Global Institution. *IMF Working Paper.*

Brands, H. (2011). *Greenback Planet: How the Dollar Conquered the World and Threatened Civilization as We Know it.* Austin, TX: University of Texas Press.

Brands, H. W. (2006). *The Money Men: Capitalism, Democracy, and the Hundred Year's War over the American Dollar.* New York: W. W. Norton & Company, Inc.

Brown, E. H. (2007). *The Web of Debt.* Baton Rouge, Louisiana: Third Millennium Press.

Bruner, R. F. & Carr, S. D. (2007). *The Panic of 1907: Lessons Learned from the Market's Perfect Storm.* Hoboken, New Jersey: John Wiley & Sons.

Calomiris, C. W. & Haber, S. H. (2013. 11~12). Why Banking Systems Succeed — And Fail. *Foreign Affairs.*

Calomiris, C. W. & Haber, S. H. (2014). *Fragile by Design: The Political Origins of Banking Crises and Scarce Credit.* Princeton and Oxford: Princeton University Press.

Campbell, J. R., Evans, C. L., Fisher, J. D. & Justiniano, A. (2012). Macroeconomic effects of Federal Reserve forward guidance. *Working Paper, Federal Reserve Bank of Chicago, No 2012-03.*

Cannnadine, D. (2008. 2). *Mellon: An American Life.* New York: Vintage

Books.

Carlson, M. A. & Wheelock, D. C. (2012). The Lender of Last Resort: Lessons from the Fed's First 100 years. *Federal Reserve Bank of St. Louis Working Paper Series*.

Carlson, M. A. & Wheelock, D. C. (2014). *Navigating Constraints: The Evolution of Federal Reserve Monetary Policy, 1935-59*. Finance and Economic Discussion Series, Divisions of Research & Statistics and Monetary Affairs, Federal Reserve Board, Washington D.C.

Carr, R. F. (2007). *The Panic of 1907: Lesson Learned from the Market's Perfect Storm*. New Jersey: Wiley & Sons, Inc.

Celasun, O. (1999). *The 1994 Currency Crisis in Turkey*. Washington D.C.: The World Bank.

Chadha, J. S. & Newby, E. (2013). Midas, transmuting all, into paper: the Bank of England and the Banque de France during the Revolutionary and Napoleonic Wars. *Bank of Finland Research Discussion Papers 20*.

Chernow, R. (1997). *The Death of the Banker: The Decline and Fall of the Great Financial Dynasties and the Triumph of the Small Investor*. New York: Vintage Books.

Chernow, R. (2004). *Alexander Hamilton*. New York: The Penguin Group.

Chincarini, L. B. (2012). *The Crisis of Crowding: Quant Copycat, Ugly Models and the New Crash Normal*. New Jersey: John Wiley & Sons.

Claessens, S., Kose, M. A., Laeven, L. & Valencia, F. (2014). *Financial Crises: Causes, Consequences, and Policy Responses*. Washington D.C.: IMF.

Cooper, G. (2008). *The Origin of Financial Crises: Central Banks, Credit Bubble and the Efficient Market Fallacy*. New York: Vintage Books.

Crabbe, L. (1989). The International Gold Standard and U. S. Monetary Policy from World War I to the New Deal. In B. o. System, *A History of the Federal Reserve: Volume I: 1913-1951*, pp. 423−439.

Davies, H. & Green, D. (2010). *Banking on the Future: The Fall and Rise of Central Banking*. Princeton and Oxford: Princeton University Press.

Davies, N. (2011). *Vanished Kingdoms: The Rise and Fall of States and Nations*. New York: Viking.

Eichengreen, B. (2011). *Exorbitant Privilege: The Rise and Fall of the Dollar and the Future of the International Monetary System*. New York: Oxford University Press.

Eichengreen, B. & Temin, P. (1997). *The Gold Standard and the Great Depression*. Cambridge, MA: National Bureau of Economic Research.

Eichengreen, B., Perkins, D. H. & Shin, K. (2012). *From Miracle to Maturity: The Growth of the Korean Economy*. Cambridge, Massachusetts: Harvard University Asia Center.

Evans, R. J. (2005). *The Third Reich In Power: 1933-1939*. New York: The Penguin Press.

Federal Reserve 2008 Transcripts. (2014. 2. 14). *Economy*. Retrieved from The New York Times. 〈http://www.nytimes.com/interactive/2014/02/21/business/economy/fed−transcripts−docviewer.html〉

Ferguson, N. (1999). *The House of Rothschild*. New York: Peguin Books.

Ferguson, N. (2008). *The Ascent of Money*. New York: The Penguin Press.

Fisher, R. (2013. 12. 20). Too Big to Fail and the Fed. (R. Roberts, Interviewer).

Flandreau, M. & Ugolini, S. (2011). Where It All Began: Lending of Last Resort and the Bank of England During the Overend, Gurney Panic of 1866. *EHES Working Paper, No. 7*.

Freidel, F. (1990). *Franklin D. Roosevelt: A Rendezvous with Destiny*. New York: Back Bay Books.

Garber, P. M. (1989). Tulipmania. *Journal of Political Economy, Vol. 97*,

No.3, pp. 535–560.

Garber, P. M. (Spring, 1990). Famous First Bubbles. *The Journal of Economic Perspectives*, *Vol. 4, No. 2*, pp. 35–54.

Geithner, T. F. (2014). *Stress Test: Reflections on Financial Crises*. New York: Crown Publishers.

Gleeson, J. (1999). *Millionaire: The Philander, Gambler, and Duelist Who Invented Modern Finance*. New York: Touchstone.

Gordon, J. S. (2010). *Hamilton's Blessing: The Extraordinary Life and Times of Our National Debt*. New York: Walker & Company.

Graham Allison (Author), R. D., Blackwill, R. D., Wyne, A. & (Foreword), H. A. (2012). *Lee Kuan Yew: The Grand Master's Insights on China, the United States, and the World*. Cambridge, Massachusetts: Belfer Center Studies in International Security, The MIT Press.

Greenspan, A. (2007). *The Age of Turbulence*. New York: The Penguin Press.

Greider, W. (1987). *Secrets of the Temple: How the Federal Reserve Runs the Country*. New York: Simon & Schuster.

Grossman, R. S. (2010). *Unsettled Account: The Evolution of Banking in the Industrialized World since 1800*. Princeton: Princeton University Press.

Grossman, R. S. (2013). *Wrong: Nine Economic Policy Disasters and What We Can Learn from Them*. Oxford: Oxford University Press.

Grunwald, M. (2009. 12. 16). Ben Bernanke. *Time*.

Hogeland, W. (2012). *Founding Finance: How Debt, Speculation, Foreclosures, Protests, and Crackdowns Made Us a Nation*. Austin: University of Texas Press.

Humphrey, T. M. (2010). Lender of Last Resort: What it is, Whence It Came, and Why the Fed Isn't It. *Cato Journal, Vol. 30, No 2*.

Irwin, D. A. (2010). Did France Cause the Great Depression? Dartmouth

College and NBER.

Irwin, N. (2013). *The Alchemists: Three Central Bankers and a World on Fire.* New York: The Penguin Press.

Johnson, S. & Kwak, J. (2010). *13 Bankers: The Wall Street Takeover and the Next Financial Meltdown.* New York: Pantheon Books.

Johnson, S. & Kwak, J. (2012). *White House Burning: The Founding Fathers, Our National Debt, and Why It Matters to You.* New York: Pantheon Books.

Jones, D. S. (2012). *Masters of the Universe: Hayek, Friedman, and the Birth of Neoliberal Politics.* Princeton & Oxford: Princeton University Press.

Jonung, L., Kiander, J. & Vartia, P. (2008). *The great financial crisis in Finland and Sweden: the dynamic of boom, bust and recovery, 1985-2000.* Economic and Financial Affairs, European Commission.

Kennedy, D. (2010. 8. 16). The Great Depression and the New Deal. *EconTalk.* (R. Roberts, Interviewer) Retrieved from www.econtalk.org/archives/2010/08/kennedy_on_the.html

Kindleberger, C. P. (2013). *The World in Depression: 1929-1939 (40th Anniversary Edition).* University of California Press.

Kindleberger, C. P. & Aliber, R. (2005). *Mania, Panics, and Crashes: A History of Financial Crises.* Hoboken, New Jersey: John Wiley & Sons.

Laidler, D. (2012). *Two Crises, Two Ideas and One Question.* Ontario, Canada: Economic Policy Research Institute EPRI Working Paper Series, The University of Western Ontario.

Laurence, L. J. (1898). *The History of Bimetallism in the United States.* New York: D. Appleton and Co.

Legrain, P. (2014). *European Spring: Why our Economies and Politics are in a Mess and How to Put them Right.* CB Creative Books.

Levy, H. (2010). *Henry Morgenthau, JR: The Remarkable Life of FDR's Secretary of the Treasury.* New York: Skyhorse Publishing.

Lewis, M. (2009). *Panic: The Story of Modern Financial Insanity.* New York: W. W Norton & Company.

Lewis, N. (2006. 9. 11). In Hyperinflation's Aftermath, How Germany Went Back to Gold. *Forbes.*

Loungani, P. (2013. 9). People in Economics: A Classic Act. *Finance and Development.* IMF.

Macey, J. R. & Miller, G. P. (1992). Double Liability of Bank Shareholders: History and Implications. *Faculty Scholarship Series.* Yale Law School.

Martin, P. (2008). *Hell or High Water: My Life In and Out Of Politics.* Toronto: Douglas Gibson Books.

McCraw, T. K. (2012). *The Founders and Finance: How Hamilton, Gallatin, and other Immigrants Forged a New Economy.* Cambridge, Massachusetts: The Belknap Press of Harvard University Press.

McDonald, L. (2009). *A Colossal Failure of Common Sense: The Incredible inside story of the collapse of Lehman Brothers.* New York: EBURY Press.

Metzler, M. (2002). American Pressure for Financial Internationalization in Japan on the Eve of the Great Depression. *Journal of Japanese Studies,* Vol.28, No. 2, pp. 277-300.

Mian, A. & Sufi, A. (2014). *House of Debt: How They (and You) Caused the Great Recession, and How We Can Prevent It from Happening Again.* Chicago and London: The University of Chicago Press.

Mikesell, R. F. (1994. 3). *The Bretton Woods Debates: A Memoir* (No. 192). Princeton, New Jersey: International Finance Section.

Mishkin, F. S. (1999). Lessons from the Tequila Crisis. *Journal of Banking & Finance,* 1521-1533.

Moen, J. R. & Tallman, E. W. (1999). Why Didn't the United States Establish a Central Bank until after the Panic of 1907? *Working Paper 99-16*. The Federal Reserve Bank of Atlanta.

Moshenskyi, S. (n.d.). *History of the Weksel: Bill of Exchange and Promissory Note*.

Narron, J. & Skeie, D. (2014. 2. 7). *Crisis Chronicles: The Commercial Credit Crisis of 1763 and Today's Tri-Party Repo Market*. Retrieved from Liberty Street Economics: http://libertystreeteconomics.newyorkfed.org/2014/02/crisis−chronicles−the−commercial−credit−crisis−of−1763−and−todays−tri−party−repo−market.html#.U−tomPl_t5c

Nasar, S. (2011). *Grand Pursuit: The Story of Economic Genius*. New York, NY: Simon & Schuster Paperbacks.

Newton, C. (1984). The Sterling Crisis of 1947 and the British Response to the Marshall Plan. *The Economic History Review, Vol 37, No. 3*, pp. 391−408.

Nocera, J. (2010. 12. 20). Nocera on the Crisis and All the Devils Are Here. *Econtalk*. (R. Roberts, Interviewer) Retrieved from http://www.econtalk.org/archives/2010/12/nocera_on_the_c.html

Odell, J. S. (1988). From London to Bretton Woods: Sources of Change in Bargaining Strategies and Outcomes. *Journal of Public Policy*, pp. 287−315.

Patrick, H. (1966). *Financial Development and Economic Growth in Underdeveloped Countries*. Economic Development and Cultural Change.

Paulson, H. M. (2010). *On the Brink: Inside the Race to Stop the Collapse of the Global Financial System*. New York and Boston: Business Plus.

Pisani−Ferry, J. (2014). *The Euro Crisis and Its Aftermath*. Oxford: Oxford University Press.

Posner, R. A. (2010). *The Crisis of Capitalist Democracy*. Cambridge, Massachusetts: Harvard University Press.

Prasad, E. S. (2014). *The Dollar Trap: How The U.S. Dollar Tightened Its Grip On Global Finance*. Princeton and Oxford: Princeton University Press.

Prins, N. (2014). *All The Presidents' Bankers: The Hidden Alliances That Drive America Power*. New York: Nation Books.

Quinn, S. & Roberds, W. (2012). Responding to a Shadow Banking Crisis: The Lesson of 1763. *Federal Reserve Bank of Atlanta Working Paper Series*.

Rajan, R. G. (2005). Has Financial Development Made the World Riskier? *A Symposium Sponsored By the Federal Reserve Bank of Kansas City*. Jackson Hole, Wyoming.

Rajan, R. G. (2010). *Fault Lines: How Hidden Fractures Still Threaten the World Economy*. Princeton University Press.

Ramo, J. C. (1999. 2. 15). The Three Marketeers. *Time*.

Reinhart, C. M. & Rogoff, K. S. (2009). *This Time Is Different: Eight Centuries of Financial Folly*. Princeton and Oxford: Princeton University Press.

Reinhart, V. (2011. 3. 28). Vincent Reinhart on Bear Stearns, Lehman Brothers, and the Financial Crisis. (R. Roberts, Interviewer) Retrieved from http://www.econtalk.org/archives/2011/03/vincent_reinhar.html

Reynolds, D. S. (2008). *Waking Giant: America in the Age of Jackson*. New York: Harper Perennial.

Rickards, J. (2011). *Currency Wars: The Making of the Next Global Crisis*. New York: Portfolio/Penguin.

Roberds, W. & Velde, F. (2014). Early Public Banks. *Federal Reserve Bank of Atlanta Working Paper Series*.

Roberts, R. (2010). *GAMBLING WITH OTHER PEOPLE'S MONEY: How Perverted Incentives Caused the Financial Crisis*. Washington D.C.: Mercatus Center, George Mason University.

Romer, C. D. (2013). MONETARY POLICY IN THE POST—CRISIS WORLD: LESSONS LEARNED AND STRATEGIES FOR THE FUTURE. *Sumerlin Lecture, Johns Hopkins University.*

Roubini, N. & Mihm, S. (2010). *Crisis Economics: A Crash Course in the Future of Finance*. New York: The Penguin Press.

Rubin, R. E. & Weisberg, J. (2003). *In An Uncertain World*. New York: Random House.

Sachs, J. D. (2012). *The Price of Civilization: Reawakening American Virtue and Prosperity*. New York: Random House Trade Paperback.

Schuman, M. (2009). *The Miracle : The Epic Story of Asia's Quest for Wealth*. New York: HarperCollinsPublishers.

Shin, H. S. (2011). Global Banking Glut and Loan Risk Premium. *2011 Mundell-Fleming Lecture Conference.*

Siber, W. L. (2013). Volcker: *The Triumph of Persistence*. New York: Bloomsbury Press.

Simpson, A. E. (1959. 3). the Struggle for Control of the German Economy, 1936—37. *The Journal of Modern History*, pp. 37—45.

Smethurst, R. J. (2007). *From Foot soldier to Finance Minister Takahashi Korekiyo, Japan's Keynes*. Cambridge, MA: Harvard University Asia Center.

Smith, V. C. (1936). *The Rationale of Central Banking and the Free Banking Alternative*. Indianapolis, IN: Libertypress.

Soros, G. (2013). Fallibility, reflexivity, and the human uncertainty principle. *Journal of Economic Methodology*, Vol 20, No 4, pp. 309—329.

Spence, M. (2011). *The Next Convergence: The Future of Economic Growth in a Multispeed World*. New York: Farrar, Straus and Giroux.

Spencer, A. & Bamber, B. (2009). *Bear Trap, The Fall of Bear Stearns and the Panic of 2008*. Ibooks, Inc.

Spiegel, P. (2014. 5. 12, 14, 15). How the euro was saved. *Financial Times*.

Steil, B. (2013). *The Battle of Bretton Woods: John Maynard Keynes, Harry Dexter White, and the Making of a New World Order*. Princeton and Oxford: Princeton University Press.

Stewart, J. B. (2009. 9. 21). Eight Days: The battle to save the American financial system. *New Yorker*.

Stiglitz, J. (2000. 4. 17). What I learned at the World Economic Crisis: The Insider. *The New Republic*.

Stiglitz, J. (2013). The Lessons of the North Atlantic Crisis for Economic Theory and Policy. IMF global economy forum.

Stiglitz, J. E. (2012). *The Price of Inequality: How Today's Divided Society Endangers Our Future*. New York: W.W Norton & Company.

Sylla, R. (2007). Alexander Hamilton: Central Banker and Financial Crisis Manager. *Financial History*.

Taleb, N. (2013. 9. 9). Skin in the Game. (R. Roberts, Interviewer).

Taleb, N. N. (2010). *The Black Swan: Second Edition: The Impact of the Highly Improbable*. New York: Random House Trade Paperbacks.

Taylor, A. (2001). *American Colonies*. Penguin Books.

The Economist (2006. 1. 12). Alan Greenspan: Monetary myopia.

The Economist (2014. 4. 12). Essay: Financial Crises.

The LSE Report (2010). *The Future of Finance*. London: London School of Economics and Political Science.

Timberlake, R. H. (2008). The Federal Reserve's Role in the Great Contraction and the Subprime Crisis. *Cato Journal*, Vol 28, No.2.

United States Senate Permanent Subcommittee on Investigations (2011).

Wall Street and The Financial Crisis: Anatomy of a Financial Collapse (Majority and Minority Staff Report). Washington D.C.: Permanent Subcommittee on Investigation.

Voth, H.-J. (2003). With a Bank, Not a Whimper: Pricking Germany's "Stock Market Bubble" in 1927 and the Slide into Depression. *The Journal of Economic History*, pp.65-99.

Wapshott, N. (2011). *Keynes Hayek: The Clash That Defined Modern Economics*. New York: W. W. Norton & Company Ltd.

Warren, E. (2007). Unsafe at Any Rate. *Democracy: A Journal of Ideas*.

Wechsberg, J. (1966). *The Merchant Bankers*. Boston and Toronto: Little, Brown and Company.

Wessel, D. (2009). *In Fed We Trust: Ben Bernanke's War on the Great Panic*. New York: Crown Business.

Wheelock, D. C. (1992). Monetary Policy in the Great Depression: What the Fed Did, and Why. *Federal Reserve Bank of St. Louis Review, March/April Vol. 74, No.2*, pp.3-28.

White, L. H. (2012). *The Clash of Economic Ideas: the Great Policy Debates and Experiments of the Last Hundred Years*. New York: Cambridge University Press.

Wolcott, S. (1993. 9). Keynes Versus Churchill: Revaluation and British Unemployment in the 1920s. *The Journal of Economic History*, pp.601-628.

Woo, J.-E. (1991). *Race to the Swift: State and Finance in Korean Industrialization*. New York: Columbia University Press.

Woodward, B. (2000). Maestro: *Greenspan's Fed and the American Boom*. New York: Simon & Schuster.

Wright, R. E. & Cowen, D. J. (n.d.). *Financial Founding Fathers: The Men Who Made America Rich*. University of Chicago Press.

Zarate, J. C. (2013). *Treasury's War: The Unleasing of a New Era of Financial Warfare.* New York: PublicAffairs.

Zieglaer, P. (1988). *The Sixth Great Power.* New York: Alfred A. Knopf.

박종규 (2007). "일본의 장기 침체와 회생 과정: 한국경제에 대한 시사점." 서울: 한국금융연구원.

유재수 (2013). 《세계를 뒤흔든 경제 대통령들》. 서울: 삼성경제 연구소.